Strafgesetzbuch

mit Einführungsgesetz,
Wehrstrafgesetz,
Wirtschaftsstrafgesetz,
Auszügen aus dem Jugendgerichtsgesetz und
Ordnungswidrigkeitengesetz
sowie anderen Vorschriften des Nebenstrafrechts

Textausgabe mit ausführlichem Sachregister
und einer Einführung
von Universitätsprofessor Dr. iur. Dr. iur. h. c. mult.
Hans-Heinrich Jescheck

19. Auflage
Stand 1. Juni 1980

Deutscher
Taschenbuch
Verlag

Sonderausgabe unter redaktioneller Verantwortung
des Verlages C. H. Beck, München
Umschlaggestaltung: Celestino Piatti
Gesamtherstellung: C. H. Beck'sche Buchdruckerei, Nördlingen
ISBN 3 423 05007 1

Inhaltsverzeichnis

Inhaltsverzeichnis

Einführung

von Professor Dr. iur. Dr. iur. h. c. mult. Hans-Heinrich Jescheck
Direktor des Max-Planck-Instituts für ausländisches
und internationales Strafrecht in Freiburg i. Br.
Richter am Oberlandesgericht a. D.

I. Die Entstehung des neuen Strafgesetzbuchs

Am 1. Januar 1975 ist in Deutschland eine *Neufassung des Strafgesetzbuchs von 1871* in Kraft getreten (BGBl. I S. 1)[1]. Zuletzt hatte das StGB in einer Übergangsfassung vom 1. 9. 1969 gegolten, die bereits die Grundzüge der großen Wende erkennen ließ. Damit ist nach einer langen Reihe von Mißerfolgen ein Dreivierteljahrhundert deutscher Reformgeschichte durch ein modernes Werk von größter Tragweite abgeschlossen worden, das selbst noch einmal 20 Jahre intensiver Arbeit von Wissenschaft und Gesetzgebung erfordert hat. Die Reformbestrebungen haben schon um die Jahrhundertwende eingesetzt, da das alte Strafrecht, das noch von dem autoritären Geist des französischen Code pénal von 1810 und der Vergeltungsidee der deutschen idealistischen Philosophie beherrscht war, weder den Anforderungen des beginnenden Industriezeitalters entsprach, noch mit dem Aufschwung der Strafrechtswissenschaft und den Erkenntnissen der modernen Kriminologie Schritt halten konnte. Das frühere Recht ist zwar immer wieder durch Novellengesetze der Entwicklung angepaßt worden, aber die große Reform des deutschen Strafrechts an Haupt und Gliedern hat erst in unseren Tagen stattgefunden. Vollständig umgestaltet und auch in der Anordnung und Zählung der Paragraphen geändert wurde durch das Zweite Gesetz zur Reform des Strafrechts vom 4. 7. 1969 (BGBl. I S. 717) der Allgemeine Teil, der die für alle Delikte gemeinsamen Regelungen enthält. Aber auch der Besondere Teil, in dem die Umschreibung der Einzeldelikte in den sogenannten „Tatbeständen" zu finden ist, zeigt schon weitgehend ein neues Gesicht. Hier wurden indessen die bisherige Reihenfolge der Materien und die Zählweise der Paragraphen im wesentlichen beibehalten, um die Arbeit der Praxis mit dem neuen Recht nicht unnötig zu erschweren. Erst das Gesetz zur Bekämpfung der Umweltkriminalität (18. Strafrechtsände-

---

[1] Nur die Bestimmungen über die sozialtherapeutische Anstalt (§§ 61 Nr. 3, 65 u. a.) sollen erst am 1. Januar 1985 in Kraft treten, weil deren Konzeption als Maßregel zweifelhaft geworden ist und es auch noch an einem verallgemeinerungsfähigen Modell für die in diesen Anstalten anzuwendenden Behandlungsmethoden fehlt. Möglicherweise müssen diese Bestimmungen vor ihrem Inkrafttreten geändert werden.

Einführung

rungsgesetz) vom 28. 3. 1980 (BGBl. I S. 373), das die vorläufig letzte Änderung des Besonderen Teils enthält, ist von dieser Übung abgewichen und hat die bisherigen §§ 321 bis 330c anders beziffert, um den neuen 28. Abschnitt „Straftaten gegen die Umwelt" im Gesetzestext unterbringen zu können.

Was an dem Reformwerk bis vor kurzem noch fehlte, war der Strafvollzug, d. h. derjenige Teil des Strafrechts, der die Durchführung der Freiheitsstrafen und freiheitsentziehenden Maßregeln der Besserung und Sicherung in den Justizvollzugsanstalten regelt. Aber auch dieser Schlußstein der Reform ist inzwischen eingefügt worden. Das Strafvollzugsgesetz vom 16. 3. 1976 ist erlassen (BGBl. I S. 581) und am 1. 1. 1977 in Kraft getreten. Wichtige Teile des Reformwerks sind allerdings zukünftigen besonderen Bundesgesetzen vorbehalten, die zeitlich noch nicht festgelegt sind und erst nach und nach entsprechend den finanziellen Möglichkeiten der Länder geschaffen werden sollen.

Die deutsche Strafrechtsreform muß im Zusammenhang der *internationalen Reformbewegung* gesehen werden, die seit dem Ende der 50er Jahre eingesetzt hat. Das große Ziel dieser Bewegung ist es, das Strafrecht so umzugestalten, daß es den gewaltigen Veränderungen der sozialen Verhältnisse im Zeitalter der pluralistischen Massengesellschaft, der Technik und der Gefährdung der menschlichen Existenz durch Schädigungen der Umwelt besser werden gerecht kann. Die Reformbewegung wird nicht nur von den Staaten des alten kontinentaleuropäischen Westens getragen, sondern hat auch die Welt des anglo-amerikanischen Rechts, die Gruppe der sozialistischen Länder und den südamerikanischen Kontinent ergriffen. Im deutschen Sprachraum steht das neue österreichische Strafgesetzbuch vom 23. Januar 1974 im Vordergrund, das in engem gegenseitigen Kontakt mit der deutschen Strafrechtswissenschaft und Gesetzgebung ausgearbeitet worden und am gleichen Tage wie die deutsche Neufassung in Kraft getreten ist.

Der Gang und die Ergebnisse der deutschen Reform sind hauptsächlich durch *drei Einflüsse* bestimmt worden. In den Jahren 1954–1959 hat die Große Strafrechtskommission einen Entwurf ausgearbeitet, der nach einigen Änderungen auf Regierungsebene als *Entwurf 1962* im Bundestag eingebracht worden ist. Die Bedeutung dieses Entwurfs lag vor allem in der exakt ausgearbeiteten Regelung der Voraussetzungen der Strafbarkeit im Allgemeinen Teil und in der präzisen Fassung der Tatbestände im Besonderen Teil. Dagegen ist das Rechtsfolgesystem des Entwurfs, der sich von dem alten Konzept eines auf die Freiheitsstrafe gegründeten und vornehmlich repressiv verstandenen Strafrechts im Grunde nur wenig zu lösen vermochte, bald zur Zielscheibe einer aus den Ideen der großen Reformbewegung herkommenden Kritik geworden. Diese sich immer mehr ausbreitende Gegnerschaft hat zu einer tiefgreifenden Veränderung der kriminalpolitischen Vorstellungen geführt, und aus dieser Richtung kam der zweite große Einfluß auf das Reformwerk. Im Jahre 1966 wurde der *Alternativ-Entwurf* eines Strafgesetzbuchs veröffentlicht, der einen aus privater Initiative von 14 deutschen und schweizerischen Strafrechtslehrern unternommenen Versuch darstellt, die vielstimmige Kritik am Entwurf 1962 auf einen einheitlichen Nenner und in die Form eines ausgearbeiteten Gesetzesvorschlags zu bringen. Der Alternativ-Entwurf wurde im Jahre 1968 von der Fraktion der FDP im Bundestag eingebracht und anschließend zusammen mit dem Entwurf 1962 im Sonderausschuß für die Strafrechtsreform beraten. Der Vorzug dieses zweiten Entwurfs lag vor allem in der geschlossenen und konsequenten Konzeption der Strafen und Maßregeln im Sinne der Forderungen der modernen Kriminalpolitik. Um aus beiden Entwürfen ein Ganzes zu machen, bedurfte es einer nicht auf wissenschaftliche Lehrmeinungen oder kriminalpolitische Konzepte festgelegten dritten Kraft. Die *Synthese der Entwürfe,* bei der sich in der Dogmatik mehr der Entwurf 1962, im Sanktionensystem mehr der Alternativ-Entwurf durchgesetzt hat, ist dem Sonderausschuß des Bundestages für die Strafrechtsreform (1966–1969) gelungen. Wesentlichen Anteil an dieser großen gesetzgeberischen Leistung hatte auch die Strafrechtsabteilung des Bundesjustizministeriums. Bundestag und Ministerium zeigten sich einer fortschrittlichen Entwicklung durchaus offen, ohne jedoch extremen Forderungen nachzugeben. So sind die in Schuld und Verantwortung liegenden moralischen Grundlagen des Strafrechts als unbezweifelbare Realität unseres sozialen Bewußtseins erhalten geblieben und nicht einem radikalen Präventionsdenken geopfert worden, das übrigens auch in Amerika und in Schweden auf dem Rückzug ist.

Das neue Strafrecht konnte geschaffen und sowohl von der Praxis als auch von der Allgemeinheit ohne größere Verständnisschwierigkeiten aufgenommen werden, weil sich die traditionellen Auffassungen von Strafrecht und Kriminalität seit dem Beginn der Reformarbeiten im Jahre 1952 erheblich geändert haben. Ein großer *Lern- und Umdenkungsprozeß* hat stattgefunden und weit über die Fachwelt hinaus die Gemüter bewegt und verwandelt. Die Erkenntnis, daß das Strafrecht nur *ein* Mittel der sozialen Kontrolle neben anderen ist und wegen der mit seiner Anwendung verbundenen tiefen Eingriffe und daraus folgenden sozialen Nachteile möglichst sparsam verwendet werden sollte, hat sich weitgehend durchgesetzt. Zugleich ist durch die vielfältigen ideologischen Angriffe auf alle repressiven Institutionen des Staates die Erkenntnis gewachsen, daß nur ein am Schuldprinzip orientiertes Strafrecht den Schutz der Allgemeinheit in Freiheit ermöglicht, weil allein ein solches Recht den Menschen als verantwortlichen Mitbürger betrachtet, indem es durch Gebot und Sanktion an seine Einsicht und seine Disziplin appelliert. Auch die Notwendigkeit der Beschränkung des Strafrechts durch die Grundsätze des Rechtsstaats und die Erkenntnis, daß nicht alles, was für die Behandlung von Rechtsbrechern zweckmäßig erscheint, auch gerecht ist, sind heute Allgemeingut geworden. Allmählich beginnt man ferner zu verstehen, daß die Humanität als Grundlage der Kriminalpolitik nicht mehr nur eine Angelegenheit des Idealismus von einzelnen ist, die sich dieser Sache aus Mitgefühl annehmen, sondern eine Frage der Mitverantwortung der Gesellschaft für die Kriminalität, und daß die Sorge um den Rechtsbrecher nicht eine Gnade, sondern ein verbindlicher Auftrag des Sozialstaats ist. Endlich wird die Strafrechtspflege selbst viel stärker als früher nicht mehr nur als Instanz für die Verwirklichung der Gerechtigkeit verstanden, sondern auch als eine soziale Aufgabe, die durch die Art und Weise ihres Einsatzes dem straffälligen Menschen eine Lebenshilfe geben soll. Dabei wird die Wirksamkeit der Strafrechtspflege nicht so sehr in dem statistischen Nachweis von Erfolgen bei der Resozialisierung von Straftätern gesehen als vielmehr in einer Ausgestaltung der gesamten kriminalrechtlichen Tätigkeit des Staates, die sich mit dem geschärften sozialen Gewissen unserer Zeit vereinbaren läßt.

II. Grundsätze der Kriminalpolitik

Die kriminalpolitische Grundkonzeption des neuen Strafrechts besteht in einer Verbindung des *Schuldausgleichs* einerseits mit dem Ziel der Einwirkung der Strafe auf die Persönlichkeit des Täters andererseits. Man nennt diese Einwirkung auf den Täter *Spezialprävention*. Mit einer so allgemeinen Aussage muß man sich freilich begnügen, denn dem Gesetz ist nichts Näheres darüber zu entnehmen, in welcher Beziehung, insbesondere in welcher Rangordnung diese beiden Aufgaben der Strafe zueinander stehen sollen und wie sich der Gesetzgeber vor allem das Verhältnis zwischen Schuldprinzip und Strafhöhe gedacht hat. Die Vorschrift des § 46 Abs. 1 S. 1 ,,Die Schuld des Täters ist die Grundlage für die Zumessung der Strafe'' enthält nur ein unspezifisches Bekenntnis zum Schuldprinzip. Auch bei dem zweiten Satz ,,Die Wirkungen, die von der Strafe für das zukünftige Leben des Täters in der Gesellschaft zu erwarten sind, sind zu berücksichtigen'', vermißt man die Angabe, welche Einschränkungen sich der Schuldausgleich im Hinblick auf die Spezialprävention gefallen lassen muß. Trotzdem ist die Aussage des § 46 Abs. 1 über die kriminalpolitische Grundkonzeption des neuen Rechts nicht ohne Wert. Sie stellt einmal klar, daß eine Strafe, die nach Art und Höhe mit der Schuld des Täters unvereinbar, weil erheblich zu streng oder erheblich zu milde wäre, dem Gesetz nicht entsprechen würde. Abgesagt wurde durch den § 46 ferner einem reinen Maßregelsystem, wie es immer wieder von gläubigen Anhängern einer unbegrenzten Verwendbarkeit der ,,Behandlung'' gepredigt wird. Auf der anderen Seite ergibt sich aus § 46 eindeutig, daß der Gesetzgeber bei jedem Strafzumessungsakt das Mitbedenken der Auswirkungen der Sanktion auf das künftige Leben der Verurteilten in der Gesellschaft fordert und die Bestrafung keineswegs nur als Akt der austeilenden Gerechtigkeit versteht.

Keine ausdrückliche Erwähnung im neuen Recht hat die *Generalprävention* gefunden. Man versteht darunter im positiven Sinne die Rechtsbewährung durch Einwirkung der Strafe auf das Rechtsbewußtsein der Allgemeinheit, im negativen Sinne die Abschreckung aller von der Versuchung, dem Beispiel des Täters zu folgen. Aus dem Fehlen einer entsprechenden Vorschrift wird zu schließen sein, daß die Rechtsbewährung ein vom Gesetzgeber stillschweigend vorausgesetzter und zugrunde gelegter Strafzweck ist und daß eine Schärfung der verdienten Strafe allein aus Gründen der allgemeinen Abschreckung durch das neue Recht nicht gedeckt wäre. Der Gesetzgeber hat offensichtlich die Rechtsbewährungs- und Abschreckungswirkung der gerechten, weil schuldangemessenen Strafe für die Generalprävention als ausreichend angesehen.

Die Forderung nach *Entkriminalisierung des Strafrechts* hat im neuen Recht mehrfach Berücksichtigung gefunden. Einmal hat der Gesetzgeber mit einem Federstrich den gesamten früheren 29. Abschnitt ,,Übertretungen" aufgehoben, der nach der Umwandlung der Verkehrsübertretungen in nichtkriminelle Ordnungswidrigkeiten den bedeutendsten Teil des noch verbliebenen Bagatellstrafrechts darstellte. Die wichtigsten Übertretungen des StGB sind ebenfalls in Ordnungswidrigkeiten umgewandelt worden. So findet man jetzt z. B. die falsche Namensangabe (früher § 360 Nr. 8 StGB) in § 111 OWiG, den ruhestörenden Lärm und den groben Unfug (früher § 360 Nr. 11 StGB) in § 117 bzw. § 118 OWiG wieder. Der Entkriminalisierung im Bagatellbereich dienen ferner zwei neue Vorschriften des Strafprozeßrechts. Als Ausnahme von der Verfolgungspflicht kann die Staatsanwaltschaft bei gegen fremdes Vermögen gerichteten Vergehen, die nicht mit einer im Mindestmaß erhöhten Freiheitsstrafe bedroht sind (also z. B nicht mit Diebstahl mit Waffen und Bandendiebstahl, § 244), das Verfahren ohne Zustimmung des Gerichts einstellen, wenn der Schaden und die Schuld des Täters gering sind und kein öffentliches Interesse an der Strafverfolgung besteht (§ 153 Abs. 1 S. 2 StPO). Weiter ist durch § 153a StPO die bedingte Einstellung des Strafverfahrens eingeführt worden. Die Staatsanwaltschaft kann nach dieser Vorschrift mit Zustimmung des Gerichts und des Beschuldigten bei allen Vergehen unter Anordnung von Auflagen und Weisungen (z. B. der Leistung eines Geldbetrages an eine gemeinnützige Einrichtung oder an die Staatskasse) bedingt von der Erhebung der öffentlichen Klage absehen, wenn diese Anordnung geeignet ist, bei geringer Schuld des Täters das öffentliche Interesse an der Strafverfolgung zu beseitigen. Bei geringfügigen Vermögensdelikten kann sie sogar ohne Zustimmung des Gerichts das Verfahren bedingt einstellen. Ein prozessualer Weg der Entkriminalisierung im Bagatellbereich ist ferner die Einführung des Straf-

Einführung

antragserfordernisses bei Diebstahl und Unterschlagung geringwertiger Sachen (§ 248a), eine Vorschrift, die auch den bekannten Mundraub aus dem Übertretungsteil (§ 370 Abs. 1 Nr. 5 a. F.) in sich aufgenommen hat. Diese Bestimmung ist bei mehreren Vermögensdelikten im Vergehensbereich entsprechend anwendbar. Der Gesetzgeber rechnet offenbar damit, daß derartige Fälle meist nicht zu einem Strafantrag führen werden, sondern auf zivilrechtlichem oder außergerichtlichem Wege ihre Erledigung finden. Der in die Zukunft weisende Gedanke des konfliktlösenden Ausgleichs zwischen Täter und Opfer ist hierin angedeutet. Weit über den Bagatellbereich hinaus greift § 60, wonach das Gericht von Strafe absieht, wenn die Folgen der Tat, die den Täter getroffen haben, so schwer sind, daß die Verhängung einer Strafe offensichtlich verfehlt wäre. Entkriminalisierung im Kernbereich des Strafrechts bedeutet ferner die erhebliche Zurücknahme der Grenzen der Strafbarkeit im Sexualstrafrecht (§§ 174 ff.). Nachdem das Bundesverfassungsgericht den früheren § 218a mit der Freigabe des Schwangerschaftsabbruchs in den ersten zwölf Wochen nach der Empfängnis durch Urteil vom 25. Februar 1975 (BVerfGE 39, 1) für nichtig erklärt hat, ist nach langem parlamentarischen Kampf das Fünfzehnte Strafrechtsänderungsgesetz vom 18. 5. 1976 (BGBl. I S. 1213) erlassen worden, das die Strafbarkeit und die Ausnahmen von der Strafbarkeit im Bereich der §§ 218 bis 219d neu geregelt hat (vgl. näher unten III 3).

Ein weiteres fundamentales Prinzip des deutschen Strafrechts ist der Satz, daß alle Voraussetzungen der Bestrafung sowie Art und Höhe der Strafe durch das Gesetz bestimmt sein müssen, das sogenannte *Gesetzlichkeitsprinzip*. Wir finden das Gesetzlichkeitsprinzip an der Spitze des neuen Strafgesetzbuchs in einer Vorschrift, die wörtlich mit der entsprechenden Verfassungsgarantie des Art. 103 Abs. 2 GG übereinstimmt: ,,Eine Tat kann nur bestraft werden, wenn die Strafbarkeit gesetzlich bestimmt war, bevor die Tat begangen wurde." Durch diese Selbstbindung des Staates soll sichergestellt werden, daß strafrechtliche Sanktionen einer Handlung schon im Zeitpunkt der Begehung der Tat feststehen und jedermann wissen und darauf vertrauen darf, daß eine Handlung, die bei ihrer Vornahme nicht ausdrücklich für strafbar erklärt war, auch später nicht bestraft werden kann. Daraus folgt einmal, daß der Strafrichter nicht befugt ist, Lücken im Gesetz durch entsprechende Anwendung einer wenn auch nicht unmittelbar zutreffenden, so doch ähnlichen Strafvorschrift aus eigener Machtvollkommenheit zu schließen. Für das bürgerliche Recht gilt als allgemeiner Grundsatz die berühmte Formel des Art. 1 Abs. 2 des schweizerischen Zivilgesetzbuchs: ,,Kann dem Gesetze keine Vorschrift entnommen werden, so soll der Richter nach Gewohnheitsrecht und, wo ein solches fehlt, nach der Regel entscheiden, die er als Gesetzgeber aufstellen würde." Für das Strafrecht gilt dagegen gerade das Verbot des Gewohnheitsrechts und der Analogie, jedenfalls wenn daraus eine Verschärfung der sich aus dem Gesetzestext ergebenden Rechtslage zum Nachteil des Beschuldigten resultieren würde (so könnten z. B. nächtliche Störanrufe nicht als Hausfriedensbruch nach § 123 bestraft werden, weil dieser Tatbestand ein körperliches Eindringen in die Wohnung des Verletzten verlangt). Eine Konsequenz des Gesetzlichkeitsprinzips ist ferner das Rückwirkungsverbot. Auch dieses gilt aber nur *zum Schutze* des Täters. Deswegen ist nach § 2 Abs. 3 das jeweils mildeste Gesetz anzuwenden, wenn das Gesetz, das bei der Begehung der Tat gilt, vor der Entscheidung geändert wird. Das 16. Strafrechtsänderungsgesetz vom 16. 7. 1979 (BGBl. I S. 1046), das die Verjährung für Mord aufgehoben und damit das Recht verschärft hat (§ 78 Abs. 2), betrifft freilich auch Mordtaten vor Inkrafttreten des Gesetzes, soweit die Verfolgung zu diesem Zeitpunkt noch nicht verjährt war. Die Zulässigkeit der Rückwirkung wird hier damit begründet, daß die Verjährung entgegen der überwiegenden Meinung im Schrifttum nur als Prozeßhindernis anzusehen sei, so daß Art. 103 Abs. 2 GG nicht eingreife.

Aus dem Gesetzlichkeitsprinzip ergibt sich endlich das Bestimmtheitsgebot. Die Garantie des Vorhandenseins einer gesetzlichen Grundlage für Strafbarkeit und Strafe würde keine wirkliche Rechtssicherheit gewährleisten, wenn der Gesetzgeber durch unscharfe Fassung der Straftatbestände einer eigenen Entscheidung ausweichen und die Bestimmung darüber, was strafbar ist und was nicht, dem Richter überlassen dürfte. Eine solche unbestimmte, nur durch die Rechtsprechung eingeschränkte Strafvorschrift ist früher der erwähnte grobe Unfug gewesen, der in dem alten § 360 Nr. 11 StGB einfach lautete: „wer groben Unfug verübt . . .", jetzt aber in § 118 OWiG dem Bestimmtheitsgebot besser entsprechend, wie folgt, gefaßt ist: „wer eine grob ungehörige Handlung vornimmt, die geeignet ist, die Allgemeinheit zu belästigen oder zu gefährden und die öffentliche Ordnung zu beeinträchtigen . . .". Dem die Rechtssicherheit verbürgenden Bestimmtheitsgebot dient ferner die im Zuge der Reform erfolgte Umwandlung von einigen bisher nur als Richterrecht geltenden Regeln in gesetzliche Normen. Wir finden eine solche Übernahme beim unechten Unterlassungsdelikt (§ 13), beim Verbotsirrtum (§ 17), beim rechtfertigenden Notstand (§ 34) und beim Irrtum über einen entschuldigenden Notstand (§ 35 Abs. 2). Größere Bestimmtheit des Gesetzes gewährleisten ferner die engere Definition des Versuchs (§ 22), die neue Vorschrift über den Rücktritt vom Versuch, wenn bei einer Tat mehrere beteiligt sind (§ 24 Abs. 2) und der Katalog der Personen- und Sachbegriffe (§ 11). Das gleiche Ziel verfolgt im Besonderen Teil die präzisere Fassung vieler Tatbestände, z. B. im Verkehrsstrafrecht (§ 142), im Sexualstrafrecht (§§ 174 ff.), bei Begünstigung, Strafvereitelung und Hehlerei (§§ 257–259), bei der Baugefährdung (§ 323) und bei den Amtsdelikten (§§ 331 ff.). Freilich gibt es auch Gegenbeispiele, so den neuen § 324, der Strafe androht, wenn jemand „unbefugt ein Gewässer verunreinigt", da

Einführung

hier die Grenzen der Strafbarkeit unbestimmt sind. Die Vorschrift galt aber schon bisher als § 38 des Wasserhaushaltsgesetzes, sie zeigt die Schwierigkeit der Loslösung nebenstrafrechtlicher Vorschriften aus ihrem Sachzusammenhang.

III. Der Aufbau des Strafgesetzbuchs

1. Voraussetzungen der Strafbarkeit

Für den Geist eines Strafgesetzbuchs ist außer dem Gesetzlichkeitsprinzip, von dem schon die Rede war, vor allem die Abgrenzung des *Anwendungsbereichs des Strafrechts* bei Handlungen mit internationalem Einschlag bedeutsam (der Tatort liegt z. B. im Ausland, der Täter ist Ausländer oder das verletzte Rechtsgut steht einem fremden Staat oder einem Ausländer zu). Durch den Übergang vom Personalitäts- zum Territorialitätsprinzip (§ 3) ist das neue Recht grundsätzlich zur Beschränkung der deutschen Strafgewalt auf im eigenen Staatsgebiet begangene Taten zurückgekehrt. Dementsprechend wird für die Bestrafung von Auslandstaten ein die innerstaatliche Strafgewalt legitimierender Anknüpfungspunkt verlangt, wie er etwa in dem Bedürfnis des Schutzes gewisser inländischer (§ 5) oder internationaler Rechtsgüter (§ 6) gegeben ist. Ergänzt werden diese Bestimmungen durch § 1 a des Wehrstrafgesetzes i. d. F. der Bekanntmachung vom 24. 5. 1974 (BGBl. I S. 1213) für Straftaten, die von deutschen Soldaten im Ausland begangen werden.

Im zweiten Abschnitt über „Die Tat" sind die grundlegenden Voraussetzungen allgemeiner Art für die Strafbarkeit enthalten. Eröffnet wird dieser Abschnitt durch die schon genannte Bestimmung über das *Unterlassungsdelikt* (§ 13), die zwar keineswegs alle dabei auftretenden Fragen beantwortet, aber doch immerhin ausspricht, daß nach dem Strafgesetzbuch als Täter auch verantwortlich sein soll, wer den zum Tatbestand gehörenden Erfolg unter Verletzung einer Rechtspflicht lediglich nicht abwendet, und daß es ferner eine rechtliche (nicht bloß sittliche) Pflicht sein muß, aus der sich das Handlungsgebot ergibt. Große praktische Bedeutung haben weiter die beiden *Irrtumsvorschriften,* von denen die erste (§ 16) den Irrtum über die Merkmale des gesetzlichen Tatbestandes ebenso regelt wie das frühere Recht, daß nämlich der Tatbestandsirrtum den Vorsatz ausschließt (wer z. B. eine fremde Sache in der Meinung wegnimmt, es sei seine eigene, kann nicht wegen Diebstahls bestraft werden). Dagegen nimmt die zweite Vorschrift (§ 17) die neuere Rechtsprechung über den sogenannten Verbotsirrtum auf und verneint bei unvermeidbarem Irrtum über das Unrecht die Schuld, während bei vermeidbarem Irrtum die Strafe nach § 49 Abs. 1 gemildert werden kann. In den Regeln über die *Schuldfähigkeit* (§§ 19–21) ist vor allem die Anerken-

12

nung der schweren seelischen Abartigkeit (schwere Fälle der Psychopathie, Neurose und Triebanomalie) als Schuldausschließungs- bzw. Schuldmilderungsgrund bedeutsam. Ein *Versuch* der Straftat (§§ 22–24) liegt vor, wenn der Täter zur Verwirklichung des Tatbestandes „unmittelbar ansetzt". Der Grund für die Strafbarkeit des nicht vollendeten Delikts liegt darin, daß der rechtsfeindliche Wille des Täters in einer der Ausführung unmittelbar vorangehenden Handlung Ausdruck gefunden hat und damit als ernstzunehmende Bedrohung der Rechtsordnung in Erscheinung getreten ist. Der Versuch eines Verbrechens wird immer, der Versuch eines Vergehens nur dann bestraft, wenn das Gesetz es ausdrücklich bestimmt. Diese Regelung nimmt Bezug auf die grundlegende Trennung von schweren und leichteren Straftaten, die in § 12 als Verbrechen und Vergehen nach der Höhe der im Mindestmaß angedrohten Freiheitsstrafe unterschieden werden. Der Versuch kann milder bestraft werden als die vollendete Tat. Der Richter kann aber auch die für die Vollendung angedrohte Strafe aussprechen, weil es oft ein Zufall ist, ob die Tat gelingt oder nicht. Ist beim untauglichen Versuch grober Unverstand im Spiel gewesen, kann nach dem neuen Recht von Strafe abgesehen werden. Der freiwillige Rücktritt vom Versuch führt wie bisher zur Straflosigkeit.

Die Vorschriften über *Täterschaft und Teilnahme* (§§ 25–31) werden eingeleitet durch eine Bestimmung, in der erstmals im Gesetz selbst zwischen Alleintäterschaft, mittelbarer Täterschaft und Mittäterschaft unterschieden wird. Als Formen der Teilnahme kennt das neue Recht wie bisher die Bestimmung eines anderen zu einer Straftat (Anstiftung) und die Hilfeleistung zu einer Straftat (Beihilfe). In beiden Fällen ist jetzt klargestellt, daß die Haupttat vorsätzlich begangen sein muß. Im Unterschied zum früheren Recht *muß* die Beihilfe jetzt milder bestraft werden (§ 27 Abs. 2 S. 2). Weit nach vorne verlegt ist ebenso wie im früheren Recht die Grenze der Strafbarkeit beim Versuch der Beteiligung, so daß z. B. die versuchte Anstiftung zu einem Verbrechen selbst dann strafbar ist, wenn es dem Anstifter nicht einmal gelingt, in dem präsumtiven Täter den Entschluß zu dem Verbrechen hervorzurufen.

Den früher „übergesetzlicher Notstand" genannten umfassenden Rechtfertigungsgrund hat das neue Recht unter der Überschrift *„rechtfertigender Notstand"* als § 34 in das Gesetz aufgenommen, obwohl die Regelung der zahlreichen teils voneinander, teils auch vom Einzelfall abhängigen Voraussetzungen besonders schwierig war. Maßgebend ist nicht nur der abstrakte Wert der beteiligten Rechtsgüter, sondern die konkrete Interessenlage, wobei der Abwägung des Grades der den betroffenen Rechtsgütern drohenden Gefahren besondere Bedeutung zukommt. Aber selbst bei einem klaren Wertunterschied der beteiligten Interessen wird die Rechtfertigung des Notstandseingriffs noch von der weiteren Prüfung abhängig gemacht, ob die Tat ein „angemessenes Mittel" dar-

Einführung

stellt, d. h. ob sie nach den anerkannten Wertvorstellungen der Rechtsgemeinschaft als sachgemäße und generell billigenswerte Lösung des Konfliktsfalls erscheint.

2. Strafen und Maßregeln

Der Schwerpunkt der Reform des deutschen Strafrechts liegt indessen nicht bei den Voraussetzungen der Strafbarkeit, sondern bei den Strafen und Maßregeln. Die allgemeine Tendenz des neuen Rechts läßt sich durch das Schlagwort kennzeichnen: so wenig Strafen wie nötig, so viel Sozialhilfen wie möglich.

Die *Freiheitsstrafe* bleibt zwar auch in Zukunft das Rückgrat des Strafensystems, da sie für die schwere und mittlere Kriminalität sowie für den Rückfall (§ 48) die einzige Strafart ist und als Ersatzfreiheitsstrafe (§ 43) auch hinter der uneinbringlichen Geldstrafe steht. Im Bereich bis zu einem Monat wird die Freiheitsstrafe jedoch ganz abgeschafft (§ 38 Abs. 2), im Bereich von einem Monat bis zu sechs Monaten wird sie regelmäßig durch die Geldstrafe ersetzt und nur noch als ,,ultima ratio" verhängt (§ 47). Es kommt hinzu, daß der Vollzug der Freiheitsstrafe durch die erhebliche Ausdehnung der Strafaussetzung zur Bewährung (§§ 56–56g) ebenfalls beträchtlich zurückgedrängt wird. So ist das Bild der Strafzumessung in der Praxis zur Zeit so, daß für etwa 84% aller Straftaten von Erwachsenen, die vor Gericht kommen, Geldstrafe ausgesprochen wird, die in einem Anteilsatz von etwa 4% in Ersatzfreiheitsstrafe umgewandelt werden muß, weil sie der Verurteilte nicht bezahlt oder nicht bezahlen kann. Weiter zeigt die Statistik, daß bei etwa 65% der Freiheitsstrafen die Vollstreckung zur Bewährung ausgesetzt wird, wenngleich freilich wiederum etwa die Hälfte dieser Strafen wegen Widerrufs der Strafaussetzung letztlich doch vollstreckt werden muß. Im ganzen besteht jedenfalls zur Zeit die Sanktion in wenig mehr als 10% aller abgeurteilten Straftaten in einer Freiheitsstrafe, die den Verurteilten wirklich hinter Gefängnismauern bringt. Gleichwohl ist die Belegung der Strafanstalten, die zunächst erheblich zurückgegangen war, allmählich wieder im Ansteigen begriffen. Die Aussetzung des Strafrestes (§ 57) nach Verbüßung von zwei Dritteln oder gar nur der Hälfte der verhängten Strafe findet zur Zeit in 28% der Fälle statt.

Bei der Freiheitsstrafe ist im übrigen die wichtigste Neuerung, daß es (abgesehen von der Jugendstrafe und vom Strafarrest für Soldaten) nur noch eine *Einheitsstrafe* (§ 38) gibt, die im Vollzug eine sachgemäße Differenzierung allein nach ihrer Dauer und nach der Persönlichkeit des Verurteilten ermöglicht. Der Vollstreckungsplan, der die Zuständigkeit der Vollzugsanstalten eines Bundeslandes regelt, kann danach ausgerichtet, die Einweisung in die einzelnen Anstalten einer zentralen Einweisungskommission übertragen werden. Die Zuchthausstrafe mit ihrer brandmarkenden Wirkung ist abgeschafft. Dagegen hat das neue Recht die lebenslange Freiheitsstrafe trotz starker Kritik beibehalten und für diese Strafart auch keine bedingte Entlassung vorgesehen. Der Ernst und die Strenge des Strafrechts gegenüber den allerschwersten Erscheinungen der Kriminalität, die in einer Zeit beträchtlichen Ansteigens der Gewaltverbrechen den Rechtsfrieden und die öffentliche Sicherheit bedrohen, soll eindeutig und auch für die Allgemeinheit unmittelbar einleuchtend erhalten bleiben. Die Einführung der bedingten Entlassung für die lebenslange Freiheitsstrafe steht jedoch bevor.

Angesichts der überragenden praktischen Bedeutung der *Geldstrafe* durch die Zurückdrängung der Freiheitsstrafe stellt ihre Reform einen weiteren Schwerpunkt des neuen Rechts dar. Mit der Einführung des skandinavischen Tagesbußensystems (§ 40) anstelle des alten Gesamtsummensystems will der Gesetzgeber die Geldstrafe sowohl gerechter als auch durchsichtiger gestalten. Der Strafzumessungsvorgang wird nämlich in zwei nach außen erkennbare Schritte zerlegt. Die Zahl der Tagessätze wird nach der Schuld und dem Vorbeugungszweck (§ 46 Abs. 1), die Höhe des Tagessatzes dagegen nach der wirtschaftlichen Leistungsfähigkeit des Angeklagten bemessen, wobei der Richter von dem Nettoeinkommen ausgeht, das der Täter hat oder bei zumutbarer Ausnutzung seiner Arbeitskraft haben könnte. Die frühere Aufgabe der Gewinnabschöpfung hat die Geldstrafe dagegen an die neue Einrichtung des *Verfalls* (§§ 73–73 d) abgegeben. Der Gesetzgeber verspricht sich offensichtlich viel von dem Tagesbußensystem, das soeben auch in Ungarn eingeführt und in den Entwurf eines neuen spanischen Strafgesetzbuchs aufgenommen worden ist. Aber nicht nur mit der Freiheitsstrafe, sondern auch mit der Geldstrafe kann der Täter verschont werden. Bei Geldstrafen bis zu 180 Tagessätzen bietet die *Verwarnung mit Strafvorbehalt* dafür eine in unserem Recht neuartige Möglichkeit (§§ 59–59 c). Das Gericht beschränkt sich hier auf den Schuldspruch und erteilt dem Angeklagten lediglich eine Verwarnung. Zugleich wird im Urteil eine bestimmte Geldstrafe vermerkt, deren Ausspruch jedoch für den Fall vorbehalten bleibt, daß sich der Verurteilte in der vom Gericht festgesetzten Bewährungszeit zwischen einem und drei Jahren nicht bewährt. Bei günstigem Verlauf bleibt es bei der Verwarnung, und der Verurteilte ist dann im Gegensatz zur Aussetzung der Strafvollstreckung nicht vorbestraft. Die Gerichte machen von dieser Möglichkeit allerdings selten Gebrauch, da die geeigneten Fälle schon durch die bedingte Einstellung des Strafverfahrens (§ 153 a StPO) erledigt werden (vgl. oben II).

Die nach der Tatschuld bemessene Strafe vermag die vorbeugende Aufgabe des Strafrechts nur in begrenztem Umfange zu übernehmen. Aus Gründen der Sicherung der Allgemeinheit kann eine längere Freiheitsentziehung, als sie nach der Schuld verdient wäre, notwendig, aus Gründen der Resozialisierung des Verurteilten eine andere Art der Einwirkung als durch den gewöhnlichen Strafvollzug erforderlich sein. Das

Einführung

neue Recht hat deswegen an der *Zweispurigkeit* der Strafen und Maßregeln festgehalten (§ 61), das bestehende System aber durchgreifend verbessert, so daß auch die Maßregeln als ein Schwerpunkt der Reform angesehen werden können.

Freiheitsentziehende Maßregeln (§ 61 Nr. 1–4) sind die Unterbringung in einem psychiatrischen Krankenhaus, in einer Entziehungsanstalt, in einer sozialtherapeutischen Anstalt und in der Sicherungsverwahrung. Letztere kommt nach den verschärften Voraussetzungen, die das neue Recht aufgestellt hat, nur noch für wirklich gefährliche Kriminelle in Betracht. Das frühere Arbeitshaus ist im Hinblick auf das Verhältnismäßigkeitsprinzip (§ 62) weggefallen, weil die langfristige Freiheitsentziehung für Kleinkriminelle ein viel zu weitgehender Eingriff ist. Der Schwerpunkt der Maßregeln sollte nach dem Gesamtkonzept des Sanktionensystems bei der sozialtherapeutischen Anstalt liegen, die für gefährliche Rückfalltäter mit schweren Persönlichkeitsstörungen, für gefährliche Sexualverbrecher, für werdende Hangtäter unter 27 Jahren und für geeignete, im psychiatrischen Krankenhaus bereits untergebrachte Fälle von Schuldunfähigkeit oder verminderter Schuldfähigkeit vorgesehen ist. Die neuen Bestimmungen sollten ursprünglich am 1. Januar 1978 in Kraft treten. Doch haben sich der Einführung der sozialtherapeutischen Anstalt unerwartet große Schwierigkeiten personeller und finanzieller Art entgegengestellt. Auch erwies sich, daß die Probleme der inneren Ordnung und der anzuwendenden therapeutischen Methoden bei dem neuen Anstaltstyp noch nicht genügend geklärt sind. So hat sich der Gesetzgeber entschließen müssen, das Inkrafttreten der die sozialtherapeutische Anstalt betreffenden Vorschriften auf den 1. Januar 1985 zu verschieben (BGBl. 1977 I S. 3104), was einen schmerzlichen Rückschlag für die Strafrechtsreform in Deutschland bedeutet. Es ist nicht ausgeschlossen, daß die sozialtherapeutische Anstalt als Maßregel in der Hand des Richters aufgegeben wird und daß lediglich die Möglichkeit der Verlegung eines Gefangenen in eine solche Anstalt nach dem Ermessen der Vollzugsbehörde erhalten bleibt, die nach § 9 StVollzG schon jetzt vorgesehen ist. Um die Bedenken gegen freiheitsentziehende Maßregeln, die *nach* der Freiheitsstrafe vollzogen werden müssen, auszuräumen, hat das neue Recht in § 67 grundsätzlich den Austausch in der zeitlichen Reihenfolge von Freiheitsstrafen und freiheitsentziehenden Maßregeln im Vollzug mit Vorrang der Maßregel und Anrechnung des Maßregelvollzugs auf die Strafe vorgesehen (freilich unter Ausschluß der Sicherungsverwahrung). Zugleich wurde die Möglichkeit der Aussetzung des verbleibenden Strafrests vor Erledigung von zwei Dritteln der Strafzeit geschaffen. Auch die Aussetzung des Maßregelvollzugs zur Bewährung gibt es im neuen Recht (§§ 67b und c).

Maßregeln ohne Freiheitsentziehung (§ 61 Nr. 5–7) sind die neugeschaffene Führungsaufsicht, die Entziehung der Fahrerlaubnis und das Berufsverbot. Die Führungsaufsicht (§§ 68 ff.), die an die Stelle der alten Polizeiaufsicht getreten ist und nicht nur Sicherungscharakter haben soll wie diese, sondern den Schutz der Allgemeinheit mit gezielter sozialer Hilfe verbinden will, ist gerade wegen dieser Doppelnatur problematisch, aber für die Gruppe der gefährlichen und auch besonders gefährdeten Kriminellen schwerlich zu entbehren. Ihr Erfolg oder Mißerfolg wird abhängen von der Zusammenarbeit der bei den Landgerichten geschaffenen Aufsichtsstellen mit besonders ausgesuchten und ausgebildeten Bewährungshelfern, den Arbeitsämtern, der Sozialhilfe und der Polizei. Bisher scheint die Führungsaufsicht aber nicht mehr zu leisten als die bisherige Bewährungshilfe.

3. Einzelne Tatbestände

Auch der *Besondere Teil* bietet, obwohl seine Reform noch nicht abgeschlossen ist, bereits ein stark verändertes Bild. Das politische Strafrecht des 1. Abschnitts wurde im Jahre 1968 aus seiner zu einseitigen Fixierung auf das bestehende Spannungsverhältnis zur DDR gelöst und in Übereinstimmung mit den Grundsätzen eines seiner selbst gewissen Rechtsstaats freiheitlich ausgestaltet. Das Dritte Strafrechtsreformgesetz vom 20. 5. 1970 (BGBl. I S. 505) hat im 6. und 7. Abschnitt, um der Meinungsäußerung oppositioneller Gruppen in der Öffentlichkeit mehr Raum zu geben, die sogenannten Demonstrationsstraftaten wesentlich eingeschränkt. Die früheren Massendelikte wurden durch die neue Vorschrift über den Landfriedensbruch (§ 125) fast ganz auf Täterschaft und Teilnahme an Gewalttätigkeiten und Bedrohungen zurückgeführt, die aus einer Menschenmenge heraus begangen werden. Das Dreizehnte Strafrechtsänderungsgesetz vom 13. 6. 1975 (BGBl. I S. 1349) hat die Streitfragen bei dem unerlaubten Sichentfernen vom Unfallort (§ 142) durch eine komplizierte Neufassung dieser Vorschrift zu klären versucht. Das Vierzehnte Strafrechtsänderungsgesetz vom 22. 4. 1976 (BGBl. I S. 1056) tritt der Welle des Terrorismus und anderer gefährlicher Gewaltverbrechen entgegen und hat zu diesem Zweck neue Strafvorschriften geschaffen und bestehende Strafbestimmungen verschärft. So wurde insbesondere in § 88 a die Strafbarkeit der Befürwortung bestimmter schwerer Straftaten in verfassungsfeindlicher Absicht und in § 130 a die Strafbarkeit der Anleitung zu diesen Straftaten durch Schriften oder öffentliche Äußerungen neu eingeführt sowie der § 126 über die Störung des öffentlichen Friedens durch Androhung von Straftaten von den gemeingefährlichen Verbrechen auf andere schwere Straftaten ausgedehnt. Ein zweites Gesetz gegen den Terrorismus hat den § 129 a über die Bildung terroristischer Vereinigungen eingeführt. Es handelt sich dabei um einen qualifizierten Fall der Bildung krimineller Vereinigungen (§ 129). Die Qualifikation liegt in der besonderen Schwere oder Gefährlichkeit der Straftaten, auf deren Begehung die Vereinigung abzielt. § 129 a ist auch

Einführung

in den § 138 über die Strafbarkeit der Nichtanzeige bestimmter schwerer Straftaten aufgenommen worden. Neu gefaßt wurde im Zusammenhang mit der Neuregelung der Wertzeichenfälschung (§ 148) ferner der gesamte 8. Abschnitt mit den Gelddelikten. Die starke Veränderung grundlegender Begriffe und Vorstellungen auf dem Gebiet von Ehe, Familie und geschlechtlicher Sittlichkeit zeigt sich an den tiefen Eingriffen, die das Erste Strafrechtsreformgesetz vom 14. 8. 1969 (BGBl. I S. 1112) und das Vierte Strafrechtsreformgesetz vom 23. 11. 1973 (BGBl. I S. 1725) in dem 12. Abschnitt über die Familiendelikte und in dem 13. Abschnitt über die Sexualdelikte vorgenommen haben. Besonders ins Auge fallend sind die Aufhebung der Strafbarkeit des Ehebruchs, der geschlechtlichen Beziehung zwischen Verschwägerten, der Homosexualität zwischen Männern über 18 Jahren und der Unzucht mit Tieren, die Einschränkung der Strafbarkeit der Kuppelei auf die Förderung der Prostitution und die Freigabe pornographischer Schriften und Abbildungen, soweit es sich nicht um die Gefährdung von Jugendlichen oder um Darstellungen handelt, die Gewalttätigkeiten, den sexuellen Mißbrauch von Kindern oder sexuelle Handlungen von Menschen mit Tieren zum Gegenstand haben (sogenannte harte Pornographie).

Die Reform der längst nicht mehr zeitgemäßen Strafvorschriften über die Abtreibung hat durch das Fünfzehnte Strafrechtsänderungsgesetz vom 18. 5. 1976 (BGBl. I S. 1213) vorläufig ihren Abschluß gefunden, doch hat das Gesetz, das den strafrechtlichen Schutz des ungeborenen Lebens stark einschränkt, keine Beilegung des Meinungsstreits gebracht und konnte dies angesichts der unvermindert tiefen weltanschaulichen Gegensätze auch nicht erreichen. Das voll zu billigende Hauptziel des Gesetzes ist die Beratung der Schwangeren über öffentliche und private Hilfen, um den Abbruch der Schwangerschaft möglichst zu vermeiden (§ 218b). Eine Senkung der Zahl der Schwangerschaftsunterbrechungen ist dadurch aber nicht erreicht worden, vielmehr scheint das Gegenteil der Fall zu sein. Die Schwangere, die der Beratung nicht Folge leistet, sondern die Schwangerschaft vor Ablauf von 22 Wochen seit der Empfängnis durch einen Arzt abbrechen läßt, ist nicht mehr strafbar (§ 218 Abs. 3 S. 1), was die Wirksamkeit der Grundnorm erheblich beeinträchtigt. Selbst wenn keine Beratung stattgefunden hat und der Eingriff nicht von einem Arzt vorgenommen wird, kann das Gericht in Fällen besonderer Bedrängnis bei der Schwangeren von Strafe absehen (§ 218 Abs. 3 S. 2). Handlungen, deren Wirkungen vor Abschluß der Einnistung des befruchteten Eis in der Gebärmutter eintreten (postkonzeptionelle Maßnahmen im Frühstadium), fallen nach § 219 d von vornherein nicht unter die Strafvorschriften der §§ 218 ff. Anerkannte Gründe für den straflosen Abbruch der Schwangerschaft sind die medizinische, eugenische, ethische und Notlagenindikation (§ 218a). Weitaus am häufigsten angewendet wird die Notlagenindikation.

Einführung

Der neue 15. Abschnitt mit den Straftaten gegen den persönlichen Lebens- und Geheimbereich faßt alle Vorschriften über den Schutz der Privatsphäre eindrucksvoll zusammen und enthält außerdem zwei neue Straftatbestände über die Verletzung von Privatgeheimnissen durch Amtsträger (§ 203 Abs. 2) und über die unbefugte Verwertung fremder Geheimnisse (§ 204). Aktuelle Ereignisse führten zu neuen Strafvorschriften über erpresserischen Menschenraub (§ 239a), Geiselnahme (§ 239b) und Angriffe auf den Luftverkehr (§ 316) durch die Elfte und Zwölfte Strafrechtsänderungsgesetz vom 16. 12. 1971 (BGBl. I S. 1977, 1979). Umgestaltet wurden ferner auch die schweren, qualifizierten und privilegierten Fälle des Diebstahls (§§ 243–248a) im 19. Abschnitt sowie durch das Einführungsgesetz der 21. Abschnitt über Begünstigung und Hehlerei. Sachliche Begünstigung und Strafvereitelung wurden in zwei Strafvorschriften zerlegt (§§ 257 und 258). § 258a über die Strafvereitelung im Amt ersetzt den bisherigen § 346. Auch der Tatbestand der Hehlerei wurde neu gefaßt (§ 259).

Das Erste Gesetz zur Bekämpfung der Wirtschaftskriminalität hat mit der Einführung der neuen Strafvorschriften über den Subventionsbetrug (§ 264) und den Kreditbetrug (§ 265a) vorerst zwei besondere Formen des modernen ,,White-collar-crime'' durch neue Gefährdungstatbestände erfaßt, bei denen schon falsche Angaben zur Strafbarkeit genügen und der Eintritt eines Vermögensschadens einschließlich des darauf gerichteten Vorsatzes nicht nachgewiesen werden muß. Weiter wurden die Konkursdelikte aus der Konkursordnung wieder in den 24. Abschnitt des Strafgesetzbuchs (§§ 283–283d) überführt und zugleich nach den kriminalpolitischen Bedürfnissen bei der Bekämpfung des betrügerischen Bankrotts umgestaltet sowie den Anforderungen des Schuldprinzips besser angepaßt. Endlich wurden im 25. Abschnitt die Wucherdelikte (§§ 302a–f) durch eine einzige umfassende Strafvorschrift gegen den Wucher (§ 302a) ersetzt, die außer dem ausdrücklich genannten Miet- und Kreditwucher auch die wucherische Übervorteilung bei sonstigen Leistungen einschließt.

In den 27. Abschnitt über gemeingefährliche Straftaten wurden die Kernenergie- und Strahlungsverbrechen aus dem Atomgesetz überführt, ferner wurde § 323 (bisher § 330) über die Baugefährdung neu gefaßt und außerdem in § 323a (bisher § 330a) über den Vollrausch klargestellt, daß diese Vorschrift auch dann anzuwenden ist, wenn eine wegen des Rauschs bestehende Schuldunfähigkeit zwar nicht festgestellt werden kann, aber auch nicht auszuschließen ist. Neu eingefügt wurden in den 27. Abschnitt durch das 18. Strafrechtsänderungsgesetz zwei Gefährdungstatbestände betreffend den Umgang mit Kernenergie und ionisierenden Strahlen, die auch fahrlässiges Handeln einschließen, die Freisetzung ionisierender Strahlen (§ 311d) und die fehlerhafte Herstellung einer kerntechnischen Anlage (§ 311e).

Einführung

Der durch das 18. Strafrechtsänderungsgesetz neu geschaffene 28. Abschnitt des Besonderen Teils über Straftaten gegen die Umwelt vereinigt in sich die Vorschriften zum Schutz der Gewässer, des Bodens und der Luft sowie zum Schutz gegen gesundheitsschädlichen Lärm und gegen radioaktive Strahlen, die zum Teil schon im Nebenstrafrecht enthalten waren. Die neuen Bestimmungen bedrohen durchweg auch fahrlässiges Handeln mit Strafe und sehen bei schwerer Umweltgefährdung (§ 330) abgestufte Strafschärfungen vor. Der Begriff des Gewässers umfaßt nach § 330d Nr. 1 auch das Meer und demgemäß dehnt der neue § 5 Nr. 11 die deutsche Strafgewalt bei Verunreinigung eines Gewässers (§ 324) und umweltgefährdender Abfallbeseitigung (§ 326) auf Taten im Bereich des deutschen Festlandsockels aus. Die neuen Strafvorschriften sind zum Teil schwer zu verstehen, da sie – bis auf § 330a über das Freisetzen von Giften – auf das Umweltverwaltungsrecht und auf Umweltschutzgesetze außerhalb des StGB verweisen. Die Erwartung des Gesetzgebers, daß sich das Umweltstrafrecht, wenn es im StGB selbst seinen Platz erhält, dem Allgemeinbewußtsein stärker einprägen wird, könnte deswegen enttäuscht werden.

Stark umgestaltet wurde durch das Einführungsgesetz endlich auch der jetzt letzte 29. Abschnitt des Besonderen Teils über Straftaten im Amte. Ins Auge fallen hier insbesondere die geänderten Vorschriften über Bestechung und Bestechlichkeit (§§ 331–335). Neu gefaßt wurden ferner die Aussageerpressung (§ 343), die Verfolgung Unschuldiger (§ 344) und die Vollstreckung gegen Unschuldige (§ 345). Die Rechtsbeugung (§ 336) wurde auf ehrenamtliche Richter und Fälle bloß bedingten Vorsatzes ausgedehnt.

Im ganzen stellt die Reform des deutschen Strafrechts, wie sie in der Neufassung des Strafgesetzbuchs vorliegt, einen tieferen *Einschnitt* in seiner Geschichte dar als alle früheren Stufen der gesetzgeberischen Entwicklung. Der dogmatische Teil des neuen Rechts beschränkt sich zwar im wesentlichen auf die Kodifizierung der wichtigsten Ergebnisse der bisherigen Rechtsprechung und Lehre, doch haben diese selbst einen so hohen Grad theoretischer Verfeinerung erreicht, daß auch den Gesetzestext, obwohl manche regelungsbedürftige Frage offen geblieben ist, alle früheren Strafrechtsordnungen an theoretischer Durchbildung übertrifft. In der Kriminalpolitik steht das neue Recht mit dem Übergang von der Freiheitsstrafe zur Geldstrafe als weitaus häufigster Strafart an einem ähnlich bedeutsamen Wendepunkt, wie es der Übergang von den Leibes- und Lebensstrafen zur Freiheitsstrafe gewesen ist. Die sozialtherapeutische Anstalt eröffnet den Weg zur Aufnahme moderner Therapiemethoden in der Behandlung von Straffälligen, und sie wird auch auf die Gestaltung des allgemeinen Strafvollzugs Einfluß gewinnen. Die Neuordnung des Besonderen Teils ist weit vorangekommen, das schrittweise Vorgehen bei der Reform hat sich bewährt. Das neue Strafgesetzbuch schafft noch keine neue Strafrechtspflege, aber es gibt den Rahmen, innerhalb dessen die Praxis in den Grenzen des Rechtsstaats und auf der Grundlage des Schuldprinzips Rechtsbewährung und Gesellschaftsschutz auf tatkräftige und humane Weise verwirklichen kann.

1. Strafgesetzbuch (StGB)

Vom 15. Mai 1871 (RGBl. S. 127)
In der Fassung vom 2. Januar 1975 (BGBl. I S. 1)

Geändert durch Dreizehntes Strafrechtsänderungsgesetz vom 13. Juni 1975 (BGBl. I
S. 1349), Vierzehntes Strafrechtsänderungsgesetz vom 22. April 1976 (BGBl. I S. 1056)
Fünfzehntes Strafrechtsänderungsgesetz vom 18. Mai 1976 (BGBl. I S. 1213), Adoptions-
gesetz vom 2. Juli 1976 (BGBl. I S. 1749), Erstes Gesetz zur Bekämpfung der Wirtschaftskriminalität vom 29. Juli 1976 (BGBl. I S. 2034), Gesetz zur Änderung des Strafgesetzbuches, der Strafprozeßordnung, des Gerichtsverfasssungsgesetzes, der Bundesrechtsan-
waltsordnung und des Strafvollzugsgesetzes vom 18. August 1976 (BGBl. I S. 2181),
Sozialgesetzbuch (SGB) – Gemeinsame Vorschriften für die Sozialversicherung – vom
23. Dezember 1976 (BGBl. I S. 3845, 3869), Europawahlgesetz vom 16. Juni 1978 (BGBl.
I S. 709), Sechzehntes Strafrechtsänderungsgesetz vom 16. Juli 1979 (BGBl. I S. 1046),
Siebzehntes Strafrechtsänderungsgesetz vom 21. Dezember 1979 (BGBl. I S. 2324), und
Achtzehntes Strafrechtsänderungsgesetz vom 28. März 1980 (BGBl. I S. 373)

(BGBl. III 450–2)

Die Änderungen des StGB durch das 16.,17. und 18. StRÄndG sind durch Rotdruck
gekennzeichnet, ebenso die durch das 19. StRÄndG zu erwartenden Änderungen (§ 56f
Abs. 2, § 57a), die in der Fassung der BRats-Drucks. 278/80 v. 23. 5. 1980 in den Fuß-
noten abgedruckt sind.

Inhaltsübersicht

Allgemeiner Teil

Erster Abschnitt. Das Strafgesetz

Erster Titel. Geltungsbereich

Zweiter Titel. Sprachgebrauch

Zweiter Abschnitt. Die Tat

Erster Titel. Grundlagen der Strafbarkeit

Dritter Titel. Strafbemessung bei mehreren Gesetzesverletzungen

Vierter Titel. Strafaussetzung zur Bewährung

Fünfter Titel. Verwarnung mit Strafvorbehalt. Absehen von Strafe

Sechster Titel. Maßregeln der Besserung und Sicherung

– Freiheitsentziehende Maßregeln –

– Führungsaufsicht –

Besonderer Teil

Erster Abschnitt. Friedensverrat, Hochverrat und Gefährdung des demokratischen Rechtsstaates

Erster Titel. Friedensverrat

Zweiter Titel. Hochverrat

Dritter Titel. Gefährdung des demokratischen Rechtsstaates

Vierter Titel. Gemeinsame Vorschriften

Zweiter Abschnitt. Landesverrat und Gefährdung der äußeren Sicherheit

Dritter Abschnitt. Straftaten gegen ausländische Staaten

Vierter Abschnitt. Straftaten gegen Verfassungsorgane sowie bei Wahlen und Abstimmungen

Fünfter Abschnitt. Straftaten gegen die Landesverteidigung

Sechster Abschnitt. Widerstand gegen die Staatsgewalt

Siebenter Abschnitt. Straftaten gegen die öffentliche Ordnung

Achter Abschnitt. Geld- und Wertzeichenfälschung

Neunter Abschnitt. Falsche uneidliche Aussage und Meineid

Zehnter Abschnitt. Falsche Verdächtigung

Elfter Abschnitt.
Straftaten, welche sich auf Religion und Weltanschauung beziehen

Zwölfter Abschnitt.
Straftaten gegen den Personenstand, die Ehe und die Familie

Dreizehnter Abschnitt. Straftaten gegen die sexuelle Selbstbestimmung

Vierzehnter Abschnitt. Beleidigung

Fünfzehnter Abschnitt.
Verletzung des persönlichen Lebens- und Geheimbereichs

Sechzehnter Abschnitt. Straftaten gegen das Leben

Siebzehnter Abschnitt. Körperverletzung

Achtzehnter Abschnitt. Straftaten gegen die persönliche Freiheit

Neunzehnter Abschnitt. Diebstahl und Unterschlagung

Zwanzigster Abschnitt. Raub und Erpressung

Einundzwanzigster Abschnitt. Begünstigung und Hehlerei

Zweiundzwanzigster Abschnitt. Betrug und Untreue

Dreiundzwanzigster Abschnitt. Urkundenfälschung

Vierundzwanzigster Abschnitt. Konkursstraftaten

Fünfundzwanzigster Abschnitt. Strafbarer Eigennutz

Sechsundzwanzigster Abschnitt. Sachbeschädigung

Siebenundzwanzigster Abschnitt. Gemeingefährliche Straftaten

Achtundzwanzigster Abschnitt. Straftaten gegen die Umwelt

Neunundzwanzigster Abschnitt. Straftaten im Amte

Allgemeiner Teil

Erster Abschnitt. Das Strafgesetz

Erster Titel. Geltungsbereich

§ 1. Keine Strafe ohne Gesetz. Eine Tat kann nur bestraft werden, wenn die Strafbarkeit gesetzlich bestimmt war, bevor die Tat begangen wurde.

§ 2. Zeitliche Geltung. (1) Die Strafe und ihre Nebenfolgen bestimmen sich nach dem Gesetz, das zur Zeit der Tat gilt.

(2) Wird die Strafdrohung während der Begehung der Tat geändert, so ist das Gesetz anzuwenden, das bei Beendigung der Tat gilt.

(3) Wird das Gesetz, das bei Beendigung der Tat gilt, vor der Entscheidung geändert, so ist das mildeste Gesetz anzuwenden.

(4) Ein Gesetz, das nur für eine bestimmte Zeit gelten soll, ist auf Taten, die während seiner Geltung begangen sind, auch dann anzuwenden, wenn es außer Kraft getreten ist. Dies gilt nicht, soweit ein Gesetz etwas anderes bestimmt.

(5) Für Verfall, Einziehung und Unbrauchbarmachung gelten die Absätze 1 bis 4 entsprechend.

(6) Über Maßregeln der Besserung und Sicherung ist, wenn gesetzlich nichts anderes bestimmt ist, nach dem Gesetz zu entscheiden, das zur Zeit der Entscheidung gilt.

§ 3. Geltung für Inlandstaten. Das deutsche Strafrecht gilt für Taten, die im Inland begangen werden.

§ 4. Geltung für Taten auf deutschen Schiffen und Luftfahrzeugen. Das deutsche Strafrecht gilt, unabhängig vom Recht des Tatorts, für Taten, die auf einem Schiff oder Luftfahrzeug begangen werden, das berechtigt ist, die Bundesflagge oder das Staatszugehörigkeitszeichen der Bundesrepublik Deutschland zu führen.

§ 5. Auslandstaten gegen inländische Rechtsgüter. Das deutsche Strafrecht gilt, unabhängig vom Recht des Tatorts, für folgende Taten, die im Ausland begangen werden:

1. Vorbereitung eines Angriffskrieges (§ 80);

2. Hochverrat (§§ 81 bis 83);

3. Gefährdung des demokratischen Rechtsstaates

   a) in den Fällen der §§ 89, 90a Abs. 1 und des § 90b, wenn der Täter Deutscher ist und seine Lebensgrundlage im räumlichen Geltungsbereich dieses Gesetzes hat, und

   b) in den Fällen der §§ 90 und 90a Abs. 2;

4. Landesverrat und Gefährdung der äußeren Sicherheit (§§ 94 bis 100a);

5.[1] Straftaten gegen die Landesverteidigung

    a) in den Fällen der §§ 109 und 109e bis 109g und

    b) in den Fällen der §§ 109a, 109d und 109h, wenn der Täter Deutscher ist und seine Lebensgrundlage im räumlichen Geltungsbereich dieses Gesetzes hat;

6. Verschleppung und politische Verdächtigung (§§ 234a, 241a), wenn die Tat sich gegen einen Deutschen richtet, der im Inland seinen Wohnsitz oder gewöhnlichen Aufenthalt hat;

7. Verletzung von Betriebs- oder Geschäftsgeheimnissen eines im räumlichen Geltungsbereich dieses Gesetzes liegenden Betriebs, eines Unternehmens, das dort seinen Sitz hat, oder eines Unternehmens mit Sitz im Ausland, das von einem Unternehmen mit Sitz im räumlichen Geltungsbereich dieses Gesetzes abhängig ist und mit diesem einen Konzern bildet;

8. Straftaten gegen die sexuelle Selbstbestimmung in den Fällen des § 174 Abs. 1, 3 und der §§ 175 und 176 Abs. 1 bis 4, 6, wenn der Täter und der, gegen den die Tat begangen wird, zur Zeit der Tat Deutsche sind und ihre Lebensgrundlage im räumlichen Geltungsbereich dieses Gesetzes haben;

9. Abbruch der Schwangerschaft (§ 218), wenn der Täter zur Zeit der Tat Deutscher ist und seine Lebensgrundlage im räumlichen Geltungsbereich dieses Gesetzes hat;

10. falsche uneidliche Aussage, Meineid und falsche Versicherung an Eides Statt (§§ 153 bis 156) in einem Verfahren, das im räumlichen Geltungsbereich dieses Gesetzes bei einem Gericht oder einer anderen deutschen Stelle anhängig ist, die zur Abnahme von Eiden oder eidesstattlichen Versicherungen zuständig ist;

11. Straftaten gegen die Umwelt in den Fällen der §§ 324, 326, 330 und 330a, wenn die Tat im Bereich des deutschen Festlandsockels begangen wird;

12. Taten, die ein deutscher Amtsträger oder für den öffentlichen Dienst besonders Verpflichteter während eines dienstlichen Aufenthalts oder in Beziehung auf den Dienst begeht;

13. Taten, die ein Ausländer als Amtsträger oder für den öffentlichen Dienst besonders Verpflichteter begeht;

14. Taten, die jemand gegen einen Amtsträger, einen für den öffentlichen Dienst besonders Verpflichteten oder einen Soldaten der Bundeswehr während der Ausübung ihres Dienstes oder in Beziehung auf ihren Dienst begeht.

---

[1] § 5 Nr. ist gemäß Art. 324 Abs. 1 Satz 1, Abs. 3 Nr. 1 EGStGB vom 2. 3. 1974 (BGBl. I S. 469), abgedruckt unter Nr. **2**, im Land Berlin in folgender Fassung anzuwenden:

„5. Anwerben für fremden Wehrdienst (§ 141), wenn der Täter Deutscher ist und seine Lebensgrundlage im räumlichen Geltungsbereich dieses Gesetzes hat;".

§ 6. Auslandstaten gegen international geschützte Rechtsgüter.
Das deutsche Strafrecht gilt weiter, unabhängig vom Recht des Tatorts, für folgende Taten, die im Ausland begangen werden:

1. Völkermord (§ 220a);

2. Kernenergie-, Sprengstoff- und Strahlungsverbrechen in den Fällen der §§ 310b, 311 Abs. 1 bis 3, des § 311a Abs. 2 und des § 311b;

3. Angriff auf den Luftverkehr (§ 316c);

4. Förderung der Prostitution in den Fällen des § 180a Abs. 3 bis 5 und Menschenhandel (§ 181);

5. unbefugter Vertrieb von Betäubungsmitteln;

6. Verbreitung pornographischer Schriften in den Fällen des § 184 Abs. 3;

7. Geld- und Wertpapierfälschung sowie deren Vorbereitung (§§ 146, 149, 151, 152);

8. Subventionsbetrug (§ 264);

9. Taten, die auf Grund eines für die Bundesrepublik Deutschland verbindlichen zwischenstaatlichen Abkommens auch dann zu verfolgen sind, wenn sie im Ausland begangen werden.

§ 7. Geltung für Auslandstaten in anderen Fällen.
(1) Das deutsche Strafrecht gilt für Taten, die im Ausland gegen einen Deutschen begangen werden, wenn die Tat am Tatort mit Strafe bedroht ist oder der Tatort keiner Strafgewalt unterliegt.

(2) Für andere Taten, die im Ausland begangen werden, gilt das deutsche Strafrecht, wenn die Tat am Totort mit Strafe bedroht ist oder der Tatort keiner Strafgewalt unterliegt und wenn der Täter

1. zur Zeit der Tat Deutscher war oder es nach der Tat geworden ist oder

2. zur Zeit der Tat Ausländer war, im Inland betroffen und, obwohl das Auslieferungsgesetz seine Auslieferung nach der Art der Tat zuließe, nicht ausgeliefert wird, weil ein Auslieferungsersuchen nicht gestellt oder abgelehnt wird oder die Auslieferung nicht ausführbar ist.

§ 8. Zeit der Tat.
Eine Tat ist zu der Zeit begangen, zu welcher der Täter oder der Teilnehmer gehandelt hat oder im Falle des Unterlassens hätte handeln müssen. Wann der Erfolg eintritt, ist nicht maßgebend.

§ 9. Ort der Tat.
(1) Eine Tat ist an jedem Ort begangen, an dem der Täter gehandelt hat oder im Falle des Unterlassens hätte handeln müssen oder an dem der zum Tatbestand gehörende Erfolg eingetreten ist oder nach der Vorstellung des Täters eintreten sollte.

(2) Die Teilnahme ist sowohl an dem Ort begangen, an dem die Tat begangen ist, als auch an jedem Ort, an dem der Teilnehmer gehandelt hat oder im Falle des Unterlassens hätte handeln müssen oder an dem nach seiner Vorstellung die Tat begangen werden sollte. Hat der Teilnehmer an einer Auslandstat im Inland gehandelt, so gilt für die Teilnahme

das deutsche Strafrecht, auch wenn die Tat nach dem Recht des Tatorts nicht mit Strafe bedroht ist.

§ 10. Sondervorschriften für Jugendliche und Heranwachsende.

Für Taten von Jugendlichen und Heranwachsenden gilt dieses Gesetz nur, soweit im Jugendgerichtsgesetz nichts anderes bestimmt ist.

Zweiter Titel. Sprachgebrauch

§ 11. Personen- und Sachbegriffe. (1) Im Sinne dieses Gesetzes ist

1. Angehöriger:

    wer zu den folgenden Personen gehört:

    a) Verwandte und Verschwägerte gerader Linie, der Ehegatte, der Verlobte, Geschwister, Ehegatten der Geschwister, Geschwister der Ehegatten, und zwar auch dann, wenn die Beziehung durch eine nichteheliche Geburt vermittelt wird, wenn die Ehe, welche die Beziehung begründet hat, nicht mehr besteht oder wenn die Verwandtschaft oder Schwägerschaft erloschen ist;

    b) Pflegeeltern und Pflegekinder;

2. Amtsträger:

    wer nach deutschem Recht

    a) Beamter oder Richter ist,

    b) in einem sonstigen öffentlich-rechtlichen Amtsverhältnis steht oder

    c) sonst dazu bestellt ist, bei einer Behörde oder bei einer sonstigen Stelle oder in deren Auftrag Aufgaben der öffentlichen Verwaltung wahrzunehmen;

3. Richter:

    wer nach deutschem Recht Berufsrichter oder ehrenamtlicher Richter ist;

4. für den öffentlichen Dienst besonders Verpflichteter:

    wer, ohne Amtsträger zu sein,

    a) bei einer Behörde oder bei einer sonstigen Stelle, die Aufgaben der öffentlichen Verwaltung wahrnimmt, oder

    b) bei einem Verband oder sonstigen Zusammenschluß, Betrieb oder Unternehmen, die für eine Behörde oder für eine sonstige Stelle Aufgaben der öffentlichen Verwaltung ausführen,

    beschäftigt oder für sie tätig und auf die gewissenhafte Erfüllung seiner Obliegenheiten auf Grund eines Gesetzes förmlich verpflichtet ist;

5. rechtswidrige Tat:

    nur eine solche, die den Tatbestand eines Strafgesetzes verwirklicht;

6. Unternehmen einer Tat:

    deren Versuch und deren Vollendung;

7. Behörde:

    auch ein Gericht;

8. Maßnahme:
   jede Maßregel der Besserung und Sicherung, der Verfall, die Einziehung und die Unbrauchbarmachung;
9. Entgelt:
   jede in einem Vermögensvorteil bestehende Gegenleistung.

(2) Vorsätzlich im Sinne dieses Gesetzes ist eine Tat auch dann, wenn sie einen gesetzlichen Tatbestand verwirklicht, der hinsichtlich der Handlung Vorsatz voraussetzt, hinsichtlich einer dadurch verursachten besonderen Folge jedoch Fahrlässigkeit ausreichen läßt.

(3) Den Schriften stehen Ton- und Bildträger, Abbildungen und andere Darstellungen in denjenigen Vorschriften gleich, die auf diesen Absatz verweisen.

§ 12. Verbrechen und Vergehen. (1) Verbrechen sind rechtswidrige Taten, die im Mindestmaß mit Freiheitsstrafe von einem Jahr oder darüber bedroht sind.

(2)[2] Vergehen sind rechtswidrige Taten, die im Mindestmaß mit einer geringeren Freiheitsstrafe oder die mit Geldstrafe bedroht sind.

(3) Schärfungen oder Milderungen, die nach den Vorschriften des Allgemeinen Teils oder für besonders schwere oder minder schwere Fälle vorgesehen sind, bleiben für die Einteilung außer Betracht.

Zweiter Abschnitt. Die Tat

Erster Titel. Grundlagen der Strafbarkeit

§ 13. Begehen durch Unterlassen. (1) Wer es unterläßt, einen Erfolg abzuwenden, der zum Tatbestand eines Strafgesetzes gehört, ist nach diesem Gesetz nur dann strafbar, wenn er rechtlich dafür einzustehen hat, daß der Erfolg nicht eintritt, und wenn das Unterlassen der Verwirklichung des gesetzlichen Tatbestandes durch ein Tun entspricht.

(2) Die Strafe kann nach § 49 Abs. 1 gemildert werden.

§ 14 Handeln für einen anderen. (1) Handelt jemand

1. als vertretungsberechtigtes Organ einer juristischen Person oder als Mitglied eines solchen Organs,
2. als vertretungsberechtigter Gesellschafter einer Personenhandelsgesellschaft oder
3. als gesetzlicher Vertreter eines anderen,

so ist ein Gesetz, nach dem besondere persönliche Eigenschaften, Verhältnisse oder Umstände (besondere persönliche Merkmale) die Strafbarkeit begründen, auch auf den Vertreter anzuwenden, wenn diese Merkmale zwar nicht bei ihm, aber bei dem Vertretenen vorliegen.

---

[2] Wegen der Taten, die nach bisherigem Recht Übertretungen waren und nach neuem Recht Vergehen sind, vgl. Art. 300 EGStGB vom 2. 3. 1974 (BGBl. I S. 469), abgedruckt unter Nr. **2.**

(2) Ist jemand von dem Inhaber eines Betriebes oder einem sonst dazu Befugten

1. beauftragt, den Betrieb ganz oder zum Teil zu leiten, oder

2. ausdrücklich beauftragt, in eigener Verantwortung Pflichten zu erfüllen, die den Inhaber des Betriebes treffen,

und handelt er auf Grund dieses Auftrages, so ist ein Gesetz, nach dem besondere persönliche Merkmale die Strafbarkeit begründen, auch auf den Beauftragten anzuwenden, wenn diese Merkmale zwar nicht bei ihm, aber bei dem Inhaber des Betriebes vorliegen. Dem Betrieb im Sinne des Satzes 1 steht das Unternehmen gleich. Handelt jemand auf Grund eines entsprechenden Auftrages für eine Stelle, die Aufgaben der öffentlichen Verwaltung wahrnimmt, so ist Satz 1 sinngemäß anzuwenden.

(3) Die Absätze 1 und 2 sind auch dann anzuwenden, wenn die Rechtshandlung, welche die Vertretungsbefugnis oder das Auftragsverhältnis begründen sollte, unwirksam ist.

§ 15. Vorsätzliches und fahrlässiges Handeln.
Strafbar ist nur vorsätzliches Handeln, wenn nicht das Gesetz fahrlässiges Handeln ausdrücklich mit Strafe bedroht.

§ 16. Irrtum über Tatumstände.
(1) Wer bei Begehung der Tat einen Umstand nicht kennt, der zum gesetzlichen Tatbestand gehört, handelt nicht vorsätzlich. Die Strafbarkeit wegen fahrlässiger Begehung bleibt unberührt.

(2) Wer bei Begehung der Tat irrig Umstände annimmt, welche den Tatbestand eines milderen Gesetzes verwirklichen würden, kann wegen vorsätzlicher Begehung nur nach dem milderen Gesetz bestraft werden.

§ 17.[3] Verbotsirrtum.
Fehlt dem Täter bei Begehung der Tat die Einsicht, Unrecht zu tun, so handelt er ohne Schuld, wenn er diesen Irrtum nicht vermeiden konnte. Konnte der Täter den Irrtum vermeiden, so kann die Strafe nach § 49 Abs. 1 gemildert werden.

§ 18. Schwerere Strafe bei besonderen Tatfolgen.
Knüpft das Gesetz an eine besondere Folge der Tat eine schwerere Strafe, so trifft sie den Täter oder den Teilnehmer nur, wenn ihm hinsichtlich dieser Folge wenigstens Fahrlässigkeit zur Last fällt.

§ 19. Schuldunfähigkeit des Kindes.
Schuldunfähig ist, wer bei Begehung der Tat noch nicht vierzehn Jahre alt ist.

§ 20. Schuldunfähigkeit wegen seelischer Störungen.
Ohne Schuld handelt, wer bei Begehung der Tat wegen einer krankhaften seelischen

---

[3] BVerfGE v. 17. 12. 1975 (BGBl. 1976 I S. 48): „§ 17 des Strafgesetzbuches in der Fassung der Bekanntmachung vom 2. Januar 1975 (Bundesgesetzblatt I S. 1) ist mit dem Grundgesetz vereinbar, soweit er sich auf den in vermeidbarem Verbotsirrtum handelnden Täter bezieht."

Störung, wegen einer tiefgreifenden Bewußtseinsstörung oder wegen Schwachsinn oder einer schweren anderen seelischen Abartigkeit unfähig ist, das Unrecht der Tat einzusehen oder nach dieser Einsicht zu handeln.

§ 21. Verminderte Schuldfähigkeit. Ist die Fähigkeit des Täters, das Unrecht der Tat einzusehen oder nach dieser Einsicht zu handeln, aus einem der in § 20 bezeichneten Gründe bei Begehung der Tat erheblich vermindert, so kann die Strafe nach § 49 Abs. 1 gemildert werden.

Zweiter Titel. Versuch

§ 22. Begriffsbestimmung. Eine Straftat versucht, wer nach seiner Vorstellung von der Tat zur Verwirklichung des Tatbestandes unmittelbar ansetzt.

§ 23. Strafbarkeit des Versuchs. (1) Der Versuch eines Verbrechens ist stets strafbar, der Versuch eines Vergehens nur dann, wenn das Gesetz es ausdrücklich bestimmt.

(2) Der Versuch kann milder bestraft werden als die vollendete Tat (§ 49 Abs. 1).

(3) Hat der Täter aus grobem Unverstand verkannt, daß der Versuch nach der Art des Gegenstandes, an dem, oder des Mittels, mit dem die Tat begangen werden sollte, überhaupt nicht zur Vollendung führen konnte, so kann das Gericht von Strafe absehen oder die Strafe nach seinem Ermessen mildern (§ 49 Abs. 2).

§ 24. Rücktritt. (1) Wegen Versuchs wird nicht bestraft, wer freiwillig die weitere Ausführung der Tat aufgibt oder deren Vollendung verhindert. Wird die Tat ohne Zutun des Zurücktretenden nicht vollendet, so wird er straflos, wenn er sich freiwillig und ernsthaft bemüht, die Vollendung zu verhindern.

(2) Sind an der Tat mehrere beteiligt, so wird wegen Versuchs nicht bestraft, wer freiwillig die Vollendung verhindert. Jedoch genügt zu seiner Straflosigkeit sein freiwilliges und ernsthaftes Bemühen, die Vollendung der Tat zu verhindern, wenn sie ohne sein Zutun nicht vollendet oder unabhängig von seinem früheren Tatbeitrag begangen wird.

Dritter Titel. Täterschaft und Teilnahme

§ 25. Täterschaft. (1) Als Täter wird bestraft, wer die Straftat selbst oder durch einen anderen begeht.

(2) Begehen mehrere die Straftat gemeinschaftlich, so wird jeder als Täter bestraft (Mittäter).

§ 26. Anstiftung. Als Anstifter wird gleich einem Täter bestraft, wer vorsätzlich einen anderen zu dessen vorsätzlich begangener rechtswidriger Tat bestimmt hat.

§ 27. Beihilfe. (1) Als Gehilfe wird bestraft, wer vorsätzlich einem anderen zu dessen vorsätzlich begangener rechtwidriger Tat Hilfe geleistet hat.

(2) Die Strafe für den Gehilfen richtet sich nach der Strafdrohung für den Täter. Sie ist nach § 49 Abs. 1 zu mildern.

§ 28. Besondere persönliche Merkmale. (1) Fehlen besondere persönliche Merkmale (§ 14 Abs. 1), welche die Strafbarkeit des Täters begründen, beim Teilnehmer (Anstifter oder Gehilfe), so ist dessen Strafe nach § 49 Abs. 1 zu mildern.

(2) Bestimmt das Gesetz, daß besondere persönliche Merkmale die Strafe schärfen, mildern oder ausschließen, so gilt das nur für den Beteiligten (Täter oder Teilnehmer), bei dem sie vorliegen.

§ 29. Selbständige Strafbarkeit des Beteiligten. Jeder Beteiligte wird ohne Rücksicht auf die Schuld des anderen nach seiner Schuld bestraft.

§ 30. Versuch der Beteiligung. (1) Wer einen anderen zu bestimmen versucht, ein Verbrechen zu begehen oder zu ihm anzustiften, wird nach den Vorschriften über den Versuch des Verbrechens bestraft. Jedoch ist die Strafe nach § 49 Abs. 1 zu mildern. § 23 Abs. 3 gilt entsprechend.

(2) Ebenso wird bestraft, wer sich bereit erklärt, wer das Erbieten eines anderen annimmt oder wer mit einem anderen verabredet, ein Verbrechen zu begehen oder zu ihm anzustiften.

§ 31. Rücktritt vom Versuch der Beteiligung. (1) Nach § 30 wird nicht bestraft, wer freiwillig

1. den Versuch aufgibt, einen anderen zu einem Verbrechen zu bestimmen, und eine etwa bestehende Gefahr, daß der andere die Tat begeht, abwendet.

2. nachdem er sich zu einem Verbrechen bereit erklärt hatte, sein Vorhaben aufgibt oder,

3. nachdem er ein Verbrechen verabredet oder das Erbieten eines anderen zu einem Verbrechen angenommen hatte, die Tat verhindert.

(2) Unterbleibt die Tat ohne Zutun des Zurücktretenden oder wird sie unabhängig von seinem früheren Verhalten begangen, so genügt zu seiner Straflosigkeit sein freiwilliges und ernsthaftes Bemühen, die Tat zu verhindern.

Vierter Titel. Notwehr und Notstand

§ 32.[4] Notwehr. (1) Wer eine Tat begeht, die durch Notwehr geboten ist, handelt nicht rechtswidrig.

---

[4] Vgl. hierzu auch Art. 2 Abs. 2 Buchstabe a der Konvention zum Schutze der Menschenrechte und Grundfreiheiten vom 4. 11. 1950 (BGBl. 1952 II S. 686), die auf Grund des Gesetzes vom 7. 8. 1972 (BGBl. II S. 685, ber. S. 953) mit Gesetzeskraft im Geltungsbereich des Grundgesetzes in Kraft getreten ist. Art. 2 der Konvention lautet:

(2) Notwehr ist die Verteidigung, die erforderlich ist, um einen gegenwärtigen rechtswidrigen Angriff von sich oder einem anderen abzuwenden.

§ 33. Überschreitung der Notwehr. Überschreitet der Täter die Grenzen der Notwehr aus Verwirrung, Furcht oder Schrecken, so wird er nicht bestraft.

§ 34. Rechtfertigender Notstand. Wer in einer gegenwärtigen, nicht anders abwendbaren Gefahr für Leben, Leib, Freiheit, Ehre, Eigentum oder ein anderes Rechtsgut eine Tat begeht, um die Gefahr von sich oder einem anderen abzuwenden, handelt nicht rechtswidrig, wenn bei Abwägung der widerstreitenden Interessen, namentlich der betroffenen Rechtsgüter und des Grades der ihnen drohenden Gefahren, das geschützte Interesse das beeinträchtigte wesentlich überwiegt. Dies gilt jedoch nur, soweit die Tat ein angemessenes Mittel ist, die Gefahr abzuwenden.

§ 35. Entschuldigender Notstand. (1) Wer in einer gegenwärtigen, nicht anders abwendbaren Gefahr für Leben, Leib oder Freiheit eine rechtswidrige Tat begeht, um die Gefahr von sich, einem Angehörigen oder einer anderen ihm nahestehenden Person abzuwenden, handelt ohne Schuld. Dies gilt nicht, soweit dem Täter nach den Umständen, namentlich weil er die Gefahr selbst verursacht hat oder weil er in einem besonderen Rechtsverhältnis stand, zugemutet werden konnte, die Gefahr hinzunehmen; jedoch kann die Strafe nach § 49 Abs. 1 gemildert werden, wenn der Täter nicht mit Rücksicht auf ein besonderes Rechtsverhältnis die Gefahr hinzunehmen hatte.

(2) Nimmt der Täter bei Begehung der Tat irrig Umstände an, welche ihn nach Absatz 1 entschuldigen würden, so wird er nur dann bestraft, wenn er den Irrtum vermeiden konnte. Die Strafe ist nach § 49 Abs. 1 zu mildern.

Fünfter Titel. Straflosigkeit parlamentarischer Äußerungen und Berichte

§ 36. Parlamentarische Äußerungen. Mitglieder des Bundestages, der Bundesversammlung oder eines Gesetzgebungsorgans eines Landes dür-

---

Fortsetzung Fußn. 4 von S. 42.

,,**Art. 2.** (1) Das Recht jedes Menschen auf das Leben wird gesetzlich geschützt. Abgesehen von der Vollstreckung eines Todesurteils, das von einem Gericht im Falle eines mit der Todesstrafe bedrohten Verbrechens ausgesprochen worden ist, darf eine absichtliche Tötung nicht vorgenommen werden.

(2) Die Tötung wird nicht als Verletzung dieses Artikels betrachtet, wenn sie sich aus einer unbedingt erforderlichen Gewaltanwendung ergibt:

a) um die Verteidigung eines Menschen gegenüber rechtswidriger Gewaltanwendung sicherzustellen;

b) um eine ordnungsgemäße Festnahme durchzuführen oder das Entkommen einer ordnungsgemäß festgehaltenen Person zu verhindern;

c) um im Rahmen der Gesetze einen Aufruhr oder einen Aufstand zu unterdrücken.''

fen zu keiner Zeit wegen ihrer Abstimmung oder wegen einer Äußerung, die sie in der Körperschaft oder in einem ihrer Ausschüsse getan haben, außerhalb der Körperschaft zur Verantwortung gezogen werden. Dies gilt nicht für verleumderische Beleidigungen.

§ 37. Parlamentarische Berichte. Wahrheitsgetreue Berichte über die öffentlichen Sitzungen der in § 36 bezeichneten Körperschaften oder ihrer Ausschüsse bleiben von jeder Verantwortlichkeit frei.

Dritter Abschnitt. Rechtsfolgen der Tat

Erster Titel. Strafen

– Freiheitsstrafe –

§ 38. Dauer der Freiheitsstrafe. (1) Die Freiheitsstrafe ist zeitig, wenn das Gesetz nicht lebenslange Freiheitsstrafe androht.

(2)[5] Das Höchstmaß der zeitigen Freiheitsstrafe ist fünfzehn Jahre, ihr Mindestmaß ein Monat.

§ 39. Bemessung der Freiheitsstrafe. Freiheitsstrafe unter einem Jahr wird nach vollen Wochen und Monaten, Freiheitsstrafe von längerer Dauer nach vollen Monaten und Jahren bemessen.

– Geldstrafe –

§ 40. Verhängung in Tagessätzen. (1) Die Geldstrafe wird in Tagessätzen verhängt. Sie beträgt mindestens fünf und, wenn das Gesetz nichts anderes bestimmt, höchstens dreihundertsechzig volle Tagessätze.

(2) Die Höhe eines Tagessatzes bestimmt das Gericht unter Berücksichtigung der persönlichen und wirtschaftlichen Verhältnisse des Täters. Dabei geht es in der Regel von dem Nettoeinkommen aus, das der Täter durchschnittlich an einem Tag hat oder haben könnte. Ein Tagessatz wird auf mindestens zwei und höchstens zehntausend Deutsche Mark festgesetzt.

(3) Die Einkünfte des Täters, sein Vermögen und andere Grundlagen für die Bemessung eines Tagessatzes können geschätzt werden.

(4) In der Entscheidung werden Zahl und Höhe der Tagessätze angegeben.

§ 41. Geldstrafe neben Freiheitsstrafe. Hat der Täter sich durch die Tat bereichert oder zu bereichern versucht, so kann neben einer Freiheitsstrafe eine sonst nicht oder nur wahlweise angedrohte Geldstrafe verhängt werden, wenn dies auch unter Berücksichtigung der persönlichen und wirtschaftlichen Verhältnisse des Täters angebracht ist.

---

[5] Wegen des Mindestmaßes vgl. die Überleitungsvorschrift in Art. 298 EGStGB vom 2. 3. 1974 (BGBl. I S. 469), abgedruckt unter Nr. **2.**

§ 42. Zahlungserleichterungen. Ist dem Verurteilten nach seinen persönlichen oder wirtschaftlichen Verhältnissen nicht zuzumuten, die Geldstrafe sofort zu zahlen, so bewilligt ihm das Gericht eine Zahlungsfrist oder gestattet ihm, die Strafe in bestimmten Teilbeträgen zu zahlen. Das Gericht kann dabei anordnen, daß die Vergünstigung, die Geldstrafe in bestimmten Teilbeträgen zu zahlen, entfällt, wenn der Verurteilte einen Teilbetrag nicht rechtzeitig zahlt.

§ 43.[6] Ersatzfreiheitsstrafe. An die Stelle einer uneinbringlichen Geldstrafe tritt Freiheitsstrafe. Einem Tagessatz entspricht ein Tag Freiheitsstrafe. Das Mindestmaß der Ersatzfreiheitsstrafe ist ein Tag.

– Nebenstrafe –

§ 44. Fahrverbot. (1) Wird jemand wegen einer Straftat, die er bei oder im Zusammenhang mit dem Führen eines Kraftfahrzeuges oder unter Verletzung der Pflichten eines Kraftfahrzeugführers begangen hat, zu einer Freiheitsstrafe oder einer Geldstrafe verurteilt, so kann ihm das Gericht für die Dauer von einem Monat bis zu drei Monaten verbieten, im Straßenverkehr Kraftfahrzeuge jeder oder einer bestimmten Art zu führen. Ein Fahrverbot ist in der Regel anzuordnen, wenn in den Fällen einer Verurteilung nach § 315c Abs. 1 Nr. 1 Buchstabe a, Abs. 3 oder § 316 die Entziehung der Fahrerlaubnis nach § 69 unterbleibt.

(2) Darf der Täter nach den für den internationalen Kraftfahrzeugverkehr geltenden Vorschriften im Inland Kraftfahrzeuge führen, ohne daß ihm von einer deutschen Behörde ein Führerschein erteilt worden ist, so ist das Fahrverbot nur zulässig, wenn die Tat gegen Verkehrsvorschriften verstößt.

(3) Das Fahrverbot wird mit der Rechtskraft des Urteils wirksam. Für seine Dauer wird ein von einer deutschen Behörde erteilter Führerschein amtlich verwahrt. In ausländischen Fahrausweisen wird das Fahrverbot vermerkt.

(4) Ist ein Führerschein amtlich zu verwahren oder das Fahrverbot in einem ausländischen Fahrausweis zu vermerken, so wird die Verbotsfrist erst von dem Tage an gerechnet, an dem dies geschieht. In die Verbotsfrist wird die Zeit nicht eingerechnet, in welcher der Täter auf behördliche Anordnung in einer Anstalt verwahrt worden ist.

– Nebenfolgen –

§ 45. Verlust der Amtsfähigkeit, der Wählbarkeit und des Stimmrechts. (1) Wer wegen eines Verbrechens zu Freiheitsstrafe von mindestens einem Jahr verurteilt wird, verliert für die Dauer von fünf Jahren die Fähigkeit, öffentliche Ämter zu bekleiden und Rechte aus öffentlichen Wahlen zu erlangen.

(2) Das Gericht kann dem Verurteilten für die Dauer von zwei bis zu fünf Jahren die in Absatz 1 bezeichneten Fähigkeiten aberkennen, soweit das Gesetz es besonders vorsieht.

---

[6] Wegen der Tilgung uneinbringlicher Geldstrafen durch freie Arbeit vgl. Art. 293 EGStGB vom 2.3. 1974 (BGBl. I S. 469), abgedruckt unter Nr. **2.**

(3) Mit dem Verlust der Fähigkeit, öffentliche Ämter zu bekleiden, verliert der Verurteilte zugleich die entsprechenden Rechtsstellungen und Rechte, die er innehat.

(4) Mit dem Verlust der Fähigkeit, Rechte aus öffentlichen Wahlen zu erlangen, verliert der Verurteilte zugleich die entsprechenden Rechtsstellungen und Rechte, die er innehat, soweit das Gesetz nichts anderes bestimmt.

(5) Das Gericht kann dem Verurteilten für die Dauer von zwei bis zu fünf Jahren das Recht, in öffentlichen Angelegenheiten zu wählen oder zu stimmen, aberkennen, soweit das Gesetz es besonders vorsieht.

§ 45a. Eintritt und Berechnung des Verlustes. (1) Der Verlust der Fähigkeiten, Rechtsstellungen und Rechte wird mit der Rechtskraft des Urteils wirksam.

(2) Die Dauer des Verlustes einer Fähigkeit oder eines Rechtes wird von dem Tage an gerechnet, an dem die Freiheitsstrafe verbüßt, verjährt oder erlassen ist. Ist neben der Freiheitsstrafe eine freiheitsentziehende Maßregel der Besserung und Sicherung angeordnet worden, so wird die Frist erst von dem Tage an gerechnet, an dem auch die Maßregel erledigt ist.

(3) War die Vollstreckung der Strafe, des Strafrestes oder der Maßregel zur Bewährung oder im Gnadenwege ausgesetzt, so wird in die Frist die Bewährungszeit eingerechnet, wenn nach deren Ablauf die Strafe oder der Strafrest erlassen wird oder die Maßregel erledigt ist.

§ 45b. Wiederverleihung von Fähigkeiten und Rechten. (1) Das Gericht kann nach § 45 Abs. 1, 2 verlorene Fähigkeiten und nach § 45 Abs. 5 verlorene Rechte wiederverleihen, wenn

1. der Verlust die Hälfte der Zeit, für die er dauern sollte, wirksam war und

2. zu erwarten ist, daß der Verurteilte künftig keine vorsätzlichen Straftaten mehr begehen wird.

(2) In die Fristen wird die Zeit nicht eingerechnet, in welcher der Verurteilte auf behördliche Anordnung in einer Anstalt verwahrt worden ist.

Zweiter Titel. Strafbemessung

§ 46. Grundsätze der Strafzumessung. (1) Die Schuld des Täters ist Grundlage für die Zumessung der Strafe. Die Wirkungen, die von der Strafe für das künftige Leben des Täters in der Gesellschaft zu erwarten sind, sind zu berücksichtigen.

(2) Bei der Zumessung wägt das Gericht die Umstände, die für und gegen den Täter sprechen, gegeneinander ab. Dabei kommen namentlich in Betracht:

die Beweggründe und die Ziele des Täters,

die Gesinnung, die aus der Tat spricht, und der bei der Tat aufgewendete Wille,

das Maß der Pflichtwidrigkeit,
die Art der Ausführung und die verschuldeten Auswirkungen der Tat,
das Vorleben des Täters, seine persönlichen und wirtschaftlichen Verhältnisse sowie
sein Verhalten nach der Tat, besonders sein Bemühen, den Schaden wiedergutzumachen.

(3) Umstände, die schon Merkmale des gesetzlichen Tatbestandes sind, dürfen nicht berücksichtigt werden.

§ 47. Kurze Freiheitsstrafe nur in Ausnahmefällen.

(1) Eine Freiheitsstrafe unter sechs Monaten verhängt das Gericht nur, wenn besondere Umstände, die in der Tat oder der Persönlichkeit des Täters liegen, die Verhängung einer Freiheitsstrafe zur Einwirkung auf den Täter oder zur Verteidigung der Rechtsordnung unerläßlich machen.

(2 Droht das Gesetz keine Geldstrafe an und kommt eine Freiheitsstrafe von sechs Monaten oder darüber nicht in Betracht, so verhängt das Gericht eine Geldstrafe, wenn nicht die Verhängung einer Freiheitsstrafe nach Absatz 1 unerläßlich ist. Droht das Gesetz ein erhöhtes Mindestmaß der Freiheitsstrafe an, so bestimmt sich das Mindestmaß der Geldstrafe in den Fällen des Satzes 1 nach dem Mindestmaß der angedrohten Freiheitsstrafe; dabei entsprechen dreißig Tagessätze einem Monat Freiheitsstrafe.

§ 48. Rückfall.

(1) Begeht jemand, nachdem er

1. schon mindestens zweimal im räumlichen Geltungsbereich dieses Gesetzes wegen einer vorsätzlichen Straftat zu Strafe verurteilt worden ist und

2. wegen einer oder mehrerer dieser Taten für die Zeit von mindestens drei Monaten Freiheitsstrafe verbüßt hat,

eine vorsätzliche Straftat und ist ihm im Hinblick auf Art und Umstände der Straftaten vorzuwerfen, daß er sich die früheren Verurteilungen nicht hat zur Warnung dienen lassen, so ist die Mindeststrafe Freiheitsstrafe von sechs Monaten, wenn die Tat nicht ohnehin mit einer höheren Mindeststrafe bedroht ist. Das Höchstmaß der angedrohten Freiheitsstrafe bleibt unberührt.

(2) Absatz 1 gilt nicht, wenn das Höchstmaß der für die neue Tat angedrohten Freiheitsstrafe weniger als ein Jahr beträgt.

(3) Im Sinne des Absatzes 1 Nr. 1 gilt eine Verurteilung zu Gesamtstrafe als eine einzige Verurteilung. Ist Untersuchungshaft oder eine andere Freiheitsentziehung auf Freiheitsstrafe angerechnet, so gilt sie als verbüßte Strafe im Sinne des Absatzes 1 Nr. 2.

(4) Eine frühere Tat bleibt außer Betracht, wenn zwischen ihr und der folgenden Tat mehr als fünf Jahre verstrichen sind. In die Frist wird die Zeit nicht eingerechnet, in welcher der Täter auf behördliche Anordnung in einer Anstalt verwahrt worden ist.

49. Besondere gesetzliche Milderungsgründe.

(1) Ist eine Milderung nach dieser Vorschrift vorgeschrieben oder zugelassen, so gilt für die Milderung folgendes:

1. An die Stelle von lebenslanger Freiheitsstrafe tritt Freiheitsstrafe nicht unter drei Jahren.

2. Bei zeitiger Freiheitsstrafe darf höchstens auf drei Viertel des angedrohten Höchstmaßes erkannt werden. Bei Geldstrafe gilt dasselbe für die Höchstzahl der Tagessätze.

3. Das erhöhte Mindestmaß einer Freiheitsstrafe ermäßigt sich

im Falle eines Mindestmaßes von zehn oder fünf Jahren auf zwei Jahre,
im Falle eines Mindestmaßes von drei oder zwei Jahren auf sechs Monate,
im Falle eines Mindestmaßes von einem Jahr auf drei Monate,
im übrigen auf das gesetzliche Mindestmaß.

(2) Darf das Gericht nach einem Gesetz, das auf diese Vorschrift verweist, die Strafe nach seinem Ermessen mildern, so kann es bis zum gesetzlichen Mindestmaß der angedrohten Strafe herabgehen oder statt auf Freiheitsstrafe auf Geldstrafe erkennen.

§ 50. Zusammentreffen von Milderungsgründen. Ein Umstand, der allein oder mit anderen Umständen die Annahme eines minder schweren Falles begründet und der zugleich ein besonderer gesetzlicher Milderungsgrund nach § 49 ist, darf nur einmal berücksichtigt werden.

§ 51. Anrechnung. (1) Hat der Verurteilte aus Anlaß einer Tat, die Gegenstand des Verfahrens ist oder gewesen ist, Untersuchungshaft oder eine andere Freiheitsentziehung erlitten, so wird sie auf zeitige Freiheitsstrafe und auf Geldstrafe angerechnet. Das Gericht kann jedoch anordnen, daß die Anrechnung ganz oder zum Teil unterbleibt, wenn sie im Hinblick auf das Verhalten des Verurteilten nach der Tat nicht gerechtfertigt ist.

(2) Wird eine rechtskräftig verhängte Strafe in einem späteren Verfahren durch eine andere Strafe ersetzt, so wird auf diese die frühere Strafe angerechnet, soweit sie vollstreckt ist.

(3) Ist der Verurteilte wegen derselben Tat im Ausland bestraft worden, so wird auf die neue Strafe die ausländische angerechnet, soweit sie vollstreckt ist. Für eine andere im Ausland erlittene Freiheitsentziehung gilt Absatz 1 entsprechend.

(4) Bei der Anrechnung von Geldstrafe oder auf Geldstrafe entspricht ein Tag Freiheitsentziehung einem Tagessatz. Wird eine ausländische Strafe oder Freiheitsentziehung angerechnet, so bestimmt das Gericht den Maßstab nach seinem Ermessen.

(5) Für die Anrechnung der Dauer einer vorläufigen Entziehung der Fahrerlaubnis (§ 111a der Strafprozeßordnung) auf das Fahrverbot nach § 44 gilt Absatz 1 entsprechend. In diesem Sinne steht der vorläufigen Entziehung der Fahrerlaubnis die Verwahrung, Sicherstellung oder Beschlagnahme des Führerscheins (§ 94 der Strafprozeßordnung) gleich.

§ 52. Tateinheit. (1) Verletzt dieselbe Handlung mehrere Strafgesetze oder dasselbe Strafgesetz mehrmals, so wird nur auf eine Strafe erkannt.

(2) Sind mehrere Strafgesetze verletzt, so wird die Strafe nach dem Gesetz bestimmt, das die schwerste Strafe androht. Sie darf nicht milder sein, als die anderen anwendbaren Gesetze es zulassen.

(3) Geldstrafe kann das Gericht unter den Voraussetzungen des § 41 neben Freiheitsstrafe gesondert verhängen.

(4) Auf Nebenstrafen, Nebenfolgen und Maßnahmen (§ 11 Abs. 1 Nr. 8) muß oder kann erkannt werden, wenn eines der anwendbaren Gesetze sie vorschreibt oder zuläßt.

§ 53. Tatmehrheit. (1) Hat jemand mehrere Straftaten begangen, die gleichzeitig abgeurteilt werden, und dadurch mehrere zeitige Freiheitsstrafen oder mehrere Geldstrafen verwirkt, so wird auf eine Gesamtstrafe erkannt.

(2) Trifft zeitige Freiheitsstrafe mit Geldstrafe zusammen, so wird auf eine Gesamtstrafe erkannt. Jedoch kann das Gericht auf Geldstrafe auch gesondert erkennen; soll in diesen Fällen wegen mehrerer Straftaten Geldstrafe verhängt werden, so wird insoweit auf eine Gesamtgeldstrafe erkannt.

(3) § 52 Abs. 3, 4 gilt entsprechend.

§ 54. Bildung der Gesamtstrafe. (1) Die Gesamtstrafe wird durch Erhöhung der verwirkten höchsten Strafe, bei Strafen verschiedener Art durch Erhöhung der ihrer Art nach schwersten Strafe gebildet. Dabei werden die Person des Täters und die einzelnen Straftaten zusammenfassend gewürdigt.

(2) Die Gesamtstrafe darf die Summe der Einzelstrafe nicht erreichen. Sie darf bei Freiheitsstrafen fünfzehn Jahre und bei Geldstrafe siebenhundertzwanzig Tagessätze nicht übersteigen.

(3) Ist eine Gesamtstrafe aus Freiheits- und Geldstrafe zu bilden, so entspricht bei der Bestimmung der Summe der Einzelstrafen ein Tagessatz einem Tag Freiheitsstrafe.

§ 55. Nachträgliche Bildung der Gesamtstrafe. (1) Die §§ 53 und 54 sind auch anzuwenden, wenn ein rechtskräftig Verurteilter, bevor die gegen ihn erkannte Strafe vollstreckt, verjährt oder erlassen ist, wegen einer anderen Straftat verurteilt wird, die er vor der früheren Verurteilung begangen hat. Als frühere Verurteilung gilt das Urteil in dem früheren Verfahren, in dem die zugrundeliegenden tatsächlichen Feststellungen letztmals geprüft werden konnten.

(2) Nebenstrafen, Nebenfolgen und Maßnahmen (§ 11 Abs. 1 Nr. 8), auf die in der früheren Entscheidung erkannt war, sind aufrechtzuerhal-

ten, soweit sie nicht durch die neue Entscheidung gegenstandslos werden.

Vierter Titel. Strafaussetzung zur Bewährung

§ 56. Strafaussetzung. (1) Bei der Verurteilung zu Freiheitsstrafe von nicht mehr als einem Jahr setzt das Gericht die Vollstreckung der Strafe zur Bewährung aus, wenn zu erwarten ist, daß der Verurteilte sich schon die Verurteilung zur Warnung dienen lassen und künftig auch ohne die Einwirkung des Strafvollzugs keine Straftaten mehr begehen wird. Dabei sind namentlich die Persönlichkeit des Verurteilten, sein Vorleben, die Umstände seiner Tat, sein Verhalten nach der Tat, seine Lebensverhältnisse und die Wirkungen zu berücksichtigen, die von der Aussetzung für ihn zu erwarten sind.

(2) Das Gericht kann unter den Voraussetzungen des Absatzes 1 auch die Vollstreckung einer höheren Freiheitsstrafe, die zwei Jahre nicht übersteigt, zur Bewährung aussetzen, wenn besondere Umstände in der Tat und in der Persönlichkeit des Verurteilten vorliegen.

(3) Bei der Verurteilung zu Freiheitsstrafe von mindestens sechs Monaten wird die Vollstreckung nicht ausgesetzt, wenn die Verteidigung der Rechtsordnung sie gebietet.

(4) Die Strafaussetzung kann nicht auf einen Teil der Strafe beschränkt werden. Sie wird durch eine Anrechnung von Untersuchungshaft oder einer anderen Freiheitsentziehung nicht ausgeschlossen.

§ 56a. Bewährungszeit. (1) Das Gericht bestimmt die Dauer der Bewährungszeit. Sie darf fünf Jahre nicht überschreiten und zwei Jahre nicht unterschreiten.

(2) Die Bewährungszeit beginnt mit der Rechtskraft der Entscheidung über die Strafaussetzung. Sie kann nachträglich bis auf das Mindestmaß verkürzt oder vor ihrem Ablauf bis auf das Höchstmaß verlängert werden.

§ 56b. Auflagen. (1) Das Gericht kann dem Verurteilten Auflagen erteilen, die der Genugtuung für das begangene Unrecht dienen. Dabei dürfen an den Verurteilten keine unzumutbaren Anforderungen gestellt werden.

(2) Das Gericht kann dem Verurteilten auferlegen,

1. nach Kräften den durch die Tat verursachten Schaden wiedergutzumachen,

2. einen Geldbetrag zugunsten einer gemeinnützigen Einrichtung oder der Staatskasse zu zahlen oder

3. sonst gemeinnützige Leistungen zu erbringen.

(3) Erbietet sich der Verurteilte zu angemessenen Leistungen, die der Genugtuung für das begangene Unrecht dienen, so sieht das Gericht in der Regel von Auflagen vorläufig ab, wenn die Erfüllung des Anerbietens zu erwarten ist.

§ 56c.[7] **Weisungen.** (1) Das Gericht erteilt dem Verurteilten für die Dauer der Bewährungszeit Weisungen, wenn er dieser Hilfe bedarf, um keine Straftaten mehr zu begehen. Dabei dürfen an die Lebensführung des Verurteilten keine unzumutbaren Anforderungen gestellt werden.

(2) Das Gericht kann den Verurteilten namentlich anweisen,

1. Anordnungen zu befolgen, die sich auf Aufenthalt, Ausbildung, Arbeit oder Freizeit oder auf die Ordnung seiner wirtschaftlichen Verhältnisse beziehen,

2. sich zu bestimmten Zeiten bei Gericht oder einer anderen Stelle zu melden,

3. mit bestimmten Personen oder mit Personen einer bestimmten Gruppe, die ihm Gelegenheit oder Anreiz zu weiteren Straftaten bieten können, nicht zu verkehren, sie nicht zu beschäftigen, auszubilden oder zu beherbergen,

4. bestimmte Gegenstände, die ihm Gelegenheit oder Anreiz zu weiteren Straftaten bieten können, nicht zu besitzen, bei sich zu führen oder verwahren zu lassen oder

5. Unterhaltspflichten nachzukommen.

(3) Die Weisung,

1. sich einer Heilbehandlung oder einer Entziehungskur zu unterziehen oder

2. in einem geeigneten Heim oder einer geeigneten Anstalt Aufenthalt zu nehmen,

darf nur mit Einwilligung des Verurteilten erteilt werden.

(4) Macht der Verurteilte entsprechende Zusagen für seine künftige Lebensführung, so sieht das Gericht in der Regel von Weisungen vorläufig ab, wenn die Einhaltung der Zusagen zu erwarten ist.

§ 56d. Bewährungshilfe. (1) Das Gericht unterstellt den Verurteilten für die Dauer der Bewährungszeit der Aufsicht und Leitung eines Bewährungshelfers, wenn dies angezeigt ist, um ihn von Straftaten abzuhalten.

(2) Eine Weisung nach Absatz 1 erteilt das Gericht in der Regel, wenn

---

[7] Für vormilitärische Straftaten eines Soldaten der Bundeswehr gilt für die Dauer des Wehrdienstverhältnisses nach Art. 4 des Einführungsgesetzes zum Wehrstrafgesetz vom 30. 3. 1957 (BGBl. I S. 306) folgendes:
„Art. 4. Ist wegen einer vor Beginn des Wehrdienstes begangenen Straftat die Vollstreckung der Strafe zur Bewährung ausgesetzt (§§ 56 bis 58 des Strafgesetzbuches), so gelten für die Dauer des Wehrdienstverhältnisses eines Soldaten der Bundeswehr folgende besonderen Vorschriften:
1. Bewährungsauflagen und Weisungen (§§ 56b bis 56d des Strafgesetzbuches) sollen die Besonderheiten des Wehrdienstes berücksichtigen. Bewährungsauflagen und Weisungen, die bereits angeordnet sind, soll der Richter diesen Besonderheiten anpassen.
2. Als ehrenamtlicher Bewährungshelfer (§ 56d des Strafgesetzbuches) kann ein Soldat bestellt werden. Er untersteht bei der Überwachung des Verurteilten nicht den Anweisungen des Gerichts.
3. Von der Überwachung durch einen Bewährungshelfer, der nicht Soldat ist, sind Angelegenheiten ausgeschlossen, für welche die militärischen Vorgesetzten des Verurteilten zu sorgen haben. Maßnahmen des Disziplinarvorgesetzten haben den Vorrang."

es eine Freiheitsstrafe von mehr als neun Monaten aussetzt und der Verurteilte noch nicht siebenundzwanzig Jahre alt ist.

(3) Der Bewährungshelfer steht dem Verurteilten helfend und betreuend zur Seite. Er überwacht im Einvernehmen mit dem Gericht die Erfüllung der Auflagen und Weisungen sowie der Anerbieten und Zusagen. Er berichtet über die Lebensführung des Verurteilten in Zeitabständen, die das Gericht bestimmt. Gröbliche oder beharrliche Verstöße gegen Auflagen, Weisungen, Anerbieten oder Zusagen teilt er dem Gericht mit.

(4) Der Bewährungshelfer wird vom Gericht bestellt. Es kann ihm für seine Tätigkeit nach Absatz 3 Anweisungen erteilen.

(5) Die Tätigkeit des Bewährungshelfers wird haupt- oder ehrenamtlich ausgeübt.

§ 56e. Nachträgliche Entscheidungen. Das Gericht kann Entscheidungen nach den §§ 56b bis 56d auch nachträglich treffen, ändern oder aufheben.

§ 56f. Widerruf der Strafaussetzung. (1) Das Gericht widerruft die Strafaussetzung, wenn der Verurteilte

1. in der Bewährungszeit eine Straftat begeht und dadurch zeigt, daß die Erwartung, die der Strafaussetzung zugrunde lag, sich nicht erfüllt hat,

2. gegen Weisungen gröblich oder beharrlich verstößt oder sich der Aufsicht und Leitung des Bewährungshelfers beharrlich entzieht und dadurch Anlaß zu der Besorgnis gibt, daß er erneut Straftaten begehen wird, oder

3. gegen Auflagen gröblich oder beharrlich verstößt.

(2) Das Gericht sieht jedoch von dem Widerruf ab, wenn es ausreicht, die Bewährungszeit zu verlängern (§ 56a Abs. 2) oder weitere Auflagen oder Weisungen zu erteilen, namentlich den Verurteilten einem Bewährungshelfer zu unterstellen (§ 56e).★

(3) Leistungen, die der Verurteilte zur Erfüllung von Auflagen, Anerbieten, Weisungen oder Zusagen erbracht hat, werden nicht erstattet. Das Gericht kann jedoch, wenn es die Strafaussetzung widerruft, Leistungen, die der Verurteilte zur Erfüllung von Auflagen nach § 56b Abs. 2 Nr. 2, 3 oder entsprechenden Anerbieten nach § 56b Abs. 3 erbracht hat, auf die Strafe anrechnen.

§ 56g. Straferlaß. (1) Widerruft das Gericht die Strafaussetzung nicht, so erläßt es die Strafe nach Ablauf der Bewährungszeit. § 56f Abs. 3 Satz 1 ist anzuwenden.

(2) Das Gericht kann den Straferlaß widerrufen, wenn der Verurteilte im räumlichen Geltungsbereich dieses Gesetzes wegen einer in der Be-

---

★ Durch das 19. Strafrechtsänderungsgesetz (vgl. Fn. zu § 57a) soll § 56f Abs. 2 folgende Fassung erhalten:

(2) Das Gericht sieht jedoch von dem Widerruf ab, wenn es ausreicht, die Bewährungszeit zu verlängern oder weitere Auflagen oder Weisungen zu erteilen, namentlich den Verurteilten einem Bewährungshelfer zu unterstellen (§ 56e); das Höchstmaß der Bewährungszeit (§ 56a Abs. 1 Satz 2) kann überschritten werden, jedoch darf in diesem Falle die Bewährungszeit nicht um mehr als die Hälfte verlängert werden.

währungszeit begangenen vorsätzlichen Straftat zu Freiheitsstrafe von mindestens sechs Monaten verurteilt wird. Der Widerruf ist nur innerhalb von einem Jahr nach Ablauf der Bewährungszeit und von sechs Monaten nach Rechtskraft der Verurteilung zulässig. § 56f Abs. 3 gilt entsprechend.

§ 57. Aussetzung des Strafrestes bei zeitiger Freiheitsstrafe. (1) Das Gericht setzt die Vollstreckung des Restes einer zeitigen Freiheitsstrafe zur Bewährung aus, wenn

1. zwei Drittel der verhängten Strafe, mindestens jedoch zwei Monate, verbüßt sind,

2. verantwortet werden kann zu erproben, ob der Verurteilte außerhalb des Strafvollzugs keine Straftaten mehr begehen wird, und

3. der Verurteilte einwilligt.

Bei der Entscheidung sind namentlich die Persönlichkeit des Verurteilten, sein Vorleben, die Umstände seiner Tat, sein Verhalten im Vollzug, seine Lebensverhältnisse und die Wirkungen zu berücksichtigen, die von der Aussetzung für ihn zu erwarten sind.

(2) Schon nach Verbüßung der Hälfte einer zeitigen Freiheitsstrafe kann das Gericht die Vollstreckung des Restes zur Bewährung aussetzen, wenn

1. mindestens ein Jahr der Freiheitsstrafe verbüßt ist,

2. besondere Umstände in der Tat und in der Persönlichkeit des Verurteilten vorliegen und

3. die übrigen Voraussetzungen des Absatzes 1 erfüllt sind.

(3) Die §§ 56a bis 56g gelten entsprechend; die Bewährungszeit darf, auch wenn sie nachträglich verkürzt wird, die Dauer des Strafrestes nicht unterschreiten. Hat der Verurteilte mindestens ein Jahr seiner Strafe verbüßt, bevor deren Rest zur Bewährung ausgesetzt wird, so unterstellt ihn das Gericht in der Regel für die Dauer der Bewährungszeit der Aufsicht und Leitung eines Bewährungshelfers.

(4) Ist Untersuchungshaft oder eine andere Freiheitsentziehung angerechnet, so gelten sie als verbüßte Strafe im Sinne der Absätze 1 bis 3.

(5) Das Gericht kann Fristen von höchstens sechs Monaten festsetzen, vor deren Ablauf ein Antrag des Verurteilten, den Strafrest zur Bewährung auszusetzen, unzulässig ist.

§ 57a. Aussetzung des Strafrestes bei lebenslanger Freiheitsstrafe. *

---

* Der Deutsche Bundestag hat am 13. 5. 1980 in zweiter und dritter Lesung das 19. Strafrechtsänderungsgesetz verabschiedet (BRats-Drucks. 278/80); der Bundesrat wird voraussichtlich den Vermittlungsausschuß anrufen. Durch dieses 19. StRÄndG soll folgender § 57a eingefügt werden:

§ 57a. Aussetzung des Strafrestes bei lebenslanger Freiheitsstrafe.

(1) Das Gericht setzt die Vollstreckung des Restes einer lebenslangen Freiheitsstrafe zur Bewährung aus, wenn

1. fünfzehn Jahre der Strafe verbüßt sind,

2. nicht die besondere Schwere der Schuld des Verurteilten die weitere Vollstreckung gebietet,

3. verantwortet werden kann zu erproben, ob der Verurteilte außerhalb des Strafvollzugs keine Straftaten mehr begehen wird, und

§ 58. Gesamtstrafe und Strafaussetzung. (1) Hat jemand mehrere Straftaten begangen, so ist für die Strafaussetzung nach § 56 die Höhe der Gesamtstrafe maßgebend.

(2) Ist in den Fällen des § 55 Abs. 1 die Vollstreckung der in der früheren Entscheidung verhängten Freiheitsstrafe ganz oder für den Strafrest zur Bewährung ausgesetzt und wird auch die Gesamtstrafe zur Bewährung ausgesetzt, so verkürzt sich das Mindestmaß der neuen Bewährungszeit um die bereits abgelaufene Bewährungszeit, jedoch nicht auf weniger als ein Jahr. Wird die Gesamtstrafe nicht zur Bewährung ausgesetzt, so gilt § 56f Abs. 3 entsprechend.

Fünfter Titel. Verwarnung mit Strafvorbehalt. Absehen von Strafe

§ 59. Voraussetzungen der Verwarnung mit Strafvorbehalt.
(1) Hat jemand Geldstrafe bis zu einhundertachtzig Tagessätzen verwirkt, so kann das Gericht ihn neben dem Schuldspruch verwarnen, die Strafe bestimmen und die Verurteilung zu dieser Strafe vorbehalten, wenn

1. zu erwarten ist, daß der Täter künftig auch ohne Verurteilung zu Strafe keine Straftaten mehr begehen wird,

2. es im Hinblick auf besondere Umstände, die in der Tat und der Persönlichkeit des Täters liegen, angezeigt ist, ihn von der Verurteilung zu Strafe zu verschonen und

3. die Verteidigung der Rechtsordnung die Verurteilung zu Strafe nicht gebietet.

§ 56 Abs. 1 Satz 2 gilt entsprechend.

(2) Die Verwarnung mit Strafvorbehalt ist in der Regel ausgeschlossen, wenn der Täter während der letzten drei Jahre vor der Tat mit Strafvorbehalt verwarnt oder zu Strafe verurteilt worden ist.

(3) Neben der Verwarnung kann auf Verfall, Einziehung oder Unbrauchbarmachung erkannt werden. Neben Maßregeln der Besserung und Sicherung ist die Verwarnung mit Strafvorbehalt nicht zulässig.

§ 59a. Bewährungszeit und Auflagen. (1) Das Gericht bestimmt die Dauer der Bewährungszeit. Sie darf drei Jahre nicht überschreiten und ein Jahr nicht unterschreiten.

(2) Für die Erteilung von Auflagen gelten die §§ 56b und 56e entsprechend.

§ 59b. Verurteilung zu der vorbehaltenen Strafe. (1) Für die Verurteilung zu der vorbehaltenen Strafe gilt § 56f entsprechend.

(2) Wird der Verwarnte nicht zu der vorbehaltenen Strafe verurteilt, so

---

4. der Verurteilte einwilligt.
§ 57 Abs. 1 Satz 2 gilt entsprechend.
  (2) Als verbüßte Strafe im Sinne des Absatzes 1 Satz 1 Nr. 1 gilt jede Freiheitsentziehung, die der Verurteilte aus Anlaß der Tat erlitten hat.
  (3) Die Dauer der Bewährungszeit beträgt fünf Jahre. § 56a Abs. 2 Satz 1 und die §§ 56b bis 56g, 57 Abs. 3 Satz 2 gelten entsprechend.
  (4) Das Gericht kann Fristen von höchstens zwei Jahren festsetzen, vor deren Ablauf ein Antrag des Verurteilten, den Strafrest zur Bewährung auszusetzen, unzulässig ist.

stellt das Gericht nach Ablauf der Bewährungszeit fest, daß es bei der Verwarnung sein Bewenden hat.

§ 59 c. Gesamtstrafe und Verwarnung mit Strafvorbehalt. (1) Hat jemand mehrere Straftaten begangen, so sind bei der Verwarnung mit Strafvorbehalt für die Bestimmung der Strafe die §§ 53 bis 55 entsprechend anzuwenden.

(2) Wird der Verwarnte wegen einer vor der Verwarnung begangenen Straftat nachträglich zu Strafe verurteilt, so sind die Vorschriften über die Bildung einer Gesamtstrafe (§§ 53 bis 55, 58) mit der Maßgabe anzuwenden, daß die vorbehaltene Strafe in den Fällen des § 55 einer erkannten Strafe gleichsteht.

§ 60. Absehen von Strafe. Das Gericht sieht von Strafe ab, wenn die Folgen der Tat, die den Täter getroffen haben, so schwer sind, daß die Verhängung einer Strafe offensichtlich verfehlt wäre. Dies gilt nicht, wenn der Täter für die Tat eine Freiheitsstrafe von mehr als einem Jahr verwirkt hat.

Sechster Titel. Maßregeln der Besserung und Sicherung

§ 61. Übersicht. Maßregeln der Besserung und Sicherung sind

1. die Unterbringung in einem psychiatrischen Krankenhaus,

2. die Unterbringung in einer Entziehungsanstalt,

3.[8] die Unterbringung in einer sozialtherapeutischen Anstalt,

4. die Unterbringung in der Sicherungsverwahrung,

5. die Führungsaufsicht,

6. die Entziehung der Fahrerlaubnis,

7. das Berufsverbot.

§ 62. Grundsatz der Verhältnismäßigkeit. Eine Maßregel der Besserung und Sicherung darf nicht angeordnet werden, wenn sie zur Bedeutung der vom Täter begangenen und zu erwartenden Taten sowie zu dem Grad der von ihm ausgehenden Gefahr außer Verhältnis steht.

– Freiheitsentziehende Maßregeln –

§ 63. Unterbringung in einem psychiatrischen Krankenhaus. (1) Hat jemand eine rechtswidrige Tat im Zustand der Schuldunfähigkeit (§ 20) oder der verminderten Schuldfähigkeit (§ 21) begangen, so ordnet das Gericht die Unterbringung in einem psychiatrischen Krankenhaus an, wenn die Gesamtwürdigung des Täters und seiner Tat ergibt, daß von ihm infolge seines Zustandes erhebliche rechtswidrige Taten zu erwarten sind und er deshalb für die Allgemeinheit gefährlich ist.

(2)[11] Das Gericht ordnet jedoch die Unterbringung in einer sozialthe-

---

[8] Die Vorschriften über die Unterbringung in einer sozialtherapeutischen Anstalt und die Überweisung in den Vollzug dieser Maßregel treten erst am 1. 1. 1985 in Kraft; vgl. Art. 7 Zweites Gesetz zur Reform des Strafrechts vom 4. 7. 1969 (BGBl. I S. 717), mit Änderung durch Gesetz über das Inkrafttreten des Zweiten Gesetzes zur Reform des Strafrechts vom 30. 7. 1973 (BGBl. I S. 909) und § 1 Gesetz vom 22. 12. 1977 (BGBl. I S. 3104).

rapeutischen Anstalt an, wenn die Voraussetzungen des § 65 Abs. 3 vorliegen.

§ 64. Unterbringung in einer Entziehungsanstalt. (1) Hat jemand den Hang, alkoholische Getränke oder andere berauschende Mittel im Übermaß zu sich zu nehmen, und wird er wegen einer rechtswidrigen Tat, die er im Rausch begangen hat oder die auf seinen Hang zurückgeht, verurteilt oder nur deshalb nicht verurteilt, weil seine Schuldunfähigkeit erwiesen oder nicht auszuschließen ist, so ordnet das Gericht die Unterbringung in einer Entziehungsanstalt an, wenn die Gefahr besteht, daß er infolge seines Hanges erhebliche rechtswidrige Taten begehen wird.

(2) Die Anordnung unterbleibt, wenn eine Entziehungskur von vornherein aussichtslos erscheint.

§ 65.[9] Unterbringung in einer sozialtherapeutischen Anstalt.
(1) Das Gericht ordnet die Unterbringung in einer sozialtherapeutischen Anstalt neben der Strafe an, wenn

1. der Täter eine schwere Persönlichkeitsstörung aufweist und wegen einer vorsätzlichen Straftat zu einer zeitigen Freiheitsstrafe von mindestens zwei Jahren verurteilt wird, nachdem er wegen vorsätzlicher Straftaten, die er vor der neuen Tat begangen hat, schon zweimal jeweils zu einer Freiheitsstrafe von mindestens einem Jahr verurteilt worden ist und wegen einer oder mehrerer dieser Taten vor der neuen Tat für die Zeit von mindestens einem Jahr Strafe verbüßt oder sich im Vollzug einer freiheitsentziehenden Maßregel der Besserung und Sicherung befunden hat, und die Gefahr besteht, daß er weiterhin erhebliche rechtswidrige Taten begehen wird, oder

2. der Täter wegen einer vorsätzlichen Straftat, die auf seinen Geschlechtstrieb zurückzuführen ist, zu einer zeitigen Freiheitsstrafe von mindestens einem Jahr verurteilt wird und die Gefahr besteht, daß er im Zusammenhang mit seinem Geschlechtstrieb weiterhin erhebliche rechtswidrige Taten begehen wird.

Die Unterbringung wird nur dann angeordnet, wenn nach dem Zustand des Täters die besonderen therapeutischen Mittel und sozialen Hilfen einer ärztlich geleiteten sozialtherapeutischen Anstalt zu seiner Resozialisierung angezeigt sind.

(2) Wird jemand wegen einer vor Vollendung des siebenundzwanzigsten Lebensjahres begangenen vorsätzlichen Straftat zu zeitiger Freiheitsstrafe von mindestens einem Jahr verurteilt, so ordnet das Gericht neben der Strafe die Unterbringung in einer sozialtherapeutischen Anstalt an, wenn

1. der Täter vor dieser Tat, aber nach Vollendung des sechzehnten Lebensjahres, zwei vorsätzliche, erhebliche Straftaten begangen hat, derentwegen Fürsorgeerziehung angeordnet oder Freiheitsstrafe verhängt worden ist,

2. vor der letzten Tat mindestens für die Zeit von einem Jahr Fürsorgeerziehung in einem Heim durchgeführt oder Freiheitsstrafe vollzogen worden ist und

---

[9] Siehe Fußnote zu § 61 Nr. 3.

3. Abschnitt. Rechtsfolgen der Tat

3. die Gesamtwürdigung des Täters und seiner Taten die Gefahr erkennen läßt, daß er sich zum Hangtäter entwickeln wird.

(3) Liegen bei einem Täter die Voraussetzungen des § 63 Abs. 1 vor, so ordnet das Gericht statt der Unterbringung in einem psychiatrischen Krankenhaus die Unterbringung in einer sozialtherapeutischen Anstalt an, wenn nach dem Zustand des Täters die besonderen therapeutischen Mittel und sozialen Hilfen dieser Anstalt zu seiner Resozialisierung besser geeignet sind als die Behandlung in einem psychiatrischen Krankenhaus.

(4) In den Fällen des Absatzes 1 Nr. 1 und des Absatzes 2 gilt § 48 Abs. 3, 4 sinngemäß. In den Fällen des Absatzes 2 bleibt die Durchführung der Fürsorgeerziehung außer Betracht, wenn zwischen ihrer Aufhebung und der folgenden Tat mehr als zwei Jahre verstrichen sind; in die Frist wird die Zeit nicht eingerechnet, in welcher der Täter auf behördliche Anordnung in einer Anstalt verwahrt worden ist.

(5) Eine Tat, die außerhalb des räumlichen Geltungsbereichs dieses Gesetzes abgeurteilt worden ist, steht einer innerhalb dieses Bereichs abgeurteilten Tat gleich, wenn sie nach deutschem Strafrecht eine vorsätzliche Tat wäre.

§ 66.[10] **Unterbringung in der Sicherungsverwahrung.** (1) Wird jemand wegen einer vorsätzlichen Straftat zu zeitiger Freiheitsstrafe von mindestens zwei Jahren verurteilt, so ordnet das Gericht neben der Strafe die Sicherungsverwahrung an, wenn

1. der Täter wegen vorsätzlicher Straftaten, die er vor der neuen Tat begangen hat, schon zweimal jeweils zu einer Freiheitsstrafe von mindestens einem Jahr verurteilt worden ist,

---

[10] § 66 gilt nach Art. 7 Abs. 3 des 2. StrRG vom 4. 7. 1969 (BGBl. I S. 717) in der Fassung des Art. 18 IV EGStGB vom 2. 3. 1974 (BGBl. I S. 469) und § 1 Gesetz vom 22. 12. 1977 (BGBl. I S. 3104) ab 1. 1. 1985 in folgender Fassung:
„**§ 66. Unterbringung in der Sicherungsverwahrung.** (1) Wird jemand wegen einer nach Vollendung seines fünfundzwanzigsten Lebensjahres begangenen vorsätzlichen Straftat zu zeitiger Freiheitsstrafe von mindestens zwei Jahren verurteilt, so ordnet das Gericht neben der Strafe die Sicherungsverwahrung an, wenn
1. der Täter wegen vorsätzlicher Straftaten, die er vor der neuen Tat begangen hat, schon zweimal jeweils zu einer Freiheitsstrafe von mindestens einem Jahr verurteilt worden ist,
2. er wegen einer oder mehrerer dieser Taten vor der neuen Tat für die Zeit von mindestens zwei Jahren Freiheitsstrafe verbüßt oder sich im Vollzug einer freiheitsentziehenden Maßregel der Besserung und Sicherung befunden hat und
3. die Gesamtwürdigung des Täters und seiner Taten ergibt, daß er infolge eines Hanges zu erheblichen Straftaten, namentlich zu solchen, durch welche die Opfer seelisch oder körperlich schwer geschädigt werden oder schwerer wirtschaftlicher Schaden angerichtet wird, für die Allgemeinheit gefährlich ist (Hangtäter).
(2) Hat jemand drei vorsätzliche Straftaten, davon wenigstens eine nach Vollendung des fünfundzwanzigsten Lebensjahres, begangen, durch die er jeweils Freiheitsstrafe von mindestens einem Jahr verwirkt hat, und wird er wegen einer oder mehrerer dieser Taten zu zeitiger Freiheitsstrafe von mindestens drei Jahren verurteilt, so kann das Gericht unter der in Absatz 1 Nr. 3 bezeichneten Voraussetzung neben der Strafe die Sicherungsverwahrung auch ohne frühere Verurteilung oder Freiheitsentziehung (Absatz 1 Nr. 1, 2) anordnen.
(3) § 48 Abs. 3, 4 gilt sinngemäß. § 65 Abs. 5 ist anzuwenden."

2. er wegen einer oder mehrerer dieser Taten vor der neuen Tat für die Zeit von mindestens zwei Jahren Freiheitsstrafe verbüßt oder sich im Vollzug einer freiheitsentziehenden Maßregel der Besserung und Sicherung befunden hat und

3. die Gesamtwürdigung des Täters und seiner Taten ergibt, daß er infolge eines Hanges zu erheblichen Straftaten, namentlich zu solchen, durch welche die Opfer seelisch oder körperlich schwer geschädigt werden oder schwerer wirtschaftlicher Schaden angerichtet wird, für die Allgemeinheit gefährlich ist.

(2) Hat jemand drei vorsätzliche Straftaten begangen, durch die er jeweils Freiheitsstrafe von mindestens einem Jahr verwirkt hat, und wird er wegen einer oder mehrerer dieser Taten zu zeitiger Freiheitsstrafe von mindestens drei Jahren verurteilt, so kann das Gericht unter der in Absatz 1 Nr. 3 bezeichneten Voraussetzung neben der Strafe die Sicherungsverwahrung auch ohne frühere Verurteilung oder Freiheitsentziehung (Absatz 1 Nr. 1, 2) anordnen.

(3) § 48 Abs. 3, 4 gilt sinngemäß. Eine Tat, die außerhalb des räumlichen Geltungsbereichs dieses Gesetzes abgeurteilt worden ist, steht einer innerhalb dieses Bereichs abgeurteilten Tat gleich, wenn sie nach deutschem Strafrecht eine vorsätzliche Tat wäre.

§ 67. Reihenfolge der Vollstreckung. (1)[11] Wird die Unterbringung in einer Anstalt nach den §§ 63 bis 65 neben einer Freiheitsstrafe angeordnet, so wird die Maßregel vor der Strafe vollzogen.

(2) Das Gericht bestimmt jedoch, daß die Strafe vor der Maßregel zu vollziehen ist, wenn der Zweck der Maßregel dadurch leichter erreicht wird.

(3) Das Gericht kann eine Anordnung nach Absatz 2 nachträglich treffen, ändern oder aufheben, wenn Umstände in der Person des Verurteilten es angezeigt erscheinen lassen.

(4) Wird die Maßregel vor der Strafe vollzogen, so wird die Zeit des Vollzuges der Maßregel auf die Strafe angerechnet.

(5) Wird die Maßregel vor der Strafe vollzogen, so kann das Gericht die Vollstreckung des Strafrestes auch dann nach § 57 Abs. 1 zur Bewährung aussetzen, wenn noch nicht zwei Drittel der verhängten Strafe durch die Anrechnung erledigt sind. Wird der Strafrest nicht ausgesetzt, so wird der Vollzug der Maßregel fortgesetzt; das Gericht kann jedoch den Vollzug der Strafe anordnen, wenn Umstände in der Person des Verurteilten es angezeigt erscheinen lassen.

§ 67a.[12] Überweisung in den Vollzug einer anderen Maßregel. (1) Ist die Unterbringung in einem psychiatrischen Krankenhaus, einer Entziehungsanstalt oder einer sozialtherapeutischen Anstalt angeordnet worden, so kann das Gericht nachträglich den Täter in den Vollzug einer

---

[11] Siehe Fußnote zu § 61 Nr. 3.

der beiden anderen Maßregeln überweisen, wenn die Resozialisierung des Täters dadurch besser gefördert werden kann.

(2) Unter den Voraussetzungen des Absatzes 1 kann das Gericht nachträglich auch einen Täter, gegen den Sicherungsverwahrung angeordnet worden ist, in den Vollzug einer der in Absatz 1 genannten Maßregeln überweisen.

(3) Das Gericht kann eine Entscheidung nach den Absätzen 1 und 2 ändern oder aufheben, wenn sich nachträglich ergibt, daß die Resozialisierung des Täters dadurch besser gefördert werden kann. Eine Entscheidung nach Absatz 2 kann das Gericht ferner aufheben, wenn sich nachträglich ergibt, daß mit dem Vollzug der in Absatz 1 genannten Maßregeln kein Erfolg erzielt werden kann.

(4) Die Fristen für die Dauer der Unterbringung und die Überprüfung richten sich nach den Vorschriften, die für die im Urteil angeordnete Unterbringung gelten.

§ 67b.[12] **Aussetzung zugleich mit der Anordnung.** (1) Ordnet das Gericht die Unterbringung in einem psychiatrischen Krankenhaus, einer Entziehungsanstalt oder einer sozialtherapeutischen Anstalt an, so setzt es zugleich deren Vollstreckung zur Bewährung aus, wenn besondere Umstände die Erwartung rechtfertigen, daß der Zweck der Maßregel auch dadurch erreicht werden kann. Die Aussetzung unterbleibt, wenn der Täter noch Freiheitsstrafe zu verbüßen hat, die gleichzeitig mit der Maßregel verhängt und nicht zur Bewährung ausgesetzt wird.

(2) Mit der Aussetzung tritt Führungsaufsicht ein.

§ 67c. Späterer Beginn der Unterbringung. (1) Wird eine Freiheitsstrafe vor einer zugleich angeordneten Unterbringung vollzogen, so prüft das Gericht vor dem Ende des Vollzugs der Strafe, ob der Zweck der Maßregel die Unterbringung noch erfordert. Ist das nicht der Fall, so setzt es die Vollstreckung der Unterbringung zur Bewährung aus; mit der Aussetzung tritt Führungsaufsicht ein.

(2) Hat der Vollzug der Unterbringung drei Jahre nach Rechtskraft ihrer Anordnung noch nicht begonnen und liegt ein Fall des Absatzes 1 oder des § 67b nicht vor, so darf die Unterbringung nur noch vollzogen werden, wenn das Gericht es anordnet. In die Frist wird die Zeit nicht eingerechnet, in welcher der Täter auf behördliche Anordnung in einer Anstalt verwahrt worden ist. Das Gericht ordnet den Vollzug an, wenn der Zweck der Maßregel die Unterbringung noch erfordert. Ist der Zweck der Maßregel nicht erreicht, rechtfertigen aber besondere Umstände die Erwartung, daß er auch durch die Aussetzung erreicht werden kann, so setzt das Gericht die Vollstreckung der Unterbringung zur Bewährung aus; mit der Aussetzung tritt Führungsaufsicht ein. Ist der Zweck der Maßregel erreicht, so erklärt das Gericht sie für erledigt.

§ 67d.[13] **Dauer der Unterbringung.** (1) Es dürfen nicht übersteigen
   die Unterbringung in einer Entziehungsanstalt zwei Jahre,

---

[12] Siehe Fußnote zu § 61 Nr. 3.

die Unterbringung in einer sozialtherapeutischen Anstalt nach § 65 Abs. 1, 2 fünf Jahre und

die erste Unterbringung in der Sicherungsverwahrung zehn Jahre.

Die Fristen laufen vom Beginn der Unterbringung an. Wird vor einer Freiheitsstrafe eine daneben angeordnete freiheitsentziehende Maßregel vollzogen, so verlängert sich die Höchstfrist um die Dauer der Freiheitsstrafe, soweit die Zeit des Vollzuges der Maßregel auf die Strafe angerechnet wird.

(2) Ist keine Höchstfrist vorgesehen oder ist die Frist noch nicht abgelaufen, so setzt das Gericht die weitere Vollstreckung der Unterbringung zur Bewährung aus, sobald verantwortet werden kann zu erproben, ob der Untergebrachte außerhalb des Maßregelvollzugs keine rechtswidrigen Taten mehr begehen wird. Mit der Aussetzung tritt Führungsaufsicht ein.

(3) Ist die Höchstfrist abgelaufen, so wird der Untergebrachte entlassen. Die Maßregel ist damit erledigt.

(4) Wird der Untergebrachte wegen Ablaufs der Höchstfrist für die erste Unterbringung in der Sicherungsverwahrung entlassen, so tritt Führungsaufsicht ein.

§ 67 e.[13] **Überprüfung.** (1) Das Gericht kann jederzeit prüfen, ob die weitere Vollstreckung der Unterbringung zur Bewährung auszusetzen ist. Es muß dies vor Ablauf bestimmter Fristen prüfen.

(2) Die Fristen betragen bei der Unterbringung

in einer Entziehungsanstalt sechs Monate,

in einem psychiatrischen Krankenhaus oder einer sozialtherapeutischen Anstalt ein Jahr,

in der Sicherungsverwahrung zwei Jahre.

(3) Das Gericht kann die Fristen kürzen. Es kann im Rahmen der gesetzlichen Prüfungsfristen auch Fristen festsetzen, vor deren Ablauf ein Antrag auf Prüfung unzulässig ist.

(4) Die Fristen laufen vom Beginn der Unterbringung an. Lehnt das Gericht die Aussetzung ab, so beginnen die Fristen mit der Entscheidung von neuem.

§ 67 f.[14] **Mehrfache Anordnung der gleichen Maßregel.** Ordnet das Gericht die Unterbringung in einer Entziehungsanstalt oder in einer sozialtherapeutischen Anstalt nach § 65 Abs. 1, 2 an, so ist eine frühere Anordnung der gleichen Maßregel erledigt.

§ 67 g. Widerruf der Aussetzung. (1) Das Gericht widerruft die Aussetzung einer Unterbringung, wenn der Verurteilte

1. während der Dauer der Führungsaufsicht eine rechtswidrige Tat begeht,

2. gegen Weisungen gröblich oder beharrlich verstößt oder

---

[13] Siehe Fußnote zu § 61 Nr. 3.
[14] Siehe Fußnote zu § 61 Nr. 3.

3. sich der Aufsicht und Leitung des Bewährungshelfers oder der Aufsichtsstelle beharrlich entzieht

und sich daraus ergibt, daß der Zweck der Maßregel seine Unterbringung erfordert.

(2) Das Gericht widerruft die Aussetzung einer Unterbringung nach den §§ 63, 64 und 65 Abs. 3 auch dann, wenn sich während der Dauer der Führungsaufsicht ergibt, daß von dem Verurteilten infolge seines Zustandes rechtswidrige Taten zu erwarten sind und deshalb der Zweck der Maßregel seine Unterbringung erfordert.

(3) Das Gericht widerruft die Aussetzung ferner, wenn Umstände, die ihm während der Dauer der Führungsaufsicht bekannt werden und zur Versagung der Aussetzung geführt hätten, zeigen, daß der Zweck der Maßregel die Unterbringung des Verurteilten erfordert.

(4) Die Dauer der Unterbringung vor und nach dem Widerruf darf insgesamt die gesetzliche Höchstfrist der Maßregel nicht übersteigen.

(5) Widerruft das Gericht die Aussetzung der Unterbringung nicht, so ist die Maßregel
mit dem Ende der Führungsaufsicht erledigt.

(6) Leistungen, die der Verurteilte zur Erfüllung von Weisungen erbracht hat, werden nicht erstattet.

– Führungsaufsicht –

§ 68. **Voraussetzungen der Führungsaufsicht.** (1) Hat jemand

1. unter den Voraussetzungen des § 48 zeitige Freiheitstrafe verwirkt oder

2. wegen einer Straftat, bei der das Gesetz Führungsaufsicht besonders vorsieht, zeitige Freiheitstrafe von mindestens sechs Monaten verwirkt,

so kann das Gericht neben der Strafe Führungsaufsicht anordnen, wenn die Gefahr besteht, daß er weitere Straftaten begehen wird.

(2) Die Vorschriften über die Führungsaufsicht kraft Gesetzes (§§ 67b, 67c, 67d Abs. 2, 4, § 68f) bleiben unberührt.

§ 68a.[15] **Aufsichtsstelle, Bewährungshelfer.** (1) Der Verurteilte untersteht einer Aufsichtsstelle; das Gericht bestellt ihm für die Dauer der Führungsaufsicht einen Bewährungshelfer.

(2) Bewährungshelfer und Aufsichtsstelle stehen im Einvernehmen miteinander dem Verurteilten helfend und betreuend zur Seite.

(3) Die Aufsichtsstelle überwacht im Einvernehmen mit dem Gericht und mit Unterstützung des Bewährungshelfers das Verhalten des Verurteilten und die Erfüllung der Weisungen.

(4) Besteht zwischen der Aufsichtsstelle und dem Bewährungshelfer in Fragen, welche die Hilfe für den Verurteilten und seine Betreuung berühren, kein Einvernehmen, so entscheidet das Gericht.

---

[15] Wegen Zuständigkeit und Besetzung der Aufsichtsstellen vgl. Art. 295 EGStGB vom 2. 3. 1974 (BGBl. I S. 469), abgedruckt unter Nr. **2.**

(5) Das Gericht kann der Aufsichtsstelle und dem Bewährungshelfer für ihre Tätigkeit Anweisungen erteilen.

(6) Vor Stellung eines Antrages nach § 145a Satz 2 hört die Aufsichtsstelle den Bewährungshelfer; Absatz 4 findet keine Anwendung.

§ 68b. Weisungen. (1) Das Gericht kann den Verurteilten für die Dauer der Führungsaufsicht oder für eine kürzere Zeit anweisen,

1. den Wohn- oder Aufenthaltsort oder einen bestimmten Bereich nicht ohne Erlaubnis der Aufsichtsstelle zu verlassen,

2. sich nicht an bestimmten Orten aufzuhalten, die ihm Gelegenheit oder Anreiz zu weiteren Straftaten bieten können,

3. bestimmte Personen oder Personen einer bestimmten Gruppe, die ihm Gelegenheit oder Anreiz zu weiteren Straftaten bieten können, nicht zu beschäftigen, auszubilden oder zu beherbergen,

4. bestimmte Tätigkeiten nicht auszuüben, die er nach den Umständen zu Straftaten mißbrauchen kann,

5. bestimmte Gegenstände, die ihm Gelegenheit oder Anreiz zu weiteren Straftaten bieten können, nicht zu besitzen, bei sich zu führen oder verwahren zu lassen,

6. Kraftfahrzeuge oder bestimmte Arten von Kraftfahrzeugen oder von anderen Fahrzeugen nicht zu halten oder zu führen, die er nach den Umständen zu Straftaten mißbrauchen kann,

7. sich zu bestimmten Zeiten bei der Aufsichtsstelle oder einer bestimmten Dienststelle zu melden,

8. jeden Wechsel des Wohnorts oder des Arbeitsplatzes unverzüglich der Aufsichtsstelle zu melden oder

9. sich im Falle der Erwerbslosigkeit bei dem zuständigen Arbeitsamt oder einer anderen zur Arbeitsvermittlung zugelassenen Stelle zu melden.

Das Gericht hat in seiner Weisung das verbotene oder verlangte Verhalten genau zu bestimmen.

(2) Das Gericht kann dem Verurteilten für die Dauer der Führungsaufsicht oder für eine kürzere Zeit weitere Weisungen erteilen, namentlich solche, die sich auf Ausbildung, Arbeit, Freizeit, die Ordnung der wirtschaftlichen Verhältnisse oder die Erfüllung von Unterhaltspflichten beziehen. § 56c Abs. 3 ist anzuwenden.

(3) Bei den Weisungen dürfen an die Lebensführung des Verurteilten keine unzumutbaren Anforderungen gestellt werden.

§ 68c. Dauer der Führungsaufsicht. (1) Die Führungsaufsicht dauert mindestens zwei und höchstens fünf Jahre. Das Gericht kann die Höchstdauer abkürzen.

(2) Die Führungsaufsicht beginnt mit der Rechtskraft der Anordnung. In ihre Dauer wird die Zeit nicht eingerechnet, in welcher der Verurteilte flüchtig ist, sich verborgen hält oder auf behördliche Anordnung in einer Anstalt verwahrt wird.

§ 68d. Nachträgliche Entscheidungen. Das Gericht kann Entscheidungen nach § 68a Abs. 1, 5, den §§ 68b und 68c Abs. 1 Satz 2 auch nachträglich treffen, ändern oder aufheben.

§ 68e. Beendigung der Führungsaufsicht. (1) Das Gericht hebt die Führungsaufsicht auf, wenn zu erwarten ist, daß der Verurteilte auch ohne sie keine Straftaten mehr begehen wird. Die Aufhebung ist frühestens nach Ablauf der gesetzlichen Mindestdauer zulässig.

(2) Das Gericht kann Fristen von höchstens sechs Monaten festsetzen, vor deren Ablauf ein Antrag auf Aufhebung der Führungsaufsicht unzulässig ist.

(3)[16] Die Führungsaufsicht endet, wenn die Unterbringung in einer sozialtherapeutischen Anstalt oder in der Sicherungsverwahrung angeordnet ist und deren Vollzug beginnt.

§ 68f. Führungsaufsicht bei Nichtaussetzung des Strafrestes. (1) Ist eine Freiheitsstrafe von mindestens zwei Jahren wegen einer vorsätzlichen Straftat vollständig vollstreckt worden, so tritt mit der Entlassung des Verurteilten aus dem Strafvollzug Führungsaufsicht ein. Dies gilt nicht, wenn im Anschluß an die Strafverbüßung eine freiheitsentziehende Maßregel der Besserung und Sicherung vollzogen wird.

(2) Ist zu erwarten, daß der Verurteilte auch ohne die Führungsaufsicht keine Straftaten mehr begehen wird, so ordnet das Gericht an, daß die Maßregel entfällt.

§ 68g. Führungsaufsicht und Aussetzung zur Bewährung. (1) Ist die Strafaussetzung oder Aussetzung des Strafrestes angeordnet oder das Berufsverbot zur Bewährung ausgesetzt und steht der Verurteilte wegen derselben oder einer anderen Tat zugleich unter Führungsaufsicht, so gelten für die Aufsicht und die Erteilung von Weisungen nur die §§ 68a und 68b. Die Führungsaufsicht endet nicht vor Ablauf der Bewährungszeit.

(2) Sind die Aussetzung zur Bewährung und die Führungsaufsicht auf Grund derselben Tat angeordnet, so kann das Gericht jedoch bestimmen, daß die Führungsaufsicht bis zum Ablauf der Bewährungszeit ruht. Die Bewährungszeit wird dann in die Dauer der Führungsaufsicht nicht eingerechnet.

(3) Wird nach Ablauf der Bewährungszeit die Strafe oder der Strafrest erlassen oder das Berufsverbot für erledigt erklärt, so endet damit auch eine wegen derselben Tat angeordnete Führungsaufsicht.

– Entziehung der Fahrerlaubnis –

§ 69. Entziehung der Fahrerlaubnis. (1) Wird jemand wegen einer rechtswidrigen Tat, die er bei oder im Zusammenhang mit dem Führen eines Kraftfahrzeuges oder unter Verletzung der Pflichten eines Kraftfahrzeugführers begangen hat, verurteilt oder nur deshalb nicht verur-

---

[16] Siehe Fußnote zu § 61 Nr. 3.

teilt, weil seine Schuldunfähigkeit erwiesen oder nicht auszuschließen ist, so entzieht ihm das Gericht die Fahrerlaubnis, wenn sich aus der Tat ergibt, daß er zum Führen von Kraftfahrzeugen ungeeignet ist. Einer weiteren Prüfung nach § 62 bedarf es nicht.

(2) Ist die rechtswidrige Tat in den Fällen des Absatzes 1 ein Vergehen

1. der Gefährdung des Straßenverkehrs (§ 315c),

2. der Trunkenheit im Verkehr (§ 316),

3. des unerlaubten Entfernens vom Unfallort (§ 142), obwohl der Täter weiß oder wissen kann, daß bei dem Unfall ein Mensch getötet oder nicht unerheblich verletzt worden oder an fremden Sachen bedeutender Schaden entstanden ist, oder

4. des Vollrausches (§ 323a), der sich auf eine der Taten nach den Nummern 1 bis 3 bezieht,

so ist der Täter in der Regel als ungeeignet zum Führen von Kraftfahrzeugen anzusehen.

(3) Die Fahrerlaubnis erlischt mit der Rechtskraft des Urteils. Ein von einer deutschen Behörde erteilter Führerschein wird im Urteil eingezogen.

§ 69a. Sperre für die Erteilung einer Fahrerlaubnis. (1) Entzieht das Gericht die Fahrerlaubnis, so bestimmt es zugleich, daß für die Dauer von sechs Monaten bis zu fünf Jahren keine neue Fahrerlaubnis erteilt werden darf (Sperre). Die Sperre kann für immer angeordnet werden, wenn zu erwarten ist, daß die gesetzliche Höchstfrist zur Abwehr der von dem Täter drohenden Gefahr nicht ausreicht. Hat der Täter keine Fahrerlaubnis, so wird nur die Sperre angeordnet.

(2) Das Gericht kann von der Sperre bestimmte Arten von Kraftfahrzeugen ausnehmen, wenn besondere Umstände die Annahme rechtfertigen, daß der Zweck der Maßregel dadurch nicht gefährdet wird.

(3) Das Mindestmaß der Sperre beträgt ein Jahr, wenn gegen den Täter in den letzten drei Jahren vor der Tat bereits einmal eine Sperre angeordnet worden ist.

(4) War dem Täter die Fahrerlaubnis wegen der Tat vorläufig entzogen (§ 111a der Strafprozeßordnung), so verkürzt sich das Mindestmaß der Sperre um die Zeit, in der die vorläufige Entziehung wirksam war. Es darf jedoch drei Monate nicht unterschreiten.

(5) Die Sperre beginnt mit der Rechtskraft des Urteils. In die Frist wird die Zeit einer wegen der Tat angeordneten vorläufigen Entziehung eingerechnet, soweit sie nach Verkündung des Urteils verstrichen ist, in dem die der Maßregel zugrunde liegenden tatsächlichen Feststellungen letztmals geprüft werden konnten.

(6) Im Sinne der Absätze 4 und 5 steht der vorläufigen Entziehung der Fahrerlaubnis die Verwahrung, Sicherstellung oder Beschlagnahme des Führerscheins (§ 94 der Strafprozeßordnung) gleich.

(7) Ergibt sich Grund zu der Annahme, daß der Täter zum Führen von Kraftfahrzeugen nicht mehr ungeeignet ist, so kann das Gericht die

Sperre vorzeitig aufheben. Die Aufhebung ist frühestens zulässig, wenn die Sperre sechs Monate, in den Fällen des Absatzes 3 ein Jahr gedauert hat; Absatz 5 Satz 2 und Absatz 6 gelten entsprechend.

§ 69b. Internationaler Kraftfahrzeugverkehr. (1) Darf der Täter nach den für den internationalen Kraftfahrzeugverkehr geltenden Vorschriften im Inland Kraftfahrzeuge führen, ohne daß ihm von einer deutschen Behörde ein Führerschein erteilt worden ist, so ist die Entziehung der Fahrerlaubnis nur zulässig, wenn die Tat gegen Verkehrsvorschriften verstößt. Die Entziehung hat in diesem Falle die Wirkung eines Verbots, während der Sperre im Inland Kraftfahrzeuge zu führen, soweit es dazu im innerdeutschen Verkehr einer Fahrerlaubnis bedarf.

(2) In ausländischen Fahrausweisen werden die Entziehung der Fahrerlaubnis und die Sperre vermerkt.

– Berufsverbot –

§ 70. Anordnung des Berufsverbots. (1) Wird jemand wegen einer rechtswidrigen Tat, die er unter Mißbrauch seines Berufs oder Gewerbes oder unter grober Verletzung der mit ihnen verbundenen Pflichten begangen hat, verurteilt oder nur deshalb nicht verurteilt, weil seine Schuldunfähigkeit erwiesen oder nicht auszuschließen ist, so kann ihm das Gericht die Ausübung des Berufs, Berufszweiges, Gewerbes oder Gewerbezweiges für die Dauer von einem Jahr bis zu fünf Jahren verbieten, wenn die Gesamtwürdigung des Täters und der Tat die Gefahr erkennen läßt, daß er bei weiterer Ausübung des Berufs, Berufszweiges, Gewerbes oder Gewerbezweiges erhebliche rechtswidrige Taten der bezeichneten Art begehen wird. Das Berufsverbot kann für immer angeordnet werden, wenn zu erwarten ist, daß die gesetzliche Höchstfrist zur Abwehr der von dem Täter drohenden Gefahr nicht ausreicht.

(2) War dem Täter die Ausübung des Berufs, Berufszweiges, Gewerbes oder Gewerbezweiges vorläufig verboten (§ 132 a der Strafprozeßordnung), so verkürzt sich das Mindestmaß der Verbotsfrist um die Zeit, in der das vorläufige Berufsverbot wirksam war. Es darf jedoch drei Monate nicht unterschreiten.

(3) Solange das Verbot wirksam ist, darf der Täter den Beruf, den Berufszweig, das Gewerbe oder den Gewerbezweig auch nicht für einen anderen ausüben oder durch eine von seinen Weisungen abhängige Person für sich ausüben lassen.

(4) Das Berufsverbot wird mit der Rechtskraft des Urteils wirksam. In die Verbotsfrist wird die Zeit eines wegen der Tat angeordneten vorläufigen Berufsverbots eingerechnet, soweit sie nach Verkündung des Urteils verstrichen ist, in dem die der Maßregel zugrunde liegenden tatsächlichen Feststellungen letztmals geprüft werden konnten. Die Zeit, in welcher der Täter auf behördliche Anordnung in einer Anstalt verwahrt worden ist, wird nicht eingerechnet.

§ 70a. Aussetzung des Berufsverbots. (1) Ergibt sich nach Anordnung des Berufsverbots Grund zu der Annahme, daß die Gefahr, der Täter werde erhebliche rechtswidrige Taten der in § 70 Abs. 1 bezeichneten Art begehen, nicht mehr besteht, so kann das Gericht das Verbot zur Bewährung aussetzen.

(2) Die Anordnung ist frühestens zulässig, wenn das Verbot ein Jahr gedauert hat. In die Frist wird im Rahmen des § 70 Abs. 4 Satz 2 die Zeit eines vorläufigen Berufsverbots eingerechnet. Die Zeit, in welcher der Täter auf behördliche Anordnung in einer Anstalt verwahrt worden ist, wird nicht eingerechnet.

(3) Wird das Berufsverbot zur Bewährung ausgesetzt, so gelten die §§ 56a und 56c bis 56e entsprechend. Die Bewährungszeit verlängert sich jedoch um die Zeit, in der eine Freiheitsstrafe oder eine freiheitsentziehende Maßregel vollzogen wird, die gegen den Verurteilten wegen der Tat verhängt oder angeordnet worden ist.

§ 70b. Widerruf der Aussetzung und Erledigung des Berufsverbots. (1) Das Gericht widerruft die Aussetzung eines Berufsverbots, wenn der Verurteilte

1. während der Bewährungszeit unter Mißbrauch seines Berufs oder Gewerbes oder unter grober Verletzung der mit ihnen verbundenen Pflichten eine rechtswidrige Tat begeht,

2. gegen eine Weisung gröblich oder beharrlich verstößt oder

3. sich der Aufsicht und Leitung des Bewährungshelfers beharrlich entzieht

und sich daraus ergibt, daß der Zweck des Berufsverbots dessen weitere Anwendung erfordert.

(2) Das Gericht widerruft die Aussetzung des Berufsverbots auch dann, wenn Umstände, die ihm während der Bewährungszeit bekannt werden und zur Versagung der Aussetzung geführt hätten, zeigen, daß der Zweck der Maßregel die weitere Anwendung des Berufsverbots erfordert.

(3) Die Zeit der Aussetzung des Berufsverbots wird in die Verbotsfrist nicht eingerechnet.

(4) Leistungen, die der Verurteilte zur Erfüllung von Weisungen oder Zusagen erbracht hat, werden nicht erstattet.

– Gemeinsame Vorschriften –

§ 71. Selbständige Anordnung. (1)[17] Die Unterbringung in einem psychiatrischen Krankenhaus, in einer Entziehungsanstalt oder in einer sozialtherapeutischen Anstalt kann das Gericht auch selbständig anordnen, wenn das Strafverfahren wegen Schuldunfähigkeit oder Verhandlungsunfähigkeit des Täters undurchführbar ist.

(2) Dasselbe gilt für die Entziehung der Fahrerlaubnis und das Berufsverbot.

§ 72. Verbindung von Maßregeln. (1) Sind die Voraussetzungen für mehrere Maßregeln erfüllt, ist aber der erstrebte Zweck durch einzelne

---

[17] Siehe Fußnote zu § 61 Nr. 3.

von ihnen zu erreichen, so werden nur sie angeordnet. Dabei ist unter mehreren geeigneten Maßregeln denen der Vorzug zu geben, die den Täter am wenigsten beschweren.

(2) Im übrigen werden die Maßregeln nebeneinander angeordnet, wenn das Gesetz nichts anderes bestimmt.

(3) Werden mehrere freiheitsentziehende Maßregeln angeordnet, so bestimmt das Gericht die Reihenfolge der Vollstreckung. Vor dem Ende des Vollzugs einer Maßregel ordnet das Gericht jeweils den Vollzug der nächsten an, wenn deren Zweck die Unterbringung noch erfordert. § 67c Abs. 2 Satz 4, 5 ist anzuwenden.

Siebenter Titel. Verfall und Einziehung

§ 73.[17] **Voraussetzungen des Verfalls.** (1) Ist eine rechtswidrige Tat begangen worden und hat der Täter oder Teilnehmer für die Tat oder aus ihr einen Vermögensvorteil erlangt, so ordnet das Gericht dessen Verfall an. Dies gilt nicht, soweit dem Verletzten aus der Tat ein Anspruch erwachsen ist, dessen Erfüllung den aus der Tat erlangten Vermögensvorteil beseitigen oder mindern würde.

(2) Die Anordnung des Verfalls erstreckt sich auf die gezogenen Nutzungen. Sie kann sich auch auf die Gegenstände erstrecken, die der Täter oder Teilnehmer durch die Veräußerung eines erlangten Gegenstandes oder als Ersatz für dessen Zerstörung, Beschädigung oder Entziehung oder auf Grund eines erlangten Rechts erworben hat.

(3) Hat der Täter oder Teilnehmer für einen anderen gehandelt und hat dadurch dieser den Vermögensvorteil erlangt, so richtet sich die Anordnung des Verfalls nach den Absätzen 1 und 2 gegen ihn.

(4) Der Verfall eines Gegenstandes wird auch angeordnet, wenn er einem Dritten gehört oder zusteht, der den Vermögensvorteil für die Tat oder sonst in Kenntnis der Tatumstände gewährt hat.

§ 73a. Verfall des Wertersatzes. Soweit der Verfall eines bestimmten Gegenstandes wegen der Beschaffenheit des Erlangten oder aus einem anderen Grunde nicht möglich ist oder von dem Verfall eines Ersatzgegenstandes nach § 73 Abs. 2 Satz 2 abgesehen wird, ordnet das Gericht den Verfall eines Geldbetrages an, der dem Wert des Erlangten entspricht. Eine solche Anordnung trifft das Gericht auch neben dem Verfall eines Gegenstandes, soweit dessen Wert hinter dem Wert des zunächst Erlangten zurückbleibt.

§ 73b. Schätzung. Der Umfang des Erlangten und dessen Wert sowie die Höhe des Anspruchs, dessen Erfüllung den Vermögensvorteil beseitigen oder mindern würde, können geschätzt werden.

§ 73c. Härtevorschrift. (1) Der Verfall wird nicht angeordnet, soweit er für den Betroffenen eine unbillige Härte wäre. Die Anordnung kann unterbleiben, soweit der Wert des Erlangten zur Zeit der Anordnung in dem Vermögen des Betroffenen nicht mehr vorhanden ist oder wenn das Erlangte nur einen geringen Wert hat.

(2) Für die Bewilligung von Zahlungserleichterungen gilt § 42 entsprechend.

§ 73 d. Wirkung des Verfalls. (1) Wird der Verfall eines Gegenstandes angeordnet, so geht das Eigentum an der Sache oder das verfallene Recht mit der Rechtskraft der Entscheidung auf den Staat über, wenn es dem von der Anordnung Betroffenen zu dieser Zeit zusteht. Rechte Dritter an dem Gegenstand bleiben bestehen.

(2) Vor der Rechtskraft wirkt die Anordnung als Veräußerungsverbot im Sinne des § 136 des Bürgerlichen Gesetzbuches; das Verbot umfaßt auch andere Verfügungen als Veräußerungen.

§ 74. Voraussetzungen der Einziehung. (1) Ist eine vorsätzliche Straftat begangen worden, so können Gegenstände, die durch sie hervorgebracht oder zu ihrer Begehung oder Vorbereitung gebraucht worden oder bestimmt gewesen sind, eingezogen werden.

(2) Die Einziehung ist nur zulässig, wenn

1. die Gegenstände zur Zeit der Entscheidung dem Täter oder Teilnehmer gehören oder zustehen oder

2. die Gegenstände nach ihrer Art und den Umständen die Allgemeinheit gefährden oder die Gefahr besteht, daß sie der Begehung rechtswidriger Taten dienen werden.

(3) Unter den Voraussetzungen des Absatzes 2 Nr. 2 ist die Einziehung der Gegenstände auch zulässig, wenn der Täter ohne Schuld gehandelt hat.

(4) Wird die Einziehung durch eine besondere Vorschrift über Absatz 1 hinaus vorgeschrieben oder zugelassen, so gelten die Absätze 2 und 3 entsprechend.

§ 74a. Erweiterte Voraussetzungen der Einziehung. Verweist das Gesetz auf diese Vorschrift, so dürfen die Gegenstände abweichend von § 74 Abs. 2 Nr. 1 auch dann eingezogen werden, wenn derjenige, dem sie zur Zeit der Entscheidung gehören oder zustehen,

1. wenigstens leichtfertig dazu beigetragen hat, daß die Sache oder das Recht Mittel oder Gegenstand der Tat oder ihrer Vorbereitung gewesen ist, oder

2. die Gegenstände in Kenntnis der Umstände, welche die Einziehung zugelassen hätten, in verwerflicher Weise erworben hat.

§ 74b. Grundsatz der Verhältnismäßigkeit. (1) Ist die Einziehung nicht vorgeschrieben, so darf sie in den Fällen des § 74 Abs. 2 Nr. 1 und des § 74a nicht angeordnet werden, wenn sie zur Bedeutung der begangenen Tat und zum Vorwurf, der den von der Einziehung betroffenen Täter oder Teilnehmer oder in den Fällen des § 74a den Dritten trifft, außer Verhältnis steht.

(2) Das Gericht ordnet in den Fällen der §§ 74 und 74a an, daß die Einziehung vorbehalten bleibt, und trifft eine weniger einschneidende Maßnahme, wenn der Zweck der Einziehung auch durch sie erreicht werden kann. In Betracht kommt namentlich die Anweisung,

1. die Gegenstände unbrauchbar zu machen,

2. an den Gegenständen bestimmte Einrichtungen oder Kennzeichen zu beiseitigen oder die Gegenstände sonst zu ändern oder

3. über die Gegenstände in bestimmter Weise zu verfügen.

Wird die Anweisung befolgt, so wird der Vorbehalt der Einziehung aufgehoben; andernfalls ordnet das Gericht die Einziehung nachträglich an.

(3) Ist die Einziehung nicht vorgeschrieben, so kann sie auf einen Teil der Gegenstände beschränkt werden.

§ 74c. Einziehung des Wertersatzes. (1) Hat der Täter oder Teilnehmer den Gegenstand, der ihm zur Zeit der Tat gehörte oder zustand und auf dessen Einziehung hätte erkannt werden können, vor der Entscheidung über die Einziehung verwertet, namentlich veräußert oder verbraucht, oder hat er die Einziehung des Gegenstandes sonst vereitelt, so kann das Gericht die Einziehung eines Geldbetrages gegen den Täter oder Teilnehmer bis zu der Höhe anordnen, die dem Wert des Gegenstandes entspricht.

(2) Eine solche Anordnung kann das Gericht auch neben der Einziehung eines Gegenstandes oder an deren Stelle treffen, wenn ihn der Täter oder Teilnehmer vor der Entscheidung über die Einziehung mit dem Recht eines Dritten belastet hat, dessen Erlöschen ohne Entschädigung nicht angeordnet werden kann oder im Falle der Einziehung nicht angeordnet werden könnte (§ 74e Abs. 2, § 74f); trifft das Gericht die Anordnung neben der Einziehung, so bemißt sich die Höhe des Wertersatzes nach dem Wert der Belastung des Gegenstandes.

(3) Der Wert des Gegenstandes und der Belastung kann geschätzt werden.

(4) Für die Bewilligung von Zahlungserleichterungen gilt § 42.

§ 74d. Einziehung von Schriften und Unbrauchbarmachung. (1) Schriften (§ 11 Abs. 3), die einen solchen Inhalt haben, daß jede vorsätzliche Verbreitung in Kenntnis ihres Inhalts den Tatbestand eines Strafgesetzes verwirklichen würde, werden eingezogen, wenn mindestens ein Stück durch eine rechtswidrige Tat verbreitet oder zur Verbreitung bestimmt worden ist. Zugleich wird angeordnet, daß die zur Herstellung der Schriften gebrauchten oder bestimmten Vorrichtungen, wie Platten, Formen, Drucksätze, Druckstöcke, Negative oder Matrizen, unbrauchbar gemacht werden.

(2) Die Einziehung erstreckt sich nur auf die Stücke, die sich im Besitz der bei ihrer Verbreitung oder deren Vorbereitung mitwirkenden Personen befinden oder öffentlich ausgelegt oder beim Verbreiten durch Versenden noch nicht dem Empfänger ausgehändigt worden sind.

(3) Absatz 1 gilt entsprechend bei Schriften, die einen solchen Inhalt haben, daß die vorsätzliche Verbreitung in Kenntnis ihres Inhalts nur bei Hinzutreten weiterer Tatumstände den Tatbstand eines Strafgesetzes verwirklichen würde. Die Einziehung und Unbrauchbarmachung werden jedoch nur angeordnet, soweit

1. die Stücke und die in Absatz 1 Satz 2 bezeichneten Gegenstände sich im Besitz des Täters, Teilnehmers oder eines anderen befinden, für den der Täter oder Teilnehmer gehandelt hat, oder von diesen Personen zur Verbreitung bestimmt sind und

2. die Maßnahmen erforderlich sind, um ein gesetzwidriges Verbreiten durch diese Personen zu verhindern.

(4) Dem Verbreiten im Sinne der Absätze 1 bis 3 steht es gleich, wenn mindestens ein Stück durch Ausstellen, Anschlagen, Vorführen oder in anderer Weise öffentlich zugänglich gemacht wird.

(5) § 74b Abs. 2, 3 gilt entsprechend.

§ 74e. Wirkung der Einziehung. (1) Wird ein Gegenstand eingezogen, so geht das Eigentum an der Sache oder das eingezogene Recht mit der Rechtskraft der Entscheidung auf den Staat über.

(2) Rechte Dritter an dem Gegenstand bleiben bestehen. Das Gericht ordnet jedoch das Erlöschen dieser Rechte an, wenn es die Einziehung darauf stützt, daß die Voraussetzungen des § 74 Abs. 2 Nr. 2 vorliegen. Es kann das Erlöschen des Rechtes eines Dritten auch dann anordnen, wenn diesem eine Entschädigung nach § 74f Abs. 2 Nr. 1 oder 2 nicht zu gewähren ist.

(3) § 73d Abs. 2 gilt entsprechend für die Anordnung der Einziehung und die Anordnung des Vorbehalts der Einziehung, auch wenn sie noch nicht rechtskräftig ist.

§ 74f. Entschädigung. (1) Stand das Eigentum an der Sache oder das eingezogene Recht zur Zeit der Rechtskraft der Entscheidung über die Einziehung oder Unbrauchbarmachung einem Dritten zu oder war der Gegenstand mit dem Recht eines Dritten belastet, das durch die Entscheidung erloschen oder beeinträchtigt ist, so wird der Dritte aus der Staatskasse unter Berücksichtigung des Verkehrswertes angemessen in Geld entschädigt.

(2) Eine Entschädigung wird nicht gewährt, wenn

1. der Dritte wenigstens leichtfertig dazu beigetragen hat, daß die Sache oder das Recht Mittel oder Gegenstand der Tat oder ihrer Vorbereitung gewesen ist,

2. der Dritte den Gegenstand oder das Recht an dem Gegenstand in Kenntnis der Umstände, welche die Einziehung oder Unbrauchbarmachung zulassen, in verwerflicher Weise erworben hat oder

3. es nach den Umständen, welche die Einziehung oder Unbrauchbarmachung begründet haben, auf Grund von Rechtsvorschriften außerhalb des Strafrechts zulässig wäre, den Gegenstand dem Dritten ohne Entschädigung dauernd zu entziehen.

(3) In den Fällen des Absatzes 2 kann eine Entschädigung gewährt werden, soweit es eine unbillige Härte wäre, sie zu versagen.

§ 75. Sondervorschrift für Organe und Vertreter. Hat jemand

1. als vertretungsberechtigtes Organ einer juristischen Person oder als Mitglied eines solchen Organs,

2. als Vorstand eines nicht rechtsfähigen Vereins oder als Mitglied eines solchen Vorstandes oder

3. als vertretungsberechtigter Gesellschafter einer Personenhandelsgesellschaft

eine Handlung vorgenommen, die ihm gegenüber unter den übrigen Voraussetzungen der §§ 74 bis 74c und 74f die Einziehung eines Gegenstandes oder des Wertersatzes zulassen oder den Ausschluß der Entschädigung begründen würde, so wird seine Handlung bei Anwendung dieser Vorschriften dem Vertretenen zugerechnet. § 14 Abs. 3 gilt entsprechend.

– Gemeinsame Vorschriften –

§ 76. Nachträgliche Anordnung von Verfall oder Einziehung des Wertersatzes. Ist die Anordnung des Verfalls oder der Einziehung eines Gegenstandes nicht ausführbar oder unzureichend, weil nach der Anordnung eine der in den §§ 73a oder 74c bezeichneten Voraussetzungen eingetreten oder bekanntgeworden ist, so kann das Gericht den Verfall oder die Einziehung des Wertersatzes nachträglich anordnen.

§ 76a. Selbständige Anordnung. (1) Kann wegen der Straftat aus tatsächlichen Gründen keine bestimmte Person verfolgt oder verurteilt werden, so muß oder kann auf Verfall oder Einziehung des Gegenstandes oder des Wertersatzes oder auf Unbrauchbarmachung selbständig erkannt werden, wenn die Voraussetzungen, unter denen die Maßnahme vorgeschrieben oder zugelassen ist, im übrigen vorliegen.

(2) In den Fällen des § 74 Abs. 2 Nr. 2, Abs. 3 und des 74d ist Absatz 1 auch dann anzuwenden, wenn aus rechtlichen Gründen keine bestimmte Person verfolgt werden kann und das Gesetz nichts anderes bestimmt. Einziehung oder Unbrauchbarmachung dürfen jedoch nicht angeordnet werden, wenn Antrag, Ermächtigung oder Strafverlangen fehlen.

(3) Absatz 1 ist auch anzuwenden, wenn das Gericht von Strafe absieht oder wenn das Verfahren nach einer Vorschrift eingestellt wird, die dies nach dem Ermessen der Staatsanwaltschaft oder des Gerichts oder im Einvernehmen beider zuläßt.

Vierter Abschnitt. Strafantrag, Ermächtigung, Strafverlangen

§ 77. Antragsberechtigte. (1) Ist die Tat nur auf Antrag verfolgbar, so kann, soweit das Gesetz nichts anderes bestimmt, der Verletzte den Antrag stellen.

(2) Stirbt der Verletzte, so geht sein Antragsrecht in den Fällen, die das Gesetz bestimmt, auf den Ehegatten und die Kinder über. Hat der Verletzte weder einen Ehegatten noch Kinder hinterlassen oder sind sie vor Ablauf der Antragsfrist gestorben, so geht das Antragsrecht auf die Eltern und, wenn auch sie vor Ablauf der Antragsfrist gestorben sind, auf die Geschwister und die Enkel über. Ist ein Angehöriger an der Tat beteiligt oder ist seine Verwandtschaft erloschen, so scheidet er bei dem Übergang des Antragsrechts aus. Das Antragsrecht geht nicht über, wenn die Verfolgung dem erklärten Willen des Verletzten widerspricht.

(3) Ist der Antragsberechtigte geschäftsunfähig oder beschränkt geschäftsfähig, so können der gesetzliche Vertreter in den persönlichen Angelegenheiten und derjenige, dem die Sorge für die Person des Antragsberechtigten zusteht, den Antrag stellen. Ein beschränkt Geschäftsfähiger, der das achtzehnte Lebensjahr vollendet hat, kann den Antrag auch selbständig stellen.

(4) Sind mehrere antragsberechtigt, so kann jeder den Antrag selbständig stellen.

§ 77a. Antrag des Dienstvorgesetzten. (1) Ist die Tat von einem Amtsträger, einem für den öffentlichen Dienst besonders Verpflichteten oder einem Soldaten der Bundeswehr oder gegen ihn begangen und auf Antrag des Dienstvorgesetzten verfolgbar, so ist derjenige Dienstvorgesetzte antragsberechtigt, dem der Betreffende zur Zeit der Tat unterstellt war.

(2) Bei Berufsrichtern ist an Stelle des Dienstvorgesetzten antragsberechtigt, wer die Dienstaufsicht über den Richter führt. Bei Soldaten ist Dienstvorgesetzter der Disziplinarvorgesetzte.

(3) Bei einem Amtsträger oder einem für den öffentlichen Dienst besonders Verpflichteten, der keinen Dienstvorgesetzten hat oder gehabt hat, kann die Dienststelle, für die er tätig war, den Antrag stellen. Leitet der Amtsträger oder der Verpflichtete selbst diese Dienststelle, so ist die staatliche Aufsichtsbehörde antragsberechtigt.

(4) Bei Mitgliedern der Bundesregierung ist die Bundesregierung, bei Mitgliedern einer Landesregierung die Landesregierung antragsberechtigt.

§ 77b. Antragsfrist. (1) Eine Tat, die nur auf Antrag verfolgbar ist, wird nicht verfolgt, wenn der Antragsberechtigte es unterläßt, den Antrag bis zum Ablauf einer Frist von drei Monaten zu stellen. Fällt das Ende der Frist auf einen Sonntag, einen allgemeinen Feiertag oder einen Sonnabend, so endet die Frist mit Ablauf des nächsten Werktages.

(2) Die Frist beginnt mit Ablauf des Tages, an dem der Berechtigte von der Tat und der Person des Täters Kenntnis erlangt. Hängt die Verfolgbarkeit der Tat auch von einer Entscheidung über die Nichtigkeit oder Auflösung einer Ehe ab, so beginnt die Frist nicht vor Ablauf des Tages, an dem der Berechtigte von der Rechtskraft der Entscheidung Kenntnis erlangt. Für den Antrag des gesetzlichen Vertreters und des Sorgeberechtigten kommt es auf dessen Kenntnis an.

(3) Sind mehrere antragsberechtigt oder mehrere an der Tat beteiligt, so läuft die Frist für und gegen jeden gesondert.

(4) Ist durch Tod des Verletzten das Antragsrecht auf Angehörige übergegangen, so endet die Frist frühestens drei Monate und spätestens sechs Monate nach dem Tode des Verletzten.

§ 77c. Wechselseitig begangene Taten. Hat bei wechselseitig begangenen Taten, die miteinander zusammenhängen und nur auf Antrag verfolgbar sind, ein Berechtigter die Strafverfolgung des anderen beantragt, so erlischt das Antragsrecht des anderen, wenn er es nicht bis zur Beendigung des letzten Wortes im ersten Rechtszug ausübt. Er kann den Antrag auch dann noch stellen, wenn für ihn die Antragsfrist schon verstrichen ist.

§ 77d. Zurücknahme des Antrags. (1) Der Antrag kann zurückgenommen werden. Die Zurücknahme kann bis zum rechtskräftigen Abschluß des Strafverfahrens erklärt werden. Ein zurückgenommener Antrag kann nicht nochmals gestellt werden.

(2) Stirbt der Verletzte oder der im Falle seines Todes Berechtigte, nachdem er den Antrag gestellt hat, so können der Ehegatte, die Kinder, die Eltern, die Geschwister und die Enkel des Verletzten in der Rangfolge des § 77 Abs. 2 den Antrag zurücknehmen. Mehrere Angehörige des gleichen Ranges können das Recht nur gemeinsam ausüben. Wer an der Tat beteiligt ist, kann den Antrag nicht zurücknehmen.

§ 77e. Ermächtigung und Strafverlangen. Ist eine Tat nur mit Ermächtigung oder auf Strafverlangen verfolgbar, so gelten die §§ 77 und 77d entsprechend.

Fünfter Abschnitt. Verjährung

Erster Titel. Verfolgungsverjährung

§ 78. Verjährungsfrist. (1) Die Verjährung schließt die Ahndung der Tat und die Anordnung von Maßnahmen (§ 11 Abs. 1 Nr. 8) aus.

(2) Verbrechen nach § 220a (Völkermord) und nach § 211 (Mord) verjähren nicht.[18]

(3) Soweit die Verfolgung verjährt, beträgt die Verjährungsfrist[18]

1. dreißig Jahre bei Taten, die mit lebenslanger Freiheitsstrafe bedroht sind,

2. zwanzig Jahre bei Taten, die im Höchstmaß mit Freiheitsstrafe von mehr als zehn Jahren bedroht sind,

---

[18] § 78 Abs. 2 gilt auch für früher begangene Taten, wenn die Verfolgung beim Inkrafttreten dieses Gesetzes noch nicht verjährt ist (in Kraft am 22. 7. 1979). Vgl. aber § 1 des Gesetzes über die Berechnung strafrechtlicher Verjährungsfristen vom 13. 4. 1965 (BGBl. I S. 315), zuletzt geändert durch Art. 57 des 1. StrRG vom 25. 6. 1969 (BGBl. I S. 645), abgedruckt unter Nr. **12.**

3. zehn Jahre bei Taten, die im Höchstmaß mit Freiheitsstrafe von mehr als fünf Jahren bis zu zehn Jahren bedroht sind,

4. fünf Jahre bei Taten, die im Höchstmaß mit Freiheitsstrafe von mehr als einem Jahr bis zu fünf Jahren bedroht sind,

5. drei Jahre bei den übrigen Taten.

(4) Die Frist richtet sich nach der Strafdrohung des Gesetzes, dessen Tatbestand die Tat verwirklicht, ohne Rücksicht auf Schärfungen oder Milderungen, die nach den Vorschriften des Allgemeinen Teils oder für besonders schwere oder minder schwere Fälle vorgesehen sind.

§ 78a. Beginn. Die Verjährung beginnt, sobald die Tat beendet ist. Tritt ein zum Tatbestand gehörender Erfolg erst später ein, so beginnt die Verjährung mit diesem Zeitpunkt.

§ 78b. Ruhen. (1) Die Verjährung ruht, solange nach dem Gesetz die Verfolgung nicht begonnen oder nicht fortgesetzt werden kann. Dies gilt nicht, wenn die Tat nur deshalb nicht verfolgt werden kann, weil Antrag, Ermächtigung oder Strafverlangen fehlen.

(2) Steht der Verfolgung entgegen, daß der Täter Mitglied des Bundestages oder eines Gesetzgebungsorgans eines Landes ist, so beginnt die Verjährung erst mit Ablauf des Tages zu ruhen, an dem

1. die Staatsanwaltschaft oder eine Behörde oder ein Beamter des Polizeidienstes von der Tat und der Person des Täters Kenntnis erlangt oder

2. eine Strafanzeige oder ein Strafantrag gegen den Täter angebracht wird (§ 158 der Strafprozeßordnung).

(3) Ist vor Ablauf der Verjährungsfrist ein Urteil des ersten Rechtszuges ergangen, so läuft die Verjährungsfrist nicht vor dem Zeitpunkt ab, in dem das Verfahren rechtskräftig abgeschlossen ist.

§ 78c. Unterbrechung. (1) Die Verjährung wird unterbrochen durch

1. die erste Vernehmung des Beschuldigten, die Bekanntgabe, daß gegen ihn das Ermittlungsverfahren eingeleitet ist, oder die Anordnung dieser Vernehmung oder Bekanntgabe,

2. jede richterliche Vernehmung des Beschuldigten oder deren Anordnung,

3. jede Beauftragung eines Sachverständigen durch den Richter oder Staatsanwalt, wenn vorher der Beschuldigte vernommen oder ihm die Einleitung des Ermittlungsverfahrens bekanntgegeben worden ist,

4. jede richterliche Beschlagnahme- oder Durchsuchungsanordnung und richterliche Entscheidungen, welche diese aufrechterhalten,

5. den Haftbefehl, den Unterbringungsbefehl, den Vorführungsbefehl und richterliche Entscheidungen, welche diese aufrechterhalten,

6. die Erhebung der öffentlichen Klage oder die Stellung des ihr entsprechenden Antrags im Sicherungsverfahren oder im selbständigen Verfahren,

7. die Eröffnung des Hauptverfahrens,

8. jede Anberaumung einer Hauptverhandlung,

9. den Strafbefehl oder eine andere dem Urteil entsprechende Entscheidung,

10. die vorläufige gerichtliche Einstellung des Verfahrens wegen Abwesenheit des Angeschuldigten sowie jede Anordnung des Richters oder Staatsanwalts, die nach einer solchen Einstellung des Verfahrens oder im Verfahren gegen Abwesende zur Ermittlung des Aufenthalts des Angeschuldigten oder zur Sicherung von Beweisen ergeht,

11. die vorläufige gerichtliche Einstellung des Verfahrens wegen Verhandlungsunfähigkeit des Angeschuldigten sowie jede Anordnung des Richters oder Staatsanwalts, die nach einer solchen Einstellung des Verfahrens zur Überprüfung der Verhandlungsfähigkeit des Angeschuldigten ergeht, oder

12. jedes richterliche Ersuchen, eine Untersuchungshandlung im Ausland vorzunehmen.

(2) Die Verjährung ist bei einer schriftlichen Anordnung oder Entscheidung in dem Zeitpunkt unterbrochen, in dem die Anordnung oder Entscheidung unterzeichnet wird. Ist das Schriftstück nicht alsbald nach der Unterzeichnung in den Geschäftsgang gelangt, so ist der Zeitpunkt maßgebend, in dem es tatsächlich in den Geschäftsgang gegeben worden ist.

(3) Nach jeder Unterbrechung beginnt die Verjährung von neuem. Die Verfolgung ist jedoch spätestens verjährt, wenn seit dem in § 78a bezeichneten Zeitpunkt das Doppelte der gesetzlichen Verjährungsfrist und, wenn die Verjährungsfrist nach besonderen Gesetzen kürzer ist als drei Jahre, mindestens drei Jahre verstrichen sind. § 78b bleibt unberührt.

(4) Die Unterbrechung wirkt nur gegenüber demjenigen, auf den sich die Handlung bezieht.

(5) Wird ein Gesetz, das bei der Beendigung der Tat gilt, vor der Entscheidung geändert und verkürzt sich hierdurch die Frist der Verjährung, so bleiben Unterbrechungshandlungen, die vor dem Inkrafttreten des neuen Rechts vorgenommen worden sind, wirksam, auch wenn im Zeitpunkt der Unterbrechung die Verfolgung nach dem neuen Recht bereits verjährt gewesen wäre.

Zweiter Titel. Vollstreckungsverjährung

§ 79. Verjährungsfrist. (1) Eine rechtskräftig verhängte Strafe oder Maßnahme (§ 11 Abs. 1 Nr. 8) darf nach Ablauf der Verjährungsfrist nicht mehr vollstreckt werden.

(2) Die Vollstreckung von Strafen wegen Völkermords (§ 220a) und von lebenslangen Freiheitsstrafen verjährt nicht.

(3) Die Verjährungsfrist beträgt

1. fünfundzwanzig Jahre bei Freiheitsstrafe von mehr als zehn Jahren,

2. zwanzig Jahre bei Freiheitsstrafe von mehr als fünf Jahren bis zu zehn Jahren,

3. zehn Jahre bei Freiheisstrafe von mehr als einem Jahr bis zu fünf Jahren,

4. fünf Jahre bei Freiheitsstrafe bis zu einem Jahr und bei Geldstrafe von mehr als dreißig Tagessätzen,

5. drei Jahre bei Geldstrafe bis zu dreißig Tagessätzen.

(4) Die Vollstreckung der Sicherungsverwahrung verjährt nicht. Bei den übrigen Maßnahmen beträgt die Verjährungsfrist zehn Jahre. Ist jedoch die Führungsaufsicht oder die erste Unterbringung in einer Entziehungsanstalt angeordnet, so beträgt die Frist fünf Jahre.

(5) Ist auf Freiheitsstrafe und Geldstrafe zugleich oder ist neben einer Strafe auf eine freiheitsentziehende Maßregel, auf Verfall, Einziehung oder Unbrauchbarmachung erkannt, so verjährt die Vollstreckung der einen Strafe oder Maßnahme nicht früher als die der anderen. Jedoch hindert eine zugleich angeordnete Sicherungsverwahrung die Verjährung der Vollstreckung von Strafen oder anderen Maßnahmen nicht.

(6) Die Verjährung beginnt mit der Rechtskraft der Entscheidung.

§ 79a. Ruhen. Die Verjährung ruht,

1. solange nach dem Gesetz die Vollstreckung nicht begonnen oder nicht fortgesetzt werden kann,

2. solange dem Verurteilten

   a) Aufschub oder Unterbrechung der Vollstreckung,

   b) Aussetzung zur Bewährung durch richterliche Entscheidung oder im Gnadenwege oder

   c) Zahlungserleichterung bei Geldstrafe, Verfall oder Einziehung

   bewilligt ist,

3. solange der Verurteilte im In- oder Ausland auf behördliche Anordnung in einer Anstalt verwahrt wird.

§ 79b. Verlängerung. Das Gericht kann die Verjährungsfrist vor ihrem Ablauf auf Antrag der Vollstreckungsbehörde einmal um die Hälfte der gesetzlichen Verjährungsfrist verlängern, wenn der Verurteilte sich in einem Gebiet aufhält, aus dem seine Auslieferung oder Überstellung nicht erreicht werden kann.

Besonderer Teil

Erster Abschnitt. Friedensverrat, Hochverrat und Gefährdung des demokratischen Rechtsstaates

Erster Titel. Friedensverrat

§ 80. Vorbereitung eines Angriffskrieges. Wer einen Angriffskrieg (Artikel 26 Abs. 1 des Grundgesetzes), an dem die Bundesrepublik Deutschland beteiligt sein soll, vorbereitet und dadurch die Gefahr eines Krieges für die Bundesrepublik Deutschland herbeiführt, wird mit lebenslanger Freiheitsstrafe oder mit Freiheitsstrafe nicht unter zehn Jahren bestraft.

§ 80a. Aufstacheln zum Angriffskrieg. Wer im räumlichen Geltungsbereich dieses Gesetzes öffentlich, in einer Versammlung oder durch Verbreiten von Schriften (§ 11 Abs. 3) zum Angriffskrieg (§ 80) aufstachelt, wird mit Freiheitsstrafe von drei Monaten bis zu fünf Jahren bestraft.

Zweiter Titel. Hochverrat

§ 81. Hochverrat gegen den Bund. (1) Wer es unternimmt, mit Gewalt oder durch Drohung mit Gewalt

1. den Bestand der Bundesrepublik Deutschland zu beeinträchtigen oder

2. die auf dem Grundgesetz der Bundesrepublik Deutschland beruhende verfassungsmäßige Ordnung zu ändern,

wird mit lebenslanger Freiheitsstrafe oder mit Freiheitsstrafe nicht unter zehn Jahren bestraft.

(2) In minder schweren Fällen ist die Strafe Freiheitsstrafe von einem Jahr bis zu zehn Jahren.

§ 82. Hochverrat gegen ein Land. (1) Wer es unternimmt, mit Gewalt oder durch Drohung mit Gewalt

1. das Gebiet eines Landes ganz oder zum Teil einem anderen Land der Bundesrepublik Deutschland einzuverleiben oder einen Teil eines Landes von diesem abzutrennen oder

2. die auf der Verfassung eines Landes beruhende verfassungsmäßige Ordnung zu ändern,

wird mit Freiheitsstrafe von einem Jahr bis zu zehn Jahren bestraft.

(2) In minder schweren Fällen ist die Strafe Freiheitsstrafe von sechs Monaten bis zu fünf Jahren.

§ 83. Vorbereitung eines hochverräterischen Unternehmens. (1) Wer ein bestimmtes hochverräterisches Unternehmen gegen den

Bund vorbereitet, wird mit Freiheitsstrafe von einem Jahr bis zu zehn Jahren, in minder schweren Fällen mit Freiheitsstrafe von einem Jahr bis zu fünf Jahren bestraft.

(2) Wer ein bestimmtes hochverräterisches Unternehmen gegen ein Land vorbereitet, wird mit Freiheitsstrafe von drei Monaten bis zu fünf Jahren bestraft.

§ 83a. Tätige Reue. (1) In den Fällen der §§ 81 und 82 kann das Gericht die Strafe nach seinem Ermessen mildern (§ 49 Abs. 2) oder von einer Bestrafung nach diesen Vorschriften absehen, wenn der Täter freiwillig die weitere Ausführung der Tat aufgibt und eine von ihm erkannte Gefahr, daß andere das Unternehmen weiter ausführen, abwendet oder wesentlich mindert oder wenn er freiwillig die Vollendung der Tat verhindert.

(2) In den Fällen des § 83 kann das Gericht nach Absatz 1 verfahren, wenn der Täter freiwillig sein Vorhaben aufgibt und eine von ihm verursachte und erkannte Gefahr, daß andere das Unternehmen weiter vorbereiten oder es ausführen, abwendet oder wesentlich mindert oder wenn er freiwillig die Vollendung der Tat verhindert.

(3) Wird ohne Zutun des Täters die bezeichnete Gefahr abgewendet oder wesentlich gemindert oder die Vollendung der Tat verhindert, so genügt sein freiwilliges und ernsthaftes Bemühen, dieses Ziel zu erreichen.

Dritter Titel. Gefährdung des demokratischen Rechtsstaates

§ 84.[19] Fortführung einer für verfassungswidrig erklärten Partei.

(1) Wer als Rädelsführer oder Hintermann im räumlichen Geltungsbereich dieses Gesetzes den organisatorischen Zusammenhalt

1. einer vom Bundesverfassungsgericht für verfassungswidrig erklärten Partei oder

2. einer Partei, von der das Bundesverfassungsgericht festgestellt hat, daß sie Ersatzorganisation einer verbotenen Partei ist,

aufrechterhält, wird mit Freiheitsstrafe von drei Monaten bis zu fünf Jahren bestraft. Der Versuch ist strafbar.

(2) Wer sich in einer Partei der in Absatz 1 bezeichneten Art als Mitglied betätigt oder wer ihren organisatorischen Zusammenhalt unterstützt, wird mit Freiheitsstrafe bis zu fünf Jahren oder mit Geldstrafe bestraft.

(3) Wer einer anderen Sachentscheidung des Bundesverfassungsgerichts, die im Verfahren nach Artikel 21 Abs. 2 des Grundgesetzes oder im Verfahren nach § 33 Abs. 2 des Parteiengesetzes erlassen ist, oder einer vollziehbaren Maßnahme zuwiderhandelt, die im Vollzug einer in einem sochen Verfahren ergangenen Sachentscheidung getroffen ist,

---

[19] § 84 ist gem. Art. 324 Abs. 1 Satz 1 und Abs. 3 Nr. 2 EGStGB vom 2. 3. 1974 (BGBl. I S. 469), abgedruckt Nr. **2,** im Land Berlin nicht anzuwenden.

wird mit Freiheitsstrafe bis zu fünf Jahren oder mit Geldstrafe bestraft. Den in Satz 1 bezeichneten Verfahren steht ein Verfahren nach Artikel 18 des Grundgesetzes gleich.

(4) In den Fällen des Absatzes 1 Satz 2 und der Absätze 2 und 3 Satz 1 kann das Gericht bei Beteiligten, deren Schuld gering und deren Mitwirkung von untergeordneter Bedeutung ist, die Strafe nach seinem Ermessen mildern (§ 49 Abs. 2) oder von einer Bestrafung nach diesen Vorschriften absehen.

(5) In den Fällen der Absätze 1 bis 3 Satz 1 kann das Gericht die Strafe nach seinem Ermessen mildern (§ 49 Abs. 2) oder von einer Bestrafung nach diesen Vorschriften absehen, wenn der Täter sich freiwillig und ernsthaft bemüht, das Fortbestehen der Partei zu verhindern; erreicht er dieses Ziel oder wird es ohne sein Bemühen erreicht, so wird der Täter nicht bestraft.

§ 85.[20] **Verstoß gegen ein Vereinigungsverbot.** (1) Wer als Rädelsführer oder Hintermann im räumlichen Geltungsbereich dieses Gesetzes den organisatorischen Zusammenhalt

1. einer Partei oder Vereinigung, von der im Verfahren nach § 33 Abs. 3 des Parteiengesetzes unanfechtbar festgestellt ist, daß sie Ersatzorganisation einer verbotenen Partei ist, oder

2. einer Vereinigung, die unanfechtbar verboten ist, weil sie sich gegen die verfassungsmäßige Ordnung oder gegen den Gedanken der Völkerverständigung richtet, oder von der unanfechtbar festgestellt ist, daß sie Ersatzorganisation einer solchen verbotenen Vereinigung ist,

aufrechterhält, wird mit Freiheitsstrafe bis zu fünf Jahren oder mit Geldstrafe bestraft. Der Versuch ist strafbar.

(2) Wer sich in einer Partei oder Vereinigung der in Absatz 1 bezeichneten Art als Mitglied betätigt oder wer ihren organisatorischen Zusam-

---

[20] § 85 ist gemäß Art. 324 Abs. 1 Satz 1 und Abs. 3 Nr. 3 EGStGB vom 2. 3. 1974 (BGBl. I S. 469), abgedruckt unter Nr. **2**, im Land Berlin in folgender Fassung anzuwenden:

„**§ 85. Verstoß gegen ein Vereinigungsverbot.** (1) Wer als Rädelsführer oder Hintermann im räumlichen Geltungsbereich dieses Gesetzes den organisatorischen Zusammenhalt einer Vereinigung, die unanfechtbar verboten ist, weil sie sich gegen die verfassungsmäßige Ordnung oder gegen den Gedanken der Völkerverständigung richtet, oder von der unanfechtbar festgestellt ist, daß sie Ersatzorganisation einer solchen verbotenen Vereinigung ist, aufrechterhält, wird mit Freiheitsstrafe bis zu fünf Jahren oder mit Geldstrafe bestraft. Der Versuch ist strafbar.

(2) Wer sich in einer Vereinigung der in Absatz 1 bezeichneten Art als Mitglied betätigt oder wer ihren organisatorischen Zusammenhalt unterstützt, wird mit Freiheitsstrafe bis zu drei Jahren oder mit Geldstrafe bestraft.

(3) In den Fällen des Absatzes 1 Satz 2 und des Absatzes 2 kann das Gericht bei Beteiligten, deren Schuld gering und deren Mitwirkung von untergeordneter Bedeutung ist, von einer Bestrafung nach diesen Vorschriften absehen.

(4) In den Fällen der Absätze 1 und 2 kann das Gericht von einer Bestrafung nach diesen Vorschriften absehen, wenn der Täter sich freiwillig und ernsthaft bemüht, das Fortbestehen der Vereinigung zu verhindern; erreicht er dieses Ziel oder wird es ohne sein Bemühen erreicht, so wird der Täter nicht bestraft."

menhalt unterstützt, wird mit Freiheitsstrafe bis zu drei Jahren oder mit Geldstrafe bestraft.

(3) § 84 Abs. 4 und 5 gilt entsprechend.

§ 86.[21] Verbreiten von Propagandamitteln verfassungswidriger Organisationen. (1)[22] Wer Propagandamittel

1. einer vom Bundesverfassungsgericht für verfassungswidrig erklärten Partei oder einer Partei oder Vereinigung, von der unanfechtbar festgestellt ist, daß sie Ersatzorganisation einer solchen Partei ist,

2. einer Vereinigung, die unanfechtbar verboten ist, weil sie sich gegen die verfassungsmäßige Ordnung oder gegen den Gedanken der Völkerverständigung richtet, oder von der unanfechtbar festgestellt ist, daß sie Ersatzorganisation einer solchen verbotenen Vereinigung ist,

3. einer Regierung, Vereinigung oder Einrichtung außerhalb des räumlichen Geltungsbereichs dieses Gesetzes, die für die Zwecke einer der in den Nummern 1 und 2 bezeichneten Parteien oder Vereinigungen tätig ist, oder

4. Propagandamittel, die nach ihrem Inhalt dazu bestimmt sind, Bestrebungen einer ehemaligen nationalsozialistischen Organisation fortzusetzen,

im räumlichen Geltungsbereich dieses Gesetzes verbreitet oder zur Verbreitung innerhalb dieses Bereichs herstellt, vorrätig hält oder in diesen

---

[21] § 86 ist gemäß Art. 324 Abs. 1 Satz 1 und Abs. 3 Nr. 3 EGStGB vom 2. 3. 1974 (BGBl. I S. 489), abgedruckt unter Nr. **2**, im Land Berlin in folgender Fassung anzuwenden:

„**§ 86. Verbreiten von Propagandamitteln verfassungswidriger Organisationen.** (1) Wer Propagandamittel

1. einer Vereinigung, die unanfechtbar verboten ist, weil sie sich gegen die verfassungsmäßige Ordnung oder gegen den Gedanken der Völkerverständigung richtet, oder von der unanfechtbar festgestellt ist, daß sie Ersatzorganisation einer solchen verbotenen Vereinigung ist,

2. einer Regierung, Vereinigung oder Einrichtung außerhalb des räumlichen Geltungsbereichs dieses Gesetzes, die für die Zwecke einer der in der Nummer 1 bezeichneten Vereinigungen tätig ist, oder

3. Propagandamittel, die nach ihrem Inhalt dazu bestimmt sind, Bestrebungen einer ehemaligen nationalsozialistischen Organisation fortzusetzen,

im räumlichen Geltungsbereich dieses Gesetzes verbreitet oder zur Verbreitung innerhalb dieses Bereichs herstellt, vorrätig hält oder in diesen Bereich einführt, wird mit Freiheitsstrafe bis zu drei Jahren oder mit Geldstrafe bestraft.

(2 Propagandamittel im Sinne des Absatzes 1 sind nur solche Schriften (§ 11 Abs. 3), deren Inhalt gegen die freiheitliche demokratische Grundordnung oder den Gedanken der Völkerverständigung gerichtet ist.

(3) Absatz 1 gilt nicht, wenn das Propagandamittel oder die Handlung der staatsbürgerlichen Aufklärung, der Abwehr verfassungswidriger Bestrebungen, der Kunst oder der Wissenschaft, der Forschung oder der Lehre, der Berichterstattung über Vorgänge des Zeitgeschehens oder der Geschichte oder ähnlichen Zwecken dient.

(4) Ist die Schuld gering, so kann das Gericht von einer Bestrafung nach dieser Vorschrift absehen.“

[22] § 86 Abs. 1 ist gemäß Art. 296 EGStGB vom 2. 3. 1974 (BGBl. I S. 469), abgedruckt unter Nr. **2**, nicht anzuwenden auf Zeitungen und Zeitschriften, die außerhalb des räumlichen Geltungsbereichs dieses Gesetzes in ständiger, regelmäßiger Folge erscheinen und dort allgemein und öffentlich vertrieben werden.

Bereich einführt, wird mit Freiheitsstrafe bis zu drei Jahren oder mit Geldstrafe bestraft.

(2) Propagandamittel im Sinne des Absatzes 1 sind nur solche Schriften (§ 11 Abs. 3), deren Inhalt gegen die freiheitliche demokratische Grundordnung oder den Gedanken der Völkerverständigung gerichtet ist.

(3) Absatz 1 gilt nicht, wenn das Propagandamittel oder die Handlung der staatsbürgerlichen Aufklärung, der Abwehr verfassungswidriger Bestrebungen, der Kunst oder der Wissenschaft, der Forschung oder der Lehre, der Berichterstattung über Vorgänge des Zeitgeschehens oder der Geschichte oder ähnlichen Zwecken dient.

(4) Ist die Schuld gering, so kann das Gericht von einer Bestrafung nach dieser Vorschrift absehen.

§ 86a.[23] Verwenden von Kennzeichen verfassungswidriger Organisationen. (1) Wer im räumlichen Geltungsbereich dieses Gesetzes Kennzeichen einer der in § 86 Abs. 1 Nr. 1, 2 und 4 bezeichneten Parteien und Vereinigungen öffentlich, in einer Versammlung oder in von ihm verbreiteten Schriften (§ 11 Abs. 3) verwendet oder wer solche Kennzeichen in diesem Bereich verbreitet, wird mit Freiheitsstrafe bis zu drei Jahren oder mit Geldstrafe bestraft.

(2) Kennzeichen im Sinne des Absatzes 1 sind namentlich Fahnen, Abzeichen, Uniformstücke, Parolen und Grußformen.

(3) § 86 Abs. 3, 4 gilt entsprechend.

§ 87.[24] Agententätigkeit zu Sabotagezwecken. (1) Mit Freiheitsstrafe bis zu fünf Jahren oder mit Geldstrafe wird bestraft, wer einen Auftrag

---

[23] § 86a ist gemäß Art. 324 Abs. 1 Satz 1 und Abs. 3 Nr. 3 EGStGB vom 2. 3. 1974 (BGBl. I S. 469), abgedruckt unter Nr. **2,** im Lande Berlin in folgender Fassung anzuwenden:

„**§ 86a. Verwenden von Kennzeichen verfassungswidriger Organisationen.**
(1) Wer im räumlichen Geltungsbereich dieses Gesetzes Kennzeichen einer der in § 86 Abs. 1 Nr. 1 und 3 bezeichneten Vereinigungen öffentlich, in einer Versammlung oder in von ihm verbreiteten Schriften (§ 11 Abs. 3) verwendet oder wer solche Kennzeichen in diesem Bereich verbreitet, wird mit Freiheitsstrafe bis zu drei Jahren oder mit Geldstrafe bestraft.

(2) Kennzeichen im Sinne des Absatzes 1 sind namentlich Fahnen, Abzeichen, Uniformstücke, Parolen und Grußformen.

(3) § 86 Abs. 3, 4 gilt entsprechend."

[24] § 87 ist gemäß Art. 324 Abs. 1 Satz 1 und Abs. 3 Nr. 3 EGStGB vom 2. 3. 1974 (BGBl. I S. 469), abgedruckt unter Nr. **2,** im Land Berlin in folgender Fassung anzuwenden:

„**§ 87. Agententätigkeit zu Sabotagezwecken.** (1) Mit Freiheitsstrafe bis zu fünf Jahren oder mit Geldstrafe wird bestraft, wer einen Auftrag einer Regierung, Vereinigung oder Einrichtung außerhalb des räumlichen Geltungsbereichs dieses Gesetzes zur Vorbereitung von Sabotagehandlungen, die in diesem Geltungsbereich begangen werden sollen, dadurch befolgt, daß er
1. sich bereit hält, auf Weisung einer der bezeichneten Stellen solche Handlungen zu begehen,
2. Sabotageobjekte auskundschaftet,
3. Sabotagemittel herstellt, sich oder einem anderen verschafft, verwahrt, einem anderen überläßt oder in diesen Bereich einführt,

einer Regierung, Vereinigung oder Einrichtung außerhalb des räumlichen Geltungsbereichs dieses Gesetzes zur Vorbereitung von Sabotagehandlungen, die in diesem Geltungsbereich begangen werden sollen, dadurch befolgt, daß er

1. sich bereit hält, auf Weisung einer der bezeichneten Stellen solche Handlungen zu begehen,

2. Sabotageobjekte auskundschaftet,

3. Sabotagemittel herstellt, sich oder einem anderen verschafft, verwahrt, einem anderen überläßt oder in diesen Bereich einführt,

4. Lager zur Aufnahme von Sabotagemitteln oder Stützpunkte für die Sabotagetätigkeit einrichtet, unterhält oder überprüft,

5. sich zur Begehung von Sabotagehandlungen schulen läßt oder andere dazu schult oder

6. die Verbindung zwischen einem Sabotageagenten (Nummer 1 bis 5) und einer der bezeichneten Stellen herstellt oder aufrechterhält,

und sich dadurch absichtlich oder wissentlich für Bestrebungen gegen den Bestand oder die Sicherheit der Bundesrepublik Deutschland oder gegen Verfassungsgrundsätze einsetzt.

(2) Sabotagehandlungen im Sinne des Absatzes 1 sind

1. Handlungen, die den Tatbestand der §§ 109e, 305, 306, 308, 310b bis 311a, 312, 313, 315, 315b, 316b, 316c Abs. 1 Nr. 2, der §§ 317 oder 318 verwirklichen, und

2. andere Handlungen, durch die der Betrieb eines für die Landesverteidigung, den Schutz der Zivilbevölkerung gegen Kriegsgefahren oder für die Gesamtwirtschaft wichtigen Unternehmens dadurch verhindert oder gestört wird, daß eine dem Betrieb dienende Sache zerstört, beschädigt, beseitigt, verändert oder unbrauchbar gemacht oder daß die für den Betrieb bestimmte Energie entzogen wird.

(3) Das Gericht kann von einer Bestrafung nach diesen Vorschriften

---

4. Lager zur Aufnahme von Sabotagemitteln oder Stützpunkte für die Sabotagetätigkeit einrichtet, unterhält oder überprüft,
5. sich zur Begehung von Sabotagehandlungen schulen läßt oder andere dazu schult oder
6. die Verbindung zwischen einem Sabotageagenten (Nummer 1 bis 5) und einer der bezeichneten Stellen herstellt oder aufrechterhält,
und sich dadurch absichtlich oder wissentlich für Bestrebungen gegen den Bestand oder die Sicherheit der Bundesrepublik Deutschland oder gegen Verfassungsgrundsätze einsetzt.

(2) Sabotagehandlungen im Sinne des Absatzes 1 sind
1. Handlungen, die den Tatbestand der §§ 305, 306, 308, 310b bis 311a, 312, 313, 315, 315b, 316b, 316c Abs. 1 Nr. 2, der §§ 317 oder 318 verwirklichen, und
2. andere Handlungen, durch die der Betrieb eines für die Landesverteidigung oder für den Schutz der Zivilbevölkerung gegen Kriegsgefahren oder für die Gesamtwirtschaft wichtigen Unternehmens dadurch verhindert oder gestört wird, daß eine dem Betrieb dienende Sache zerstört, beschädigt, beseitigt, verändert oder unbrauchbar gemacht oder daß die für den Betrieb bestimmte Energie entzogen wird.

(3) Das Gericht kann von einer Bestrafung nach diesen Vorschriften absehen, wenn der Täter freiwillig sein Verhalten aufgibt und sein Wissen so rechtzeitig einer Dienststelle offenbart, daß Sabotagehandlungen, deren Planung er kennt, noch verhindert werden können.''

absehen, wenn der Täter freiwillig sein Verhalten aufgibt und sein Wissen so rechtzeitig einer Dienststelle offenbart, daß Sabotagehandlungen, deren Planung er kennt, noch verhindert werden können.

§ 88. Verfassungsfeindliche Sabotage. (1) Wer als Rädelsführer oder Hintermann einer Gruppe oder, ohne mit einer Gruppe oder für eine solche zu handeln, als einzelner absichtlich bewirkt, daß im räumlichen Geltungsbereich dieses Gesetzes durch Störhandlungen

1. die Post oder dem öffentlichen Verkehr dienende Unternehmen oder Anlagen,

2. Fernmeldeanlagen, die öffentlichen Zwecken dienen,

3. Unternehmen oder Anlagen, die der öffentlichen Versorgung mit Wasser, Licht, Wärme oder Kraft dienen oder sonst für die Versorgung der Bevölkerung lebenswichtig sind, oder

4. Dienststellen, Anlagen, Einrichtungen oder Gegenstände, die ganz oder überwiegend der öffentlichen Sicherheit oder Ordnung dienen,

ganz oder zum Teil außer Tätigkeit gesetzt oder den bestimmungsmäßigen Zwecken entzogen werden, und sich dadurch absichtlich für Bestrebungen gegen den Bestand oder die Sicherheit der Bundesrepublik Deutschland oder gegen Verfassungsgrundsätze einsetzt, wird mit Freiheitsstrafe bis zu fünf Jahren oder mit Geldstrafe bestraft.

(2) Der Versuch ist strafbar.

§ 88a. Verfassungsfeindliche Befürwortung von Straftaten.
(1) Wer eine Schrift (§ 11 Abs. 3), die die Befürwortung einer der in § 126 Abs. 1 Nr. 1 bis 6 genannten rechtswidrigen Taten enthält und bestimmt sowie nach den Umständen geeignet ist, die Bereitschaft anderer zu fördern, sich durch die Begehung solcher Taten für Bestrebungen gegen den Bestand oder die Sicherheit der Bundesrepublik Deutschland oder gegen Verfassungsgrundsätze einzusetzen,

1. verbreitet,

2. öffentlich ausstellt, anschlägt, vorführt oder sonst zugänglich macht oder

3. herstellt, bezieht, liefert, vorrätig hält, anbietet, ankündigt, anpreist, in den räumlichen Geltungsbereich dieses Gesetzes einzuführen oder daraus auszuführen unternimmt, um sie oder aus ihr gewonnene Stücke im Sinne der Nummern 1 oder 2 zu verwenden oder einem anderen eine solche Verwendung zu ermöglichen,

wird mit Freiheitsstrafe bis zu drei Jahren oder mit Geldstrafe bestraft.

(2) Ebenso wird bestraft, wer öffentlich oder in einer Versammlung die Begehung einer der in § 126 Abs. 1 Nr. 1 bis 6 genannten rechtswidrigen Taten befürwortet, um die Bereitschaft anderer zu fördern, sich durch die Begehung solcher Taten für Bestrebungen gegen den Bestand oder die Sicherheit der Bundesrepublik Deutschland oder gegen Verfassungsgrundsätze einzusetzen.

(3) § 86 Abs. 3 gilt entsprechend.

§ 89.[25] Verfassungsfeindliche Einwirkung auf Bundeswehr und öffentliche Sicherheitsorgane. (1) Wer auf Angehörige der Bundeswehr oder eines öffentlichen Sicherheitsorgans planmäßig einwirkt, um deren pflichtmäßige Bereitschaft zum Schutze der Sicherheit der Bundesrepublik Deutschland oder der verfassungsmäßigen Ordnung zu untergraben, und sich dadurch absichtlich für Bestrebungen gegen den Bestand oder die Sicherheit der Bundesrepublik Deutschland oder gegen Verfassungsgrundsätze einsetzt, wird mit Freiheitsstrafe bis zu fünf Jahren oder mit Geldstrafe bestraft.

(2) Der Versuch ist strafbar.

(3) § 86 Abs. 4 gilt entsprechend.

§ 90. Verunglimpfung des Bundespräsidenten. (1) Wer öffentlich, in einer Versammlung oder durch Verbreiten von Schriften (§ 11 Abs. 3) den Bundespräsidenten verunglimpft, wird mit Freiheitsstrafe von drei Monaten bis zu fünf Jahren bestraft.

(2) In minder schweren Fällen kann das Gericht die Strafe nach seinem Ermessen mildern (§ 49 Abs. 2), wenn nicht die Voraussetzungen des § 187a erfüllt sind.

(3) Die Strafe ist Freiheitsstrafe von sechs Monaten bis zu fünf Jahren, wenn die Tat eine Verleumdung (§ 187) ist oder wenn der Täter sich durch die Tat absichtlich für Bestrebungen gegen den Bestand der Bundesrepublik Deutschland oder gegen Verfassungsgrundsätze einsetzt.

(4) Die Tat wird nur mit Ermächtigung des Bundespräsidenten verfolgt.

§ 90a. Verunglimpfung des Staates und seiner Symbole. (1) Wer öffentlich, in einer Versammlung oder durch Verbreiten von Schriften (§ 11 Abs. 3)

1. die Bundesrepublik Deutschland oder eines ihrer Länder oder ihre verfassungsmäßige Ordnung beschimpft oder böswillig verächtlich macht oder

2. die Farben, die Flagge, das Wappen oder die Hymne der Bundesrepublik Deutschland oder eines ihrer Länder verunglimpft,

wird mit Freiheitsstrafe bis zu drei Jahren oder mit Geldstrafe bestraft.

(2) Ebenso wird bestraft, wer eine öffentlich gezeigte Flagge der Bun-

---

[25] § 89 ist gemäß Art. 324 Abs. 1 Satz 1 und Abs. 3 Nr. 4 EGStGB vom 2. 3. 1974 (BGBl. I S. 469), abgedruckt unter Nr. **2,** im Land Berlin in folgender Fassung anzuwenden:

„**§ 89. Verfassungsfeindliche Einwirkungen auf öffentliche Sicherheitsorgane.** (1) Wer auf Angehörige eines öffentlichen Sicherheitsorgans planmäßig einwirkt, um deren pflichtmäßige Bereitschaft zum Schutze der Sicherheit der Bundesrepublik Deutschland oder der verfassungsmäßigen Ordnung zu untergraben, und sich dadurch absichtlich für Bestrebungen gegen den Bestand oder die Sicherheit der Bundesrepublik Deutschland oder gegen Verfassungsgrundsätze einsetzt, wird mit Freiheitsstrafe bis zu fünf Jahren oder mit Geldstrafe bestraft.

(2) Der Versuch ist strafbar.

(3) § 86 Abs. 4 gilt entsprechend.“

desrepublik Deutschland oder eines ihrer Länder oder ein von einer Behörde öffentlich angebrachtes Hoheitszeichen der Bundesrepublik Deutschland oder eines ihrer Länder entfernt, zerstört, beschädigt, unbrauchbar oder unkenntlich macht oder beschimpfenden Unfug daran verübt. Der Versuch ist strafbar.

(3) Die Strafe ist Freiheitsstrafe bis zu fünf Jahren oder Geldstrafe, wenn der Täter sich durch die Tat absichtlich für Bestrebungen gegen den Bestand der Bundesrepublik Deutschland oder gegen Verfassungsgrundsätze einsetzt.

§ 90b. Verfassungsfeindliche Verunglimpfung von Verfassungsorganen. (1) Wer öffentlich, in einer Versammlung oder durch Verbreiten von Schriften (§ 11 Abs. 3) ein Gesetzgebungsorgan, die Regierung oder das Verfassungsgericht des Bundes oder eines Landes oder eines ihrer Mitglieder in dieser Eigenschaft in einer das Ansehen des Staates gefährdenden Weise verunglimpft und sich dadurch absichtlich für Bestrebungen gegen den Bestand der Bundesrepublik Deutschland oder gegen Verfassungsgrundsätze einsetzt, wird mit Freiheitsstrafe von drei Monaten bis zu fünf Jahren bestraft.

(2) Die Tat wird nur mit Ermächtigung des betroffenen Verfassungsorgans oder Mitglieds verfolgt.

§ 91.[26] Anwendungsbereich. Die §§ 84, 85 und 87 gelten nur für Taten, die durch eine im räumlichen Geltungsbereich dieses Gesetzes ausgeübte Tätigkeit begangen werden.

Vierter Titel. Gemeinsame Vorschriften

§ 92. Begriffsbestimmungen. (1) Im Sinne dieses Gesetzes beeinträchtigt den Bestand der Bundesrepublik Deutschland, wer ihre Freiheit von fremder Botmäßigkeit aufhebt, ihre staatliche Einheit beseitigt oder ein zu ihr gehörendes Gebiet abtrennt.

(2) Im Sinne dieses Gesetzes sind Verfassungsgrundsätze

1. das Recht des Volkes, die Staatsgewalt in Wahlen und Abstimmungen und durch besondere Organe der Gesetzgebung, der vollziehenden Gewalt und der Rechtsprechung auszuüben und die Volksvertretung in allgemeiner, unmittelbarer, freier, gleicher und geheimer Wahl zu wählen,

2. die Bindung der Gesetzgebung an die verfassungsmäßige Ordnung und die Bindung der vollziehenden Gewalt und der Rechtsprechung an Gesetz und Recht,

3. das Recht auf die Bildung und Ausübung einer parlamentarischen Opposition,

---

[26] § 91 ist gemäß Art. 324 Abs. 1 Satz 1 und Abs. 3 Nr. 5 EGStGB vom 2. 3. 1974 (BGBl. I S. 469), abgedruckt unter Nr. **2,** im Land Berlin in folgender Fassung anzuwenden:

„**§ 91. Anwendungsbereich.** Die §§ 85 und 87 gelten nur für Taten, die durch eine im räumlichen Geltungsbereich dieses Gesetzes ausgeübte Tätigkeit begangen werden."

4. die Ablösbarkeit der Regierung und ihre Verantwortlichkeit gegenüber der Volksvertretung,

5. die Unabhängigkeit der Gerichte und

6. der Ausschluß jeder Gewalt- und Willkürherrschaft.

(3) Im Sinne dieses Gesetzes sind

1. Bestrebungen gegen den Bestand der Bundesrepublik Deutschland solche Bestrebungen, deren Träger darauf hinarbeiten, den Bestand der Bundesrepublik Deutschland zu beeinträchtigen (Absatz 1),

2. Bestrebungen gegen die Sicherheit der Bundesrepublik Deutschland solche Bestrebungen, deren Träger darauf hinarbeiten, die äußere oder innere Sicherheit der Bundesrepublik Deutschland zu beeinträchtigen,

3. Bestrebungen gegen Verfassungsgrundsätze solche Bestrebungen, deren Träger darauf hinarbeiten, einen Verfassungsgrundsatz (Absatz 2) zu beseitigen, außer Geltung zu setzen oder zu untergraben.

§ 92a. Nebenfolgen. Neben einer Freiheitsstrafe von mindestens sechs Monaten wegen einer Straftat nach diesem Abschnitt kann das Gericht die Fähigkeit, öffentliche Ämter zu bekleiden, die Fähigkeit, Rechte aus öffentlichen Wahlen zu erlangen, und das Recht, in öffentlichen Angelegenheiten zu wählen oder zu stimmen, aberkennen (§ 45 Abs. 2, 5).

§ 92b. Einziehung. Ist eine Straftat nach diesem Abschnitt begangen worden, so können

1. Gegenstände, die durch die Tat hervorgebracht oder zu ihrer Begehung oder Vorbereitung gebraucht worden oder bestimmt gewesen sind, und

2. Gegenstände, auf die sich eine Straftat nach den §§ 80a, 86, 86a, 90 bis 90b bezieht,

eingezogen werden. § 74a ist anzuwenden.

Zweiter Abschnitt. Landesverrat und Gefährdung der äußeren Sicherheit[27]

§ 93. Begriff des Staatsgeheimnisses. (1) Staatsgeheimnisse sind Tatsachen, Gegenstände oder Erkenntnisse, die nur einem begrenzten Personenkreis zugänglich sind und vor einer fremden Macht geheimgehalten werden müssen, um die Gefahr eines schweren Nachteils für die äußere Sicherheit der Bundesrepublik Deutschland abzuwenden.

(2) Tatsachen, die gegen die freiheitliche demokratische Grundordnung oder unter Geheimhaltung gegenüber den Vertragspartnern der Bundesrepublik Deutschland gegen zwischenstaatlich vereinbarte Rüstungsbeschränkungen verstoßen, sind keine Staatsgeheimnisse.

---

[27] In Art. 7 Abs. 1 des 4. Strafrechtsänderungsgesetzes, abgedruckt unter Nr. **3,** ist die Anwendung der §§ 93 bis 97 und 98 bis 100 in Verbindung mit den §§ 101 und 101a StGB zum Schutz der Vertragsstaaten des Nordatlantikpaktes geregelt.

§ 94. Landesverrat. (1) Wer ein Staatsgeheimnis

1. einer fremden Macht oder einem ihrer Mittelsmänner mitteilt oder

2. sonst an einen Unbefugten gelangen läßt oder öffentlich bekanntmacht, um die Bundesrepublik Deutschland zu benachteiligen oder eine fremde Macht zu begünstigen,

und dadurch die Gefahr eines schweren Nachteils für die äußere Sicherheit der Bundesrepublik Deutschland herbeiführt, wird mit Freiheitsstrafe nicht unter einem Jahr bestraft.

(2) In besonders schweren Fällen ist die Strafe lebenslange Freiheitsstrafe oder Freiheitsstrafe nicht unter fünf Jahren. Ein besonders schwerer Fall liegt in der Regel vor, wenn der Täter

1. eine verantwortliche Stellung mißbraucht, die ihn zur Wahrung von Staatsgeheimnissen besonders verpflichtet, oder

2. durch die Tat die Gefahr eines besonders schweren Nachteils für die äußere Sicherheit der Bundesrepublik Deutschland herbeiführt.

§ 95. Offenbaren von Staatsgeheimnissen. (1) Wer ein Staatsgeheimnis, das von einer amtlichen Stelle oder auf deren Veranlassung geheimgehalten wird, an einen Unbefugten gelangen läßt oder öffentlich bekanntmacht und dadurch die Gefahr eines schweren Nachteils für die äußere Sicherheit der Bundesrepublik Deutschland herbeiführt, wird mit Freiheitsstrafe von sechs Monaten bis zu fünf Jahren bestraft, wenn die Tat nicht in § 94 mit Strafe bedroht ist.

(2) Der Versuch ist strafbar.

(3) In besonders schweren Fällen ist die Strafe Freiheitsstrafe von einem Jahr bis zu zehn Jahren. § 94 Abs. 2 Satz 2 ist anzuwenden.

§ 96. Landesverräterische Ausspähung; Auskundschaften von Staatsgeheimnissen. (1) Wer sich ein Staatsgeheimnis verschafft, um es zu verraten (§ 94), wird mit Freiheitsstrafe von einem Jahr bis zu zehn Jahren bestraft.

(2) Wer sich ein Staatsgeheimnis, das von einer amtlichen Stelle oder auf deren Veranlassung geheimgehalten wird, verschafft, um es zu offenbaren (§ 95), wird mit Freiheitsstrafe von sechs Monaten bis zu fünf Jahren bestraft. Der Versuch ist strafbar.

§ 97. Preisgabe von Staatsgeheimnissen. (1) Wer ein Staatsgeheimnis, das von einer amtlichen Stelle oder auf deren Veranlassung geheimgehalten wird, an einen Unbefugten gelangen läßt oder öffentlich bekanntmacht und dadurch fahrlässig die Gefahr eines schweren Nachteils für die äußere Sicherheit der Bundesrepublik Deutschland verursacht, wird mit Freiheitsstrafe bis zu fünf Jahren oder mit Geldstrafe bestraft.

(2) Wer ein Staatsgeheimnis, das von einer amtlichen Stelle oder auf deren Veranlassung geheimgehalten wird und das ihm kraft seines Amtes, seiner Dienststellung oder eines von einer amtlichen Stelle erteilten Auftrages zugänglich war, leichtfertig an einen Unbefugten gelangen läßt und dadurch fahrlässig die Gefahr eines schweren Nachteils für die äußere

Sicherheit der Bundesrepublik Deutschland verursacht, wird mit Freiheitsstrafe bis zu drei Jahren oder mit Geldstrafe bestraft.

(3) Die Tat wird nur mit Ermächtigung der Bundesregierung verfolgt.

§ 97a. Verrat illegaler Geheimnisse. Wer ein Geheimnis, das wegen eines der in § 93 Abs. 2 bezeichneten Verstöße kein Staatsgeheimnis ist, einer fremden Macht oder einem ihrer Mittelsmänner mitteilt und dadurch die Gefahr eines schweren Nachteils für die äußere Sicherheit der Bundesrepublik Deutschland herbeiführt, wird wie ein Landesverräter (§ 94) bestraft. § 94 Abs. 1 in Verbindung mit § 94 Abs. 1 Nr. 1 ist auf Geheimnisse der in Satz 1 bezeichneten Art entsprechend anzuwenden.

§ 97b. Verrat in irriger Annahme eines illegalen Geheimnisses.
(1) Handelt der Täter in den Fällen der §§ 94 bis 97 in der irrigen Annahme, das Staatsgeheimnis sei ein Geheimnis der in § 97a bezeichneten Art, so wird er, wenn

1. dieser Irrtum ihm vorzuwerfen ist,
2. er nicht in der Absicht handelt, dem vermeintlichen Verstoß entgegenzuwirken, oder
3. die Tat nach den Umständen kein angemessenes Mittel zu diesem Zweck ist,

nach den bezeichneten Vorschriften bestraft. Die Tat ist in der Regel kein angemessenes Mittel, wenn der Täter nicht zuvor ein Mitglied des Bundestages um Abhilfe angerufen hat.

(2) War dem Täter als Amtsträger oder als Soldat der Bundeswehr das Staatsgeheimnis dienstlich anvertraut oder zugänglich, so wird er auch dann bestraft, wenn nicht zuvor der Amtsträger einen Dienstvorgesetzten, der Soldat einen Disziplinarvorgesetzten um Abhilfe angerufen hat. Dies gilt für die für den öffentlichen Dienst besonders Verpflichteten und für Personen, die im Sinne des § 353b Abs. 2 verpflichtet worden sind, sinngemäß.

§ 98. Landesverräterische Agententätigkeit. (1) Wer

1. für eine fremde Macht eine Tätigkeit ausübt, die auf die Erlangung oder Mitteilung von Staatsgeheimnissen gerichtet ist, oder
2. gegenüber einer fremden Macht oder einem ihrer Mittelsmänner sich zu einer solchen Tätigkeit bereit erklärt,

wird mit Freiheitsstrafe bis zu fünf Jahren oder mit Geldstrafe bestraft, wenn die Tat nicht in den §§ 94, 96 Abs. 1 mit Strafe bedroht ist. In besonders schweren Fällen ist die Strafe Freiheitsstrafe von einem Jahr bis zu zehn Jahren; § 94 Abs. 2 Satz 2 Nr. 1 gilt entsprechend.

(2) Das Gericht kann die Strafe nach seinem Ermessen mildern (§ 49 Abs. 2) oder von einer Bestrafung nach diesen Vorschriften absehen, wenn der Täter freiwillig sein Verhalten aufgibt und sein Wissen einer Dienststelle offenbart. Ist der Täter in den Fällen des Absatzes 1 Satz 1 von der fremden Macht oder einem ihrer Mittelsmänner zu seinem Verhalten gedrängt worden, so wird er nach dieser Vorschrift nicht bestraft,

wenn er freiwillig sein Verhalten aufgibt und sein Wissen unverzüglich einer Dienststelle offenbart.

§ 99. Geheimdienstliche Agententätigkeit. (1) Wer

1. für den Geheimdienst einer fremden Macht eine geheimdienstliche Tätigkeit gegen die Bundesrepublik Deutschland ausübt, die auf die Mitteilung oder Lieferung von Tatsachen, Gegenständen oder Erkenntnissen gerichtet ist, oder

2. gegenüber dem Geheimdienst einer fremden Macht oder einem seiner Mittelsmänner sich zu einer solchen Tätigkeit bereit erklärt,

wird mit Freiheitsstrafe bis zu fünf Jahren oder mit Geldstrafe bestraft, wenn die Tat nicht in den §§ 94, 96 Abs. 1, in § 97a oder in § 97b in Verbindung mit den §§ 94, 96 Abs. 1 mit Strafe bedroht ist.

(2) In besonders schweren Fällen ist die Strafe Freiheitsstrafe von einem Jahr bis zu zehn Jahren. Ein besonders schwerer Fall liegt in der Regel vor, wenn der Täter Tatsachen, Gegenstände oder Erkenntnisse, die von einer amtlichen Stelle oder auf deren Veranlassung geheimgehalten werden, mitteilt oder liefert und wenn er

1. eine verantwortliche Stellung mißbraucht, die ihn zur Wahrung solcher Geheimnisse besonders verpflichtet, oder

2. durch die Tat die Gefahr eines schweren Nachteils für die Bundesrepublik Deutschland herbeiführt.

(3) § 98 Abs. 2 gilt entsprechend.

§ 100. Friedensgefährdende Beziehungen. (1) Wer als Deutscher, der seine Lebensgrundlage im räumlichen Geltungsbereich dieses Gesetzes hat, in der Absicht, einen Krieg oder ein bewaffnetes Unternehmen gegen die Bundesrepublik Deutschland herbeizuführen, zu einer Regierung, Vereinigung oder Einrichtung außerhalb des räumlichen Geltungsbereichs dieses Gesetzes oder zu einem ihrer Mittelsmänner Beziehung aufnimmt oder unterhält, wird mit Freiheitsstrafe nicht unter einem Jahr bestraft.

(2) In besonders schweren Fällen ist die Strafe lebenslange Freiheitsstrafe oder Freiheitsstrafe nicht unter fünf Jahren. Ein besonders schwerer Fall liegt in der Regel vor, wenn der Täter durch die Tat eine schwere Gefahr für den Bestand der Bundesrepublik Deutschland herbeiführt.

(3) In minder schweren Fällen ist die Strafe Freiheitsstrafe von einem Jahr bis zu fünf Jahren.

§ 100a. Landesverräterische Fälschung. (1) Wer wider besseres Wissen gefälschte oder verfälschte Gegenstände, Nachrichten darüber oder unwahre Behauptungen tatsächlicher Art, die im Falle ihrer Echtheit oder Wahrheit für die äußere Sicherheit oder die Beziehungen der Bundesrepublik Deutschland zu einer fremden Macht von Bedeutung wären, an einen anderen gelangen läßt oder öffentlich bekanntmacht, um einer fremden Macht vorzutäuschen, daß es sich um echte Gegenstände oder um Tatsachen handele, und dadurch die Gefahr eines schweren Nachteils für die äußere Sicherheit oder die Beziehungen der Bundesrepublik Deutschland zu einer fremden Macht herbeiführt, wird mit Freiheitsstrafe von sechs Monaten bis zu fünf Jahren bestraft.

(2) Ebenso wird bestraft, wer solche Gegenstände durch Fälschung oder Verfälschung herstellt oder sie sich verschafft, um sie in der in Absatz 1 bezeichneten Weise zur Täuschung einer fremden Macht an einen anderen gelangen zu lassen oder öffentlich bekanntzumachen und dadurch die Gefahr eines schweren Nachteils für die äußere Sicherheit oder die Beziehungen der Bundesrepublik Deutschland zu einer fremden Macht herbeizuführen.

(3) Der Versuch ist strafbar.

(4) In besonders schweren Fällen ist die Strafe Freiheitsstrafe nicht unter einem Jahr. Ein besonders schwerer Fall liegt in der Regel vor, wenn der Täter durch die Tat einen besonders schweren Nachteil für die äußere Sicherheit oder die Beziehungen der Bundesrepublik Deutschland zu einer fremden Macht herbeiführt.

§ 101. Nebenfolgen. Neben einer Freiheitsstrafe von mindestens sechs Monaten wegen einer vorsätzlichen Straftat nach diesem Abschnitt kann das Gericht die Fähigkeit, öffentliche Ämter zu bekleiden, die Fähigkeit, Rechte aus öffentlichen Wahlen zu erlangen, und das Recht, in öffentlichen Angelegenheiten zu wählen oder zu stimmen, aberkennen (§ 45 Abs. 2, 5).

§ 101a. Einziehung. Ist eine Straftat nach diesem Abschnitt begangen worden, so können

1. Gegenstände, die durch die Tat hervorgebracht oder zu ihrer Begehung oder Vorbereitung gebraucht worden oder bestimmt gewesen sind, und

2. Gegenstände, die Staatsgeheimnisse sind, und Gegenstände der in § 100a bezeichneten Art, auf die sich die Tat bezieht,

eingezogen werden. § 74a ist anzuwenden. Gegenstände der in Satz 1 Nr. 2 bezeichneten Art werden auch ohne die Voraussetzungen des § 74 Abs. 2 eingezogen, wenn dies erforderlich ist, um die Gefahr eines schweren Nachteils für die äußere Sicherheit der Bundesrepublik Deutschland abzuwenden; dies gilt auch dann, wenn der Täter ohne Schuld gehandelt hat.

Dritter Abschnitt. Straftaten gegen ausländische Staaten

§ 102. Angriff gegen Organe und Vertreter ausländischer Staaten.
(1) Wer einen Angriff auf Leib oder Leben eines ausländischen Staatsoberhauptes, eines Mitgliedes einer ausländischen Regierung oder eines im Bundesgebiet beglaubigten Leiters einer ausländischen diplomatischen Vertretung begeht, während sich der Angegriffene in amtlicher Eigenschaft im Inland aufhält, wird mit Freiheitsstrafe bis zu fünf Jahren

oder mit Geldstrafe, in besonders schweren Fällen mit Freiheitsstrafe nicht unter einem Jahr bestraft.

(2) Neben einer Freiheitsstrafe von mindestens sechs Monaten kann das Gericht die Fähigkeit, öffentliche Ämter zu bekleiden, die Fähigkeit, Rechte aus öffentlichen Wahlen zu erlangen, und das Recht, in öffentlichen Angelegenheiten zu wählen oder zu stimmen, aberkennen (§ 45 Abs. 2, 5).

§ 103. Beleidigung von Organen und Vertretern ausländischer Staaten.

(1) Wer ein ausländisches Staatsoberhaupt oder wer mit Beziehung auf ihre Stellung ein Mitglied einer ausländischen Regierung, das sich in amtlicher Eigenschaft im Inland aufhält, oder einen im Bundesgebiet beglaubigten Leiter einer ausländischen diplomatischen Vertretung beleidigt, wird mit Freiheitsstrafe bis zu drei Jahren oder mit Geldstrafe, im Falle der verleumderischen Beleidigung mit Freiheitsstrafe von drei Monaten bis zu fünf Jahren bestraft.

(2) Ist die Tat öffentlich, in einer Versammlung oder durch Verbreiten von Schriften (§ 11 Abs. 3) begangen, so ist § 200 anzuwenden. Den Antrag auf Bekanntgabe der Verurteilung kann auch der Staatsanwalt stellen.

§ 104. Verletzung von Flaggen und Hoheitszeichen ausländischer Staaten.

(1) Wer eine auf Grund von Rechtsvorschriften oder nach anerkanntem Brauch öffentlich gezeigte Flagge eines ausländischen Staates oder wer ein Hoheitszeichen eines solchen Staates, das von einer anerkannten Vertretung dieses Staates öffentlich angebracht worden ist, entfernt, zerstört, beschädigt oder unkenntlich macht oder wer beschimpfenden Unfug daran verübt, wird mit Freiheitsstrafe bis zu zwei Jahren oder mit Geldstrafe bestraft.

(2) Der Versuch ist strafbar.

§ 104a. Voraussetzungen der Strafverfolgung.

Straftaten nach diesem Abschnitt werden nur verfolgt, wenn die Bundesrepublik zu dem anderen Staat diplomatische Beziehungen unterhält, die Gegenseitigkeit verbürgt ist und auch zur Zeit der Tat verbürgt war, ein Strafverlangen der ausländischen Regierung vorliegt und die Bundesregierung die Ermächtigung zur Strafverfolgung erteilt.

Vierter Abschnitt. Straftaten gegen Verfassungsorgane sowie bei Wahlen und Abstimmungen

§ 105. Nötigung von Verfassungsorganen. (1) Wer

1. ein Gesetzgebungsorgan des Bundes oder eines Landes oder einen seiner Ausschüsse,

2. die Bundesversammlung oder einen ihrer Ausschüsse oder

3. die Regierung oder das Verfassungsgericht des Bundes oder eines Landes

rechtswidrig mit Gewalt oder durch Drohung mit Gewalt nötigt, ihre Befugnisse nicht oder in einem bestimmten Sinne auszuüben, wird mit Freiheitsstrafe von einem Jahr bis zu zehn Jahren bestraft.

(2) In minder schweren Fällen ist die Strafe Freiheitsstrafe von sechs Monaten bis zu fünf Jahren.

§ 106. Nötigung des Bundespräsidenten und von Mitgliedern eines Verfassungsorgans. (1) Wer

1. den Bundespräsidenten oder

2. ein Mitglied

   a) eines Gesetzgebungsorgans des Bundes oder eines Landes,

   b) der Bundesversammlung oder

   c) der Regierung oder des Verfassungsgerichts des Bundes oder eines Landes

rechtswidrig mit Gewalt oder durch Drohung mit einem empfindlichen Übel nötigt, seine Befugnisse nicht oder in einem bestimmten Sinne auszuüben, wird mit Freiheitsstrafe von drei Monaten bis zu fünf Jahren bestraft.

(2) Der Versuch ist strafbar.

(3) In besonders schweren Fällen ist die Strafe Freiheitsstrafe von einem Jahr bis zu zehn Jahren.

§ 106a. Bannkreisverletzung. (1) Wer innerhalb des befriedeten Bannkreises um das Gebäude eines Gesetzgebungsorgans des Bundes oder eines Landes sowie des Bundesverfassungsgerichts an öffentlichen Versammlungen unter freiem Himmel oder Aufzügen teilnimmt und dadurch Vorschriften verletzt, die über den Bannkreis erlassen worden sind, wird mit Freiheitsstrafe bis zu sechs Monaten oder mit Geldstrafe bis zu einhundertachtzig Tagessätzen bestraft.

(2) Wer zu Versammlungen oder Aufzügen auffordert, die unter Verletzung der in Absatz 1 genannten Vorschriften innerhalb eines befriedeten Bannkreises stattfinden sollen, wird mit Freiheitsstrafe bis zu zwei Jahren oder mit Geldstrafe bestraft.

§ 106b. Störung der Tätigkeit eines Gesetzgebungsorgans. (1) Wer gegen Anordnungen verstößt, die ein Gesetzgebungsorgan des Bundes oder eines Landes oder sein Präsident über die Sicherheit und Ordnung im Gebäude des Gesetzgebungsorgans oder auf dem dazugehörenden Grundstück allgemein oder im Einzelfall erläßt, und dadurch die Tätigkeit des Gesetzgebungsorgans hindert oder stört, wird mit Freiheitsstrafe bis zu einem Jahr oder mit Geldstrafe bestraft.

(2) Die Strafvorschrift des Absatzes 1 gilt bei Anordnungen eines Gesetzgebungsorgans des Bundes oder seines Präsidenten weder für die Mitglieder des Bundestages noch für die Mitglieder des Bundesrates und der Bundesregierung sowie ihre Beauftragten, bei Anordnungen eines Gesetzgebungsorgans eines Landes oder seines Präsidenten weder für die

Mitglieder der Gesetzgebungsorgane dieses Landes noch für die Mitglieder der Landesregierung und ihre Beauftragten.

§ 107. Wahlbehinderung. (1) Wer mit Gewalt oder durch Drohung mit Gewalt eine Wahl oder die Feststellung ihres Ergebnisses verhindert oder stört, wird mit Freiheitsstrafe bis zu fünf Jahren oder mit Geldstrafe, in besonders schweren Fällen mit Freiheitsstrafe nicht unter einem Jahr bestraft.

(2) Der Versuch ist strafbar.

§ 107a. Wahlfälschung. (1) Wer unbefugt wählt oder sonst ein unrichtiges Ergebnis einer Wahl herbeiführt oder das Ergebnis verfälscht, wird mit Freiheitsstrafe bis zu fünf Jahren oder mit Geldstrafe bestraft.

(2) Ebenso wird bestraft, wer das Ergebnis einer Wahl unrichtig verkündet oder verkünden läßt.

(3) Der Versuch ist strafbar.

§ 107b. Fälschung von Wahlunterlagen. (1) Wer

1. seine Eintragung in die Wählerliste (Wahlkartei) durch falsche Angaben erwirkt,
2. einen anderen als Wähler einträgt, von dem er weiß, daß er keinen Anspruch auf Eintragung hat,
3. die Eintragung eines Wahlberechtigten als Wähler verhindert, obwohl er dessen Wahlberechtigung kennt,
4. sich als Bewerber für eine Wahl aufstellen läßt, obwohl er nicht wählbar ist,

wird mit Freiheitsstrafe bis zu sechs Monaten oder mit Geldstrafe bis zu einhundertachtzig Tagessätzen bestraft, wenn die Tat nicht in anderen Vorschriften mit schwererer Strafe bedroht ist.

(2) Der Eintragung in die Wählerliste als Wähler entspricht die Ausstellung eines Wahlausweises für Urwahlen in der Sozialversicherung.

§ 107c. Verletzung des Wahlgeheimnisses. Wer einer dem Schutze des Wahlgeheimnisses dienenden Vorschrift in der Absicht zuwiderhandelt, sich oder einem anderen Kenntnis davon zu verschaffen, wie jemand gewählt hat, wird mit Freiheitsstrafe bis zu zwei Jahren oder mit Geldstrafe bestraft.

§ 108. Wählernötigung. (1) Wer rechtswidrig mit Gewalt, durch Drohung mit einem empfindlichen Übel, durch Mißbrauch eines beruflichen oder wirtschaftlichen Abhängigkeitsverhältnisses oder durch sonstigen wirtschaftlichen Druck einen anderen nötigt oder hindert, zu wählen oder sein Wahlrecht in einem bestimmten Sinne auszuüben, wird mit Freiheitsstrafe bis zu fünf Jahren oder mit Geldstrafe, in besonders schweren Fällen mit Freiheitsstrafe von einem Jahr bis zu zehn Jahren bestraft.

(2) Der Versuch ist strafbar.

§ 108a. Wählertäuschung. (1) Wer durch Täuschung bewirkt, daß jemand bei der Stimmabgabe über den Inhalt seiner Erklärung irrt oder gegen seinen Willen nicht oder ungültig wählt, wird mit Freiheitsstrafe bis zu zwei Jahren oder mit Geldstrafe bestraft.

(2) Der Versuch ist strafbar.

§ 108b. Wählerbestechung. (1) Wer einem anderen dafür, daß er nicht oder in einem bestimmten Sinne wähle, Geschenke oder andere Vorteile anbietet, verspricht oder gewährt, wird mit Freiheitsstrafe bis zu fünf Jahren oder mit Geldstrafe bestraft.

(2) Ebenso wird bestraft, wer dafür, daß er nicht oder in einem bestimmten Sinne wähle, Geschenke oder andere Vorteile fordert, sich versprechen läßt oder annimmt.

§ 108c. Nebenfolgen. Neben einer Freiheitsstrafe von mindestens sechs Monaten wegen einer Straftat nach den §§ 107, 107a, 108 und 108b kann das Gericht die Fähigkeit, Rechte aus öffentlichen Wahlen zu erlangen, und das Recht, in öffentlichen Angelegenheiten zu wählen oder zu stimmen, aberkennen (§ 45 Abs. 2, 5).

§ 108d. Geltungsbereich. Die §§ 107 bis 108c gelten für Wahlen zu den Volksvertretungen, für die Wahl der Abgeordneten des Europäischen Parlaments, für sonstige Wahlen und Abstimmungen des Volkes im Bund, in den Ländern, Gemeinden und Gemeindeverbänden sowie für Urwahlen in der Sozialversicherung. Einer Wahl oder Abstimmung steht das Unterschreiben eines Wahlvorschlages oder das Unterschreiben für ein Volksbegehren gleich.

Fünfter Abschnitt.[28] Straftaten gegen die Landesverteidigung

§ 109.[28] Wehrpflichtentziehung durch Verstümmelung. (1) Wer sich oder einen anderen mit dessen Einwilligung durch Verstümmelung oder auf andere Weise zur Erfüllung der Wehrpflicht untauglich macht oder machen läßt, wird mit Freiheitsstrafe von drei Monaten bis zu fünf Jahren bestraft.

(2) Führt der Täter die Untauglichkeit nur für eine gewisse Zeit oder für eine einzelne Art der Verwendung herbei, so ist die Strafe Freiheitsstrafe bis zu fünf Jahren oder Geldstrafe.

(3) Der Versuch ist strafbar.

§ 109a.[28] Wehrpflichtentziehung durch Täuschung. (1) Wer sich oder einen anderen durch arglistige, auf Täuschung berechnete Machenschaften der Erfüllung der Wehrpflicht dauernd oder für eine gewisse

---

[28] Der Fünfte Abschnitt (§§ 109 bis 109k) gilt nicht im Land Berlin.

Zeit, ganz oder für eine einzelne Art der Verwendung entzieht, wird mit Freiheitsstrafe bis zu fünf Jahren oder mit Geldstrafe bestraft.

(2) Der Versuch ist strafbar.

§§ 109b, 109c. (weggefallen)

§ 109d.[28] **Störpropaganda gegen die Bundeswehr.** (1) Wer unwahre oder gröblich entstellte Behauptungen tatsächlicher Art, deren Verbreitung geeignet ist, die Tätigkeit der Bundeswehr zu stören, wider besseres Wissen zum Zwecke der Verbreitung aufstellt oder solche Behauptungen in Kenntnis ihrer Unwahrheit verbreitet, um die Bundeswehr in der Erfüllung ihrer Aufgabe der Landesverteidigung zu behindern, wird mit Freiheitsstrafe bis zu fünf Jahren oder mit Geldstrafe bestraft.

(2) Der Versuch ist strafbar.

§ 109e.[29] **Sabotagehandlungen an Verteidigungsmitteln.** (1) Wer ein Wehrmittel oder eine Einrichtung oder Anlage, die ganz oder vorwiegend der Landesverteidigung oder dem Schutz der Zivilbevölkerung gegen Kriegsgefahren dient, unbefugt zerstört, beschädigt, verändert, unbrauchbar macht oder beseitigt und dadurch die Sicherheit der Bundesrepublik Deutschland, die Schlagkraft der Truppe oder Menschenleben gefährdet, wird mit Freiheitsstrafe von drei Monaten bis zu fünf Jahren bestraft.

(2) Ebenso wird bestraft, wer wissentlich einen solchen Gegenstand oder den dafür bestimmten Werkstoff fehlerhaft herstellt oder liefert und dadurch wissentlich die in Absatz 1 bezeichnete Gefahr herbeiführt.

(3) Der Versuch ist strafbar.

(4) In besonders schweren Fällen ist die Strafe Freiheitsstrafe von einem Jahr bis zu zehn Jahren.

(5) Wer die Gefahr in den Fällen des Absatzes 1 fahrlässig, in den Fällen des Absatzes 2 nicht wissentlich, aber vorsätzlich oder fahrlässig herbeiführt, wird mit Freiheitsstrafe bis zu fünf Jahren oder mit Geldstrafe bestraft, wenn die Tat nicht in anderen Vorschriften mit schwererer Strafe bedroht ist.

§ 109f.[29] **Sicherheitsgefährdender Nachrichtendienst.** (1) Wer für eine Dienststelle, eine Partei oder eine andere Vereinigung außerhalb des räumlichen Geltungsbereichs dieses Gesetzes, für eine verbotene Vereinigung oder für einen ihrer Mittelsmänner

1. Nachrichten über Angelegenheiten der Landesverteidigung sammelt,

2. einen Nachrichtendienst betreibt, der Angelegenheiten der Landesverteidigung zum Gegenstand hat, oder

3. für eine dieser Tätigkeiten anwirbt oder sie unterstützt

und dadurch Bestrebungen dient, die gegen die Sicherheit der Bundesrepublik Deutschland oder die Schlagkraft der Truppe gerichtet sind, wird

---

[28] Der Fünfte Abschnitt (§§ 109 bis 109k) gilt nicht im Land Berlin.
[29] Siehe Fußnote zu § 109.

mit Freiheitsstrafe bis zu fünf Jahren oder mit Geldstrafe bestraft, wenn die Tat nicht in anderen Vorschriften mit schwererer Strafe bedroht ist. Ausgenommen ist eine zur Unterrichtung der Öffentlichkeit im Rahmen der üblichen Presse- oder Funkberichterstattung ausgeübte Tätigkeit.

(2) Der Versuch ist strafbar.

§ 109g.[29] **Sicherheitsgefährdendes Abbilden.** (1) Wer von einem Wehrmittel, einer militärischen Einrichtung oder Anlage oder einem militärischen Vorgang eine Abbildung oder Beschreibung anfertigt oder eine solche Abbildung oder Beschreibung an einen anderen gelangen läßt und dadurch wissentlich die Sicherheit der Bundesrepublik Deutschland oder die Schlagkraft der Truppe gefährdet, wird mit Freiheitsstrafe bis zu fünf Jahren oder mit Geldstrafe bestraft.

(2) Wer von einem Luftfahrzeug aus eine Lichtbildaufnahme von einem Gebiet oder Gegenstand im räumlichen Geltungsbereich dieses Gesetzes anfertigt oder eine solche Aufnahme oder eine danach hergestellte Abbildung an einen anderen gelangen läßt und dadurch wissentlich die Sicherheit der Bundesrepublik Deutschland oder die Schlagkraft der Truppe gefährdet, wird mit Freiheitsstrafe bis zu zwei Jahren oder mit Geldstrafe bestraft, wenn die Tat nicht in Absatz 1 mit Strafe bedroht ist.

(3) Der Versuch ist strafbar.

(4) Wer in den Fällen des Absatzes 1 die Abbildung oder Beschreibung an einen anderen gelangen läßt und dadurch die Gefahr nicht wissentlich, aber vorsätzlich oder leichtfertig herbeiführt, wird mit Freiheitsstrafe bis zu zwei Jahren oder mit Geldstrafe bestraft. Die Tat ist jedoch nicht strafbar, wenn der Täter mit Erlaubnis der zuständigen Dienststelle gehandelt hat.

§ 109h.[30] **Anwerben für fremden Wehrdienst.** (1) Wer zugunsten einer ausländischen Macht einen Deutschen zum Wehrdienst in einer militärischen oder militärähnlichen Einrichtung anwirbt oder ihren Werbern oder dem Wehrdienst einer solchen Einrichtung zuführt, wird mit Freiheitsstrafe von drei Monaten bis zu fünf Jahren bestraft.

(2) Der Versuch ist strafbar.

§ 109i.[30] **Nebenfolgen.** Neben einer Freiheitsstrafe von mindestens einem Jahr wegen einer Straftat nach den §§ 109e und 109f kann das Gericht die Fähigkeit, öffentliche Ämter zu bekleiden, die Fähigkeit, Rechte aus öffentlichen Wahlen zu erlangen, und das Recht, in öffentlichen Angelegenheiten zu wählen oder zu stimmen, aberkennen (§ 45 Abs. 2, 5).

§ 109k.[30] **Einziehung.** Ist eine Straftat nach den §§ 109d bis 109g begangen worden, so können

1. Gegenstände, die durch die Tat hervorgebracht oder zu ihrer Bege-

---

[30] Siehe Fußnote zu § 109.

hung oder Vorbereitung gebraucht worden oder bestimmt gewesen sind, und

2. Abbildungen, Beschreibungen und Aufnahmen, auf die sich eine Straftat nach § 109g bezieht,

eingezogen werden. § 74a ist anzuwenden. Gegenstände der in Satz 1 Nr. 2 bezeichneten Art werden auch ohne die Voraussetzungen des § 74 Abs. 2 eingezogen, wenn das Interesse der Landesverteidigung es erfordert; dies gilt auch dann, wenn der Täter ohne Schuld gehandelt hat.

Sechster Abschnitt. Widerstand gegen die Staatsgewalt

§ 110. (weggefallen)

§ 111. Öffentliche Aufforderung zu Straftaten. (1) Wer öffentlich, in einer Versammlung oder durch Verbreiten von Schriften (§ 11 Abs. 3) zu einer rechtswidrigen Tat auffordert, wird wie ein Anstifter (§ 26) bestraft.

(2) Bleibt die Aufforderung ohne Erfolg, so ist die Strafe Freiheitsstrafe bis zu fünf Jahren oder Geldstrafe. Die Strafe darf nicht schwerer sein als die, die für den Fall angedroht ist, daß die Aufforderung Erfolg hat (Absatz 1); § 49 Abs. 1 Nr. 2 ist anzuwenden.

§ 112. (weggefallen)

§ 113. Widerstand gegen Vollstreckungsbeamte. (1) Wer einem Amtsträger oder Soldaten der Bundeswehr, der zur Vollstreckung von Gesetzen, Rechtsverordnungen, Urteilen, Gerichtsbeschlüssen oder Verfügungen berufen ist, bei der Vornahme einer solchen Diensthandlung mit Gewalt oder durch Drohung mit Gewalt Widerstand leistet oder ihn dabei tätlich angreift, wird mit Freiheitsstrafe bis zu zwei Jahren oder mit Geldstrafe bestraft.

(2) In besonders schweren Fällen ist die Strafe Freiheitsstrafe von sechs Monaten bis zu fünf Jahren. Ein besonders schwerer Fall liegt in der Regel vor, wenn

1. der Täter oder ein anderer Beteiligter eine Waffe bei sich führt, um diese bei der Tat zu verwenden, oder

2. der Täter durch eine Gewalttätigkeit den Angegriffenen in die Gefahr des Todes oder einer schweren Körperverletzung (§ 224) bringt.

(3) Die Tat ist nicht nach dieser Vorschrift strafbar, wenn die Diensthandlung nicht rechtmäßig ist. Dies gilt auch dann, wenn der Täter irrig annimmt, die Diensthandlung sei rechtmäßig.

(4) Nimmt der Täter bei Begehen der Tat irrig an, die Diensthandlung sei nicht rechtmäßig, und konnte er den Irrtum vermeiden, so kann das Gericht die Strafe nach seinem Ermessen mildern (§ 49 Abs. 2) oder bei geringer Schuld von einer Bestrafung nach dieser Vorschrift absehen.

Konnte der Täter den Irrtum nicht vermeiden und war ihm nach den ihm bekannten Umständen auch nicht zuzumuten, sich mit Rechtsbehelfen gegen die vermeintlich rechtswidrige Diensthandlung zu wehren, so ist die Tat nicht nach dieser Vorschrift strafbar; war ihm dies zuzumuten, so kann das Gericht die Strafe nach seinem Ermessen mildern (§ 49 Abs. 2) oder von einer Bestrafung nach dieser Vorschrift absehen.

§ 114. Widerstand gegen Personen, die Vollstreckungsbeamten gleichstehen. (1) Der Diensthandlung eines Amtsträgers im Sinne des § 113 stehen Vollstreckungshandlungen von Personen gleich, die die Rechte und Pflichten eines Polizeibeamten haben oder Hilfsbeamte der Staatsanwaltschaft sind, ohne Amtsträger zu sein.

(2) § 113 gilt entsprechend zum Schutz von Personen, die zur Unterstützung bei der Diensthandlung zugezogen sind.

§§ 115–119. (weggefallen)

§ 120. Gefangenenbefreiung. (1) Wer einen Gefangenen befreit, ihn zum Entweichen verleitet oder dabei fördert, wird mit Freiheitsstrafe bis zu drei Jahren oder mit Geldstrafe bestraft.

(2) Ist der Täter als Amtsträger oder als für den öffentlichen Dienst besonders Verpflichteter gehalten, das Entweichen des Gefangenen zu verhindern, so ist die Strafe Freiheitsstrafe bis zu fünf Jahren oder Geldstrafe.

(3) Der Versuch ist strafbar.

(4) Einem Gefangenen im Sinne der Absätze 1 und 2 steht gleich, wer sonst auf behördliche Anordnung in einer Anstalt verwahrt wird.

§ 121. Gefangenenmeuterei. (1) Gefangene, die sich zusammenrotten und mit vereinten Kräften

1. einen Anstaltsbeamten, einen anderen Amtsträger oder einen mit ihrer Beaufsichtigung, Betreuung oder Untersuchung Beauftragten nötigen (§ 240) oder tätlich angreifen,

2. gewaltsam ausbrechen oder

3. gewaltsam einem von ihnen oder einem anderen Gefangenen zum Ausbruch verhelfen,

werden mit Freiheitsstrafe von drei Monaten bis zu fünf Jahren bestraft.

(2) Der Versuch ist strafbar.

(3) In besonders schweren Fällen wird die Meuterei mit Freiheitsstrafe von sechs Monaten bis zu zehn Jahren bestraft. Ein besonders schwerer Fall liegt in der Regel vor, wenn der Täter oder ein anderer Beteiligter

1. eine Schußwaffe bei sich führt,

2. eine andere Waffe bei sich führt, um diese bei der Tat zu verwenden, oder

3. durch eine Gewalttätigkeit einen anderen in die Gefahr des Todes oder einer schweren Körperverletzung (§ 224) bringt.

(4)[31] Gefangener im Sinne der Absätze 1 bis 3 ist auch, wer in der Sicherungsverwahrung untergebracht ist.

§ 122. (weggefallen)

Siebenter Abschnitt. Straftaten gegen die öffentliche Ordnung

§ 123. Hausfriedensbruch. (1) Wer in die Wohnung, in die Geschäftsräume oder in das befriedete Besitztum eines anderen oder in abgeschlossene Räume, welche zum öffentlichen Dienst oder Verkehr bestimmt sind, widerrechtlich eindringt, oder wer, wenn er ohne Befugnis darin verweilt, auf die Aufforderung des Berechtigten sich nicht entfernt, wird mit Freiheitsstrafe bis zu einem Jahr oder mit Geldstrafe bestraft.

(2) Die Tat wird nur auf Antrag verfolgt.

§ 124. Schwerer Hausfriedensbruch. Wenn sich eine Menschenmenge öffentlich zusammenrottet und in der Absicht, Gewalttätigkeiten gegen Personen oder Sachen mit vereinten Kräften zu begehen, in die Wohnung, in die Geschäftsräume oder in das befriedete Besitztum eines anderen oder in abgeschlossene Räume, welche zum öffentlichen Dienst bestimmt sind, widerrechtlich eindringt, so wird jeder, welcher an diesen Handlungen teilnimmt, mit Freiheitsstrafe bis zu zwei Jahren oder mit Geldstrafe bestraft.

§ 125. Landfriedensbruch. (1) Wer sich an

1. Gewalttätigkeiten gegen Menschen oder Sachen oder

2. Bedrohungen von Menschen mit einer Gewalttätigkeit,

die aus einer Menschenmenge in einer die öffentliche Sicherheit gefährdenden Weise mit vereinten Kräften begangen werden, als Täter oder Teilnehmer beteiligt oder wer auf die Menschenmenge einwirkt, um ihre Bereitschaft zu solchen Handlungen zu fördern, wird mit Freiheitsstrafe bis zu drei Jahren oder mit Geldstrafe bestraft, wenn die Tat nicht in anderen Vorschriften mit schwererer Strafe bedroht ist.

(2) Soweit die in Absatz 1 Nr. 1, 2 bezeichneten Handlungen in § 113 mit Strafe bedroht sind, gilt § 113 Abs. 3, 4 sinngemäß.

§ 125a. Besonders schwerer Fall des Landfriedensbruchs. In besonders schweren Fällen des § 125 ist die Strafe Freiheitsstrafe von sechs Monaten bis zu zehn Jahren. Ein besonders schwerer Fall liegt in der Regel vor, wenn der Täter

1. eine Schußwaffe bei sich führt,

---

[31] Gem. Art. 326 Abs. 5 Nr. 1 des EGStGB vom 2. 3. 1974 (BGBl. I S. 469), abgedruckt unter Nr. **2**, mit Änderung durch § 2 des Ges. vom 22. 12. 1977 (BGBl. I S. 3104) gilt § 121 Abs. 4 ab 1. 1. 1985 in folgender Fassung:
„(4) Gefangener im Sinne der Absätze 1 bis 3 ist auch, wer in einer sozialtherapeutischen Anstalt oder in der Sicherungsverwahrung untergebracht ist."

2. eine andere Waffe bei sich führt, um diese bei der Tat zu verwenden,

3. durch eine Gewalttätigkeit einen andern in die Gefahr des Todes oder einer schweren Körperverletzung (§ 224) bringt oder

4. plündert oder bedeutenden Schaden an fremden Sachen anrichtet.

§ 126. Störung des öffentlichen Friedens durch Androhung von Straftaten. (1) Wer in einer Weise, die geeignet ist, den öffentlichen Frieden zu stören,

1. einen der in § 125a Satz 2 Nr. 1 bis 4 bezeichneten Fälle des Landfriedensbruchs,

2. einen Mord, Totschlag oder Völkermord (§§ 211, 212, 220a),

3. eine Körperverletzung in den Fällen des § 225 oder eine Vergiftung (§ 229),

4. eine Straftat gegen die persönliche Freiheit in den Fällen der §§ 234, 234a, 239a oder 239b,

5. einen Raub oder eine räuberische Erpressung (§§ 249 bis 251, 255),

6. ein gemeingefährliches Verbrechen in den Fällen der §§ 306 bis 308, § 310b Abs. 1 bis 3, des § 311 Abs. 1 bis 3, des § 311a Abs. 1 bis 3, der §§ 312, 313 Abs. 1, des § 315 Abs. 3, des § 315b Abs. 3, des § 316a Abs. 1, des § 316c Abs. 1, 2, des § 318 Abs. 2, des § 319 oder

7. ein gemeingefährliches Vergehen in den Fällen des § 316b Abs. 1, des § 317 Abs. 1 oder des § 318 Abs. 1

androht, wird mit Freiheitsstrafe bis zu drei Jahren oder mit Geldstrafe bestraft.

(2) Ebenso wird bestraft, wer in einer Weise, die geeignet ist, den öffentlichen Frieden zu stören, wider besseres Wissen vortäuscht, die Verwirklichung einer der in Absatz 1 genannten rechtswidrigen Taten stehe bevor.

§ 127. Bildung bewaffneter Haufen. (1) Wer unbefugterweise einen bewaffneten Haufen bildet oder befehligt oder eine Mannschaft, von der er weiß, daß sie ohne gesetzliche Befugnis gesammelt ist, mit Waffen oder Kriegsbedürfnissen versieht, wird mit Freiheitsstrafe bis zu zwei Jahren oder mit Geldstrafe bestraft.

(2) Wer sich einem solchen bewaffneten Haufen anschließt, wird mit Freiheitsstrafe bis zu einem Jahr oder mit Geldstrafe bestraft.

§ 128. (weggefallen)

§ 129. Bildung krimineller Vereinigungen. (1) Wer eine Vereinigung gründet, deren Zwecke oder deren Tätigkeit darauf gerichtet sind, Straftaten zu begehen, oder wer sich an einer solchen Vereinigung als Mitglied beteiligt, für sie wirbt oder sie unterstützt, wird mit Freiheitsstrafe bis zu fünf Jahren oder mit Geldstrafe bestraft.

(2) Absatz 1 ist nicht anzuwenden,

1. wenn die Vereinigung eine politische Partei ist, die das Bundesverfassungsgericht nicht für verfassungswidrig erklärt hat,

2. wenn die Begehung von Straftaten nur ein Zweck oder eine Tätigkeit von untergeordneter Bedeutung ist oder

3. soweit die Zwecke oder die Tätigkeit der Vereinigung Straftaten nach den §§ 84 bis 87 betreffen.

(3) Der Versuch, eine in Absatz 1 bezeichnete Vereinigung zu gründen, ist strafbar.

(4) Gehört der Täter zu den Rädelsführern oder Hintermännern oder liegt sonst ein besonders schwerer Fall vor, so ist auf Freiheitsstrafe von sechs Monaten bis zu fünf Jahren zu erkennen.

(5) Das Gericht kann bei Beteiligten, deren Schuld gering und deren Mitwirkung von untergeordneter Bedeutung ist, von einer Bestrafung nach den Absätzen 1 und 3 absehen.

(6) Das Gericht kann die Strafe nach seinem Ermessen mildern (§ 49 Abs. 2) oder von einer Bestrafung nach diesen Vorschriften absehen, wenn der Täter

1. sich freiwillig und ernsthaft bemüht, das Fortbestehen der Vereinigung oder die Begehung einer ihren Zielen entsprechenden Straftat zu verhindern, oder

2. freiwillig sein Wissen so rechtzeitig einer Dienststelle offenbart, daß Straftaten, deren Planung er kennt, noch verhindert werden können;

erreicht der Täter sein Ziel, das Fortbestehen der Vereinigung zu verhindern, oder wird es ohne sein Bemühen erreicht, so wird er nicht bestraft.

§ 129a Bildung terroristischer Vereinigungen. (1) Wer eine Vereinigung gründet, deren Zwecke oder deren Tätigkeit darauf gerichtet sind,

1. Mord, Totschlag oder Völkermord (§§ 211, 212, 220a),

2. Straftaten gegen die persönliche Freiheit in den Fällen der §§ 239a oder 239b oder

3. gemeingefährliche Straftaten in den Fällen der §§ 306 bis 308, 310b Abs. 1, des § 311 Abs. 1, des § 311a Abs. 1, der §§ 312, 316c Abs. 1 oder des § 319

zu begehen, oder wer sich an einer solchen Vereinigung als Mitglied beteiligt, für sie wirbt oder unterstützt, wird mit Freiheitsstrafe von sechs Monaten bis zu fünf Jahren bestraft.

(2) Gehört der Täter zu den Rädelsführern oder Hintermännern, so ist auf Freiheitsstrafe von einem Jahr bis zu zehn Jahren zu erkennen.

(3) Der Versuch, eine in Absatz 1 bezeichnete Vereinigung zu gründen, ist strafbar.

(4) Das Gericht kann bei Beteiligten, deren Schuld gering und deren Mitwirkung von untergeordneter Bedeutung ist, in den Fällen des Absatzes 3 von Strafe absehen oder in den Fällen des Absatzes 1 die Strafe nach seinem Ermessen (§ 49 Abs. 2) mildern.

(5) § 129 Abs. 6 gilt entsprechend.

(6) Neben einer Freiheitsstrafe von mindestens sechs Monaten kann das Gericht die Fähigkeit, öffentliche Ämter zu begleiten und die Fähig-

keit, Rechte aus öffentlichen Wahlen zu erlangen, aberkennen (§ 45 Abs. 2).

(7) In den Fällen der Abätze 1 und 2 kann das Gericht Führungsaufsicht anordnen (§ 68 Abs. 1 Nr. 2).

§ 130. Volksverhetzung. Wer in einer Weise, die geeignet ist, den öffentlichen Frieden zu stören, die Menschenwürde anderer dadurch angreift, daß er

1. zum Haß gegen Teile der Bevölkerung aufstachelt,

2. zu Gewalt- oder Willkürmaßnahmen gegen sie auffordert oder

3. sie beschimpft, böswillig verächtlich macht oder verleumdet,

wird mit Freiheitsstrafe von drei Monaten bis zu fünf Jahren bestraft.

§ 130a. Anleitung zu Straftaten. (1) Wer eine Schrift (§ 11 Abs. 3), die die Anleitung zu einer der in § 126 Abs. 1 Nr. 1 bis 6 genannten rechtswidrigen Taten enthält und bestimmt sowie nach den Umständen geeignet ist, die Bereitschaft anderer zu fördern, solche Taten zu begehen,

1. verbreitet,

2. öffentlich ausstellt, anschlägt, vorführt oder sonst zugänglich macht oder

3. herstellt, bezieht, liefert, vorrätig hält, anbietet, ankündigt, anpreist, in den räumlichen Geltungsbereich dieses Gesetzes einzuführen oder daraus auszuführen unternimmt, um sie oder aus ihr gewonnene Stücke im Sinne der Nummern 1 oder 2 zu verwenden oder einem anderen eine solche Verwendung zu ermöglichen,

wird mit Freiheitsstrafe bis zu drei Jahren oder mit Geldstrafe bestraft.

(2) Ebenso wird bestraft, wer öffentlich oder in einer Versammlung zu einer der in § 126 Abs. 1 Nr. 1 bis 6 genannten rechtswidrigen Taten eine Anleitung gibt, um die Bereitschaft anderer zu fördern, solche Taten zu begehen.

(3) § 86 Abs. 3 gilt entsprechend.

§ 131. Verherrlichung von Gewalt; Aufstachelung zum Rassenhaß.
(1) Wer Schriften (§ 11 Abs. 3), die Gewalttätigkeiten gegen Menschen in grausamer oder sonst unmenschlicher Weise schildern und dadurch eine Verherrlichung oder Verharmlosung solcher Gewalttätigkeiten ausdrücken oder die zum Rassenhaß aufstacheln,

1. verbreitet,

2. öffentlich ausstellt, anschlägt, vorführt oder sonst zugänglich macht,

3. einer Person unter achtzehn Jahren anbietet, überläßt oder zugänglich macht oder

4. herstellt, bezieht, liefert, vorrätig hält, anbietet, ankündigt, anpreist, in den räumlichen Geltungsbereich dieses Gesetzes einzuführen oder daraus auszuführen unternimmt, um sie oder aus ihnen gewonnene

Stücke im Sinne der Nummern 1 bis 3 zu verwenden oder einem anderen eine solche Verwendung zu ermöglichen,

wird mit Freiheitsstrafe bis zu einem Jahr oder mit Geldstrafe bestraft.

(2) Ebenso wird bestraft, wer eine Darbietung des in Absatz 1 bezeichneten Inhalts durch Rundfunk verbreitet.

(3) Die Absätze 1 und 2 gelten nicht, wenn die Handlung der Berichterstattung über Vorgänge des Zeitgeschehens oder der Geschichte dient.

(4) Absatz 1 Nr. 3 ist nicht anzuwenden, wenn der zur Sorge für die Person Berechtigte handelt.

§ 132. Amtsanmaßung. Wer unbefugt sich mit der Ausübung eines öffentlichen Amtes befaßt oder eine Handlung vornimmt, welche nur kraft eines öffentlichen Amtes vorgenommen werden darf, wird mit Freiheitsstrafe bis zu zwei Jahren oder mit Geldstrafe bestraft.

§ 132a. Mißbrauch von Titeln, Berufsbezeichnungen und Abzeichen. (1) Wer unbefugt

1. inländische oder ausländische Amts- oder Dienstbezeichnungen, akademische Grade, Titel oder öffentliche Würden führt,

2. die Berufsbezeichnung Arzt, Zahnarzt, Tierarzt, Apotheker, Rechtsanwalt, Patentanwalt, Wirtschaftsprüfer, vereidigter Buchprüfer, Steuerberater oder Steuerbevollmächtigter führt,

3. die Bezeichnung öffentlich bestellter Sachverständiger führt oder

4. inländische oder ausländische Uniformen, Amtskleidungen oder Amtsabzeichen trägt,

wird mit Freiheitsstrafe bis zu einem Jahr oder mit Geldstrafe bestraft.

(2) Den in Absatz 1 genannten Bezeichnungen, akademischen Graden, Titeln, Würden, Uniformen, Amtskleidungen oder Amtsabzeichen stehen solche gleich, die ihnen zum Verwechseln ähnlich sind.

(3) Die Absätze 1 und 2 gelten auch für Amtsbezeichnungen, Titel, Würden, Amtskleidungen und Amtsabzeichen der Kirchen und anderer Religionsgesellschaften des öffentlichen Rechts.

(4) Gegenstände, auf die sich eine Straftat nach Absatz 1 Nr. 4, allein oder in Verbindung mit Absatz 2 oder 3, bezieht, können eingezogen werden.

§ 133. Verwahrungsbruch. (1) Wer Schriftstücke oder andere bewegliche Sachen, die sich in dienstlicher Verwahrung befinden oder ihm oder einem anderen dienstlich in Verwahrung gegeben worden sind, zerstört, beschädigt, unbrauchbar macht oder der dienstlichen Verfügung entzieht, wird mit Freiheitsstrafe bis zu zwei Jahren oder mit Geldstrafe bestraft.

(2) Dasselbe gilt für Schriftstücke oder andere bewegliche Sachen, die sich in amtlicher Verwahrung einer Kirche oder anderen Religionsgesellschaft des öffentlichen Rechts befinden oder von dieser dem Täter oder einem anderen amtlich in Verwahrung gegeben worden sind.

(3) Wer die Tat an einer Sache begeht, die ihm als Amtsträger oder für den öffentlichen Dienst besonders Verpflichteten anvertraut worden oder zugänglich geworden ist, wird mit Freiheitsstrafe bis zu fünf Jahren oder mit Geldstrafe bestraft.

§ 134. Verletzung amtlicher Bekanntmachungen. Wer wissentlich ein dienstliches Schriftstück, das zur Bekanntmachung öffentlich angeschlagen oder ausgelegt ist, zerstört, beseitigt, verunstaltet, unkenntlich macht oder in seinem Sinn entstellt, wird mit Freiheitsstrafe bis zu einem Jahr oder mit Geldstrafe bestraft.

§ 135. (weggefallen)

§ 136. Verstrickungsbruch; Siegelbruch. (1) Wer eine Sache, die gepfändet oder sonst dienstlich in Beschlag genommen ist, zerstört, beschädigt, unbrauchbar macht oder in anderer Weise ganz oder zum Teil der Verstrickung entzieht, wird mit Freiheitsstrafe bis zu einem Jahr oder mit Geldstrafe bestraft.

(2) Ebenso wird bestraft, wer ein dienstliches Siegel beschädigt, ablöst oder unkenntlich macht, das angelegt ist, um Sachen in Beschlag zu nehmen, dienstlich zu verschließen oder zu bezeichnen, oder wer den durch ein solches Siegel bewirkten Verschluß ganz oder zum Teil unwirksam macht.

(3) Die Tat ist nicht nach den Absätzen 1 und 2 strafbar, wenn die Pfändung, die Beschlagnahme oder die Anlegung des Siegels nicht durch eine rechtmäßige Diensthandlung vorgenommen ist. Dies gilt auch dann, wenn der Täter irrig annimmt, die Diensthandlung sei rechtmäßig.

(4) § 113 Abs. 4 gilt sinngemäß.

§ 137. (weggefallen)

§ 138. Nichtanzeige geplanter Straftaten. (1) Wer von dem Vorhaben oder der Ausführung

1. einer Vorbereitung eines Angriffskrieges (§ 80),

2. eines Hochverrats in den Fällen der §§ 81 bis 83 Abs. 1,

3. eines Landesverrats oder einer Gefährdung der äußeren Sicherheit in den Fällen der §§ 94 bis 96, 97 a oder 100,

4. einer Geld- oder Wertpapierfälschung in den Fällen der §§ 146, 151 oder 152,

5. eines Menschenhandels in den Fällen des § 181 Nr. 2,

6. eines Mordes, Totschlags oder Völkermordes (§§ 211, 212, 220 a),

7. einer Straftat gegen die persönliche Freiheit in den Fällen der §§ 234, 234 a, 239 a oder 239 b,

8. eines Raubes oder einer räuberischen Erpressung (§§ 249 bis 251, 255) oder

9. einer gemeingefährlichen Straftat in den Fällen der §§ 306 bis 308,

310b Abs. 1 bis 3, des § 311 Abs. 1 bis 3, des § 311a Abs. 1 bis 3, der §§ 311b, 312, 313, 315 Abs. 3, des § 315b Abs. 3, der §§ 316a, 316c oder 319 zu einer Zeit, zu der die Ausführung oder der Erfolg noch abgewendet werden kann, glaubhaft erfährt und es unterläßt, der Behörde oder dem Bedrohten rechtzeitig Anzeige zu machen, wird mit Freiheitsstrafe bis zu fünf Jahren oder mit Geldstrafe bestraft.

(2) Ebenso wird bestraft, wer von dem Vorhaben oder der Ausführung einer Straftat nach § 129a zu einer Zeit, zu der die Ausführung noch abgewendet werden kann, glaubhaft erfährt und es unterläßt, der Behörde unverzüglich Anzeige zu erstatten.

(3) Wer die Anzeige leichtfertig unterläßt, obwohl er von dem Vorhaben oder der Ausführung der rechtswidrigen Tat glaubhaft erfahren hat, wird mit Freiheitsstrafe bis zu einem Jahr oder mit Geldstrafe bestraft.

§ 139. Straflosigkeit der Nichtanzeige geplanter Straftaten.

(1) Ist in den Fällen des § 138 die Tat nicht versucht worden, so kann von Strafe abgesehen werden.

(2) Ein Geistlicher ist nicht verpflichtet anzuzeigen, was ihm in seiner Eigenschaft als Seelsorger anvertraut worden ist.

(3) Wer eine Anzeige unterläßt, die er gegen einen Angehörigen erstatten müßte, ist straffrei, wenn er sich ernsthaft bemüht hat, ihn von der Tat abzuhalten oder den Erfolg abzuwenden, es sei denn, daß es sich um

1. einen Mord oder Totschlag (§§ 211, 212),
2. einen Völkermord in den Fällen des § 220a Abs. 1 Nr. 1,
3. einen erpresserischen Menschenraub (§ 239a Abs. 1), eine Geiselnahme (§ 239b Abs. 1) oder einen Angriff auf den Luftverkehr (§ 316c Abs. 1) durch eine terroristische Vereinigung (§ 129a)

handelt. Unter denselben Voraussetzungen ist ein Rechtsanwalt, Verteidiger oder Arzt nicht verpflichtet anzuzeigen, was ihm in dieser Eigenschaft anvertraut worden ist.

(4) Straffrei ist, wer die Ausführung oder den Erfolg der Tat anders als durch Anzeige abwendet. Unterbleibt die Ausführung oder der Erfolg der Tat ohne Zutun des zur Anzeige Verpflichteten, so genügt zu seiner Straflosigkeit sein ernsthaftes Bemühen, den Erfolg abzuwenden.

§ 140. Belohnung und Billigung von Straftaten.

Wer eine der in § 138 Abs. 1 Nr. 1 bis 5 und in § 126 Abs. 1 Nr. 1 bis 6 genannten rechtswidrigen Taten, nachdem sie begangen oder in strafbarer Weise versucht worden ist,

1. belohnt oder
2. in einer Weise, die geeignet ist, den öffentlichen Frieden zu stören, öffentlich, in einer Versammlung oder durch Verbreiten von Schriften (§ 11 Abs. 3) billigt,

wird mit Freiheitsstrafe bis zu drei Jahren oder mit Geldstrafe bestraft.

§ 141.[32] (weggefallen)

§ 142. Unerlaubtes Entfernen vom Unfallort. (1) Ein Unfallbeteiligter, der sich nach einem Unfall im Straßenverkehr vom Unfallort entfernt, bevor er

1. zugunsten der anderen Unfallbeteiligten und der Geschädigten die Feststellung seiner Person, seines Fahrzeugs und der Art seiner Beteiligung durch seine Anwesenheit und durch die Angabe, daß er an dem Unfall beteiligt ist, ermöglicht hat oder

2. eine nach den Umständen angemessene Zeit gewartet hat, ohne daß jemand bereit war, die Feststellungen zu treffen,

wird mit Freiheitsstrafe bis zu drei Jahren oder mit Geldstrafe bestraft.

(2) Nach Absatz 1 wird auch ein Unfallbeteiligter bestraft, der sich

1. nach Ablauf der Wartefrist (Absatz 1 Nr. 2) oder

2. berechtigt oder entschuldigt

vom Unfallort entfernt hat und die Feststellungen nicht unverzüglich nachträglich ermöglicht.

(3) Der Verpflichtung, die Feststellungen nachträglich zu ermöglichen, genügt der Unfallbeteiligte, wenn er den Berechtigten (Absatz 1 Nr. 1) oder einer nahegelegenen Polizeidienststelle mitteilt, daß er an dem Unfall beteiligt gewesen ist, und wenn er seine Anschrift, seinen Aufenthalt sowie das Kennzeichen und den Standort seines Fahrzeuges angibt und dieses zu unverzüglichen Feststellungen für eine ihm zumutbare Zeit zur Verfügung hält. Dies gilt nicht, wenn er durch sein Verhalten die Feststellungen absichtlich vereitelt.

(4) Unfallbeteiligter ist jeder, dessen Verhalten nach den Umständen zur Verursachung des Unfalls beigetragen haben kann.

§ 143. (weggefallen)

§ 144. Auswanderungsbetrug. Wer es sich zum Geschäft macht, Deutsche unter Vorspiegelung falscher Tatsachen oder wissentlich mit unbegründeten Angaben oder durch andere auf Täuschung berechnete Mittel zur Auswanderung zu verleiten, wird mit Freiheitsstrafe bis zu zwei Jahren oder mit Geldstrafe bestraft.

§ 145. Mißbrauch von Notrufen und Beeinträchtigung von Unfallverhütungs- und Nothilfemitteln. (1) Wer absichtlich oder wissentlich

1. Notrufe oder Notzeichen mißbraucht oder

---

[32] § 141 gilt gemäß Art. 324 Abs. 3 Nr. 6 EGStGB vom 2. 3. 1974 (BGBl. I S. 469), abgedruckt unter Nr. **2**, im Land Berlin in folgender Fassung:

„**§ 141. Anwerben für fremden Wehrdienst.** (1) Wer zugunsten einer ausländischen Macht einen Deutschen zum Wehrdienst in einer militärischen oder militärähnlichen Einrichtung anwirbt oder ihren Werbern oder dem Wehrdienst einer solchen Einrichtung zuführt, wird mit Freiheitsstrafe von drei Monaten bis zu fünf Jahren bestraft.

(2) Der Versuch ist strafbar."

2. vortäuscht, daß wegen eines Unglücksfalles oder wegen gemeiner Gefahr oder Not die Hilfe anderer erforderlich sei,

wird mit Freiheitsstrafe bis zu einem Jahr oder mit Geldstrafe bestraft.

(2) Wer absichtlich oder wissentlich

1. die zur Verhütung von Unglücksfällen oder gemeiner Gefahr dienenden Warn- oder Verbotszeichen beseitigt, unkenntlich macht oder in ihrem Sinn entstellt oder

2. die zur Verhütung von Unglücksfällen oder gemeiner Gefahr dienenden Schutzvorrichtungen oder die zur Hilfeleistung bei Unglücksfällen oder gemeiner Gefahr bestimmten Rettungsgeräte oder anderen Sachen beseitigt, verändert oder unbrauchbar macht,

wird mit Freiheitsstrafe bis zu zwei Jahren oder mit Geldstrafe bestraft, wenn die Tat nicht in den §§ 303 oder 304 mit Strafe bedroht ist.

§ 145a. Verstoß gegen Weisungen während der Führungsaufsicht. Wer während der Führungsaufsicht gegen eine bestimmte Weisung der in § 68b Abs. 1 bezeichneten Art verstößt und dadurch den Zweck der Maßregel gefährdet, wird mit Freiheitsstrafe bis zu einem Jahr oder mit Geldstrafe bestraft. Die Tat wird nur auf Antrag der Aufsichtsstelle (§ 68a) verfolgt.

§ 145b. (weggefallen)

§ 145c. Verstoß gegen das Berufsverbot. Wer einen Beruf, einen Berufszweig, ein Gewerbe oder einen Gewerbezweig für sich oder einen anderen ausübt oder durch einen anderen für sich ausüben läßt, obwohl dies ihm oder dem anderen strafgerichtlich untersagt ist, wird mit Freiheitsstrafe bis zu einem Jahr oder mit Geldstrafe bestraft.

§ 145d. Vortäuschen einer Straftat. (1) Wer wider besseres Wissen einer Behörde oder einer zur Entgegennahme von Anzeigen zuständigen Stelle vortäuscht,

1. daß eine rechtswidrige Tat begangen worden sei oder

2. daß die Verwirklichung einer der in § 126 Abs. 1 genannten rechtswidrigen Taten bevorstehe,

wird mit Freiheitsstrafe bis zu drei Jahren oder mit Geldstrafe bestraft, wenn die Tat nicht in den §§ 164, 258 oder 258a mit Strafe bedroht ist.

(2) Ebenso wird bestraft, wer wider besseres Wissen eine der in Absatz 1 bezeichneten Stellen über den Beteiligten

1. an einer rechtswidrigen Tat oder

2. an einer bevorstehenden, in § 126 Abs. 1 genannten rechtswidrigen Tat

zu täuschen sucht.

Achter Abschnitt. Geld- und Wertzeichenfälschung

§ 146. Geldfälschung. (1) Mit Freiheitsstrafe nicht unter zwei Jahren wird bestraft, wer

1. Geld in der Absicht nachmacht, daß es als echt in Verkehr gebracht oder daß ein solches Inverkehrbringen ermöglicht werde, oder Geld in dieser Absicht so verfälscht, daß der Anschein eines höheren Wertes hervorgerufen wird,

2. falsches Geld in dieser Absicht sich verschafft oder

3. falsches Geld, das er unter den Voraussetzungen der Nummern 1 oder 2 nachgemacht, verfälscht oder sich verschafft hat, als echt in Verkehr bringt.

(2) In minder schweren Fällen ist die Strafe Freiheitsstrafe bis zu fünf Jahren oder Geldstrafe.

§ 147. Inverkehrbringen von Falschgeld. (1) Wer, abgesehen von den Fällen des § 146, falsches Geld als echt in Verkehr bringt, wird mit Freiheitsstrafe bis zu fünf Jahren oder mit Geldstrafe bestraft.

(2) Der Versuch ist strafbar.

§ 148. Wertzeichenfälschung. (1) Mit Freiheitsstrafe bis zu fünf Jahren oder mit Geldstrafe wird bestraft, wer

1. amtliche Wertzeichen in der Absicht nachmacht, daß sie als echt verwendet oder in Verkehr gebracht werden oder daß ein solches Verwenden oder Inverkehrbringen ermöglicht werde, oder amtliche Wertzeichen in dieser Absicht so verfälscht, daß der Anschein eines höheren Wertes hervorgerufen wird,

2. falsche amtliche Wertzeichen in dieser Absicht sich verschafft oder

3 falsche amtliche Wertzeichen als echt verwendet, feilhält oder in Verkehr bringt.

(2) Wer bereits verwendete amtliche Wertzeichen, an denen das Entwertungszeichen beseitigt worden ist, als gültig verwendet oder in Verkehr bringt, wird mit Freiheitsstrafe bis zu einem Jahr oder mit Geldstrafe bestraft.

(3) Der Versuch ist strafbar.

§ 149. Vorbereitung der Fälschung von Geld und Wertzeichen.
(1) Wer eine Fälschung von Geld oder Wertzeichen vorbereitet, indem er

1. Platten, Formen, Drucksätze, Druckstöcke, Negative, Matrizen oder ähnliche Vorrichtungen, die ihrer Art nach zur Begehung der Tat geeignet sind, oder

2. Papier, das einer solchen Papierart gleicht oder zum Verwechseln ähnlich ist, die zur Herstellung von Geld oder amtlichen Wertzeichen bestimmt und gegen Nachahmung besonders gesichert ist,

herstellt, sich oder einem anderen verschafft, feilhält, verwahrt oder einem anderen überläßt, wid, wenn er eine Geldfälschung vorbereitet, mit Freiheitsstrafe bis zu fünf Jahren oder mit Geldstrafe, sonst mit Freiheitsstrafe bis zu zwei Jahren oder mit Geldstrafe bestraft.

(2) Nach Absatz 1 wird nicht bestraft, wer freiwillig

1. die Ausführung der vorbereiteten Tat aufgibt und eine von ihm verursachte Gefahr, daß andere die Tat weiter vorbereiten oder sie ausführen, abwendet oder die Vollendung der Tat verhindert und

2. die Fälschungsmittel, soweit sie noch vorhanden und zur Fälschung brauchbar sind, vernichtet, unbrauchbar macht, ihr Vorhandensein einer Behörde anzeigt oder sie dort abliefert.

(3) Wird ohne Zutun des Täters die Gefahr, daß andere die Tat weiter vorbereiten oder sie ausführen, abgewendet oder die Vollendung der Tat verhindert, so genügt an Stelle der Voraussetzungen des Absatzes 2 Nr. 1 das freiwillige und ernsthafte Bemühen des Täters, dieses Ziel zu erreichen.

§ 150. Einziehung. Ist eine Straftat nach diesem Abschnitt begangen worden, so werden das falsche Geld, die falschen oder entwerteten Wertzeichen und die in § 149 bezeichneten Fälschungsmittel eingezogen.

§ 151 Wertpapiere. Dem Geld im Sinne der §§ 146, 147, 149 und 150 stehen folgende Wertpapiere gleich, wenn sie durch Druck und Papierart gegen Nachahmung besonders gesichert sind:

1. Inhaber- sowie solche Orderschuldverschreibungen, die Teile einer Gesamtemission sind, wenn in den Schuldverschreibungen die Zahlung einer bestimmten Geldsumme versprochen wird;

2. Aktien;

3. von Kapitalanlagegesellschaften ausgegebene Anteilscheine;

4. Zins-, Gewinnanteil- und Erneuerungsscheine zu Wertpapieren der in den Nummern 1 bis 3 bezeichneten Art sowie Zertifikate über Lieferung solcher Wertpapiere;

5. Reiseschecks, die schon im Wertpapiervordruck auf eine bestimmte Geldsumme lauten.

§ 152. Geld, Wertzeichen und Wertpapiere eines fremden Währungsgebietes. Die §§ 146 bis 151 sind auch auf Geld, Wertzeichen und Wertpapiere eines fremden Währungsgebietes anzuwenden.

Neunter Abschnitt. Falsche uneidliche Aussage und Meineid

§ 153. Falsche uneidliche Aussage. Wer vor Gericht oder vor einer anderen zur eidlichen Vernehmung von Zeugen oder Sachverständigen zuständigen Stelle als Zeuge oder Sachverständiger uneidlich falsch aussagt, wird mit Freiheitsstrafe von drei Monaten bis zu fünf Jahren bestraft.

§ 154. Meineid. (1) Wer vor Gericht oder vor einer anderen zur Abnahme von Eiden zuständigen Stelle falsch schwört, wird mit Freiheitsstrafe nicht unter einem Jahr bestraft.

(2) In minder schweren Fällen ist die Strafe Freiheitsstrafe von sechs Monaten bis zu fünf Jahren.

§ 155. Eidesgleiche Bekräftigungen. Dem Eid stehen gleich

1. die den Eid ersetzende Bekräftigung,
2. die Berufung auf einen früheren Eid oder auf eine frühere Bekräftigung.

§ 156. Falsche Versicherung an Eides Statt. Wer vor einer zur Abnahme einer Versicherung an Eides Statt zuständigen Behörde eine solche Versicherung falsch abgibt oder unter Berufung auf eine solche Versicherung falsch aussagt, wird mit Freiheitsstrafe bis zu drei Jahren oder mit Geldstrafe bestraft.

§ 157. Aussagenotstand. (1) Hat ein Zeuge oder Sachverständiger sich eines Meineids oder einer falschen uneidlichen Aussage schuldig gemacht, so kann das Gericht die Strafe nach seinem Ermessen mildern (§ 49 Abs. 2) und im Falle uneidlicher Aussage auch ganz von Strafe absehen, wenn der Täter die Unwahrheit gesagt hat, um von einem Angehörigen oder von sich selbst die Gefahr abzuwenden, bestraft oder einer freiheitsentziehenden Maßregel der Besserung und Sicherung unterworfen zu werden.

(2) Das Gericht kann auch dann die Strafe nach seinem Ermessen mildern (§ 49 Abs. 2) oder ganz von Strafe absehen, wenn ein noch nicht Eidesmündiger uneidlich falsch ausgesagt hat.

§ 158. Berichtigung einer falschen Angabe. (1) Das Gericht kann die Strafe wegen Meineids, falscher Versicherung an Eides Statt oder falscher uneidlicher Aussage nach seinem Ermessen mildern (§ 49 Abs. 2) oder von Strafe absehen, wenn der Täter die falsche Angabe rechtzeitig berichtigt.

(2) Die Berichtigung ist verspätet, wenn sie bei der Entscheidung nicht mehr verwertet werden kann oder aus der Tat ein Nachteil für einen anderen entstanden ist oder wenn schon gegen den Täter eine Anzeige erstattet oder eine Untersuchung eingeleitet worden ist.

(3) Die Berichtigung kann bei der Stelle, der die falsche Angabe gemacht worden ist oder die sie im Verfahren zu prüfen hat, sowie bei einem Gericht, einem Staatsanwalt oder einer Polizeibehörde erfolgen.

§ 159. Versuch der Anstiftung zur Falschaussage. Für den Versuch der Anstiftung zu einer falschen uneidlichen Aussage (§ 153) und einer falschen Versicherung an Eides Statt (§ 156) gelten § 30 Abs. 1 und § 31 Abs. 1 Nr. 1, Abs. 2 entsprechend.

§ 160. Verleitung zur Falschaussage. (1) Wer einen anderen zur Ableistung eines falschen Eides verleitet, wird mit Freiheitsstrafe bis zu zwei Jahren oder mit Geldstrafe bestraft; wer einen anderen zur Ableistung einer falschen Versicherung an Eides Statt oder einer falschen uneidlichen Aussage verleitet, wird mit Freiheitsstrafe bis zu sechs Monaten oder mit Geldstrafe bis zu einhundertachtzig Tagessätzen bestraft.

(2) Der Versuch ist strafbar.

§§ 161, 162. (weggefallen)

§ 163. Fahrlässiger Falscheid; fahrlässige falsche Versicherung an Eides Statt. (1) Wenn eine der in den §§ 154 bis 156 bezeichneten Handlungen aus Fahrlässigkeit begangen worden ist, so tritt Freiheitsstrafe bis zu einem Jahr oder Geldstrafe ein.

(2) Straflosigkeit tritt ein, wenn der Täter die falsche Angabe rechtzeitig berichtigt. Die Vorschriften des § 158 Abs. 2 und 3 gelten entsprechend.

Zehnter Abschnitt. Falsche Verdächtigung

§ 164. Falsche Verdächtigung. (1) Wer einen anderen bei einer Behörde oder einem zur Entgegennahme von Anzeigen zuständigen Amtsträger oder militärischen Vorgesetzten oder öffentlich wider besseres Wissen einer rechtswidrigen Tat oder der Verletzung einer Dienstpflicht in der Absicht verdächtigt, ein behördliches Verfahren oder andere behördliche Maßnahmen gegen ihn herbeizuführen oder fortdauern zu lassen, wird mit Freiheitsstrafe bis zu fünf Jahren oder mit Geldstrafe bestraft.

(2) Ebenso wird bestraft, wer in gleicher Absicht bei einer der in Absatz 1 bezeichneten Stellen oder öffentlich über einen anderen wider besseres Wissen eine sonstige Behauptung tatsächlicher Art aufstellt, die geeignet ist, ein behördliches Verfahren oder andere behördliche Maßnahmen gegen ihn herbeizuführen oder fortdauern zu lassen.

§ 165. Bekanntgabe der Verurteilung. (1) Ist die Tat nach § 164 öffentlich oder durch Verbreiten von Schriften (§ 11 Abs. 3) begangen und wird ihretwegen auf Strafe erkannt, so ist auf Antrag des Verletzten anzuordnen, daß die Verurteilung wegen falscher Verdächtigung auf Verlangen öffentlich bekanntgemacht wird. Stirbt der Verletzte, so geht das Antragsrecht auf die in § 77 Abs. 2 bezeichneten Angehörigen über. § 77 Abs. 2 bis 4 gilt entsprechend.

(2) Für die Art der Bekanntmachung gilt § 200 Abs. 2 entsprechend.

Elfter Abschnitt. Straftaten, welche sich auf Religion und Weltanschauung beziehen

§ 166. Beschimpfung von Bekenntnissen, Religionsgesellschaften und Weltanschauungsvereinigungen. (1) Wer öffentlich oder durch

Verbreiten von Schriften (§ 11 Abs. 3) den Inhalt des religiösen oder weltanschaulichen Bekenntnisses anderer in einer Weise beschimpft, die geeignet ist, den öffentlichen Frieden zu stören, wird mit Freiheitsstrafe bis zu drei Jahren oder mit Geldstrafe bestraft.

(2) Ebenso wird bestraft, wer öffentlich oder durch Verbreiten von Schriften (§ 11 Abs. 3) eine im Inland bestehende Kirche oder andere Religionsgesellschaft oder Weltanschauungsvereinigung, ihre Einrichtungen oder Gebräuche in einer Weise beschimpft, die geeignet ist, den öffentlichen Frieden zu stören.

§ 167. Störung der Religionsausübung. (1) Wer

1. den Gottesdienst oder eine gottesdienstliche Handlung einer im Inland bestehenden Kirche oder anderen Religionsgesellschaft absichtlich und in grober Weise stört oder

2. an einem Ort, der dem Gottesdienst einer solchen Religionsgesellschaft gewidmet ist, beschimpfenden Unfug verübt,

wird mit Freiheitsstrafe bis zu drei Jahren oder mit Geldstrafe bestraft.

(2) Dem Gottesdienst stehen entsprechende Feiern einer im Inland bestehenden Weltanschauungsvereinigung gleich.

§ 167a. Störung einer Bestattungsfeier. Wer eine Bestattungsfeier absichtlich oder wissentlich stört, wird mit Freiheitsstrafe bis zu drei Jahren oder mit Geldstrafe bestraft.

§ 168. Störung der Totenruhe. (1) Wer unbefugt aus dem Gewahrsam des Berechtigten eine Leiche, Leichenteile oder die Asche eines Verstorbenen wegnimmt, wer daran oder an einer Beisetzungsstätte beschimpfenden Unfug verübt oder wer eine Beisetzungsstätte zerstört oder beschädigt, wird mit Freiheitsstrafe bis zu drei Jahren oder mit Geldstrafe bestraft.

(2) Der Versuch ist strafbar.

Zwölfter Abschnitt. Straftaten gegen den Personenstand, die Ehe und die Familie

§ 169. Personenstandsfälschung. (1) Wer ein Kind unterschiebt oder den Personenstand eines anderen gegenüber einer zur Führung von Personenstandsbüchern oder zur Feststellung des Personenstandes zuständigen Behörde falsch angibt oder unterdrückt, wird mit Freiheitsstrafe bis zu zwei Jahren oder mit Geldstrafe bestraft.

(2) Der Versuch ist strafbar.

§§ 170, 170a. (weggefallen)

§ 170b. Verletzung der Unterhaltspflicht. Wer sich einer gesetzlichen Unterhaltspflicht entzieht, so daß der Lebensbedarf des Unterhaltsbe-

rechtigten gefährdet ist oder ohne die Hilfe anderer gefährdet wäre, wird mit Freiheitsstrafe bis zu drei Jahren oder mit Geldstrafe bestraft.

§ 170 c. (weggefallen)

§ 170 d. Verletzung der Fürsorge- oder Erziehungspflicht. Wer seine Fürsorge- oder Erziehungspflicht gegenüber einer Person unter sechzehn Jahren gröblich verletzt und dadurch den Schutzbefohlenen in die Gefahr bringt, in seiner körperlichen oder psychischen Entwicklung erheblich geschädigt zu werden, einen kriminellen Lebenswandel zu führen oder der Prostitution nachzugehen, wird mit Freiheitsstrafe bis zu drei Jahren oder mit Geldstrafe bestraft.

§ 171. Doppelehe. Wer eine Ehe schließt, obwohl er verheiratet ist, oder wer mit einem Verheirateten eine Ehe schließt, wird mit Freiheitsstrafe bis zu drei Jahren oder mit Geldstrafe bestraft.

§ 172. (weggefallen)

§ 173. Beischlaf zwischen Verwandten. (1) Wer mit einem leiblichen Abkömmling den Beischlaf vollzieht, wird mit Freiheitsstrafe bis zu drei Jahren oder mit Geldstrafe bestraft.

(2) Wer mit einem leiblichen Verwandten aufsteigender Linie den Beischlaf vollzieht, wird mit Freiheitsstrafe bis zu zwei Jahren oder mit Geldstrafe bestraft; dies gilt auch dann, wenn das Verwandtschaftsverhältnis erloschen ist. Ebenso werden leibliche Geschwister bestraft, die miteinander den Beischlaf vollziehen.

(3) Abkömmlinge und Geschwister werden nicht nach dieser Vorschrift bestraft, wenn sie zur Zeit der Tat noch nicht achtzehn Jahre alt waren.

Dreizehnter Abschnitt. Straftaten gegen die sexuelle Selbstbestimmung

§ 174. Sexueller Mißbrauch von Schutzbefohlenen. (1) Wer sexuelle Handlungen

1. an einer Person unter sechzehn Jahren, die ihm zur Erziehung, zur Ausbildung oder zur Betreuung in der Lebensführung anvertraut ist,

2. an einer Person unter achtzehn Jahren, die ihm zur Erziehung, zur Ausbildung oder zur Betreuung in der Lebensführung anvertraut oder im Rahmen eines Dienst- oder Arbeitsverhältnisses untergeordnet ist, unter Mißbrauch einer mit dem Erziehungs-, Ausbildungs-, Betreuungs-, Dienst- oder Arbeitsverhältnis verbundenen Abhängigkeit oder

3. an seinem noch nicht achtzehn Jahre alten leiblichen oder angenommenen Kind

vornimmt oder an sich von dem Schutzbefohlenen vornehmen läßt, wird mit Freiheitsstrafe bis zu fünf Jahren oder mit Geldstrafe bestraft.

(2) Wer unter den Voraussetzungen des Absatzes 1 Nr. 1 bis 3

1. sexuelle Handlungen vor dem Schutzbefohlenen vornimmt oder

2. den Schutzbefohlenen dazu bestimmt, daß er sexuelle Handlungen vor ihm vornimmt,

um sich oder den Schutzbefohlenen hierdurch sexuell zu erregen, wird mit Freiheitsstrafe bis zu drei Jahren oder mit Geldstrafe bestraft.

(3) Der Versuch ist strafbar.

(4) In den Fällen des Absatzes 1 Nr. 1 oder des Absatzes 2 in Verbindung mit Absatz 1 Nr. 1 kann das Gericht von einer Bestrafung nach dieser Vorschrift absehen, wenn bei Berücksichtigung des Verhaltens des Schutzbefohlenen das Unrecht der Tat gering ist.

§ 174a. Sexueller Mißbrauch von Gefangenen, behördlich Verwahrten oder Kranken in Anstalten. (1) Wer sexuelle Handlungen

1. an einem Gefangenen oder

2. an einem auf behördliche Anordnung Verwahrten,

der ihm zur Erziehung, Ausbildung, Beaufsichtigung oder Betreuung anvertraut ist, unter Mißbrauch seiner Stellung vornimmt oder an sich von dem Gefangenen oder Verwahrten vornehmen läßt, wird mit Freiheitsstrafe bis zu fünf Jahren oder mit Geldstrafe bestraft.

(2) Ebenso wird bestraft, wer den Insassen einer Anstalt für Kranke oder Hilfsbedürftige, der ihm zur Beaufsichtigung oder Betreuung anvertraut ist, dadurch mißbraucht, daß er unter Ausnutzung der Krankheit oder Hilfsbedürftigkeit sexuelle Handlungen an ihm vornimmt oder an sich von dem Insassen vornehmen läßt.

(3) Der Versuch ist strafbar.

§ 174b. Sexueller Mißbrauch unter Ausnutzung einer Amtsstellung. (1) Wer als Amtsträger, der zur Mitwirkung an einem Strafverfahren oder an einem Verfahren zur Anordnung einer freiheitsentziehenden Maßregel der Besserung und Sicherung oder einer behördlichen Verwahrung berufen ist, unter Mißbrauch der durch das Verfahren begründeten Abhängigkeit sexuelle Handlungen an demjenigen, gegen den sich das Verfahren richtet, vornimmt oder an sich von dem anderen vornehmen läßt, wird mit Freiheitsstrafe bis zu fünf Jahren oder mit Geldstrafe bestraft.

(2) Der Versuch ist strafbar.

§ 175. Homosexuelle Handlungen. (1) Ein Mann über achtzehn Jahre, der sexuelle Handlungen an einem Mann unter achtzehn Jahren vornimmt oder von einem Mann unter achtzehn Jahren an sich vornehmen läßt, wird mit Freiheitsstrafe bis zu fünf Jahren oder mit Geldstrafe bestraft.

(2) Das Gericht kann von einer Bestrafung nach dieser Vorschrift absehen, wenn

1. der Täter zur Zeit der Tat noch nicht einundzwanzig Jahre alt war oder

2. bei Berücksichtigung des Verhaltens desjenigen, gegen den sich die Tat richtet, das Unrecht der Tat gering ist.

§ 176. Sexueller Mißbrauch von Kindern.

(1) Wer sexuelle Handlungen an einer Person unter vierzehn Jahren (Kind) vornimmt oder an sich von dem Kind vornehmen läßt, wird mit Freiheitsstrafe von sechs Monaten bis zu zehn Jahren, in minder schweren Fällen mit Freiheitsstrafe bis zu fünf Jahren oder mit Geldstrafe bestraft.

(2) Ebenso wird bestraft, wer ein Kind dazu bestimmt, daß es sexuelle Handlungen an einem Dritten vornimmt oder von einem Dritten an sich vornehmen läßt.

(3) In besonders schweren Fällen ist die Strafe Freiheitsstrafe von einem Jahr bis zu zehn Jahren. Ein besonders schwerer Fall liegt in der Regel vor, wenn der Täter

1. mit dem Kind den Beischlaf vollzieht oder
2. das Kind bei der Tat körperlich schwer mißhandelt.

(4) Verursacht der Täter durch die Tat leichtfertig den Tod des Kindes, so ist die Strafe Freiheitsstrafe nicht unter fünf Jahren.

(5) Mit Freiheitsstrafe bis zu drei Jahren oder mit Geldstrafe wird bestraft, wer

1. sexuelle Handlungen vor einem Kind vornimmt,
2. ein Kind dazu bestimmt, daß es sexuelle Handlungen vor ihm oder einem Dritten vornimmt, oder
3. auf ein Kind durch Vorzeigen pornographischer Abbildungen oder Darstellungen, durch Abspielen von Tonträgern pornographischen Inhalts oder durch entsprechende Reden einwirkt,

um sich, das Kind oder einen anderen hierdurch sexuell zu erregen.

(6) Der Versuch ist strafbar; dies gilt nicht für Taten nach Absatz 5 Nr. 3.

§ 177. Vergewaltigung.

(1) Wer eine Frau mit Gewalt oder durch Drohung mit gegenwärtiger Gefahr für Leib oder Leben zum außerehelichen Beischlaf mit ihm oder einem Dritten nötigt, wird mit Freiheitsstrafe nicht unter zwei Jahren bestraft.

(2) In minder schweren Fällen ist die Strafe Freiheitsstrafe von sechs Monaten bis zu fünf Jahren.

(3) Verursacht der Täter durch die Tat leichtfertig den Tod des Opfers, so ist die Strafe Freiheitsstrafe nicht unter fünf Jahren.

§ 178. Sexuelle Nötigung.

(1) Wer einen anderen mit Gewalt oder durch Drohung mit gegenwärtiger Gefahr für Leib und Leben nötigt, außereheliche sexuelle Handlungen des Täters oder eines Dritten an sich zu dulden oder an dem Täter oder einem Dritten vorzunehmen, wird mit Freiheitsstrafe von einem Jahr bis zu zehn Jahren bestraft.

(2) In minder schweren Fällen ist die Strafe Freiheitsstrafe von drei Monaten bis zu fünf Jahren.

(3) Verursacht der Täter durch die Tat leichtfertig den Tod des Opfers, so ist die Strafe Freiheitsstrafe nicht unter fünf Jahren.

§ 179. Sexueller Mißbrauch Widerstandsunfähiger. (1) Wer einen anderen, der

1. wegen einer krankhaften seelischen Störung, wegen einer tiefgreifenden Bewußtseinsstörung oder wegen Schwachsinns oder einer schweren anderen seelischen Abartigkeit zum Widerstand unfähig ist oder

2. körperlich widerstandsunfähig ist,

dadurch mißbraucht, daß er unter Ausnutzung der Widerstandsunfähigkeit außereheliche sexuelle Handlungen an ihm vornimmt oder an sich von dem Opfer vornehmen läßt, wird mit Freiheitsstrafe bis zu fünf Jahren oder mit Geldstrafe bestraft.

(2) Wird die Tat durch Mißbrauch einer Frau zum außerehelichen Beischlaf begangen, so ist die Strafe Freiheitsstrafe von einem Jahr bis zu zehn Jahren, in minder schweren Fällen Freiheitsstrafe von drei Monaten bis zu fünf Jahren.

§ 180. Förderung sexueller Handlungen Minderjähriger. (1) Wer sexuellen Handlungen einer Person unter sechzehn Jahren an oder vor einem Dritten oder sexuellen Handlungen eines Dritten an einer Person unter sechzehn Jahren

1. durch seine Vermittlung oder

2. durch Gewähren oder Verschaffen von Gelegenheit

Vorschub leistet, wird mit Freiheitsstrafe bis zu drei Jahren oder mit Geldstrafe bestraft. Satz 1 Nr. 2 ist nicht anzuwenden, wenn der zur Sorge für die Person Berechtigte handelt; dies gilt nicht, wenn der Sorgeberechtigte durch das Vorschubleisten seine Erziehungspflicht gröblich verletzt.

(2) Wer eine Person unter achtzehn Jahren bestimmt, sexuelle Handlungen gegen Entgelt an oder vor einem Dritten vorzunehmen oder von einem Dritten an sich vornehmen zu lassen, oder wer solchen Handlungen durch seine Vermittlung Vorschub leistet, wird mit Freiheitsstrafe bis zu fünf Jahren oder mit Geldstrafe bestraft.

(3) Wer eine Person unter achtzehn Jahren, die ihm zur Erziehung, zur Ausbildung oder zur Betreuung in der Lebensführung anvertraut oder im Rahmen eines Dienst- oder Arbeitsverhältnisses untergeordnet ist, unter Mißbrauch einer mit dem Erziehungs-, Ausbildungs-, Betreuungs-, Dienst- oder Arbeitsverhältnis verbundenen Abhängigkeit bestimmt, sexuelle Handlungen an oder vor einem Dritten vorzunehmen oder von einem Dritten an sich vornehmen zu lassen, wird mit Freiheitsstrafe bis zu fünf Jahren oder mit Geldstrafe bestraft.

(4) In den Fällen der Absätze 2 und 3 ist der Versuch strafbar.

§ 180a. Förderung der Prostitution. (1) Wer gewerbsmäßig einen Betrieb unterhält oder leitet, in dem Personen der Prostitution nachgehen und in dem

1. diese in persönlicher oder wirtschaftlicher Abhängigkeit gehalten werden oder

2. die Prostitutionsausübung durch Maßnahmen gefördert wird, welche über das bloße Gewähren von Wohnung, Unterkunft oder Aufenthalt und die damit üblicherweise verbundenen Nebenleistungen hinausgehen,

wird mit Freiheitsstrafe bis zu drei Jahren oder mit Geldstrafe bestraft.

(2) Ebenso wird bestraft, wer

1. einer Person unter achtzehn Jahren zur Ausübung der Prostitution Wohnung, gewerbsmäßig Unterkunft oder gewerbsmäßig Aufenthalt gewährt oder

2. einen anderen, dem er zur Ausübung der Prostitution Wohnung gewährt, zur Prostitution anhält oder im Hinblick auf sie ausbeutet.

(3) Wer einen anderen gewerbsmäßig anwirbt, um ihn dazu zu bringen, daß er der Prostitution nachgeht, oder um ihn zur Prostitutionsausübung in einem fremden Land zu veranlassen, wird mit Freiheitsstrafe bis zu fünf Jahren oder mit Geldstrafe bestraft.

(4) Wer eine Person unter einundzwanzig Jahren der Prostitutionsausübung zuführt oder auf sie einwirkt, um sie zur Aufnahme oder Fortsetzung der Prostitution zu bestimmen, wird mit Freiheitsstrafe von sechs Monaten bis zu zehn Jahren bestraft.

(5) In den Fällen der Absätze 3 und 4 ist der Versuch strafbar.

§ 181. Menschenhandel. Wer einen anderen

1. mit Gewalt, durch Drohung mit einem empfindlichen Übel oder durch List dazu bringt, daß er der Prostitution nachgeht, oder

2. anwirbt oder wider seinen Willen durch List, Drohung oder Gewalt entführt, um ihn unter Ausnutzung der Hilflosigkeit, die mit seinem Aufenthalt in einem fremden Land verbunden ist, zu sexuellen Handlungen zu bringen, die er an oder vor einem Dritten vornehmen oder von einem Dritten an sich vornehmen lassen soll,

wird mit Freiheitsstrafe von einem Jahr bis zu zehn Jahren, in minder schweren Fällen mit Freiheitsstrafe von drei Monaten bis zu fünf Jahren bestraft.

§ 181a. Zuhälterei. (1) Mit Freiheitsstrafe von sechs Monaten bis zu fünf Jahren wird bestraft, wer

1. einen anderen, der der Prostitution nachgeht, ausbeutet oder

2. seines Vermögensvorteils wegen einen anderen bei der Ausübung der Prostitution überwacht, Ort, Zeit, Ausmaß oder andere Umstände der Prostitutionsausübung bestimmt oder Maßnahmen trifft, die den anderen davon abhalten sollen, die Prostitution aufzugeben,

und im Hinblick darauf Beziehungen zu dem anderen unterhält, die über den Einzelfall hinausgehen.

(2) Mit Freiheitsstrafe bis zu drei Jahren oder mit Geldstrafe wird bestraft, wer gewerbsmäßig die Prostitutionsausübung eines anderen durch

Vermittlung sexuellen Verkehrs fördert und im Hinblick darauf Beziehungen zu dem anderen unterhält, die über den Einzelfall hinausgehen.

(3) Nach den Absätzen 1 und 2 wird auch bestraft, wer die in Absatz 1 Nr. 1 und 2 genannten Handlungen oder die in Absatz 2 bezeichnete Förderung gegenüber seinem Ehegatten vornimmt.

§ 181 b. Führungsaufsicht. In den Fällen der §§ 176 bis 179, 180 a Abs. 3 bis 5, der §§ 181 und 181 a kann das Gericht Führungsaufsicht anordnen (§ 68 Abs. 1 Nr. 2).

§ 182. Verführung. (1) Wer ein Mädchen unter sechzehn Jahren dazu verführt, mit ihm den Beischlaf zu vollziehen, wird mit Freiheitsstrafe bis zu einem Jahr oder mit Geldstrafe bestraft.

(2) Die Tat wird nur auf Antrag verfolgt. Die Verfolgung der Tat ist ausgeschlossen, wenn der Täter die Verführte geheiratet hat.

(3) Bei einem Täter, der zur Zeit der Tat noch nicht einundzwanzig Jahre alt war, kann das Gericht von einer Bestrafung nach dieser Vorschrift absehen.

§ 183. Exhibitionistische Handlungen. (1) Ein Mann, der eine andere Person durch eine exhibitionistische Handlung belästigt, wird mit Freiheitsstrafe bis zu einem Jahr oder mit Geldstrafe bestraft.

(2) Die Tat wird nur auf Antrag verfolgt, es sei denn, daß die Strafverfolgungsbehörde wegen des besonderen öffentlichen Interesses an der Strafverfolgung ein Einschreiten von Amts wegen für geboten hält.

(3) Das Gericht kann die Vollstreckung einer Freiheitsstrafe auch dann zur Bewährung aussetzen, wenn zu erwarten ist, daß der Täter erst nach einer längeren Heilbehandlung keine exhibitionistischen Handlungen mehr vornehmen wird.

(4) Absatz 3 gilt auch, wenn ein Mann oder eine Frau wegen einer exhibitionistischen Handlung

1. nach einer anderen Vorschrift, die im Höchstmaß Freiheitsstrafe bis zu einem Jahr oder Geldstrafe androht, oder

2. nach § 174 Abs. 2 Nr. 1 oder § 176 Abs. 5 Nr. 1

bestraft wird.

§ 183 a. Erregung öffentlichen Ärgernisses. Wer öffentlich sexuelle Handlungen vornimmt und dadurch absichtlich oder wissentlich ein Ärgernis erregt, wird mit Freiheitsstrafe bis zu einem Jahr oder mit Geldstrafe bestraft, wenn die Tat nicht in § 183 mit Strafe bedroht ist.

§ 184.[33] **Verbreitung pornographischer Schriften.** (1) Wer pornographische Schriften (§ 11 Abs. 3)

---

[33] Vgl. auch §§ 3 bis 6 und 21 Gesetz über die Verbreitung jugendgefährdender Schriften i. d. F. vom 29. 4. 1961 (BGBl. I S. 497), zuletzt geändert durch Art. 75 EGStGB vom 2. 3. 1974 (BGBl. I S. 469).

1. einer Person unter achtzehn Jahren anbietet, überläßt oder zugänglich macht,

2. an einem Ort, der Personen unter achtzehn Jahren zugänglich ist oder von ihnen eingesehen werden kann, ausstellt, anschlägt, vorführt oder sonst zugänglich macht,

3. im Einzelhandel außerhalb von Geschäftsräumen, in Kiosken oder anderen Verkaufsstellen, die der Kunde nicht zu betreten pflegt, im Versandhandel oder in gewerblichen Leihbüchereien oder Lesezirkeln einem anderen anbietet oder überläßt,

4. im Wege des Versandhandels in den räumlichen Geltungsbereich dieses Gesetzes einzuführen unternimmt,

5. öffentlich an einem Ort, der Personen unter achtzehn Jahren zugänglich ist oder von ihnen eingesehen werden kann, oder durch Verbreiten von Schriften außerhalb des Geschäftsverkehrs mit dem einschlägigen Handel anbietet, ankündigt oder anpreist,

6. an einen anderen gelangen läßt, ohne von diesem hierzu aufgefordert zu sein,

7. in einer öffentlichen Filmvorführung gegen ein Entgelt zeigt, das ganz oder überwiegend für diese Vorführung verlangt wird,

8. herstellt, bezieht, liefert, vorrätig hält oder in den räumlichen Geltungsbereich dieses Gesetzes einzuführen unternimmt, um sie oder aus ihnen gewonnene Stücke im Sinne der Nummern 1 bis 7 zu verwenden oder einem anderen eine solche Verwendung zu ermöglichen, oder

9. auszuführen unternimmt, um sie oder aus ihnen gewonnene Stücke im Ausland unter Verstoß gegen die dort geltenden Strafvorschriften zu verbreiten oder öffentlich zugänglich zu machen oder eine solche Verwendung zu ermöglichen,

wird mit Freiheitsstrafe bis zu einem Jahr oder mit Geldstrafe bestraft.

(2) Ebenso wird bestraft, wer eine pornographische Darbietung durch Rundfunk verbreitet.

(3) Wer pornographische Schriften (§ 11 Abs. 3), die Gewalttätigkeiten, den sexuellen Mißbrauch von Kindern oder sexuelle Handlungen von Menschen mit Tieren zum Gegenstand haben,

1. verbreitet,

2. öffentlich ausstellt, anschlägt, vorführt oder sonst zugänglich macht oder

3. herstellt, bezieht, liefert, vorrätig hält, anbietet, ankündigt, anpreist, in den räumlichen Geltungsbereich dieses Gesetzes einzuführen oder daraus auszuführen unternimmt, um sie oder aus ihnen gewonnene Stücke im Sinne der Nummern 1 oder 2 zu verwenden oder einem anderen eine solche Verwendung zu ermöglichen,

wird mit Freiheitsstrafe bis zu einem Jahr oder mit Geldstrafe bestraft.

(4) Absatz 1 Nr. 1 ist nicht anzuwenden, wenn der zur Sorge für die Person Berechtigte handelt.

§ 184a. Ausübung der verbotenen Prostitution. Wer einem durch Rechtsverordnung erlassenen Verbot, der Prostitution an bestimmten Orten überhaupt oder zu bestimmten Tageszeiten nachzugehen, beharrlich zuwiderhandelt, wird mit Freiheitsstrafe bis zu sechs Monaten oder mit Geldstrafe bis zu einhundertachtzig Tagessätzen bestraft.

§ 184b. Jugendgefährdende Prostitution. Wer der Prostitution

1. in der Nähe einer Schule oder anderen Örtlichkeit, die zum Besuch durch Personen unter achtzehn Jahren bestimmt ist, oder

2. in einem Haus, in dem Personen unter achtzehn Jahren wohnen,

in einer Weise nachgeht, die diese Personen sittlich gefährdet, wird mit Freiheitsstrafe bis zu einem Jahr oder mit Geldstrafe bestraft.

§ 184c. Begriffsbestimmungen. Im Sinne dieses Gesetzes sind

1. sexuelle Handlungen
   nur solche, die im Hinblick auf das jeweils geschützte Rechtsgut von einiger Erheblichkeit sind,

2. sexuelle Handlungen vor einem anderen
   nur solche, die vor einem anderen vorgenommen werden, der den Vorgang wahrnimmt.

Vierzehnter Abschnitt. Beleidigung

§ 185. Beleidigung. Die Beleidigung wird mit Freiheitsstrafe bis zu einem Jahr oder mit Geldstrafe und, wenn die Beleidigung mittels einer Tätlichkeit begangen wird, mit Freiheitsstrafe bis zu zwei Jahren oder mit Geldstrafe bestraft.

§ 186. Üble Nachrede. Wer in Beziehung auf einen anderen eine Tatsache behauptet oder verbreitet, welche denselben verächtlich zu machen oder in der öffentlichen Meinung herabzuwürdigen geeignet ist, wird wenn nicht diese Tatsache erweislich wahr ist, mit Freiheitsstrafe bis zu einem Jahr oder mit Geldstrafe und, wenn die Tat öffentlich oder durch Verbreiten von Schriften (§ 11 Abs. 3) begangen ist, mit Freiheitsstrafe bis zu zwei Jahren oder mit Geldstrafe bestraft.

§ 187. Verleumdung. Wer wider besseres Wissen in Beziehung auf einen anderen eine unwahre Tatsache behauptet oder verbreitet, welche denselben verächtlich zu machen oder in der öffentlichen Meinung herabzuwürdigen oder dessen Kredit zu gefährden geeignet ist, wird mit Freiheitsstrafe bis zu zwei Jahren oder mit Geldstrafe und, wenn die Tat öffentlich, in einer Versammlung oder durch Verbreiten von Schriften (§ 11 Abs. 3) begangen ist, mit Freiheitsstrafe bis zu fünf Jahren oder mit Geldstrafe bestraft.

§ 187a. Üble Nachrede und Verleumdung gegen Personen des politischen Lebens. (1) Wird gegen eine im politischen Leben des Volkes stehende Person öffentlich, in einer Versammlung oder durch Verbreiten von Schriften (§ 11 Abs. 3) eine üble Nachrede (§ 186) aus Beweggründen begangen, die mit der Stellung des Beleidigten im öffentlichen Leben zusammenhängt, und ist die Tat geeignet, sein öffentliches Wirken erheblich zu erschweren, so ist die Strafe Freiheitsstrafe von drei Monaten bis zu fünf Jahren.

(2) Eine Verleumdung (§ 187) wird unter den gleichen Voraussetzungen mit Freiheitsstrafe von sechs Monaten bis zu fünf Jahren bestraft.

§ 188. (weggefallen)

§ 189. Verunglimpfung des Andenkens Verstorbener. Wer das Andenken eines Verstorbenen verunglimpft, wird mit Freiheitsstrafe bis zu zwei Jahren oder mit Geldstrafe bestraft.

§ 190. Wahrheitsbeweis durch Strafurteil. Ist die behauptete oder verbreitete Tatsache eine Straftat, so ist der Beweis der Wahrheit als erbracht anzusehen, wenn der Beleidigte wegen dieser Tat rechtskräftig verurteilt worden ist. Der Beweis der Wahrheit ist dagegen ausgeschlossen, wenn der Beleidigte vor der Behauptung oder Verbreitung rechtskräftig freigesprochen worden ist.

§ 191. (weggefallen)

§ 192. Beleidigung trotz Wahrheitsbeweises. Der Beweis der Wahrheit der behaupteten oder verbreiteten Tatsache schließt die Bestrafung nach § 185 nicht aus, wenn das Vorhandensein einer Beleidigung aus der Form der Behauptung oder Verbreitung oder aus den Umständen, unter welchen sie geschah, hervorgeht.

§ 193. Wahrnehmung berechtigter Interessen. Tadelnde Urteile über wissenschaftliche, künstlerische oder gewerbliche Leistungen, desgleichen Äußerungen, welche zur Ausführung oder Verteidigung von Rechten oder zur Wahrnehmung berechtigter Interessen gemacht werden, sowie Vorhaltungen und Rügen der Vorgesetzten gegen ihre Untergebenen, dienstliche Anzeigen oder Urteile von seiten eines Beamten und ähnliche Fälle sind nur insofern strafbar, als das Vorhandensein einer Beleidigung aus der Form der Äußerung oder aus den Umständen, unter welchen sie geschah, hervorgeht.

§ 194. Strafantrag. (1) Die Beleidigung wird nur auf Antrag verfolgt. Stirbt der Verletzte, so geht das Antragsrecht nach § 77 Abs. 2 auf die Angehörigen über.

(2) Ist das Andenken eines Verstorbenen verunglimpft, so steht das Antragsrecht den in § 77 Abs. 2 bezeichneten Angehörigen zu. Hat der Verstorbene keine Antragsberechtigten hinterlassen oder sind sie vor Ablauf der Antragsfrist gestorben, so ist kein Antrag erforderlich, wenn der Verstorbene sein Leben als Opfer einer Gewalt- und Willkürherrschaft verloren hat und die Verunglimpfung damit zusammenhängt.

(3) Ist die Beleidigung gegen einen Amtsträger, einen für den öffentlichen Dienst besonders Verpflichteten oder einen Soldaten der Bundeswehr während der Ausübung seines Dienstes oder in Beziehung auf seinen Dienst begangen, so wird sie auch auf Antrag des Dienstvorgesetzten verfolgt. Richtet sich die Tat gegen eine Behörde oder eine sonstige Stelle, die Aufgaben der öffentlichen Verwaltung wahrnimmt, so wird sie auf Antrag des Behördenleiters oder des Leiters der aufsichtführenden Behörde verfolgt. Dasselbe gilt für Träger von Ämtern und für Behörden der Kirchen und anderen Religionsgesellschaften des öffentlichen Rechts.

(4) Richtet sich die Tat gegen ein Gesetzgebungsorgan des Bundes oder eines Landes oder eine andere politische Körperschaft im räumlichen Geltungsbereich dieses Gesetzes, so wird sie nur mit Ermächtigung der betroffenen Körperschaft verfolgt.

§§ 195–198. (weggefallen)

§ 199. Wechselseitig begangene Beleidigungen. Wenn eine Beleidigung auf der Stelle erwidert wird, so kann der Richter beide Beleidiger oder einen derselben für straffrei erklären.

§ 200. Bekanntgabe der Verurteilung. (1) Ist die Beleidigung öffentlich oder durch Verbreiten von Schriften (§ 11 Abs. 3) begangen und wird ihretwegen auf Strafe erkannt, so ist auf Antrag des Verletzten oder eines sonst zum Strafantrag Berechtigten anzuordnen, daß die Verurteilung wegen der Beleidigung auf Verlangen öffentlich bekanntgemacht wird.

(2) Die Art der Bekanntmachung ist im Urteil zu bestimmen. Ist die Beleidigung durch Veröffentlichung in einer Zeitung oder Zeitschrift begangen, so ist auch die Bekanntmachung in eine Zeitung oder Zeitschrift aufzunehmen, und zwar, wenn möglich, in dieselbe, in der die Beleidigung enthalten war; dies gilt entsprechend, wenn die Beleidigung durch Veröffentlichung im Rundfunk begangen ist.

Fünfzehnter Abschnitt. Verletzung des persönlichen Lebens- und Geheimbereichs

§ 201. Verletzung der Vertraulichkeit des Wortes. (1) Mit Freiheitsstrafe bis zu drei Jahren oder mit Geldstrafe wird bestraft, wer unbefugt

1. das nichtöffentlich gesprochene Wort eines anderen auf einen Tonträger aufnimmt oder

2. eine so hergestellte Aufnahme gebraucht oder einem Dritten zugänglich macht.

(2) Ebenso wird bestraft, wer unbefugt das nicht zu seiner Kenntnis bestimmte nichtöffentlich gesprochene Wort eines anderen mit einem Abhörgerät abhört.

(3) Mit Freiheitsstrafe bis zu fünf Jahren oder mit Geldstrafe wird bestraft, wer als Amtsträger oder als für den öffentlichen Dienst besonders Verpflichteter die Vertraulichkeit des Wortes verletzt (Absätze 1, 2).

(4) Der Versuch ist strafbar.

(5) Die Tonträger und Abhörgeräte, die der Täter oder Teilnehmer verwendet hat, können eingezogen werden. § 74a ist anzuwenden.

§ 202. Verletzung des Briefgeheimnisses. (1) Wer unbefugt

1. einen verschlossenen Brief oder ein anderes verschlossenes Schriftstück, die nicht zu seiner Kenntnis bestimmt sind, öffnet oder

2. sich vom Inhalt eines solchen Schriftstücks ohne Öffnung des Verschlusses unter Anwendung technischer Mittel Kenntnis verschafft,

wird mit Freiheitsstrafe bis zu einem Jahr oder mit Geldstrafe bestraft, wenn die Tat nicht in § 354 mit Strafe bedroht ist.

(2) Ebenso wird bestraft, wer sich unbefugt vom Inhalt eines Schriftstücks, das nicht zu seiner Kenntnis bestimmt und durch ein verschlossenes Behältnis gegen Kenntnisnahme besonders gesichert ist, Kenntnis verschafft, nachdem er dazu das Behältnis geöffnet hat.

(3) Einem Schriftstück im Sinne der Absätze 1 und 2 stehen ein anderer zur Gedankenübermittlung bestimmter Träger sowie eine Abbildung gleich.

§ 203. Verletzung von Privatgeheimnissen. (1) Wer unbefugt ein fremdes Geheimnis, namentlich ein zum persönlichen Lebensbereich gehörendes Geheimnis oder ein Betriebs- oder Geschäftsgeheimnis, offenbart, das ihm als

1. Arzt, Zahnarzt, Tierarzt, Apotheker oder Angehörigen eines anderen Heilberufs, der für die Berufsausübung oder die Führung der Berufsbezeichnung eine staatlich geregelte Ausbildung erfordert,

2. Berufspsychologen mit staatlich anerkannter wissenschaftlicher Abschlußprüfung,

3. Rechtsanwalt, Patentanwalt, Notar, Verteidiger in einem gesetzlich geordneten Verfahren, Wirtschaftsprüfer, vereidigtem Buchprüfer, Steuerberater, Steuerbevollmächtigten oder Organ oder Mitglied eines Organs einer Wirtschaftsprüfungs-, Buchprüfungs- oder Steuerberatungsgesellschaft,

4. Ehe-, Erziehungs- oder Jugendberater sowie Berater für Suchtfragen in einer Beratungsstelle, die von einer Behörde oder Körperschaft, Anstalt oder Stiftung des öffentlichen Rechts anerkannt ist,

4a. Mitglied oder Beauftragten einer anerkannten Beratungsstelle nach § 218b Abs. 2 Nr. 1,

5. staatlich anerkanntem Sozialarbeiter oder staatlich anerkanntem Sozialpädagogen oder

6. Angehörigen eines Unternehmens der privaten Kranken-, Unfall- oder Lebensversicherung oder einer privatärztlichen Verrechnungsstelle

anvertraut worden oder sonst bekanntgeworden ist, wird mit Freiheitsstrafe bis zu einem Jahr oder mit Geldstrafe bestraft.

(2)[34] Ebenso wird bestraft, wer unbefugt ein fremdes Geheimnis, namentlich ein zum persönlichen Lebensbereich gehörendes Geheimnis oder ein Betriebs- oder Geschäftsgeheimnis, offenbart, das ihm als

1. Amtsträger

2. für den öffentlichen Dienst besonders Verpflichteten,

3. Person, die Aufgaben oder Befugnisse nach dem Personalvertretungsrecht wahrnimmt,

4. Mitglied eines für ein Gesetzgebungsorgan des Bundes oder eines Lande tätigen Untersuchungsausschusses, sonstigen Ausschusses oder Rates, das nicht selbst Mitglied des Gesetzgebungsorgans ist, oder als Hilfskraft eines solchen Ausschusses oder Rates oder

5. öffentlich bestelltem Sachverständigen, der auf die gewissenhafte Erfüllung seiner Obliegenheiten auf Grund eines Gesetzes förmlich verpflichtet worden ist,

anvertraut worden oder sonst bekanntgeworden ist. Einem Geheimnis im Sinne des Satzes 1 stehen Einzelangaben über persönliche oder sachliche Verhältnisse eines anderen gleich, die für Aufgaben der öffentlichen Verwaltung erfaßt worden sind; Satz 1 ist jedoch nicht anzuwenden, soweit solche Einzelangaben anderen Behörden oder sonstigen Stellen für Aufgaben der öffentlichen Verwaltung bekanntgegeben werden und das Gesetz dies nicht untersagt.

(3) Den in Absatz 1 Genannten stehen ihre berufsmäßig tätigen Gehilfen und die Personen gleich, die bei ihnen zur Vorbereitung auf den Beruf tätig sind. Den in Absatz 1 und den in Satz 1 Genannten steht nach dem Tode des zur Wahrung des Geheimnisses Verpflichteten ferner gleich, wer das Geheimnis von dem Verstorbenen oder aus dessen Nachlaß erlangt hat.

(4) Die Absätze 1 bis 3 sind auch anzuwenden, wenn der Täter das fremde Geheimnis nach dem Tode des Betroffenen unbefugt offenbart.

(5) Handelt der Täter gegen Entgelt oder in der Absicht, sich oder einen anderen zu bereichern oder einen anderen zu schädigen, so ist die Strafe Freiheitsstrafe bis zu zwei Jahren oder Geldstrafe.

§ 204. Verwertung fremder Geheimnisse. (1) Wer unbefugt ein fremdes Geheimnis, namentlich ein Betriebs- oder Geschäftsgeheimnis, zu dessen Geheimhaltung er nach § 203 verpflichtet ist, verwertet, wird mit Freiheitsstrafe bis zu zwei Jahren oder mit Geldstrafe bestraft.

(2) § 203 Abs. 4 gilt entsprechend.

§ 205. Strafantrag. (1) In den Fällen des § 201 Abs. 1 und 2 und der §§ 202 bis 204 wird die Tat nur auf Antrag verfolgt.

---

[34] Wegen der Strafbarkeit von Personen, die nach neuem Recht für den öffentlichen Dienst besonders verpflichtet werden sollen, vgl. die Überleitungsvorschrift in Art. 311 EGStGB vom 2. 3. 1974 (BGBl. I S. 469), abgedruckt unter Nr. 2.

(2) Stirbt der Verletzte, so geht das Antragsrecht nach § 77 Abs. 2 auf die Angehörigen über. Gehört das Geheimnis nicht zum persönlichen Lebensbereich des Verletzten, so geht das Antragsrecht bei Straftaten nach den §§ 203 und 204 auf die Erben über. Offenbart oder verwertet der Täter in den Fällen der §§ 203 und 204 das Geheimnis nach dem Tode des Betroffenen, so gelten die Sätze 1 und 2 sinngemäß.

§§ 206–210. (weggefallen)

Sechzehnter Abschnitt. Straftaten gegen das Leben

§ 211. Mord. (1) Der Mörder wird mit lebenslanger Freiheitsstrafe bestraft.

(2) Mörder ist, wer

aus Mordlust, zur Befriedigung des Geschlechtstriebs, aus Habgier oder sonst aus niedrigen Beweggründen,

heimtückisch oder grausam oder mit gemeingefährlichen Mitteln oder um eine andere Straftat zu ermöglichen oder zu verdecken,

einen Menschen tötet.

§ 212. Totschlag. (1) Wer einen Menschen tötet, ohne Mörder zu sein, wird als Totschläger mit Freiheitsstrafe nicht unter fünf Jahren bestraft.

(2) In besonders schweren Fällen ist auf lebenslange Freiheitsstrafe zu erkennen.

§ 213. Minder schwerer Fall des Totschlags. War der Totschläger ohne eigene Schuld durch eine ihm oder einem Angehörigen zugefügte Mißhandlung oder schwere Beleidigung von dem Getöteten zum Zorne gereizt und hierdurch auf der Stelle zur Tat hingerissen worden oder liegt sonst ein minder schwerer Fall vor, so ist die Strafe Freiheitsstrafe von sechs Monaten bis zu fünf Jahren.

§§ 214, 215. (weggefallen)

§ 216. Tötung auf Verlangen. (1) Ist jemand durch das ausdrückliche und ernstliche Verlangen des Getöteten zur Tötung bestimmt worden, so ist auf Freiheitsstrafe von sechs Monaten bis zu fünf Jahren zu erkennen.

(2) Der Versuch ist strafbar.

§ 217. Kindestötung. (1) Eine Mutter, welche ihr nichteheliches Kind in oder gleich nach der Geburt tötet, wird mit Freiheitsstrafe nicht unter drei Jahren bestraft.

(2) In minder schweren Fällen ist die Strafe Freiheitsstrafe von sechs Monaten bis zu fünf Jahren.

§ 218. Abbruch der Schwangerschaft. (1) Wer eine Schwangerschaft abbricht, wird mit Freiheitsstrafe bis zu drei Jahren oder mit Geldstrafe bestraft.

(2) In besonders schweren Fällen ist die Strafe Freiheitsstrafe von sechs Monaten bis zu fünf Jahren. Ein besonders schwerer Fall liegt in der Regel vor, wenn der Täter

1. gegen den Willen der Schwangeren handelt oder

2. leichtfertig die Gefahr des Todes oder einer schweren Gesundheitsschädigung der Schwangeren verursacht.

Das Gericht kann Führungsaufsicht anordnen (§ 68 Abs. 1 Nr. 2).

(3) Begeht die Schwangere die Tat, so ist die Strafe Freiheitsstrafe bis zu einem Jahr oder Geldstrafe. Die Schwangere ist nicht nach Satz 1 strafbar, wenn der Schwangerschaftsabbruch nach Beratung (§ 218b Abs. 1 Nr. 1, 2) von einem Arzt vorgenommen worden ist und seit der Empfängnis nicht mehr als zweiundzwanzig Wochen verstrichen sind. Das Gericht kann von einer Bestrafung der Schwangeren nach Satz 1 absehen, wenn sie sich zur Zeit des Eingriffs in besonderer Bedrängnis befunden hat.

(4) Der Versuch ist strafbar. Die Frau wird nicht wegen Versuchs bestraft.

§ 218a. Indikation zum Schwangerschaftsabbruch. (1) Der Abbruch der Schwangerschaft durch einen Arzt ist nicht nach § 218 strafbar, wenn

1. die Schwangere einwilligt und

2. der Abbruch der Schwangerschaft unter Berücksichtigung der gegenwärtigen und zukünftigen Lebensverhältnisse der Schwangeren nach ärztlicher Erkenntnis angezeigt ist, um eine Gefahr für das Leben oder die Gefahr einer schwerwiegenden Beeinträchtigung des körperlichen oder seelischen Gesundheitszustandes der Schwangeren abzuwenden, und die Gefahr nicht auf eine andere für sie zumutbare Weise abgewendet werden kann.

(2) Die Voraussetzungen des Absatzes 1 Nr. 2 gelten auch als erfüllt, wenn nach ärztlicher Erkenntnis

1. dringende Gründe für die Annahme sprechen, daß das Kind infolge einer Erbanlage oder schädlicher Einflüsse vor der Geburt an einer nicht behebbaren Schädigung seines Gesundheitszustandes leiden würde, die so schwer wiegt, daß von der Schwangeren die Fortsetzung der Schwangerschaft nicht verlangt werden kann,

2. an der Schwangeren eine rechtswidrige Tat nach den §§ 176 bis 179 begangen worden ist und dringende Gründe für die Annahme sprechen, daß die Schwangerschaft auf der Tat beruht, oder

3. der Abbruch der Schwangerschaft sonst angezeigt ist, um von der Schwangeren die Gefahr einer Notlage abzuwenden, die

   a) so schwer wiegt, daß von der Schwangeren die Fortsetzung der Schwangerschaft nicht verlangt werden kann, und

b) nicht auf andere für die Schwangere zumutbare Weise abgewendet werden kann.

(3) In den Fällen des Absatzes 2 Nr. 1 dürfen seit der Empfängnis nicht mehr als zweiundzwanzig Wochen, in den Fällen des Absatzes 2 Nr. 2 und 3 nicht mehr als zwölf Wochen verstrichen sein.

§ 218b. Abbruch der Schwangerschaft ohne Beratung der Schwangeren. (1) Wer eine Schwangerschaft abbricht, ohne daß die Schwangere

1. sich mindestens drei Tage vor dem Eingriff wegen der Frage des Abbruchs ihrer Schwangerschaft an einen Berater (Absatz 2) gewandt hat und dort über die zur Verfügung stehenden öffentlichen und privaten Hilfen für Schwangere, Mütter und Kinder beraten worden ist, insbesondere über solche Hilfen, die die Fortsetzung der Schwangerschaft und die Lage von Mutter und Kind erleichtern, und

2. von einem Arzt über die ärztlich bedeutsamen Gesichtspunkte beraten worden ist,

wird mit Freiheitsstrafe bis zu einem Jahr oder mit Geldstrafe bestraft, wenn die Tat nicht in § 218 mit Strafe bedroht ist. Die Schwangere ist nicht nach Satz 1 strafbar.

(2) Berater im Sinne des Absatzes 1 Nr. 1 ist

1. eine von einer Behörde oder Körperschaft, Anstalt oder Stiftung des öffentlichen Rechts anerkannte Beratungsstelle oder

2. ein Arzt, der nicht selbst den Schwangerschaftsabbruch vornimmt und

   a) als Mitglied einer anerkannten Beratungsstelle (Nummer 1) mit der Beratung im Sinne des Absatzes 1 Nr. 1 betraut ist,

   b) von einer Behörde oder Körperschaft, Anstalt oder Stiftung des öffentlichen Rechts als Berater anerkannt ist oder

   c) sich durch Beratung mit einem Mitglied einer anerkannten Beratungsstelle (Nummer 1), das mit der Beratung im Sinne des Absatzes Nr. 1 betraut ist, oder mit einer Sozialbehörde oder auf andere geeignete Weise über die im Einzelfall zur Verfügung stehenden Hilfen unterrichtet hat.

(3) Absatz 1 Nr. 1 ist nicht anzuwenden, wenn der Schwangerschaftsabbruch angezeigt ist, um von der Schwangeren eine durch körperliche Krankheit oder Körperschaden begründete Gefahr für ihr Leben oder ihre Gesundheit abzuwenden.

§ 219. Abbruch der Schwangerschaft ohne ärztliche Feststellung. (1) Wer eine Schwangerschaft abbricht, ohne daß ihm die schriftliche Feststellung eines Arztes, der nicht selbst den Schwangerschaftsabbruch vornimmt, darüber vorgelegen hat, ob die Voraussetzungen des § 218a Abs. 1 Nr. 2, Abs. 2, 3 gegeben sind, wird mit Freiheitsstrafe bis zu einem Jahr oder mit Geldstrafe bestraft, wenn die Tat nicht in § 218 mit Strafe bedroht ist. Die Schwangere ist nicht nach Satz 1 strafbar.

(2) Ein Arzt darf Feststellungen nach Absatz 1 nicht treffen, wenn ihm die zuständige Stelle dies untersagt hat, weil er wegen einer rechtswidrigen Tat nach Absatz 1 oder den §§ 218, 218b, 219a, 219b oder 219c oder

wegen einer anderen rechtswidrigen Tat, die er im Zusammenhang mit einem Schwangerschaftsabbruch begangen hat, rechtskräftig verurteilt worden ist. Die zuständige Stelle kann einem Arzt vorläufig untersagen, Feststellungen nach Absatz 1 zu treffen, wenn gegen ihn wegen des Verdachts einer der in Satz 1 bezeichneten rechtswidrigen Taten das Hauptverfahren eröffnet worden ist.

§ 219a. Unrichtige ärztliche Feststellung. (1) Wer als Arzt wider besseres Wissen eine unrichtige Feststellung über die Voraussetzungen des § 218a Abs. 1 Nr. 2, Abs. 2, 3 zur Vorlage nach § 219 Abs. 1 trifft, wird mit Freiheitsstrafe bis zu zwei Jahren oder mit Geldstrafe bestraft, wenn die Tat nicht in § 218 mit Strafe bedroht ist.

(2) Die Schwangere ist nicht nach Absatz 1 strafbar.

§ 219b. Werbung für den Abbruch der Schwangerschaft. (1) Wer öffentlich, in einer Versammlung oder durch Verbreiten von Schriften (§ 11 Abs. 3) seines Vermögensvorteils wegen oder in grob anstößiger Weise

1. eigene oder fremde Dienste zur Vornahme oder Förderung eines Schwangerschaftsabbruchs oder

2. Mittel, Gegenstände oder Verfahren, die zum Abbruch der Schwangerschaft geeignet sind, unter Hinweis auf diese Eignung

anbietet, ankündigt, anpreist oder Erklärungen solchen Inhalts bekanntgibt, wird mit Freiheitsstrafe bis zu zwei Jahren oder mit Geldstrafe bestraft.

(2) Absatz 1 Nr. 1 gilt nicht, wenn Ärzte oder anerkannte Beratungsstellen (§ 218b Abs. 2 Nr. 1) darüber unterrichtet werden, welche Ärzte, Krankenhäuser oder Einrichtungen bereit sind, einen Schwangerschaftsabbruch unter den Voraussetzungen des § 218a vorzunehmen.

(3) Absatz 1 Nr. 2 gilt nicht, wenn die Tat gegenüber Ärzten oder Personen, die zum Handel mit den in Absatz 1 Nr. 2 erwähnten Mitteln oder Gegenständen befugt sind, oder durch eine Veröffentlichung in ärztlichen oder pharmazeutischen Fachblättern begangen wird.

§ 219c. Inverkehrbringen von Mitteln zum Abbruch der Schwangerschaft. (1) Wer in der Absicht, rechtswidrige Taten nach § 218 zu fördern, Mittel oder Gegenstände, die zum Schwangerschaftsabbruch geeignet sind, in den Verkehr bringt, wird mit Freiheitsstrafe bis zu zwei Jahren oder mit Geldstrafe bestraft.

(2) Die Teilnahme der Frau, die den Abbruch ihrer Schwangerschaft vorbereitet, ist nicht nach Absatz 1 strafbar.

(3) Mittel oder Gegenstände, auf die sich die Tat bezieht, können eingezogen werden.

§ 219d. Begriffsbestimmung. Handlungen, deren Wirkung vor Abschluß der Einnistung des befruchteten Eies in der Gebärmutter eintritt, gelten nicht als Schwangerschaftsabbruch im Sinne dieses Gesetzes.

§ 220. (weggefallen)

§ 220a. Völkermord. (1) Wer in der Absicht, eine nationale, rassische, religiöse oder durch ihr Volkstum bestimmte Gruppe als solche ganz oder teilweise zu zerstören,

1. Mitglieder der Gruppe tötet,
2. Mitgliedern der Gruppe schwere körperliche oder seelische Schäden, insbesondere der in § 224 bezeichneten Art, zufügt,
3. die Gruppe unter Lebensbedingungen stellt, die geeignet sind, deren körperliche Zerstörung ganz oder teilweise herbeizuführen,
4. Maßregeln verhängt, die Geburten innerhalb der Gruppe verhindern sollen,
5. Kinder der Gruppe in eine andere Gruppe gewaltsam überführt,

wird mit lebenslanger Freiheitsstrafe bestraft.

(2) In minder schweren Fällen des Absatzes 1 Nr. 2 bis 5 ist die Strafe Freiheitsstrafe nicht unter fünf Jahren.

§ 221. Aussetzung. (1) Wer eine wegen jugendlichen Alters, Gebrechlichkeit oder Krankheit hilflose Person aussetzt, oder wer eine solche Person, wenn sie unter seiner Obhut steht oder wenn er für ihre Unterbringung, Fortschaffung oder Aufnahme zu sorgen hat, in hilfloser Lage verläßt, wird mit Freiheitsstrafe von drei Monaten bis zu fünf Jahren bestraft.

(2) Wird die Handlung von Eltern gegen ihr Kind begangen, so tritt Freiheitsstrafe von sechs Monaten bis zu fünf Jahren ein.

(3) Ist durch die Handlung eine schwere Körperverletzung (§ 224) der ausgesetzten oder verlassenen Person verursacht worden, so tritt Freiheitsstrafe von einem Jahr bis zu zehn Jahren und, wenn durch die Handlung der Tod verursacht worden ist, Freiheitsstrafe nicht unter drei Jahren ein.

§ 222. Fahrlässige Tötung. Wer durch Fahrlässigkeit den Tod eines Menschen verursacht, wird mit Freiheitsstrafe bis zu fünf Jahren oder mit Geldstrafe bestraft.

Siebzehnter Abschnitt. Körperverletzung

§ 223. Körperverletzung. (1) Wer einen anderen körperlich mißhandelt oder an der Gesundheit beschädigt, wird mit Freiheitsstrafe bis zu drei Jahren oder mit Geldstrafe bestraft.

(2) Ist die Handlung gegen Verwandte aufsteigender Linie begangen, so ist auf Freiheitsstrafe bis zu fünf Jahren oder auf Geldstrafe zu erkennen.

§ 223a. Gefährliche Körperverletzung. (1) Ist die Körperverletzung mittels einer Waffe, insbesondere eines Messers oder eines anderen gefährlichen Werkzeugs oder mittels eines hinterlistigen Überfalls oder von mehreren gemeinschaftlich oder mittels einer das Leben gefährdenden Behandlung begangen, so ist die Strafe Freiheitsstrafe bis zu fünf Jahren oder Geldstrafe.

(2) Der Versuch ist strafbar.

§ 223 b. Mißhandlung von Schutzbefohlenen.

(1) Wer Personen unter achtzehn Jahren oder wegen Gebrechlichkeit oder Krankheit Wehrlose, die seiner Fürsorge oder Obhut unterstehen oder seinem Hausstand angehören oder die von dem Fürsorgepflichtigen seiner Gewalt überlassen worden oder durch ein Dienst- oder Arbeitsverhältnis von ihm abhängig sind, quält oder roh mißhandelt, oder wer durch böswillige Vernachlässigung seiner Pflicht, für sie zu sorgen, sie an der Gesundheit schädigt, wird mit Freiheitsstrafe von drei Monaten bis zu fünf Jahren bestraft.

(2) In besonders schweren Fällen ist die Strafe Freiheitsstrafe von einem Jahr bis zu fünf Jahren, in minder schweren Fällen Freiheitsstrafe bis zu drei Jahren oder Geldstrafe.

§ 224. Schwere Körperverletzung.

(1) Hat die Körperverletzung zur Folge, daß der Verletzte ein wichtiges Glied des Körpers, das Sehvermögen auf einem oder beiden Augen, das Gehör, die Sprache oder die Zeugungsfähigkeit verliert oder in erheblicher Weise dauernd entstellt wird oder in Siechtum, Lähmung oder Geisteskrankheit verfällt, so ist auf Freiheitsstrafe von einem Jahr bis zu fünf Jahren zu erkennen.

(2) In minder schweren Fällen ist die Strafe Freiheitsstrafe bis zu fünf Jahren oder Geldstrafe.

§ 225. Beabsichtigte schwere Körperverletzung.

(1) War eine der vorbezeichneten Folgen beabsichtigt und eingetreten, so ist auf Freiheitsstrafe von zwei bis zu zehn Jahren zu erkennen.

(2) In minder schweren Fällen ist die Strafe Freiheitsstrafe von sechs Monaten bis zu fünf Jahren.

§ 226. Körperverletzung mit Todesfolge.

(1) Ist durch die Körperverletzung der Tod des Verletzten verursacht worden, so ist auf Freiheitsstrafe nicht unter drei Jahren zu erkennen.

(2) In minder schweren Fällen ist die Strafe Freiheitsstrafe von drei Monaten bis zu fünf Jahren.

§ 226a. Einwilligung des Verletzten.

Wer eine Körperverletzung mit Einwilligung des Verletzten vornimmt, handelt nur dann rechtswidrig, wenn die Tat trotz der Einwilligung gegen die guten Sitten verstößt.

§ 227. Beteiligung an einer Schlägerei.

Ist durch eine Schlägerei oder durch einen von mehreren gemachten Angriff der Tod eines Menschen oder eine schwere Körperverletzung (§ 224) verursacht worden, so ist jeder, welcher sich an der Schlägerei oder dem Angriff beteiligt hat, schon wegen dieser Beteiligung mit Freiheitsstrafe bis zu drei Jahren oder mit Geldstrafe zu bestrafen, falls er nicht ohne sein Verschulden hineingezogen worden ist.

§ 228. Führungsaufsicht. In den Fällen der §§ 223 bis 226 und 227 kann das Gericht Führungsaufsicht anordnen (§ 68 Abs. 1 Nr. 2).

§ 229. Vergiftung. (1) Wer einem anderen, um dessen Gesundheit zu beschädigen, Gift oder andere Stoffe beibringt, welche die Gesundheit zu zerstören geeignet sind, wird mit Freiheitsstrafe von einem Jahr bis zu zehn Jahren bestraft.

(2) Ist durch die Handlung eine schwere Körperverletzung (§ 224) verursacht worden, so ist auf Freiheitsstrafe nicht unter fünf Jahren und, wenn durch die Handlung der Tod verursacht worden ist, auf lebenslange Freiheitsstrafe oder auf Freiheitsstrafe nicht unter zehn Jahren zu erkennen.

§ 230. Fahrlässige Körperverletzung. Wer durch Fahrlässigkeit die Körperverletzung eines anderen verursacht, wird mit Freiheitsstrafe bis zu drei Jahren oder mit Geldstrafe bestraft.

§ 231. (weggefallen)

§ 232. Strafantrag. (1) Die vorsätzliche Körperverletzung nach § 223 und die fahrlässige Körperverletzung nach § 230 werden nur auf Antrag verfolgt, es sei denn, daß die Strafverfolgungsbehörde wegen des besonderen öffentlichen Interesses an der Strafverfolgung ein Einschreiten von Amts wegen für geboten hält. Stirbt der Verletzte, so geht bei vorsätzlicher Körperverletzung das Antragsrecht nach § 77 Abs. 2 auf die Angehörigen über.

(2) Ist die Tat gegen einen Amtsträger, einen für den öffentlichen Dienst besonders Verpflichteten oder einen Soldaten der Bundeswehr während der Ausübung seines Dienstes oder in Beziehung auf seinen Dienst begangen, so wird sie auch auf Antrag des Dienstvorgesetzten verfolgt. Dasselbe gilt für Träger von Ämtern der Kirchen und anderen Religionsgesellschaften des öffentlichen Rechts.

§ 233. Wechselseitig begangene Straftaten. Wenn Körperverletzungen nach § 223 mit solchen, Beleidigungen mit Körperverletzungen nach § 223 oder letztere mit ersteren auf der Stelle erwidert werden, so kann das Gericht für beide Angeschuldigte oder für einen derselben die Strafe nach seinem Ermessen mildern (§ 49 Abs. 2) oder von Strafe absehen. Satz 1 gilt entsprechend bei fahrlässigen Körperverletzungen nach § 230, soweit nicht eine der in § 224 bezeichneten Folgen verursacht ist.

Achtzehnter Abschnitt. Straftaten gegen die persönliche Freiheit

§ 234. Menschenraub. Wer sich eines Menschen durch List, Drohung oder Gewalt bemächtigt, um ihn in hilfloser Lage auszusetzen oder in Sklaverei, Leibeigenschaft oder in auswärtige Kriegs- oder Schiffsdienste zu bringen, wird mit Freiheitsstrafe nicht unter einem Jahr bestraft.

§ 234a. Verschleppung. (1) Wer einen anderen durch List, Drohung oder Gewalt in ein Gebiet außerhalb des räumlichen Geltungsbereichs dieses Gesetzes verbringt oder veranlaßt, sich dorthin zu begeben, oder davon abhält, von dort zurückzukehren, und dadurch der Gefahr aussetzt, aus politischen Gründen verfolgt zu werden und hierbei im Widerspruch zu rechtsstaatlichen Grundsätzen durch Gewalt- oder Willkürmaßnahmen Schaden an Leib oder Leben zu erleiden, der Freiheit beraubt oder in seiner beruflichen oder wirtschaftlichen Stellung empfindlich beeinträchtigt zu werden, wird mit Freiheitsstrafe nicht unter einem Jahr bestraft.

(2) In minder schweren Fällen ist die Strafe Freiheitsstrafe von drei Monaten bis zu fünf Jahren.

(3) Wer eine solche Tat vorbereitet, wird mit Freiheitsstrafe bis zu fünf Jahren oder mit Geldstrafe bestraft.

§ 235. Kindesentziehung. (1) Wer eine Person unter achtzehn Jahren durch List, Drohung oder Gewalt ihren Eltern, ihrem Vormund oder ihrem Pfleger entzieht, wird mit Freiheitsstrafe bis zu fünf Jahren oder mit Geldstrafe bestraft.

(2) In besonders schweren Fällen ist die Strafe Freiheitsstrafe von sechs Monaten bis zu zehn Jahren. Ein besonders schwerer Fall liegt in der Regel vor, wenn der Täter aus Gewinnsucht handelt.

§ 236. Entführung mit Willen der Entführten. Wer eine unverehelichte Frau unter achtzehn Jahren mit ihrem Willen, jedoch ohne Einwilligung ihrer Eltern, ihres Vormunds oder ihres Pflegers entführt, um sie zu außerehelichen sexuellen Handlungen (§ 184 c) zu bringen, wird mit Freiheitsstrafe bis zu fünf Jahren oder mit Geldstrafe bestraft.

§ 237. Entführung gegen den Willen des Entführten. Wer eine Frau wider ihren Willen durch List, Drohung oder Gewalt entführt, namentlich mit einem Fahrzeug an einen anderen Ort bringt, und eine dadurch für sie entstandene hilflose Lage zu außerehelichen sexuellen Handlungen (§ 184 c) mit ihr ausnutzt, wird mit Freiheitsstrafe bis zu fünf Jahren oder mit Geldstrafe bestraft.

§ 238. Voraussetzungen der Verfolgung. (1) In den Fällen der §§ 235 bis 237 wird die Tat nur auf Antrag verfolgt.

(2) Hat ein Beteiligter in den Fällen der §§ 235 bis 237 die Person, die er entzogen oder entführt hat, geheiratet, so wird die Tat nur dann ver-

folgt, wenn die Ehe für nichtig erklärt oder aufgehoben worden ist und das Antragsrecht nicht vor Eingehung der Ehe erloschen war.

§ 239. Freiheitsberaubung. (1) Wer widerrechtlich einen Menschen einsperrt oder auf andere Weise des Gebrauchs der persönlichen Freiheit beraubt, wird mit Freiheitsstrafe bis zu fünf Jahren oder mit Geldstrafe bestraft.

(2) Wenn die Freiheitsentziehung über eine Woche gedauert hat oder wenn eine schwere Körperverletzung (§ 224) des der Freiheit Beraubten durch die Freiheitsentziehung oder die ihm während derselben widerfahrene Behandlung verursacht worden ist, so ist auf Freiheitsstrafe von einem Jahr bis zu zehn Jahren zu erkennen. In minder schweren Fällen ist die Strafe Freiheitsstrafe bis zu fünf Jahren oder Geldstrafe.

(3) Ist der Tod des der Freiheit Beraubten durch die Freiheitsentziehung oder die ihm während derselben widerfahrenen Behandlung verursacht worden, so ist auf Freiheitsstrafe nicht unter drei Jahren zu erkennen. In minder schweren Fällen ist die Strafe Freiheitsstrafe von drei Monaten bis zu fünf Jahren.

§ 239a. Erpresserischer Menschenraub. (1) Wer einen anderen entführt oder sich eines anderen bemächtigt, um die Sorge eines Dritten um das Wohl des Opfers zu einer Erpressung (§ 253) auszunutzen, oder wer die von ihm durch eine solche Handlung geschaffene Lage eines anderen zu einer solchen Erpressung ausnützt, wird mit Freiheitsstrafe nicht unter drei Jahren bestraft.

(2) Verursacht der Täter durch die Tat leichtfertig den Tod des Opfers, so ist die Strafe lebenslange Freiheitsstrafe oder Freiheitsstrafe nicht unter zehn Jahren.

(3) Das Gericht kann die Strafe nach § 49 Abs. 1 mildern, wenn der Täter das Opfer unter Verzicht auf die erstrebte Leistung in dessen Lebenskreis zurückgelangen läßt. Tritt dieser Erfolg ohne Zutun des Täters ein, so genügt sein ernsthaftes Bemühen, den Erfolg zu erreichen.

§ 239b. Geiselnahme. (1) Wer einen anderen entführt oder sich eines anderen bemächtigt, um einen Dritten durch die Drohung mit dem Tode oder einer schweren Körperverletzung (§ 224) des Opfers zu einer Handlung, Duldung oder Unterlassung zu nötigen, oder wer die von ihm durch eine solche Handlung geschaffene Lage eines anderen zu einer solchen Nötigung ausnutzt, wird mit Freiheitsstrafe nicht unter drei Jahren bestraft.

(2) § 239a Abs. 2, 3 gilt entsprechend.

§ 239c. Führungsaufsicht. In den Fällen der §§ 239a und 239b kann das Gericht Führungsaufsicht anordnen (§ 68 Abs. 1 Nr. 2).

§ 240. Nötigung. (1) Wer einen anderen rechtswidrig mit Gewalt oder durch Drohung mit einem empfindlichen Übel zu einer Handlung, Duldung oder Unterlassung nötigt, wird mit Freiheitsstrafe bis zu drei Jahren oder mit Geldstrafe, in besonders schweren Fällen mit Freiheitsstrafe von sechs Monaten bis zu fünf Jahren bestraft.

(2) Rechtswidrig ist die Tat, wenn die Anwendung der Gewalt oder die Androhung des Übels zu dem angestrebten Zweck als verwerflich anzusehen ist.

(3) Der Versuch ist strafbar.

§ 241. Bedrohung. (1) Wer einen anderen mit der Begehung eines gegen ihn oder eine ihm nahestehende Person gerichteten Verbrechens bedroht, wird mit Freiheitsstrafe bis zu einem Jahr oder mit Geldstrafe bestraft.

(2) Ebenso wird bestraft, wer wider besseres Wissen einem anderen vortäuscht, daß die Verwirklichung eines gegen ihn oder eine ihm nahestehende Person gerichteten Verbrechens bevorstehe.

§ 241 a. Politische Verdächtigung. (1) Wer einen anderen durch eine Anzeige oder eine Verdächtigung der Gefahr aussetzt, aus politischen Gründen verfolgt zu werden und hierbei im Widerspruch zu rechtsstaatlichen Grundsätzen durch Gewalt- oder Willkürmaßnahmen Schaden an Leib oder Leben zu erleiden, der Freiheit beraubt oder in seiner beruflichen oder wirtschaftlichen Stellung empfindlich beeinträchtigt zu werden, wird mit Freiheitsstrafe bis zu fünf Jahren oder mit Geldstrafe bestraft.

(2) Ebenso wird bestraft, wer eine Mitteilung über einen anderen macht oder übermittelt und ihn dadurch der in Absatz 1 bezeichneten Gefahr einer politischen Verfolgung aussetzt.

(3) Der Versuch ist strafbar.

(4) Wird in der Anzeige, Verdächtigung oder Mitteilung gegen den anderen eine unwahre Behauptung aufgestellt oder ist die Tat in der Absicht begangen, eine der in Absatz 1 bezeichneten Folgen herbeizuführen, oder liegt sonst ein besonders schwerer Fall vor, so kann auf Freiheitsstrafe von einem Jahr bis zu zehn Jahren erkannt werden.

Neunzehnter Abschnitt. Diebstahl und Unterschlagung

§ 242. Diebstahl. (1) Wer eine fremde bewegliche Sache einem anderen in der Absicht wegnimmt, dieselbe sich rechtswidrig zuzueignen, wird mit Freiheitsstrafe bis zu fünf Jahren oder mit Geldstrafe bestraft.

(2) Der Versuch ist strafbar.

§ 243. Besonders schwerer Fall des Diebstahls. (1) In besonders schweren Fällen wird der Diebstahl mit Freiheitsstrafe von drei Monaten bis zu zehn Jahren bestraft. Ein besonders schwerer Fall liegt in der Regel vor, wenn der Täter

1. zur Ausführung der Tat in ein Gebäude, eine Wohnung, einen Dienst- oder Geschäftsraum oder in einen anderen umschlossenen Raum ein-

bricht, einsteigt, mit einem falschen Schlüssel oder einem anderen nicht zur ordnungsmäßigen Öffnung bestimmten Werkzeug eindringt oder sich in dem Raum verborgen hält,

2. eine Sache stiehlt, die durch ein verschlossenes Behältnis oder eine andere Schutzvorrichtung gegen Wegnahme besonders gesichert ist,

3. gewerbsmäßig stiehlt,

4. aus einer Kirche oder einem anderen der Religionsausübung dienenden Gebäude oder Raum eine Sache stiehlt, die dem Gottesdienst gewidmet ist oder der religiösen Verehrung dient,

5. eine Sache von Bedeutung für Wissenschaft, Kunst oder Geschichte oder für die technische Entwicklung stiehlt, die sich in einer allgemein zugänglichen Sammlung befindet oder öffentlich ausgestellt ist,

6. stiehlt, indem er die Hilflosigkeit eines anderen, einen Unglücksfall oder eine gemeine Gefahr ausnutzt.

(2) Ein besonders schwerer Fall ist ausgeschlossen, wenn sich die Tat auf eine geringwertige Sache bezieht.

§ 244. Diebstahl mit Waffen; Bandendiebstahl. (1) Mit Freiheitsstrafe von sechs Monaten bis zu zehn Jahren wird bestraft, wer

1. einen Diebstahl begeht, bei dem er oder ein anderer Beteiligter eine Schußwaffe bei sich führt,

2. einen Diebstahl begeht, bei dem er oder ein anderer Beteiligter eine Waffe oder sonst ein Werkzeug oder Mittel bei sich führt, um den Widerstand eines anderen durch Gewalt oder Drohung mit Gewalt zu verhindern oder zu überwinden, oder

3. als Mitglied einer Bande, die sich zur fortgesetzten Begehung von Raub oder Diebstahl verbunden hat, unter Mitwirkung eines anderen Bandenmitgliedes stiehlt.

(2) Der Versuch ist strafbar.

§ 245. Führungsaufsicht. In den Fällen der §§ 242 bis 244 kann das Gericht Führungsaufsicht anordnen (§ 68 Abs. 1 Nr. 2).

§ 246. Unterschlagung. (1) Wer eine fremde bewegliche Sache, die er in Besitz oder Gewahrsam hat, sich rechtswidrig zueignet, wird mit Freiheitsstrafe bis zu drei Jahren oder mit Geldstrafe und, wenn die Sache ihm anvertraut ist, mit Freiheitsstrafe bis zu fünf Jahren oder mit Geldstrafe bestraft.

(2) Der Versuch ist strafbar.

§ 247. Haus- und Familiendiebstahl. Ist durch einen Diebstahl oder eine Unterschlagung ein Angehöriger oder der Vormund verletzt oder lebt der Verletzte mit dem Täter in häuslicher Gemeinschaft, so wird die Tat nur auf Antrag verfolgt.

§ 248. (weggefallen)

§ 248a. Diebstahl und Unterschlagung geringwertiger Sachen. Der Diebstahl und die Unterschlagung geringwertiger Sachen werden in den Fällen der §§ 242 und 246 nur auf Antrag verfolgt, es sei denn, daß die Strafverfolgungsbehörde wegen des besonderen öffentlichen Interesses an der Strafverfolgung ein Einschreiten von Amts wegen für geboten hält.

§ 248b. Unbefugter Gebrauch eines Fahrzeugs. (1) Wer ein Kraftfahrzeug oder ein Fahrrad gegen den Willen des Berechtigten in Gebrauch nimmt, wird mit Freiheitsstrafe bis zu drei Jahren oder mit Geldstrafe bestraft, wenn die Tat nicht in anderen Vorschriften mit schwererer Strafe bedroht ist.

(2) Der Versuch ist strafbar.

(3) Die Tat wird nur auf Antrag verfolgt.

(4) Kraftfahrzeuge im Sinne dieser Vorschrift sind die Fahrzeuge, die durch Maschinenkraft bewegt werden, Landkraftfahrzeuge nur insoweit, als sie nicht an Bahngleise gebunden sind.

§ 248c. Entziehung elektrischer Energie. (1) Wer einer elektrischen Anlage oder Einrichtung fremde elektrische Energie mittels eines Leiters entzieht, der zur ordnungsmäßigen Entnahme von Energie aus der Anlage oder Einrichtung nicht bestimmt ist, wird, wenn er die Handlung in der Absicht begeht, die elektrische Energie sich rechtswidrig zuzueignen, mit Freiheitsstrafe bis zu fünf Jahren oder mit Geldstrafe bestraft.

(2) Der Versuch ist strafbar.

(3) Wird die in Absatz 1 bezeichnete Handlung in der Absicht begangen, einem anderen rechtswidrig Schaden zuzufügen, so ist die Strafe Freiheitsstrafe bis zu zwei Jahren oder Geldstrafe. Die Tat wird nur auf Antrag verfolgt.

Zwanzigster Abschnitt. Raub und Erpressung

§ 249. Raub. (1) Wer mit Gewalt gegen eine Person oder unter Anwendung von Drohungen mit gegenwärtiger Gefahr für Leib oder Leben eine fremde bewegliche Sache einem anderen in der Absicht wegnimmt, sich dieselbe rechtswidrig zuzueignen, wird mit Freiheitsstrafe nicht unter einem Jahr bestraft.

(2) In minder schweren Fällen ist die Strafe Freiheitsstrafe von sechs Monaten bis zu fünf Jahren.

§ 250. Schwerer Raub. (1) Auf Freiheitsstrafe nicht unter fünf Jahren ist zu erkennen, wenn

1. der Täter oder ein anderer Beteiligter am Raube eine Schußwaffe bei sich führt,

2. der Täter oder ein anderer Beteiligter am Raube eine Waffe oder sonst ein Werkzeug oder Mittel bei sich führt, um den Widerstand eines

anderen durch Gewalt oder Drohung mit Gewalt zu verhindern oder zu überwinden,

3. der Täter oder ein anderer Beteiligter am Raube durch die Tat einen anderen in die Gefahr des Todes oder einer schweren Körperverletzung (§ 224) bringt oder

4. der Täter den Raub als Mitglied einer Bande, die sich zur fortgesetzten Begehung von Raub oder Diebstahl verbunden hat, unter Mitwirkung eines anderen Bandenmitglieds begeht.

(2) In minder schweren Fällen ist die Strafe Freiheitsstrafe von einem Jahr bis zu fünf Jahren.

§ 251. Raub mit Todesfolge. Verursacht der Täter durch den Raub (§§ 249, 250) leichtfertig den Tod eines anderen, so ist die Strafe lebenslange Freiheitsstrafe oder Freiheitsstrafe nicht unter zehn Jahren.

§ 252. Räuberischer Diebstahl. Wer, bei einem Diebstahl auf frischer Tat betroffen, gegen eine Person Gewalt verübt oder Drohungen mit gegenwärtiger Gefahr für Leib oder Leben anwendet, um sich im Besitz des gestohlenen Gutes zu erhalten, ist gleich einem Räuber zu bestrafen.

§ 253. Erpressung. (1) Wer einen anderen rechtswidrig mit Gewalt oder durch Drohung mit einem empfindlichen Übel zu einer Handlung, Duldung oder Unterlassung nötigt und dadurch dem Vermögen des Genötigten oder eines anderen Nachteil zufügt, um sich oder einen Dritten zu Unrecht zu bereichern, wird mit Freiheitsstrafe bis zu fünf Jahren oder mit Geldstrafe, in besonders schweren Fällen mit Freiheitsstrafe nicht unter einem Jahr bestraft.

(2) Rechtswidrig ist die Tat, wenn die Anwendung der Gewalt oder die Androhung des Übels zu dem angestrebten Zweck als verwerflich anzusehen ist.

(3) Der Versuch ist strafbar.

§ 254. (weggefallen)

§ 255. Räuberische Erpressung. Wird die Erpressung durch Gewalt gegen eine Person oder unter Anwendung von Drohungen mit gegenwärtiger Gefahr für Leib oder Leben begangen, so ist der Täter gleich einem Räuber zu bestrafen.

§ 256. Führungsaufsicht. In den Fällen der §§ 249 bis 255 kann das Gericht Führungsaufsicht anordnen (§ 68 Abs. 1 Nr. 2).

Einundzwanzigster Abschnitt. Begünstigung und Hehlerei

§ 257. Begünstigung. (1) Wer einem anderen, der eine rechtswidrige Tat begangen hat, in der Absicht Hilfe leistet, ihm die Vorteile der Tat zu sichern, wird mit Freiheitsstrafe bis zu fünf Jahren oder mit Geldstrafe bestraft.

(2) Die Strafe darf nicht schwerer sein als die für die Vortat angedrohte Strafe.

(3) Wegen Begünstigung wird nicht bestraft, wer wegen Beteiligung an der Vortat strafbar ist. Dies gilt nicht für denjenigen, der einen an der Vortat Unbeteiligten zur Begünstigung anstiftet.

(4) Die Begünstigung wird nur auf Antrag, mit Ermächtigung oder auf Strafverlangen verfolgt, wenn der Begünstiger als Täter oder Teilnehmer der Vortat nur auf Antrag, mit Ermächtigung oder auf Strafverlangen verfolgt werden könnte. § 248a gilt sinngemäß.

§ 258. Strafvereitelung. (1) Wer absichtlich oder wissentlich ganz oder zum Teil vereitelt, daß ein anderer dem Strafgesetz gemäß wegen einer rechtswidrigen Tat bestraft oder einer Maßnahme (§ 11 Abs. 1 Nr. 8) unterworfen wird, wird mit Freiheitsstrafe bis zu fünf Jahren oder mit Geldstrafe bestraft.

(2) Ebenso wird bestraft, wer absichtlich oder wissentlich die Vollstreckung einer gegen einen anderen verhängten Strafe oder Maßnahme ganz oder zum Teil vereitelt.

(3) Die Strafe darf nicht schwerer sein als die für die Vortat angedrohte Strafe.

(4) Der Versuch ist strafbar.

(5) Wegen Strafvereitelung wird nicht bestraft, wer durch die Tat zugleich ganz oder zum Teil vereiteln will, daß er selbst bestraft oder einer Maßnahme unterworfen wird oder daß eine gegen ihn verhängte Strafe oder Maßnahme vollstreckt wird. ·

(6) Wer die Tat zugunsten eines Angehörigen begeht, ist straffrei.

§ 258a. Strafvereitelung im Amt. (1) Ist in den Fällen des § 258 Abs. 1 der Täter als Amtsträger zur Mitwirkung bei dem Strafverfahren oder dem Verfahren zur Anordnung der Maßnahme (§ 11 Abs. 1 Nr. 8) oder ist er in den Fällen des § 258 Abs. 2 als Amtsträger zur Mitwirkung bei der Vollstreckung der Strafe oder Maßnahme berufen, so ist die Strafe Freiheitsstrafe von sechs Monaten bis zu fünf Jahren, in minder schweren Fällen Freiheitsstrafe bis zu drei Jahren oder Geldstrafe.

(2) Der Versuch ist strafbar.

(3) § 258 Abs. 3, 6 ist nicht anzuwenden.

§ 259.[35] Hehlerei. (1) Wer eine Sache, die ein anderer gestohlen oder sonst durch eine gegen fremdes Vermögen gerichtete rechtswidrige Tat

---

[35] Vgl. hierzu auch §§ 1 und 5 des Gesetzes über den Verkehr mit Edelmetallen, Edelsteinen und Perlen in der Fassung vom 29. Juni 1926 (RGBl. I S. 321), zuletzt geändert durch Art. 177 EGStGB vom 2. 3. 1974 (BGBl. I S. 469), abgedruckt unter Nr. **9**, und §§ 1 und 18 des Gesetzes über den Verkehr mit unedlen Metallen vom 23. Juli 1926 (RGBl. I S. 415), zuletzt geändert durch VO vom 21. 5. 1976 (BGBl. I S. 1249), abgedruckt unter Nr. **10**.

erlangt hat, ankauft oder sonst sich oder einem Dritten verschafft, sie absetzt oder absetzen hilft, um sich oder einen Dritten zu bereichern, wird mit Freiheitsstrafe bis zu fünf Jahren oder mit Geldstrafe bestraft.

(2) Die §§ 247 und 248a gelten sinngemäß.

(3) Der Versuch ist strafbar.

§ 260. Gewerbsmäßige Hehlerei. (1) Wer die Hehlerei gewerbsmäßig begeht, wird mit Freiheitsstrafe von sechs Monaten bis zu zehn Jahren bestraft.

(2) Der Versuch ist strafbar.

§ 261. (weggefallen)

§ 262. Führungsaufsicht. In den Fällen der §§ 259 und 260 kann das Gericht Führungsaufsicht anordnen (§ 68 Abs. 1 Nr. 2).

Zweiundzwanzigster Abschnitt. Betrug und Untreue

§ 263. Betrug. (1) Wer in der Absicht, sich oder einem Dritten einen rechtswidrigen Vermögensvorteil zu verschaffen, das Vermögen eines anderen dadurch beschädigt, daß er durch Vorspiegelung falscher oder durch Entstellung oder Unterdrückung wahrer Tatsachen einen Irrtum erregt oder unterhält, wird mit Freiheitsstrafe bis zu fünf Jahren oder mit Geldstrafe bestraft.

(2) Der Versuch ist strafbar.

(3) In besonders schweren Fällen ist die Strafe Freiheitsstrafe von einem Jahr bis zu zehn Jahren.

(4) § 243 Abs. 2 sowie die §§ 247 und 248a gelten entsprechend.

(5) Das Gericht kann Führungsaufsicht anordnen (§ 68 Abs. 1 Nr. 2).

§ 264. Subventionsbetrug. (1) Mit Freiheitsstrafe bis zu fünf Jahren oder mit Geldstrafe wird bestraft, wer

1. einer für die Bewilligung einer Subvention zuständigen Behörde oder einer anderen in das Subventionsverfahren eingeschalteten Stelle oder Person (Subventionsgeber) über subventionserhebliche Tatsachen für sich oder einen anderen unrichtige oder unvollständige Angaben macht, die für ihn oder den anderen vorteilhaft sind,

2. den Subventionsgeber entgegen den Rechtsvorschriften über die Subventionsvergabe über subventionserhebliche Tatsachen in Unkenntnis läßt oder

3. in einem Subventionsverfahren eine durch unrichtige oder unvollständige Angaben erlangte Bescheinigung über eine Subventionsberechtigung oder über subventionserhebliche Tatsachen gebraucht.

(2) In besonders schweren Fällen ist die Strafe Freiheitsstrafe von sechs Monaten bis zu zehn Jahren. Ein besonders schwerer Fall liegt in der Regel vor, wenn der Täter

1. aus grobem Eigennutz oder unter Verwendung nachgemachter oder verfälschter Belege für sich oder einen anderen eine nicht gerechtfertigte Subvention großen Ausmaßes erlangt,

2. seine Befugnisse oder seine Stellung als Amtsträger mißbraucht oder

3. die Mithilfe eines Amtsträgers ausnutzt, der seine Befugnisse oder seine Stellung mißbraucht.

(3) Wer in den Fällen des Absatzes 1 Nr. 1 oder 2 leichtfertig handelt, wird mit Freiheitsstrafe bis zu drei Jahren oder mit Geldstrafe bestraft.

(4) Nach den Absätzen 1 und 3 wird nicht bestraft, wer freiwillig verhindert, daß auf Grund der Tat die Subvention gewährt wird. Wird die Subvention ohne Zutun des Täters nicht gewährt, so wird er straflos, wenn er sich freiwillig und ernsthaft bemüht, das Gewähren der Subvention zu verhindern.

(5) Neben einer Freiheitsstrafe von mindestens einem Jahr wegen einer Straftat nach den Absätzen 1 und 2 kann das Gericht die Fähigkeit, öffentliche Ämter zu bekleiden, und die Fähigkeit, Rechte aus öffentlichen Wahlen zu erlangen, aberkennen (§ 45 Abs. 2). Gegenstände, auf die sich die Tat bezieht, können eingezogen werden; § 74a ist anzuwenden.

(6) Subvention im Sinne dieser Vorschrift ist eine Leistung aus öffentlichen Mitteln nach Bundes- oder Landesrecht oder nach dem Recht der Europäischen Gemeinschaften an Betriebe oder Unternehmen, die wenigstens zum Teil

1. ohne marktmäßige Gegenleistung gewährt wird und

2. der Förderung der Wirtschaft dienen soll.

Betrieb oder Unternehmen im Sinne des Satzes 1 ist auch das öffentliche Unternehmen.

(7) Subventionserheblich im Sinne des Absatzes 1 sind Tatsachen,

1. die durch Gesetz oder auf Grund eines Gesetzes von dem Subventionsgeber als subventionserheblich bezeichnet sind oder

2. von denen die Bewilligung, Gewährung, Rückforderung, Weitergewährung oder das Belassen einer Subvention oder eines Subventionsvorteils gesetzlich abhängig ist.

§ 265. Versicherungsbetrug. (1) Wer in betrügerischer Absicht eine gegen Feuersgefahr versicherte Sache in Brand setzt oder ein Schiff, welches als solches oder in seiner Ladung oder in seinem Frachtlohn versichert ist, sinken oder stranden macht, wird mit Freiheitsstrafe von einem Jahr bis zu zehn Jahren bestraft.

(2) In minder schweren Fällen ist die Strafe Freiheitsstrafe von sechs Monaten bis zu fünf Jahren.

§ 265a. Erschleichen von Leistungen. (1) Wer die Leistung eines Automaten oder eines öffentlichen Zwecken dienenden Fernmeldenetzes, die Beförderung durch ein Verkehrsmittel oder den Zutritt zu einer Veranstaltung oder einer Einrichtung in der Absicht erschleicht, das Entgelt nicht zu entrichten, wird mit Freiheitsstrafe bis zu einem Jahr oder mit

Geldstrafe bestraft, wenn die Tat nicht in anderen Vorschriften mit schwererer Strafe bedroht ist.

(2) Der Versuch ist strafbar.

(3) Die §§ 247 und 248a gelten entsprechend.

§ 265 b. Kreditbetrug. (1) Wer einem Betrieb oder Unternehmen im Zusammenhang mit einem Antrag auf Gewährung, Belassung oder Veränderung der Bedingungen eines Kredites für einen Betrieb oder ein Unternehmen oder einen vorgetäuschten Betrieb oder ein vorgetäuschtes Unternehmen

1. über wirtschaftliche Verhältnisse
   a) unrichtige oder unvollständige Unterlagen, namentlich Bilanzen, Gewinn- und Verlustrechnungen, Vermögensübersichten oder Gutachten vorlegt oder
   b) schriftlich unrichtige oder unvollständige Angaben macht,
   die für den Kreditnehmer vorteilhaft und für die Entscheidung über einen solchen Antrag erheblich sind, oder
2. solche Verschlechterungen der in den Unterlagen oder Angaben dargestellten wirtschaftlichen Verhältnisse bei der Vorlage nicht mitteilt, die für die Entscheidung über einen solchen Antrag erheblich sind,
   wird mit Freiheitsstrafe bis zu drei Jahren oder mit Geldstrafe bestraft.

(2) Nach Absatz 1 wird nicht bestraft, wer freiwillig verhindert, daß der Kreditgeber auf Grund der Tat die beantragte Leistung erbringt. Wird die Leistung ohne Zutun des Täters nicht erbracht, so wird er straflos, wenn er sich freiwillig und ernsthaft bemüht, das Erbringen der Leistung zu verhindern.

(3) Im Sinne des Absatzes 1 sind

1. Betriebe und Unternehmen unabhängig von ihrem Gegenstand solche, die nach Art und Umfang einen in kaufmännischer Weise eingerichteten Geschäftsbetrieb erfordern;
2. Kredite Gelddarlehen aller Art, Akzeptkredite, der entgeltliche Erwerb und die Stundung von Geldforderungen, die Diskontierung von Wechseln und Schecks und die Übernahme von Bürgschaften, Garantien und sonstigen Gewährleistungen.

§ 266. Untreue. (1) Wer die ihm durch Gesetz, behördlichen Auftrag oder Rechtsgeschäft eingeräumte Befugnis, über fremdes Vermögen zu verfügen oder einen anderen zu verpflichten, mißbraucht oder die ihm kraft Gesetzes, behördlichen Auftrags, Rechtsgeschäfts oder eines Treueverhältnisses obliegende Pflicht, fremde Vermögensinteressen wahrzunehmen, verletzt und dadurch dem, dessen Vermögensinteressen er zu betreuen hat, Nachteil zufügt, wird mit Freiheitsstrafe bis zu fünf Jahren oder mit Geldstrafe bestraft.

(2) In besonders schweren Fällen ist die Strafe Freiheitsstrafe von einem Jahr bis zu zehn Jahren.

(3) § 243 Abs. 2 sowie die §§ 247 und 248a gelten entsprechend.

Dreiundzwanzigster Abschnitt. Urkundenfälschung

§ 267. Urkundenfälschung. (1) Wer zur Täuschung im Rechtsverkehr eine unechte Urkunde herstellt, eine echte Urkunde verfälscht oder eine unechte oder verfälschte Urkunde gebraucht, wird mit Freiheitsstrafe bis zu fünf Jahren oder mit Geldstrafe bestraft.

(2) Der Versuch ist strafbar.

(3) In besonders schweren Fällen ist die Strafe Freiheitsstrafe nicht unter einem Jahr.

§ 268. Fälschung technischer Aufzeichnungen. (1) Wer zur Täuschung im Rechtsverkehr

1. eine unechte technische Aufzeichnung herstellt oder eine technische Aufzeichnung verfälscht oder

2. eine unechte oder verfälschte technische Aufzeichnung gebraucht,

wird mit Freiheitsstrafe bis zu fünf Jahren oder mit Geldstrafe bestraft.

(2) Technische Aufzeichnung ist eine Darstellung von Daten, Meß- oder Rechenwerten, Zuständen oder Geschehensabläufen, die durch ein technisches Gerät ganz oder zum Teil selbsttätig bewirkt wird, den Gegenstand der Aufzeichnung allgemein oder für Eingeweihte erkennen läßt und zum Beweis einer rechtlich erheblichen Tatsache bestimmt ist, gleichviel ob ihr die Bestimmung schon bei der Herstellung oder erst später gegeben wird.

(3) Der Herstellung einer unechten technischen Aufzeichnung steht es gleich, wenn der Täter durch störende Einwirkung auf den Aufzeichnungsvorgang das Ergebnis der Aufzeichnung beeinflußt.

(4) Der Versuch ist strafbar.

(5) § 267 Abs. 3 ist anzuwenden.

§§ 269, 270. (weggefallen)

§ 271. Mittelbare Falschbeurkundung. (1) Wer bewirkt, daß Erklärungen, Verhandlungen oder Tatsachen, welche für Rechte oder Rechtsverhältnisse von Erheblichkeit sind, in öffentlichen Urkunden, Büchern oder Registern als abgegeben oder geschehen beurkundet werden, während sie überhaupt nicht oder in anderer Weise oder von einer Person in einer ihr nicht zustehenden Eigenschaft oder von einer anderen Person abgegeben oder geschehen sind, wird mit Freiheitsstrafe bis zu einem Jahr oder mit Geldstrafe bestraft.

(2) Der Versuch ist strafbar.

§ 272. Schwere mittelbare Falschbeurkundung. (1) Wer die vorbezeichnete Handlung in der Absicht begeht, sich oder einem anderen einen Vermögensvorteil zu verschaffen oder einem anderen Schaden zuzufügen, wird mit Freiheitsstrafe von drei Monaten bis zu fünf Jahren bestraft. Der Versuch ist strafbar.

(2) In minder schweren Fällen ist die Strafe Freiheitsstrafe bis zu zwei Jahren oder Geldstrafe.

§ 273. Gebrauch falscher Beurkundungen. Wer von einer falschen Beurkundung der in § 271 bezeichneten Art zum Zwecke einer Täuschung Gebrauch macht, wird nach § 271 und, wenn die Absicht dahin gerichtet war, sich oder einem anderen einen Vermögensvorteil zu verschaffen oder einem anderen Schaden zuzufügen, nach § 272 bestraft.

§ 274. Urkundenunterdrückung; Veränderung einer Grenzbezeichnung. (1) Mit Freiheitsstrafe bis zu fünf Jahren oder mit Geldstrafe wird bestraft, wer

1. eine Urkunde oder eine technische Aufzeichnung, welche ihm entweder überhaupt nicht oder nicht ausschließlich gehört, in der Absicht, einem anderen Nachteil zuzufügen, vernichtet, beschädigt oder unterdrückt oder

2. einen Grenzstein oder ein anderes zur Bezeichnung einer Grenze oder eines Wasserstandes bestimmtes Merkmal in der Absicht, einem anderen Nachteil zuzufügen, wegnimmt, vernichtet, unkenntlich macht, verrückt oder fälschlich setzt.

(2) Der Versuch ist strafbar.

§ 275. Vorbereitung der Fälschung von amtlichen Ausweisen. (1) Wer eine Fälschung von amtlichen Ausweisen vorbereitet, indem er

1. Platten, Formen, Drucksätze, Druckstöcke, Negative, Matrizen oder ähnliche Vorrichtungen, die ihrer Art nach zur Begehung der Tat geeignet sind, oder

2. Papier, das einer solchen Papierart gleicht oder zum Verwechseln ähnlich ist, die zur Herstellung von amtlichen Ausweisen bestimmt und gegen Nachahmung besonders gesichert ist,

herstellt, sich oder einem anderen verschafft, feilhält, verwahrt, einem anderen überläßt oder in den räumlichen Geltungsbereich dieses Gesetzes einführt, wird mit Freiheitsstrafe bis zu zwei Jahren oder mit Geldstrafe bestraft.

(2) § 149 Abs. 2, 3 gilt entsprechend.

§ 276. (weggefallen)

§ 277. Fälschung von Gesundheitszeugnissen. Wer unter der ihm nicht zustehenden Bezeichnung als Arzt oder als eine andere approbierte Medizinalperson oder unberechtigt unter dem Namen solcher Personen ein Zeugnis über seinen oder eines anderen Gesundheitszustand ausstellt oder ein derartiges echtes Zeugnis verfälscht und davon zur Täuschung von Behörden oder Versicherungsgesellschaften Gebrauch macht, wird mit Freiheitsstrafe bis zu einem Jahr oder mit Geldstrafe bestraft.

§ 278. Ausstellen unrichtiger Gesundheitszeugnisse. Ärzte und andere approbierte Medizinalpersonen, welche ein unrichtiges Zeugnis

über den Gesundheitszustand eines Menschen zum Gebrauch bei einer
Behörde oder Versicherungsgesellschaft wider besseres Wissen ausstellen, werden mit Freiheitsstrafe bis zu zwei Jahren oder mit Geldstrafe
bestraft.

§ 279. Gebrauch unrichtiger Gesundheitszeugnisse. Wer, um eine
Behörde oder eine Versicherungsgesellschaft über seinen oder eines anderen Gesundheitszustand zu täuschen, von einem Zeugnis der in den
§§ 277 und 278 bezeichneten Art Gebrauch macht, wird mit Freiheitsstrafe bis zu einem Jahr oder mit Geldstrafe bestraft.

§ 280. (weggefallen)

§ 281. Mißbrauch von Ausweispapieren. (1) Wer ein Ausweispapier,
das für einen anderen ausgestellt ist, zur Täuschung im Rechtsverkehr
gebraucht, oder wer zur Täuschung im Rechtsverkehr einem anderen ein
Ausweispapier überläßt, das nicht für diesen ausgestellt ist, wird mit
Freiheitsstrafe bis zu einem Jahr oder mit Geldstrafe bestraft. Der
Versuch ist strafbar.

(2) Einem Ausweispapier stehen Zeugnisse und andere Urkunden
gleich, die im Verkehr als Ausweis verwendet werden.

§ 282. Einziehung. Gegenstände, auf die sich eine Straftat nach den
§§ 267, 268, 273 oder 279 bezieht, können eingezogen werden. In den
Fällen des § 275 werden die dort bezeichneten Fälschungsmittel eingezogen.

Vierundzwanzigster Abschnitt. Konkursstraftaten

§ 283. Bankrott. (1) Mit Freiheitsstrafe bis zu fünf Jahren oder mit Geldstrafe wird bestraft, wer bei Überschuldung oder bei drohender oder
eingetretener Zahlungsunfähigkeit.
1. Bestandteile seines Vermögens, die im Falle der Konkurseröffnung zur
   Konkursmasse gehören, beiseite schafft oder verheimlicht oder in einer den Anforderungen einer ordnungsgemäßen Wirtschaft widersprechenden Weise zerstört, beschädigt oder unbrauchbar macht,
2. in einer den Anforderungen einer ordnungsgemäßen Wirtschaft widersprechenden Weise Verlust- oder Spekulationsgeschäfte oder Diffe-
   renzgeschäfte mit Waren oder Wertpapieren eingeht oder durch un-
   wirtschaftliche Ausgaben, Spiel oder Wette übermäßige Beträge verbraucht oder schuldig wird,
3. Waren oder Wertpapiere auf Kredit beschafft und sie oder die aus
   diesen Waren hergestellten Sachen erheblich unter ihrem Wert in einer
   den Anforderungen einer ordnungsgemäßen Wirtschaft widersprechenden Weise veräußert oder sonst abgibt,
4. Rechte anderer vortäuscht oder erdichtete Rechte anerkennt,
5. Handelsbücher, zu deren Führung er gesetzlich verpflichtet ist, zu führen unterläßt oder so führt oder verändert, daß die Übersicht über
   seinen Vermögensstand erschwert wird,

6. Handelsbücher oder sonstige Unterlagen, zu deren Aufbewahrung ein Kaufmann nach Handelsrecht verpflichtet ist, vor Ablauf der für Buchführungspflichtige bestehenden Aufbewahrungsfristen beiseite schafft, verheimlicht, zerstört oder beschädigt und dadurch die Übersicht über seinen Vermögensstand erschwert,
7. entgegen dem Handelsrecht
   a) Bilanzen so aufstellt, daß die Übersicht über seinen Vermögensstand erschwert wird, oder
   b) es unterläßt, die Bilanz seines Vermögens oder das Inventar in der vorgeschriebenen Zeit aufzustellen, oder
8. in einer anderen, den Anforderungen einer ordnungsgemäßen Wirtschaft grob widersprechenden Weise seinen Vermögensstand verringert oder seine wirklichen geschäftlichen Verhältnisse verheimlicht oder verschleiert.

(2) Ebenso wird bestraft, wer durch eine der in Absatz 1 bezeichneten Handlungen seine Überschuldung oder Zahlungsunfähigkeit herbeiführt.

(3) Der Versuch ist strafbar.

(4) Wer in den Fällen
1. des Absatzes 1 die Überschuldung oder die drohende oder eingetretene Zahlungsunfähigkeit fahrlässig nicht kennt oder
2. des Absatzes 2 die Überschuldung oder Zahlungsunfähigkeit leichtfertig verursacht,
wird mit Freiheitsstrafe bis zu zwei Jahren oder mit Geldstrafe bestraft.

(5) Wer in den Fällen
1. des Absatzes 1 Nr. 2, 5 oder 7 fahrlässig handelt und die Überschuldung oder die drohende oder eingetretene Zahlungsunfähigkeit wenigstens fahrlässig nicht kennt oder
2. des Absatzes 2 in Verbindung mit Absatz 1 Nr. 2, 5 oder 7 fahrlässig handelt und die Überschuldung oder Zahlungsunfähigkeit wenigstens leichtfertig verursacht,
wird mit Freiheitsstrafe bis zu zwei Jahren oder mit Geldstrafe bestraft.

(6) Die Tat ist nur dann strafbar, wenn der Täter seine Zahlungen eingestellt hat oder über sein Vermögen das Konkursverfahren eröffnet oder der Eröffnungsantrag mangels Masse abgewiesen worden ist.

§ 283a. Besonders schwerer Fall des Bankrotts. In besonders schweren Fällen des § 283 Abs. 1 bis 3 wird der Bankrott mit Freiheitsstrafe von sechs Monaten bis zu zehn Jahren bestraft. Ein besonders schwerer Fall liegt in der Regel vor, wenn der Täter
1. aus Gewinnsucht handelt oder
2. wissentlich viele Personen in die Gefahr des Verlustes ihrer ihm anvertrauten Vermögenswerte oder in wirtschaftliche Not bringt.

§ 283b. Verletzung der Buchführungspflicht. (1) Mit Freiheitsstrafe bis zu zwei Jahren oder mit Geldstrafe wird bestraft, wer
1. Handelsbücher, zu deren Führung er gesetzlich verpflichtet ist, zu füh-

ren unterläßt oder so führt oder verändert, daß die Übersicht über seinen Vermögensstand erschwert wird,

2. Handelsbücher oder sonstige Unterlagen, zu deren Aufbewahrung er nach Handelsrecht verpflichtet ist, vor Ablauf der gesetzlichen Aufbewahrungsfristen beiseite schafft, verheimlicht, zerstört oder beschädigt und dadurch die Übersicht über seinen Vermögensstand erschwert,

3. entgegen dem Handelsrecht
   a) Bilanzen so aufstellt, daß die Übersicht über seinen Vermögensstand erschwert wird, oder
   b) es unterläßt, die Bilanz seines Vermögens oder das Inventar in der vorgeschriebenen Zeit aufzustellen.

(2) Wer in den Fällen des Absatzes 1 Nr. 1 oder 3 fahrlässig handelt, wird mit Freiheitsstrafe bis zu einem Jahr oder mit Geldstrafe bestraft.

(3) § 283 Abs. 6 gilt entsprechend.

§ 283c. Gläubigerbegünstigung. (1) Wer in Kenntnis seiner Zahlungsunfähigkeit einem Gläubiger eine Sicherheit oder Befriedigung gewährt, die dieser nicht oder nicht in der Art oder nicht zu der Zeit zu beanspruchen hat, und ihn dadurch absichtlich oder wissentlich vor den übrigen Gläubigern begünstigt, wird mit Freiheitsstrafe bis zu zwei Jahren oder mit Geldstrafe bestraft.

(2) Der Versuch ist strafbar.

(3) § 283 Abs. 6 gilt entsprechend.

§ 283d. Schuldnerbegünstigung. (1) Mit Freiheitsstrafe bis zu fünf Jahren oder mit Geldstrafe wird bestraft, wer

1. in Kenntnis der einem anderen drohenden Zahlungsunfähigkeit oder

2. nach Zahlungseinstellung, in einem Konkursverfahren, in einem gerichtlichen Vergleichsverfahren zur Abwendung des Konkurses oder in einem Verfahren zur Herbeiführung der Entscheidung über die Eröffnung des Konkurs- oder gerichtlichen Vergleichsverfahrens eines anderen

Bestandteile des Vermögens eines anderen, die im Falle der Konkurseröffnung zur Konkursmasse gehören, mit dessen Einwilligung oder zu dessen Gunsten beiseite schafft oder verheimlicht oder in einer den Anforderungen einer ordnungsgemäßen Wirtschaft widersprechenden Weise zerstört, beschädigt oder unbrauchbar macht.

(2) Der Versuch ist strafbar.

(3) In besonders schweren Fällen ist die Strafe Freiheitsstrafe von sechs Monaten bis zu zehn Jahren. Ein besonders schwerer Fall liegt in der Regel vor, wenn der Täter

1. aus Gewinnsucht handelt oder

2. wissentlich viele Personen in die Gefahr des Verlustes ihrer dem anderen anvertrauten Vermögenswerte oder in wirtschaftliche Not bringt.

(4) Die Tat ist nur dann strafbar, wenn der andere seine Zahlungen eingestellt hat oder über sein Vermögen das Konkursverfahren eröffnet oder der Eröffnungsantrag mangels Masse abgewiesen worden ist.

Fünfundzwanzigster Abschnitt. Strafbarer Eigennutz

§ 284. Unerlaubte Veranstaltung eines Glücksspiels. (1) Wer ohne behördliche Erlaubnis öffentlich ein Glücksspiel veranstatet oder hält oder die Einrichtungen hierzu bereitstellt, wird mit Freiheitsstrafe bis zu zwei Jahren oder mit Geldstrafe bestraft.

(2) Als öffentlich veranstaltet gelten auch Glücksspiele in Vereinen oder geschlossenen Gesellschaften, in denen Glücksspiele gewohnheitsmäßig veranstaltet werden.

§ 284a. Beteiligung am unerlaubten Glücksspiel. Wer sich an einem öffentlichen Glücksspiel (§ 284) beteiligt, wird mit Freiheitsstrafe bis zu sechs Monaten oder mit Geldstrafe bis zu einhundertachtzig Tagessätzen bestraft.

§§ 285, 285a. (weggefallen)

§ 285b. Einziehung. In den Fällen der §§ 284 und 284a werden die Spieleinrichtungen und das auf dem Spieltisch oder in der Bank vorgefundene Geld eingezogen, wenn sie dem Täter oder Teilnehmer zur Zeit der Entscheidung gehören. Andernfalls können die Gegenstände eingezogen werden; § 74a ist anzuwenden.

§ 286. Unerlaubte Veranstaltung einer Lotterie und einer Ausspielung. (1) Wer ohne behördliche Erlaubnis öffentliche Lotterien veranstaltet, wird mit Freiheitsstrafe bis zu zwei Jahren oder mit Geldstrafe bestraft.

(2) Den Lotterien sind öffentlich veranstaltete Ausspielungen beweglicher oder unbeweglicher Sachen gleichzuachten.

§ 287. (weggefallen)

§ 288. Vereiteln der Zwangsvollstreckung. (1) Wer bei einer ihm drohenden Zwangsvollstreckung in der Absicht, die Befriedigung des Gläubigers zu vereiteln, Bestandteile seines Vermögens veräußert oder beiseite schafft, wird mit Freiheitsstrafe bis zu zwei Jahren oder mit Geldstrafe bestraft.

(2) Die Tat wird nur auf Antrag verfolgt.

§ 289. Pfandkehr. (1) Wer seine eigene bewegliche Sache oder eine fremde bewegliche Sache zugunsten des Eigentümers derselben dem Nutznießer, Pfandgläubiger oder demjenigen, welchem an der Sache ein Gebrauchs- oder Zurückbehaltungsrecht zusteht, in rechtswidriger Absicht wegnimmt, wird mit Freiheitsstrafe bis zu drei Jahren oder mit Geldstrafe bestraft.

(2) Der Versuch ist strafbar.

(3) Die Tat wird nur auf Antrag verfolgt.

§ 290. Unbefugter Gebrauch von Pfandsachen. Öffentliche Pfandleiher, welche die von ihnen in Pfand genommenen Gegenstände unbefugt in Gebrauch nehmen, werden mit Freiheitsstrafe bis zu einem Jahr oder mit Geldstrafe bestraft.

§ 291. (weggefallen)

§ 292. Jagdwilderei. (1) Wer unter Verletzung fremden Jagdrechts dem Wilde nachstellt, es fängt, erlegt oder sich zueignet oder eine Sache, die dem Jagdrecht unterliegt, sich zueignet, beschädigt oder zerstört, wird mit Freiheitsstrafe bis zu fünf Jahren oder mit Geldstrafe bestraft.

(2) In besonders schweren Fällen, insbesondere wenn die Tat zur Nachtzeit, in der Schonzeit, unter Anwendung von Schlingen oder in anderer nicht weidmännischer Weise oder von mehreren mit Schußwaffen ausgerüsteten Tätern gemeinsam begangen wird, ist auf Freiheitsstrafe von drei Monaten bis zu fünf Jahren zu erkennen.

(3) Wer die Tat gewerbs- oder gewohnheitsmäßig begeht, wird mit Freiheitsstrafe von drei Monaten bis zu fünf Jahren, in besonders schweren Fällen mit Freiheitsstrafe von einem Jahr bis zu fünf Jahren bestraft.

§ 293. Fischwilderei. (1) Wer unter Verletzung fremden Fischereirechts fischt oder eine Sache, die dem Fischereirecht unterliegt, sich zueignet, beschädigt oder zerstört, wird mit Freiheitsstrafe bis zu zwei Jahren oder mit Geldstrafe bestraft.

(2) In besonders schweren Fällen ist auf Freiheitsstrafe bis zu fünf Jahren oder auf Geldstrafe zu erkennen. Ein besonders schwerer Fall liegt namentlich vor, wenn die Tat zur Nachtzeit, in der Schonzeit, durch Anwendung von Sprengstoffen oder schädlichen Stoffen begangen oder wenn der Fischbestand eines Gewässers durch den Fang von Fischen gefährdet wird, die das für die Ausübung des Fischfangs festgesetzte Mindestmaß noch nicht erreicht haben.

(3) Wer die Tat gewerbs- oder gewohnheitsmäßig begeht, wird mit Freiheitssrafe von drei Monaten bis zu fünf Jahren bestraft.

§ 294. Strafantrag. In den Fällen des § 292 Abs. 1 und des § 293 Abs. 1 wird die Tat nur auf Antrag des Verletzten verfolgt, wenn sie von einem Angehörigen oder an einem Ort begangen worden ist, wo der Täter die Jagd oder die Fischerei in beschränktem Umfang ausüben durfte.

§ 295. Einziehung. Jagd- und Fischereigeräte, Hunde und andere Tiere, die der Täter oder Teilnehmer bei der Tat mit sich geführt oder verwendet hat, können eingezogen werden. § 74a ist anzuwenden.

§ 296. (weggefallen)

§ 296a. Unbefugte Küstenfischerei durch Ausländer. (1) Ausländer, welche in deutschen Küstengewässern unbefugt fischen, werden mit Freiheitsstrafe bis zu einem Jahr oder mit Geldstrafe bestraft.

(2) Die Fanggeräte, die der Täter oder Teilnehmer bei der Tat mit sich geführt oder verwendet hat, sowie die an Bord des Fahrzeugs befindlichen Fische können eingezogen werden. § 74a ist anzuwenden.

§ 297. Schiffsgefährdung durch Bannware. Ein Reisender oder Schiffsmann, welcher ohne Vorwissen des Schiffers, desgleichen ein Schiffer, welcher ohne Vorwissen des Reeders Gegenstände an Bord nimmt, welche das Schiff oder die Ladung gefährden, indem sie die Beschlagnahme oder Einziehung des Schiffes oder der Ladung veranlassen können, wird mit Freiheitsstrafe bis zu zwei Jahren oder mit Geldstrafe bestraft.

§§ 298–302. (weggefallen)

§ 302a. Wucher. (1) Wer die Zwangslage, die Unerfahrenheit, den Mangel an Urteilsvermögen oder die erhebliche Willensschwäche eines anderen dadurch ausbeutet, daß er sich oder einem Dritten

1. für die Vermietung von Räumen zum Wohnen oder damit verbundene Nebenleistungen,

2. für die Gewährung eines Kredites,

3. für eine sonstige Leistung oder

4. für die Vermittlung einer der vorbezeichneten Leistungen

Vermögensvorteile versprechen oder gewähren läßt, die in einem auffälligen Mißverhältnis zu der Leistung oder deren Vermittlung stehen, wird mit Freiheitsstrafe bis zu drei Jahren oder mit Geldstrafe bestraft. Wirken mehrere Personen als Leistende, Vermittler oder in anderer Weise mit und ergibt sich dadurch ein auffälliges Mißverhältnis zwischen sämtlichen Vermögensvorteilen und sämtlichen Gegenleistungen, so gilt Satz 1 für jeden, der die Zwangslage oder sonstige Schwäche des anderen für sich oder einen Dritten zur Erzielung eines übermäßigen Vermögensvorteils ausnutzt.

(2) In besonders schweren Fällen ist die Strafe Freiheitsstrafe von sechs Monaten bis zu zehn Jahren. Ein besonders schwerer Fall liegt in der Regel vor, wenn der Täter

1. durch die Tat den anderen in wirtschaftliche Not bringt,

2. die Tat gewerbsmäßig begeht,

3. sich durch Wechsel wucherische Vermögensvorteile versprechen läßt.

§§ 302b.–302f. (weggefallen)

Sechsundzwanzigster Abschnitt. Sachbeschädigung

§ 303. Sachbeschädigung. (1) Wer rechtswidrig eine fremde Sache beschädigt oder zerstört, wird mit Freiheitsstrafe bis zu zwei Jahren oder mit Geldstrafe bestraft.

(2) Der Versuch ist strafbar.

(3) Die Tat wird nur auf Antrag verfolgt.

§ 304. Gemeinschädliche Sachbeschädigung. (1) Wer rechtswidrig Gegenstände der Verehrung einer im Staate bestehenden Religionsgesellschaft oder Sachen, die dem Gottesdienste gewidmet sind, oder Grabmäler, öffentliche Denkmäler, Naturdenkmäler, Gegenstände der Kunst, der Wissenschaft oder des Gewerbes, welche in öffentlichen Sammlungen aufbewahrt werden oder öffentlich aufgestellt sind, oder Gegenstände, welche zum öffentlichen Nutzen oder zur Verschönerung öffentlicher Wege, Plätze oder Anlagen dienen, beschädigt oder zerstört, wird mit Freiheitsstrafe bis zu drei Jahren oder mit Geldstrafe bestraft.

(2) Der Versuch ist strafbar.

§ 305. Zerstörung von Bauwerken. (1) Wer rechtswidrig ein Gebäude, ein Schiff, eine Brücke, einen Damm, eine gebaute Straße, eine Eisenbahn oder ein anderes Bauwerk, welche fremdes Eigentum sind, ganz oder teilweise zerstört, wird mit Freiheitsstrafe bis zu fünf Jahren oder mit Geldstrafe bestraft.

(2) Der Versuch ist strafbar.

Siebenundzwanzigster Abschnitt. Gemeingefährliche Straftaten

§ 306. Schwere Brandstiftung. Mit Freiheitsstrafe nicht unter einem Jahr wird bestraft, wer in Brand setzt

1. ein zu gottesdienstlichen Versammlungen bestimmtes Gebäude,

2. ein Gebäude, ein Schiff oder eine Hütte, welche zur Wohnung von Menschen dienen, oder

3. eine Räumlichkeit, welche zeitweise zum Aufenthalt von Menschen dient, und zwar zu einer Zeit, während welcher Menschen in derselben sich aufzuhalten pflegen.

§ 307. Besonders schwere Brandstiftung. Die schwere Brandstiftung (§ 306) wird mit lebenslanger Freiheitsstrafe oder mit Freiheitsstrafe nicht unter zehn Jahren bestraft, wenn

1. der Brand den Tod eines Menschen dadurch verursacht hat, daß dieser zur Zeit der Tat in einer der in Brand gesetzten Räumlichkeiten sich befand,

2. der Täter in der Absicht handelt, die Tat zur Begehung eines Mordes (§ 211), eines Raubes (§§ 249, 250), eines räuberischen Diebstahls (§ 252) oder einer räuberischen Erpressung (§ 255) auszunutzen, oder

3. der Täter, um das Löschen des Feuers zu verhindern oder zu erschweren, Löschgerätschaften entfernt oder unbrauchbar gemacht hat.

§ 308. Brandstiftung. (1) Mit Freiheitsstrafe von einem Jahr bis zu zehn Jahren wird bestraft, wer Gebäude, Schiffe, Hütten, Bergwerke, Magazine, Warenvorräte, welche auf dazu bestimmten öffentlichen Plätzen lagern, Vorräte von landwirtschaftlichen Erzeugnissen oder von Bau- oder Brennmaterialien, Früchte auf dem Felde, Waldungen oder Torf- moore in Brand setzt, wenn diese Gegenstände entweder fremdes Eigen- tum sind oder zwar Eigentum des Täters sind, jedoch ihrer Beschaffen- heit und Lage nach geeignet sind, das Feuer einer der in § 306 Nr. 1 bis 3 bezeichneten Räumlichkeiten oder einem der vorstehend bezeichneten fremden Gegenstände mitzuteilen.

(2) In minder schweren Fällen ist die Strafe Freiheitsstrafe von sechs Monaten bis zu fünf Jahren.

§ 309. Fahrlässige Brandstiftung. Wer einen Brand der in den §§ 306 und 308 bezeichneten Art fahrlässig verursacht, wird mit Freiheitsstrafe bis zu drei Jahren oder mit Geldstrafe und, wenn durch den Brand der Tod eines Menschen verursacht wird, mit Freiheitsstrafe bis zu fünf Jah- ren oder mit Geldstrafe bestraft.

§ 310. Tätige Reue. Hat der Täter den Brand, bevor derselbe entdeckt und ein weiterer als der durch die bloße Inbrandsetzung bewirkte Scha- den entstanden war, wieder gelöscht, so wird er nicht wegen Brandstif- tung bestraft.

§ 310a. Herbeiführen einer Brandgefahr. (1) Wer

1. feuergefährdete Betriebe und Anlagen, insbesondere solche, in denen explosive Stoffe, brennbare Flüssigkeiten oder brennbare Gase herge- stellt oder gewonnen werden oder sich befinden, sowie Anlagen oder Betriebe der Land- oder Ernährungswirtschaft, in denen sich Getreide, Futter- oder Streumittel, Heu, Stroh, Hanf, Flachs oder andere land- oder ernährungswirtschaftliche Erzeugnisse befinden,

2. Wald-, Heide- oder Moorflächen, bestellte Felder oder Felder, auf denen Getreide, Heu oder Stroh lagert, durch Rauchen, durch Ver- wenden von offenem Feuer oder Licht oder deren ungenügende Beauf- sichtigung, durch Wegwerfen brennender oder glimmender Gegen- stände oder in sonstiger Weise

in Brandgefahr bringt, wird mit Freiheitsstrafe bis zu drei Jahren oder mit Geldstrafe bestraft.

(2) Verursacht der Täter die Brandgefahr fahrlässig, so ist die Strafe Freiheitsstrafe bis zu einem Jahr oder Geldstrafe.

§ 310b.[36] **Herbeiführen einer Explosion durch Kernenergie.** (1) Wer es unternimmt, durch Freisetzen von Kernenergie eine Explo- sion herbeizuführen und dadurch Leib oder Leben eines anderen oder fremde Sachen von bedeutendem Wert zu gefährden, wird mit Freiheits- strafe nicht unter fünf Jahren bestraft.

(2) Wer durch Freisetzen von Kernenergie eine Explosion herbeiführt und dadurch fahrlässig eine Gefahr für Leib oder Leben eines anderen

---

[36] Vgl. auch §§ 45–49 des Atomgesetzes vom 31. 10. 1976 (BGBl. I S. 3053).

oder für fremde Sachen von bedeutendem Wert verursacht, wird mit Freiheitsstrafe von einem Jahr bis zu zehn Jahren bestraft.

(3) In besonders schweren Fällen ist die Strafe bei Taten nach Absatz 1 lebenslange Freiheitsstrafe oder Freiheitsstrafe nicht unter zehn Jahren, bei Taten nach Absatz 2 Freiheitsstrafe nicht unter fünf Jahren. Ein besonders schwerer Fall liegt in der Regel vor, wenn der Täter durch die Tat leichtfertig den Tod eines Menschen verursacht.

(4) Wer in den Fällen des Absatzes 2 fahrlässig handelt und die Gefahr fahrlässig verursacht, wird mit Freiheitsstrafe bis zu drei Jahren oder mit Geldstrafe bestraft.

§ 311.[37] Herbeiführen einer Sprengstoffexplosion. (1) Wer anders als durch Freisetzen von Kernenergie, namentlich durch Sprengstoff, eine Explosion herbeiführt und dadurch Leib oder Leben eines anderen oder fremde Sachen von bedeutendem Wert gefährdet, wird mit Freiheitsstrafe nicht unter einem Jahr bestraft.

(2) In besonders schweren Fällen ist die Strafe Freiheitsstrafe nicht unter fünf Jahren, in minder schweren Fällen Freiheitsstrafe von sechs Monaten bis zu fünf Jahren.

(3) Ein besonders schwerer Fall liegt in der Regel vor, wenn der Täter durch die Tat leichtfertig den Tod eines Menschen verursacht.

(4) Wer in den Fällen des Absatzes 1 die Gefahr fahrlässig verursacht, wird mit Freiheitsstrafe bis zu fünf Jahren oder mit Geldstrafe bestraft.

(5) Wer in den Fällen des Absatzes 1 fahrlässig handelt und die Gefahr fahrlässig verursacht, wird mit Freiheitsstrafe bis zu zwei Jahren oder mit Geldstrafe bestraft.

§ 311a. Mißbrauch ionisierender Strahlen. (1) Wer in der Absicht, die Gesundheit eines anderen zu schädigen, es unternimmt, ihn einer ionisierenden Strahlung auszusetzen, die dessen Gesundheit zu schädigen geeignet ist, wird mit Freiheitsstrafe von einem Jahr bis zu zehn Jahren bestraft. In minder schweren Fällen ist die Strafe Freiheitsstrafe von sechs Monaten bis zu fünf Jahren.

(2) Unternimmt es der Täter, eine unübersehbare Zahl von Menschen einer solchen Strahlung auszusetzen, so ist die Strafe Freiheitsstrafe nicht unter fünf Jahren.

(3) In besonders schweren Fällen ist die Strafe bei Taten nach Absatz 1 Freiheitsstrafe nicht unter fünf Jahren, bei Taten nach Absatz 2 lebenslange Freiheitsstrafe oder Freiheitsstrafe nicht unter zehn Jahren. Ein besonders schwerer Fall liegt in der Regel vor, wenn der Täter durch die Tat leichtfertig den Tod eines Menschen verursacht.

(4) Wer in der Absicht, die Brauchbarkeit einer fremden Sache von bedeutendem Wert zu beeinträchtigen, sie einer ionisierenden Strahlung aussetzt, welche die Brauchbarkeit der Sache zu beeinträchtigen geeignet

---

[37] Vgl. auch §§ 40–43 des Gesetzes über explosionsgefährliche Stoffe (Sprengstoffgesetz) vom 13. 9. 1976 (BGBl. I S. 2737).

ist, wird mit Freiheitsstrafe bis zu fünf Jahren oder mit Geldstrafe bestraft. Der Versuch ist strafbar.

§ 311b. Vorbereitung eines Explosions- oder Strahlungsverbrechens. (1) Wer zur Vorbereitung

1. eines bestimmten Unternehmens im Sinne des § 310b Abs. 1 oder des § 311a Abs. 2 oder

2. einer Straftat nach § 311 Abs. 1, die durch Sprengstoff begangen werden soll,

Kernbrennstoffe, sonstige radioaktive Stoffe, Sprengstoffe oder die zur Ausführung der Tat erforderlichen besonderen Vorrichtungen herstellt, sich oder einem anderen verschafft, verwahrt oder einem anderen überläßt, wird in den Fällen der Nummer 1 mit Freiheitsstrafe von einem Jahr bis zu zehn Jahren, in den Fällen der Nummer 2 mit Freiheitsstrafe von sechs Monaten bis zu fünf Jahren bestraft.

(2) In minder schweren Fällen des Absatzes 1 Nr. 1 ist die Strafe Freiheitsstrafe von sechs Monaten bis zu fünf Jahren, in minder schweren Fällen des Absatzes 1 Nr. 2 Freiheitsstrafe von drei Monaten bis zu drei Jahren.

§ 311c. Tätige Reue. (1) Das Gericht kann die in § 310b Abs. 1 und § 311a Abs. 2 angedrohte Strafe nach seinem Ermessen mildern (§ 49 Abs. 2), wenn der Täter freiwillig die weitere Ausführung der Tat aufgibt oder sonst die Gefahr abwendet.

(2) Das Gericht kann die in den folgenden Vorschriften angedrohte Strafe nach seinem Ermessen mildern (§ 49 Abs. 2) oder von Strafe nach diesen Vorschriften absehen, wenn der Täter

1. in den Fällen des § 311a Abs. 1 freiwillig die weitere Ausführung der Tat aufgibt oder sonst die Gefahr abwendet oder

2. in den Fällen des § 310b Abs. 2, des § 311 Abs. 1 bis 4 und des § 311a Abs. 4 freiwillig die Gefahr abwendet, bevor ein erheblicher Schaden entsteht.

(3) Nach den folgenden Vorschriften wird nicht bestraft, wer

1. in den Fällen des § 310b Abs. 4 und des § 311 Abs. 5 freiwillig die Gefahr abwendet, bevor ein erheblicher Schaden entsteht, oder

2. in den Fällen des § 311b freiwillig die weitere Ausführung der Tat aufgibt oder sonst die Gefahr abwendet.

(4) Wird ohne Zutun des Täters die Gefahr abgewendet, so genügt sein freiwilliges und ernsthaftes Bemühen, dieses Ziel zu erreichen.

§ 311d. Freisetzen ionisierender Strahlen. (1) Wer unter Verletzung verwaltungsrechtlicher Pflichten

1. ionisierende Strahlen freisetzt oder

2. Kernspaltungsvorgänge bewirkt,

die geeignet sind, Leib oder Leben eines anderen oder fremde Sachen von bedeutendem Wert zu schädigen, wird mit Freiheitsstrafe bis zu fünf Jahren oder mit Geldstrafe bestraft.

(2) Der Versuch ist strafbar.

(3) Handelt der Täter fahrlässig, so ist die Strafe Freiheitsstrafe bis zu zwei Jahren oder Geldstrafe.

(4) Verwaltungsrechtliche Pflichten im Sinne des Absatzes 1 verletzt, wer grob pflichtwidrig gegen eine Rechtsvorschrift, vollziehbare Untersagung, Anordnung oder Auflage verstößt, die dem Schutz vor den von ionisierenden Strahlen oder von einem Kernspaltungsvorgang ausgehenden Gefahren dient.

§ 311 e. Fehlerhafte Herstellung einer kerntechnischen Anlage.

(1) Wer wissentlich eine kerntechnische Anlage (§ 330 d Nr. 2) oder Gegenstände, die zur Errichtung oder zum Betrieb einer solchen Anlage bestimmt sind, fehlerhaft herstellt oder liefert und dadurch wissentlich eine Gefahr für Leib oder Leben eines anderen oder für fremde Sachen von bedeutendem Wert herbeiführt, die mit der Wirkung eines Kernspaltungsvorgangs oder der Strahlung eines radioaktiven Stoffes zusammenhängt, wird mit Feiheitsstrafe von sechs Monaten bis zu fünf Jahren bestraft.

(2) Der Versuch ist strafbar.

(3) In besonders schweren Fällen ist die Strafe Freiheitsstrafe von einem Jahr bis zu zehn Jahren. Ein besonders schwerer Fall liegt in der Regel vor, wenn der Täter durch die Tat leichtfertig den Tod eines Menschen verursacht.

(4) Wer die Gefahr in den Fällen des Absatzes 1 nicht wissentlich, aber vorsätzlich oder fahrlässig herbeiführt, wird mit Freiheitsstrafe bis zu fünf Jahren oder mit Geldstrafe bestraft.

§ 312. Herbeiführen einer lebensgefährdenden Überschwemmung.

Wer mit gemeiner Gefahr für Menschenleben eine Überschwemmung herbeiführt, wird mit Freiheitsstrafe nicht unter drei Jahren und, wenn durch die Überschwemmung der Tod eines Menschen verursacht worden ist, mit lebenslanger Freiheitsstrafe oder mit Freiheitsstrafe nicht unter zehn Jahren bestraft.

§ 313. Herbeiführen einer sachengefährdenden Überschwemmung.

(1) Wer mit gemeiner Gefahr für das Eigentum eine Überschwemmung herbeiführt, wird mit Freiheitsstrafe nicht unter einem Jahr bestraft.

(2) Ist jedoch die Absicht des Täters nur auf Schutz seines Eigentums gerichtet gewesen, so ist auf Freiheitsstrafe von sechs Monaten bis zu fünf Jahren zu erkennen.

§ 314. Fahrlässiges Herbeiführen einer Überschwemmung.

Wer eine Überschwemmung mit gemeiner Gefahr für Leben oder Eigentum durch Fahrlässigkeit herbeiführt, wird mit Freiheitsstrafe bis zu einem Jahr oder mit Geldstrafe und, wenn durch die Überschwemmung der Tod eines Menschen verursacht worden ist, mit Freiheitsstrafe bis zu fünf Jahren oder mit Geldstrafe bestraft.

§ 315. Gefährliche Eingriffe in den Bahn-, Schiffs- und Luftverkehr. (1) Wer die Sicherheit des Schienenbahn-, Schwebebahn-, Schiffsoder Luftverkehrs dadurch beeinträchtigt, daß er

1. Anlagen oder Beförderungsmittel zerstört, beschädigt oder beseitigt,
2. Hindernisse bereitet,
3. falsche Zeichen oder Signale gibt oder
4. einen ähnlichen, ebenso gefährlichen Eingriff vornimmt,

und dadurch Leib oder Leben eines anderen oder fremde Sachen von bedeutendem Wert gefährdet, wird mit Freiheitsstrafe von drei Monaten bis zu fünf Jahren bestraft.

(2) Der Versuch ist strafbar.

(3) Handelt der Täter in der Absicht,

1. einen Unglücksfall herbeizuführen oder
2. eine andere Straftat zu ermöglichen oder zu verdecken,

so ist die Strafe Freiheitsstrafe nicht unter einem Jahr, in minder schweren Fällen Freiheitsstrafe von sechs Monaten bis zu fünf Jahren.

(4) Wer in den Fällen des Absatzes 1 die Gefahr fahrlässig verursacht, wird mit Freiheitsstrafe bis zu fünf Jahren oder mit Geldstrafe bestraft.

(5) Wer in den Fällen des Absatzes 1 fahrlässig handelt und die Gefahr fahrlässig verursacht, wird mit Freiheitsstrafe bis zu zwei Jahren oder mit Geldstrafe bestraft.

(6) Das Gericht kann in den Fällen der Absätze 1 bis 4 die Strafe nach seinem Ermessen mildern (§ 49 Abs. 2) oder von einer Bestrafung nach diesen Vorschriften absehen, wenn der Täter freiwillig die Gefahr abwendet, bevor ein erheblicher Schaden entsteht. Unter derselben Voraussetzung wird der Täter nicht nach Absatz 5 bestraft. Wird ohne Zutun des Täters die Gefahr abgewendet, so genügt sein freiwilliges und ernsthaftes Bemühen, dieses Ziel zu erreichen.

§ 315a. Gefährdung des Bahn-, Schiffs- und Luftverkehrs. (1) Mit Freiheitsstrafe bis zu fünf Jahren oder mit Geldstrafe wird bestraft, wer

1. ein Schienenbahn- oder Schwebebahnfahrzeug, ein Schiff oder ein Luftfahrzeug führt, obwohl er infolge des Genusses alkoholischer Getränke oder anderer berauschender Mittel oder infolge geistiger oder körperlicher Mängel nicht in der Lage ist, das Fahrzeug sicher zu führen, oder
2. als Führer eines solchen Fahrzeugs oder als sonst für die Sicherheit Verantwortlicher durch grob pflichtwidriges Verhalten gegen Rechtsvorschriften zur Sicherung des Schienenbahn-, Schwebebahn-, Schiffs- oder Luftverkehrs verstößt

und dadurch Leib oder Leben eines anderen oder fremde Sachen von bedeutendem Wert gefährdet.

(2) In den Fällen des Absatzes 1 Nr. 1 ist der Versuch strafbar.

(3) Wer in den Fällen des Absatzes 1

1. die Gefahr fahrlässig verursacht oder

2. fahrlässig handelt und die Gefahr fahrlässig verursacht,

wird mit Freiheitsstrafe bis zu zwei Jahren oder mit Geldstrafe bestraft.

§ 315 b. Gefährliche Eingriffe in den Straßenverkehr. (1) Wer die Sicherheit des Straßenverkehrs dadurch beeinträchtigt, daß er

1. Anlagen oder Fahrzeuge zerstört, beschädigt oder beseitigt,

2. Hindernisse bereitet oder

3. einen ähnlichen, ebenso gefährlichen Eingriff vornimmt,

und dadurch Leib oder Leben eines anderen oder fremde Sachen von bedeutendem Wert gefährdet, wird mit Freiheitsstrafe bis zu fünf Jahren oder mit Geldstrafe bestraft.

(2) Der Versuch ist strafbar.

(3) Handelt der Täter unter den Voraussetzungen des § 315 Abs. 3, so ist die Strafe Freiheitsstrafe von einem Jahr bis zu zehn Jahren, in minder schweren Fällen Freiheitsstrafe von sechs Monaten bis zu fünf Jahren.

(4) Wer in den Fällen des Absatzes 1 die Gefahr fahrlässig verursacht, wird mit Freiheitsstrafe bis zu drei Jahren oder mit Geldstrafe bestraft.

(5) Wer in den Fällen des Absatzes 1 fahrlässig handelt und die Gefahr fahrlässig verursacht, wird mit Freiheitsstrafe bis zu zwei Jahren oder mit Geldstrafe bestraft.

(6) § 315 Abs. 6 gilt entsprechend.

§ 315 c. Gefährdung des Straßenverkehrs. (1) Wer im Straßenverkehr

1. ein Fahrzeug führt, obwohl er

   a) infolge des Genusses alkoholischer Getränke oder anderer berauschender Mittel oder

   b) infolge geistiger oder körperlicher Mängel

nicht in der Lage ist, das Fahrzeug sicher zu führen, oder

2. grob verkehrswidrig und rücksichtslos

   a) die Vorfahrt nicht beachtet,

   b) falsch überholt oder sonst bei Überholvorgängen falsch fährt,

   c) an Fußgängerüberwegen falsch fährt,

   d) an unübersichtlichen Stellen, an Straßenkreuzungen, Straßeneinmündungen oder Bahnübergängen zu schnell fährt,

   e) an unübersichtlichen Stellen nicht die rechte Seite der Fahrbahn einhält,

   f) auf Autobahnen oder Kraftfahrstraßen wendet, rückwärts fährt oder dies versucht oder

   g) haltende oder liegengebliebene Fahrzeuge nicht auf ausreichende Entfernung kenntlich macht, obwohl das zur Sicherung des Verkehrs erforderlich ist,

und dadurch Leib oder Leben eines anderen oder fremde Sachen von bedeutendem Wert gefährdet, wird mit Freiheitsstrafe bis zu fünf Jahren oder mit Geldstrafe bestraft.

(2) In den Fällen des Absatzes 1 Nr. 1 ist der Versuch strafbar.

(3) Wer in den Fällen des Absatzes 1

1. die Gefahr fahrlässig verursacht oder
2. fahrlässig handelt und die Gefahr fahrlässig verursacht,

wird mit Freiheitsstrafe bis zu zwei Jahren oder mit Geldstrafe bestraft.

§ 315d. Schienenbahnen im Straßenverkehr. Soweit Schienenbahnen am Straßenverkehr teilnehmen, sind nur die Vorschriften zum Schutz des Straßenverkehrs (§§ 315b, 315c) anzuwenden.

§ 316. Trunkenheit im Verkehr. (1) Wer im Verkehr (§§ 315 bis 315d) ein Fahrzeug führt, obwohl er infolge des Genusses alkoholischer Getränke oder anderer berauschender Mittel nicht in der Lage ist, das Fahrzeug sicher zu führen, wird mit Freiheitsstrafe bis zu einem Jahr oder mit Geldstrafe bestraft, wenn die Tat nicht in § 315a oder § 315c mit Strafe bedroht ist.

(2) Nach Absatz 1 wird auch bestraft, wer die Tat fahrlässig begeht.

§ 316a. Räuberischer Angriff auf Kraftfahrer. (1) Wer zur Begehung eines Raubes (§§ 249, 250), eines räuberischen Diebstahls (§ 252) oder einer räuberischen Erpressung (§ 255) einen Angriff auf Leib, Leben oder Entschlußfreiheit des Führers eines Kraftfahrzeugs oder eines Mitfahrers unter Ausnutzung der besonderen Verhältnisse des Straßenverkehrs unternimmt, wird mit Freiheitsstrafe nicht unter fünf Jahren bestraft. In besonders schweren Fällen ist die Strafe lebenslange Freiheitsstrafe, in minder schweren Fällen Freiheitsstrafe nicht unter einem Jahr.

(2) Das Gericht kann die Strafe nach seinem Ermessen mildern (§ 49 Abs. 2) oder von einer Bestrafung nach dieser Vorschrift absehen, wenn der Täter freiwillig seine Tätigkeit aufgibt und den Erfolg abwendet. Unterbleibt der Erfolg ohne Zutun des Täters, so genügt sein ernsthaftes Bemühen, den Erfolg abzuwenden.

§ 316b. Störung öffentlicher Betriebe. (1) Wer den Betrieb

1. einer Eisenbahn, der Post oder dem öffentlichen Verkehr dienender Unternehmen oder Anlagen,
2. einer der öffentlichen Versorgung mit Wasser, Licht, Wärme oder Kraft dienenden Anlage oder eines für die Versorgung der Bevölkerung lebenswichtigen Unternehmens oder
3. einer der öffentlichen Ordnung oder Sicherheit dienenden Einrichtung oder Anlage

dadurch verhindert oder stört, daß er eine dem Betrieb dienende Sache zerstört, beschädigt, beseitigt, verändert oder unbrauchbar macht oder die für den Betrieb bestimmte elektrische Kraft entzieht, wird mit Freiheitsstrafe bis zu fünf Jahren oder mit Geldstrafe bestraft.

(2) Der Versuch ist strafbar.

§ 316 c. Angriff auf den Luftverkehr. (1) Mit Freiheitsstrafe nicht unter fünf Jahren, in minder schweren Fällen mit Freiheitsstrafe nicht unter einem Jahr wird bestraft, wer

1. Gewalt anwendet oder die Entschlußfreiheit einer Person angreift oder sonstige Machenschaften vornimmt, um dadurch die Herrschaft über ein im zivilen Luftverkehr eingesetztes und im Flug befindliches Luftfahrzeug zu erlangen oder auf dessen Führung einzuwirken, oder

2. um ein solches Luftfahrzeug oder seine an Bord befindliche Ladung zu zerstören oder zu beschädigen, Schußwaffen gebraucht oder es unternimmt, eine Explosion oder einen Brand herbeizuführen.

Einem im Flug befindlichen Luftfahrzeug steht ein Luftfahrzeug gleich, das von Mitgliedern der Besatzung oder von Fluggästen bereits betreten ist oder dessen Beladung bereits begonnen hat oder das von Mitgliedern der Besatzung oder von Fluggästen noch nicht planmäßig verlassen ist oder dessen planmäßige Entladung noch nicht abgeschlossen ist.

(2) Ist durch die Tat leichtfertig der Tod eines Menschen verursacht worden, so ist auf lebenslange Freiheitsstrafe oder auf Freiheitsstrafe nicht unter zehn Jahren zu erkennen.

(3) Wer zur Vorbereitung einer Straftat nach Absatz 1 Schußwaffen, Sprengstoffe oder sonst zur Herbeiführung einer Explosion oder eines Brandes bestimmte Stoffe oder Vorrichtungen herstellt, sich oder einem anderen verschafft, verwahrt oder einem anderen überläßt, wird mit Freiheitsstrafe von sechs Monaten bis zu fünf Jahren bestraft.

(4) Das Gericht kann in den Fällen der Absätze 1 und 3 die Strafe nach seinem Ermessen mildern (§ 49 Abs. 2), wenn der Täter freiwillig sein Vorhaben aufgibt und den Erfolg abwendet, bevor ein erheblicher Schaden entsteht. Unterbleibt der Erfolg ohne Zutun des Täters, so genügt sein freiwilliges und ernsthaftes Bemühen, den Erfolg abzuwenden.

§ 317. Störung von Fernmeldeanlagen. (1) Wer den Betrieb einer öffentlichen Zwecken dienenden Fernmeldeanlage dadurch verhindert oder gefährdet, daß er eine dem Betrieb dienende Sache zerstört, beschädigt, beseitigt, verändert oder unbrauchbar macht oder die für den Betrieb bestimmte elektrische Kraft entzieht, wird mit Freiheitsstrafe bis zu fünf Jahren oder mit Geldstrafe bestraft.

(2) Der Versuch ist strafbar.

(3) Wer die Tat fahrlässig begeht, wird mit Freiheitsstrafe bis zu einem Jahr oder mit Geldstrafe bestraft.

§ 318. Beschädigung wichtiger Anlagen. (1) Wer Wasserleitungen, Schleusen, Wehre, Deiche, Dämme oder andere Wasserbauten oder Brücken, Fähren, Wege oder Schutzwehre oder dem Bergwerksbetrieb dienende Vorrichtungen zur Wasserhaltung, zur Wetterführung oder zum Ein- und Ausfahren der Arbeiter zerstört oder beschädigt und durch eine dieser Handlungen Gefahr für das Leben oder die Gesundheit anderer herbeiführt, wird mit Freiheitsstrafe von drei Monaten bis zu fünf Jahren bestraft.

(2) Ist durch eine dieser Handlungen eine schwere Körperverletzung (§ 224) verursacht worden, so tritt Freiheitsstrafe von einem Jahr bis zu fünf Jahren und, wenn der Tod eines Menschen verursacht worden ist, Freiheitsstrafe nicht unter fünf Jahren ein.

§ 319. Gemeingefährliche Vergiftung. Wer Brunnen- oder Wasserbehälter, welche zum Gebrauch anderer dienen, oder Gegenstände, welche zum öffentlichen Verkauf oder Verbrauch bestimmt sind, vergiftet oder denselben Stoffe beimischt, von denen ihm bekannt ist, daß sie die menschliche Gesundheit zu zerstören geeignet sind, desgleichen wer solche vergifteten oder mit gefährlichen Stoffen vermischten Sachen mit Verschweigung dieser Eigenschaft verkauft, feilhält oder sonst in Verkehr bringt, wird mit Freiheitsstrafe von einem Jahr bis zu zehn Jahren und, wenn durch die Handlung der Tod eines Menschen verursacht worden ist, mit lebenslanger Freiheitsstrafe oder mit Freiheitsstrafe nicht unter zehn Jahren bestraft.

§ 320. Fahrlässige Gemeingefährdung. Ist eine der in den §§ 318 und 319 bezeichneten Handlungen aus Fahrlässigkeit begangen worden, so ist, wenn durch die Handlung ein Schaden verursacht worden ist, auf Freiheitsstrafe bis zu einem Jahr oder auf Geldstrafe und, wenn der Tod eines Menschen verursacht worden ist, auf Freiheitsstrafe bis zu fünf Jahren oder auf Geldstrafe zu erkennen.

§ 321. Führungsaufsicht. In den Fällen der §§ 306 bis 308, des § 310b Abs. 1 bis 3, des § 311 Abs. 1 bis 4, der §§ 311a, 311b und 316c Abs. 1 Nr. 2 kann das Gericht Führungsaufsicht anordnen (§ 68 Abs. 1 Nr. 2).

§ 322. Einziehung. Ist eine Straftat nach den §§ 310b bis 311b, 311d, 311e, 316c oder 319 begangen worden, so können

1. Gegenstände, die durch die Tat hervorgebracht oder zu ihrer Begehung oder Vorbereitung gebraucht worden oder bestimmt gewesen sind, und

2. Gegenstände, auf die sich eine Straftat nach den §§ 311b, 311d, 311e, 316c oder 319 bezieht,

eingezogen werden.

§ 323. Baugefährdung. (1) Wer bei der Planung, Leitung oder Ausführung eines Baues oder des Abbruchs eines Bauwerkes gegen die allgemein anerkannten Regeln der Technik verstößt und dadurch Leib oder Leben eines anderen gefährdet, wird mit Freiheitsstrafe bis zu fünf Jahren oder mit Geldstrafe bestraft.

(2) Ebenso wird bestraft, wer in Ausübung eines Berufs oder Gewerbes bei der Planung, Leitung oder Ausführung eines Vorhabens, technische Einrichtungen in ein Bauwerk einzubauen oder eingebaute Einrichtungen dieser Art zu ändern, gegen die allgemein anerkannten Regeln der Technik verstößt und dadurch Leib oder Leben eines anderen gefährdet.

(3) Wer die Gefahr fahrlässig verursacht, wird mit Freiheitsstrafe bis zu drei Jahren oder mit Geldstrafe bestraft.

(4) Wer in den Fällen der Absätze 1 und 2 fahrlässig handelt und die Gefahr fahrlässig verursacht, wird mit Freiheitsstrafe bis zu zwei Jahren oder mit Geldstrafe bestraft.

(5) Das Gericht kann von Strafe nach den Absätzen 1 bis 3 absehen, wenn der Täter freiwillig die Gefahr abwendet, bevor ein erheblicher Schaden entsteht. Unter denselben Voraussetzungen wird der Täter nicht nach Absatz 4 bestraft.

§ 323a. **Vollrausch.** (1) Wer sich vorsätzlich oder fahrlässig durch alkoholische Getränke oder andere berauschende Mittel in einen Rausch versetzt, wird mit Freiheitsstrafe bis zu fünf Jahren oder mit Geldstrafe bestraft, wenn er in diesem Zustand eine rechtswidrige Tat begeht und ihretwegen nicht bestraft werden kann, weil er infolge des Rausches schuldunfähig war oder weil dies nicht auszuschließen ist.

(2) Die Strafe darf nicht schwerer sein als die Strafe, die für die im Rausch begangene Tat angedroht ist.

(3) Die Tat wird nur auf Antrag, mit Ermächtigung oder auf Strafverlangen verfolgt, wenn die Rauschtat nur auf Antrag, mit Ermächtigung oder auf Strafverlangen verfolgt werden könnte.

§ 323b. **Gefährdung einer Entziehungskur.** Wer wissentlich einem anderen, der auf Grund behördlicher Anordnung oder ohne seine Einwilligung zu einer Entziehungskur in einer Anstalt untergebracht ist, ohne Erlaubnis des Anstaltsleiters oder seines Beauftragten alkoholische Getränke oder andere berauschende Mittel verschafft oder überläßt oder ihn zum Genuß solcher Mittel verleitet, wird mit Freiheitsstrafe bis zu einem Jahr oder mit Geldstrafe bestraft.

§ 323c. **Unterlassene Hilfeleistung.** Wer bei Unglücksfällen oder gemeiner Gefahr oder Not nicht Hilfe leistet, obwohl dies erforderlich und ihm den Umständen nach zuzumuten, insbesondere ohne erhebliche eigene Gefahr und ohne Verletzung anderer wichtiger Pflichten möglich ist, wird mit Freiheitsstrafe bis zu einem Jahr oder mit Geldstrafe bestraft.

Achtundzwanzigster Abschnitt. Straftaten gegen die Umwelt

§ 324. **Verunreinigung eines Gewässers.** (1) Wer unbefugt ein Gewässer verunreinigt oder sonst dessen Eigenschaften nachteilig verändert, wird mit Freiheitsstrafe bis zu fünf Jahren oder mit Geldstrafe bestraft.

(2) Der Versuch ist strafbar.

(3) Handelt der Täter fahrlässig, so ist die Strafe Feiheitsstrafe bis zu zwei Jahren oder Geldstrafe.

§ 325. **Luftverunreinigung und Lärm.** (1) Wer beim Betrieb einer Anlage, insbesondere einer Betriebsstätte oder einer Maschine, unter Verletzung verwaltungsrechtlicher Pflichten

1. Veränderungen der natürlichen Zusammensetzung der Luft, insbesondere durch Freisetzen von Staub, Gasen, Dämpfen oder Geruchsstoffen, verursacht, die geeignet sind, außerhalb des zur Anlage gehörenden Bereichs die Gesundheit eines anderen, Tiere, Pflanzen oder andere Sachen von bedeutendem Wert zu schädigen, oder

2. Lärm verursacht, der geeignet ist, außerhalb des zur Anlage gehörenden Bereichs die Gesundheit eines anderen zu schädigen,

wird mit Freiheitsstrafe bis zu fünf Jahren oder mit Geldstrafe bestraft. Satz 1 gilt nicht für Kraftfahrzeuge, Schienen-, Luft- oder Wasserfahrzeuge.

(2) Der Versuch ist strafbar.

(3) Handelt der Täter fahrlässig, so ist die Strafe Freiheitsstrafe bis zu zwei Jahren oder Geldstrafe.

(4) Verwaltungsrechtliche Pflichten im Sinne des Absatzes 1 verletzt, wer grob pflichtwidrig gegen eine vollziehbare Anordnung oder Auflage verstößt, die dem Schutz vor schädlichen Umwelteinwirkungen dient, oder wer eine Anlage ohne die zum Schutz vor schädlichen Umwelteinwirkungen erforderliche Genehmigung oder entgegen einer zu diesem Zweck erlassenen vollziehbaren Untersagung betreibt.

§ 326. Umweltgefährdende Abfallbeseitigung. (1) Wer unbefugt Abfälle, die

1. Gifte oder Erreger gemeingefährlicher und übertragbarer Krankheiten bei Menschen oder Tieren enthalten oder hervorbringen können,

2. explosionsgefährlich, selbstentzündlich oder nicht nur geringfügig radioaktiv sind oder

3. nach Art, Beschaffenheit oder Menge geeignet sind, nachhaltig ein Gewässer, die Luft oder den Boden zu verunreinigen oder sonst nachteilig zu verändern,

außerhalb einer dafür zugelassen Anlage oder unter wesentlicher Abweichung von einem vorgeschriebenen oder zugelassenen Verfahren behandelt, lagert, ablagert, abläßt oder sonst beseitigt, wird mit Freiheitsstrafe bis zu drei Jahren oder mit Geldstrafe bestraft.

(2) Ebenso wird bestraft, wer radioaktive Abfälle, zu deren Ablieferung er nach dem Atomgesetz oder einer auf Grund des Atomgesetzes erlassenen Rechtsverordnung verpflichtet ist, nicht abliefert.

(3) In den Fällen des Absatzes 1 ist der Versuch strafbar.

(4) Handelt der Täter fahrlässig, so ist die Strafe Freiheitsstrafe bis zu einem Jahr oder Geldstrafe.

(5) Die Tat ist dann nicht strafbar, wenn schädliche Einwirkungen auf die Umwelt, insbesondere auf Menschen, Gewässer, die Luft, den Boden, Nutztiere oder Nutzpflanzen, wegen der geringen Menge der Abfälle offensichtlich ausgeschlossen sind.

§ 327. Unerlaubtes Betreiben von Anlagen. (1) Wer ohne die erforderliche Genehmigung oder entgegen einer vollziehbaren Untersagung

eine kerntechnische Anlage betreibt, eine betriebsbereite oder stillgelegte kerntechnische Anlage innehat oder ganz oder teilweise abbaut oder eine solche Anlage oder ihren Betrieb wesentlich ändert, wird mit Freiheitsstrafe bis zu fünf Jahren oder mit Geldstrafe bestraft.

(2) Mit Freiheitsstrafe bis zu zwei Jahren oder mit Geldstrafe wird bestraft, wer

1. eine genehmigungsbedürftige Anlage im Sinne des Bundes-Immissionsschutzgesetzes oder

2. eine Abfallbeseitigungsanlage im Sinne des Abfallbeseitigungsgesetzes

ohne die nach dem jeweiligen Gesetz erforderliche Genehmigung oder Planfeststellung oder entgegen einer auf dem jeweiligen Gesetz beruhenden vollziehbaren Untersagung betreibt.

(3) Handelt der Täter fahrlässig, so ist die Strafe

1. in den Fällen des Absatzes 1 Freiheitsstrafe bis zu zwei Jahren oder Geldstrafe,

2. in den Fällen des Absatzes 2 Freiheitsstrafe bis zu einem Jahr oder Geldstrafe.

§ 328. Unerlaubter Umgang mit Kernbrennstoffen. (1) Wer ohne die erforderliche Genehmigung oder entgegen einer vollziehbaren Untersagung

1. Kernbrennstoffe außerhalb einer kerntechnischen Anlage bearbeitet, verarbeitet oder sonst verwendet oder von dem in einer Genehmigung festgelegten Verfahren für die Bearbeitung, Verarbeitung oder sonstige Verwendung wesentlich abweicht oder die in der Genehmigung bezeichnete Betriebsstätte oder deren Lage wesentlich ändert,

2. Kernbrennstoffe

a) außerhalb der staatlichen Verwahrung aufbewahrt,

b) befördert oder

c) einführt, ausführt oder sonst in den Geltungsbereich oder aus dem Geltungsbereich dieses Gesetzes verbringt,

wird mit Freiheitsstrafe bis zu fünf Jahren oder mit Geldstrafe bestraft.

(2) Ebenso wird bestraft, wer

1. Kernbrennstoffe, zu deren Ablieferung er auf Grund des Atomgesetzes verpflichtet ist, nicht unverzüglich abliefert,

2. Kernbrennstoffe an Unberechtigte herausgibt.

(3) Handelt der Täter fahrlässig, so ist die Strafe Freiheitsstrafe bis zu zwei Jahren oder Geldstrafe.

§ 329. Gefährdung schutzbedürftiger Gebiete. (1) Wer entgegen einer auf Grund des Bundes-Immissionsschutzgesetzes erlassenen Rechtsverordnung über ein Gebiet, das eines besonderen Schutzes vor schädlichen Umwelteinwirkungen durch Luftverunreinigungen oder Geräusche bedarf oder in dem während austauscharmer Wetterlagen ein starkes Anwachsen schädlicher Umwelteinwirkungen durch Luftverunreinigungen zu befürchten ist, Anlagen innerhalb des Gebietes betreibt, wird mit Freiheitsstrafe bis zu zwei Jahren oder mit Geldstrafe bestraft. Ebenso wird bestraft, wer innerhalb eines solchen Gebietes Anlagen entgegen einer vollziehbaren Anordnung betreibt, die auf Grund einer in Satz 1 bezeichneten Rechtsverordnung ergangen ist. Die Sätze 1 und 2 gelten nicht für Kraftfahrzeuge, Schienen-, Luft- oder Wasserfahrzeuge.

(2) Wer innerhalb eines Wasser- oder Heilquellenschutzgebietes entgegen einer zu deren Schutz erlassenen Rechtsvorschrift

1. betriebliche Anlagen zum Lagern, Abfüllen oder Umschlagen wassergefährdender Stoffe betreibt,

2. Rohrleitungsanlagen zum Befördern wassergefährdender Stoffe betreibt oder

3. im Rahmen eines Gewerbebetriebes Kies, Sand, Ton oder andere feste Stoffe abbaut,

wird mit Freiheitsstrafe bis zu zwei Jahren oder mit Geldstrafe bestraft.

(3) Ebenso wird bestraft, wer innerhalb eines Naturschutzgebietes oder eines Nationalparks oder innerhalb einer als Naturschutzgebiet einstweilig sichergestellten Fläche entgegen einer zu deren Schutz erlassenen Rechtsvorschrift oder vollziehbaren Untersagung

1. Bodenschätze oder andere Bodenbestandteile abbaut oder gewinnt,

2. Abgrabungen oder Aufschüttungen vornimmt,

3. Gewässer schafft, verändert oder beseitigt,

4. Moore, Sümpfe, Brüche oder sonstige Feuchtgebiete entwässert oder

5. Wald rodet

und dadurch wesentliche Bestandteile eines solchen Gebietes beeinträchtigt.

(4) Handelt der Täter fahrlässig, so ist die Strafe Freiheitsstrafe bis zu einem Jahr oder Geldstrafe.

§330. Schwere Umweltgefährdung.
(1) Mit Freiheitsstrafe von drei Monaten bis zu fünf Jahren wird bestraft, wer

1. eine Tat nach § 324 Abs. 1, § 326 Abs. 1, 2, § 327 Abs. 1, 2, § 328 Abs. 1, 2 oder nach § 329 Abs. 1 bis 3 begeht,

2. beim Betrieb einer Anlage, insbesondere einer Betriebsstätte oder Maschine, gegen eine Rechtsvorschrift, vollziehbare Untersagung, Anordnung oder Auflage verstößt, die dem Schutz vor Luftverunreinigungen, Lärm, Erschütterungen, Strahlen oder sonstigen schädlichen Umwelteinwirkungen oder anderen Gefahren für die Allgemeinheit oder die Nachbarschaft dient,

3. eine Rohrleitungsanlage zum Befördern wassergefährdender Stoffe oder eine betriebliche Anlage zum Lagern, Abfüllen oder Umschlagen wassergefährdender Stoffe ohne die erforderliche Genehmigung, Eignungsfeststellung oder Bauartzulassung oder entgegen einer vollziehbaren Untersagung, Anordnung oder Auflage, die dem Schutz vor schädlichen Einwirkungen auf die Umwelt dient, oder unter grob

pflichtwidrigem Verstoß gegen die allgemein anerkannten Regeln der Technik betreibt oder

4. Kernbrennstoffe, sonstige radioaktive Stoffe, explosionsgefährliche Stoffe oder sonstige gefährliche Güter als Führer eines Fahrzeuges oder als sonst für die Sicherheit oder die Beförderung Verantwortlicher ohne die erforderliche Genehmigung oder Erlaubnis oder entgegen einer vollziehbaren Untersagung, Anordnung oder Auflage, die dem Schutz vor schädlichen Einwirkungen auf die Umwelt dient, oder unter grob pflichtwidrigem Verstoß gegen Rechtsvorschriften zur Sicherung vor den von diesen Gütern ausgehenden Gefahren befördert, versendet, verpackt oder auspackt, verlädt oder entlädt, entgegennimmt oder anderen überläßt oder Kennzeichnungen unterläßt

und dadurch Leib oder Leben eines anderen, fremde Sachen von bedeutendem Wert, die öffentliche Wasserversorgung oder eine staatlich anerkannte Heilquelle gefährdet. Satz 1 Nr. 2 gilt nicht für Kraftfahrzeuge, Schienen-, Luft- oder Wasserfahrzeuge.

(2) Ebenso wird bestraft, wer durch eine der in Absatz 1 Satz 1 Nr. 1 bis 4 bezeichneten Handlungen

1. die Eigenschaften eines Gewässers oder eines landwirtschaftlich, forstwirtschaftlich oder gärtnerisch genutzten Bodens derart beeinträchtigt, daß das Gewässer oder der Boden auf längere Zeit nicht mehr wie bisher genutzt werden kann oder

2. Bestandteile des Naturhaushalts von erheblicher ökologischer Bedeutung derart beeinträchtigt, daß die Beeinträchtigung nicht, nur mit unverhältnismäßigen Schwierigkeiten oder erst nach längerer Zeit wieder beseitigt werden kann.

Absatz 1 Satz 2 gilt entsprechend.

(3) Der Versuch ist strafbar.

(4) In besonders schweren Fällen ist die Strafe Freiheitsstrafe von sechs Monaten bis zu zehn Jahren. Ein besonders schwerer Fall liegt in der Regel vor, wenn der Täter durch die Tat

1. Leib oder Leben einer großen Zahl von Menschen gefährdet oder

2. den Tod oder eine schwere Körperverletzung (§ 224) eines Menschen leichtfertig verursacht.

(5) Wer in den Fällen des Absatzes 1 oder 2 die Gefahr oder die Beeinträchtigung fahrlässig verursacht, wird mit Freiheitsstrafe bis zu fünf Jahren oder mit Geldstrafe bestraft.

(6) Wer in den Fällen des Absatzes 1 oder 2 fahrlässig handelt und die Gefahr oder die Beeinträchtigung fahrlässig verursacht, wird mit Freiheitsstrafe bis zu drei Jahren oder mit Geldstrafe bestraft.

§ 330a. Schwere Gefährdung durch Freisetzen von Giften. (1) Wer Gifte in der Luft, in einem Gewässer, im Boden oder sonst verbreitet oder freisetzt und dadurch einen anderen in die Gefahr des Todes oder einer schweren Körperverletzung (§ 224) bringt, wird mit Freiheitsstrafe von sechs Monaten bis zu zehn Jahren bestraft.

(2) Wer die Gefahr fahrlässig verursacht, wird mit Freiheitsstrafe bis zu fünf Jahren oder mit Geldstrafe bestraft.

§ 330b. Tätige Reue. (1) Das Gericht kann in den Fällen des § 330 Abs. 1 und 5 in Verbindung mit Absatz 1 und des § 330a die Strafe nach seinem Ermessen mildern (§ 49 Abs. 2) oder von einer Bestrafung nach diesen Vorschriften absehen, wenn der Täter freiwillig die Gefahr abwendet, bevor ein erheblicher Schaden entsteht. Unter denselben Voraussetzungen wird der Täter nicht nach § 330 Abs. 6 in Verbindung mit Absatz 1 bestraft.

(2) Wird ohne Zutun des Täters die Gefahr abgewendet, so genügt sein freiwilliges und ernsthaftes Bemühen, dieses Ziel zu erreichen.

§ 330c. Einziehung. Ist eine Straftat nach § 326 Abs. 1, 2, § 327 Abs. 1 oder § 328 Abs. 1, 2 begangen worden, so können

1. Gegenstände, die durch die Tat hervorgebracht oder zu ihrer Begehung oder Vorbereitung gebraucht worden oder bestimmt gewesen sind, und

2. Gegenstände, auf die sich die Tat bezieht,

eingezogen werden.

§ 330d. Begriffsbestimmungen. Im Sinne dieses Abschnitts ist

1. ein Gewässer:

   ein oberirdisches Gewässer und das Grundwasser im räumlichen Geltungsbereich dieses Gesetzes und das Meer;

2. eine kerntechnische Anlage:

   eine Anlage zur Erzeugung oder zur Bearbeitung oder Verarbeitung oder zur Spaltung von Kernbrennstoffen oder zur Aufarbeitung bestrahlter Kernbrennstoffe;

3. eine betriebliche Anlage zum Lagern, Abfüllen oder Umschlagen wassergefährdender Stoffe:

   auch eine Anlage in einem öffentlichen Unternehmen;

4. ein gefährliches Gut:

   ein Gut im Sinne des Gesetzes über die Beförderung gefährlicher Güter und einer darauf beruhenden Rechtsverordnung und im Sinne der Rechtsvorschriften über die internationale Beförderung gefährlicher Güter im jeweiligen Anwendungsbereich.

Neunundzwanzigster Abschnitt. Straftaten im Amte

§ 331. Vorteilsannahme. (1) Ein Amtsträger oder ein für den öffentlichen Dienst besonders Verpflichteter, der einen Vorteil als Gegenleistung dafür fordert, sich versprechen läßt oder annimmt, daß er eine Diensthandlung vorgenommen hat oder künftig vornehme, wird mit Freiheitsstrafe bis zu zwei Jahren oder mit Geldstrafe bestraft.

(2) Ein Richter oder Schiedsrichter, der einen Vorteil als Gegenleistung dafür fordert, sich versprechen läßt oder annimmt, daß er eine richterliche Handlung vorgenommen hat oder künftig vornehme, wird mit Freiheitsstrafe bis zu drei Jahren oder mit Geldstrafe bestraft. Der Versuch ist strafbar.

(3) Die Tat ist nicht nach Absatz 1 strafbar, wenn der Täter einen nicht von ihm geforderten Vorteil sich versprechen läßt oder annimmt und die zuständige Behörde im Rahmen ihrer Befugnisse entweder die Annahme vorher genehmigt hat oder der Täter unverzüglich bei ihr Anzeige erstattet und sie die Annahme genehmigt.

§ 332. Bestechlichkeit. (1) Ein Amtsträger oder ein für den öffentlichen Dienst besonders Verpflichteter, der einen Vorteil als Gegenleistung dafür fordert, sich versprechen läßt oder annimmt, daß er eine Diensthandlung vorgenommen hat oder künftig vornehme und dadurch seine Dienstpflichten verletzt hat oder verletzen würde, wird mit Freiheitsstrafe von sechs Monaten bis zu fünf Jahren, in minder schweren Fällen mit Freiheitsstrafe bis zu drei Jahren oder mit Geldstrafe bestraft. Der Versuch ist strafbar.

(2) Ein Richter oder Schiedsrichter, der einen Vorteil als Gegenleistung dafür fordert, sich versprechen läßt oder annimmt, daß er eine richterliche Handlung vorgenommen hat oder künftig vornehme und dadurch seine richterlichen Pflichten verletzt hat oder verletzen würde, wird mit Freiheitsstrafe von einem Jahr bis zu zehn Jahren, in minder schweren Fällen mit Freiheitsstrafe von sechs Monaten bis zu fünf Jahren bestraft.

(3) Falls der Täter den Vorteil als Gegenleistung für eine künftige Handlung fordert, sich versprechen läßt oder annimmt, so sind die Absätze 1 und 2 schon dann anzuwenden, wenn er sich dem anderen gegenüber bereit gezeigt hat,

1. bei der Handlung seine Pflichten zu verletzen oder,
2. soweit die Handlung in seinem Ermessen steht, sich bei Ausübung des Ermessens durch den Vorteil beeinflussen zu lassen.

§ 333. Vorteilsgewährung. (1) Wer einem Amtsträger, einem für den öffentlichen Dienst besonders Verpflichteten oder einem Soldaten der Bundeswehr als Gegenleistung dafür, daß er eine in seinem Ermessen stehende Diensthandlung künftig vornehme, einen Vorteil anbietet, verspricht oder gewährt, wird mit Freiheitsstrafe bis zu zwei Jahren oder mit Geldstrafe bestraft.

(2) Wer einem Richter oder Schiedsrichter als Gegenleistung dafür, daß er eine richterliche Handlung künftig vornehme, einen Vorteil anbietet, verspricht oder gewährt, wird mit Freiheitsstrafe bis zu drei Jahren oder mit Geldstrafe bestraft.

(3) Die Tat ist nicht nach Absatz 1 strafbar, wenn die zuständige Behörde im Rahmen ihrer Befugnisse entweder die Annahme des Vorteils durch den Empfänger vorher genehmigt hat oder sie auf unverzügliche Anzeige des Empfängers genehmigt.

§ 334. Bestechung. (1) Wer einem Amtsträger, einem für den öffentlichen Dienst besonders Verpflichteten oder einem Soldaten der Bundeswehr einen Vorteil als Gegenleistung dafür anbietet, verspricht oder gewährt, daß er eine Diensthandlung vorgenommen hat oder künftig vornehme und dadurch seine Dienstpflichten verletzt hat oder verletzen würde, wird mit Freiheitsstrafe von drei Monaten bis zu fünf Jahren, in minder schweren Fällen mit Freiheitsstrafe bis zu zwei Jahren oder mit Geldstrafe bestraft.

(2) Wer einem Richter oder Schiedsrichter einen Vorteil als Gegenleistung dafür anbietet, verspricht oder gewährt, daß er eine richterliche Handlung

1. vorgenommen und dadurch seine richterlichen Pflichten verletzt hat oder

2. künftig vornehme und dadurch seine richterlichen Pflichten verletzen würde,

wird in den Fällen der Nummer 1 mit Freiheitsstrafe von drei Monaten bis zu fünf Jahren, in den Fällen der Nummer 2 mit Freiheitsstrafe von sechs Monaten bis zu fünf Jahren bestraft. Der Versuch ist strafbar.

(3) Falls der Täter den Vorteil als Gegenleistung für eine künftige Handlung anbietet, verspricht oder gewährt, so sind die Absätze 1 und 2 schon dann anzuwenden, wenn er den anderen zu bestimmen versucht, daß dieser

1. bei der Handlung seine Pflichten verletzt oder,

2. soweit die Handlung in seinem Ermessen steht, sich bei der Ausübung des Ermessens durch den Vorteil beeinflussen läßt.

§ 335. Unterlassen der Diensthandlung. Der Vornahme einer Diensthandlung oder einer richterlichen Handlung im Sinne der §§ 331 bis 334 steht das Unterlassen der Handlung gleich.

§ 335a. Schiedsrichtervergütung. Die Vergütung eines Schiedsrichters ist nur dann ein Vorteil im Sinne der §§ 331 bis 334, wenn der Schiedsrichter sie von einer Partei hinter dem Rücken der anderen fordert, sich versprechen läßt oder annimmt oder wenn sie ihm eine Partei hinter dem Rücken der anderen anbietet, verspricht oder gewährt.

§ 336. Rechtsbeugung. Ein Richter, ein anderer Amtsträger oder ein Schiedsrichter, welcher sich bei der Leitung oder Entscheidung einer Rechtssache zugunsten oder zum Nachteil einer Partei einer Beugung des Rechts schuldig macht, wird mit Freiheitsstrafe von einem Jahr bis zu fünf Jahren bestraft.

§§ 337–339. (weggefallen)

§ 340. Körperverletzung im Amt. (1) Ein Amtsträger, der während der Ausübung seines Dienstes oder in Beziehung auf seinen Dienst eine Körperverletzung begeht oder begehen läßt, wird mit Freiheitsstrafe von drei Monaten bis zu fünf Jahren bestraft. In minder schweren Fällen ist die Strafe Freiheitsstrafe bis zu drei Jahren oder Geldstrafe.

(2) Bei schwerer Körperverletzung (§ 224) ist die Strafe Freiheitsstrafe nicht unter zwei Jahren, in minder schweren Fällen Freiheitsstrafe von drei Monaten bis zu fünf Jahren.

§§ 341, 342. (weggefallen)

§ 343. Aussageerpressung. (1) Wer als Amtsträger, der zur Mitwirkung an

1. einem Strafverfahren, einem Verfahren zur Anordnung einer behördlichen Verwahrung,

2. einem Bußgeldverfahren oder

3. einem Disziplinarverfahren oder einem ehrengerichtlichen oder berufsgerichtlichen Verfahren

berufen ist, einen anderen körperlich mißhandelt, gegen ihn sonst Gewalt anwendet, ihm Gewalt androht oder ihn seelisch quält, um ihn zu nötigen, in dem Verfahren etwas auszusagen oder zu erklären oder dies zu unterlassen, wird mit Freiheitsstrafe von einem Jahr bis zu zehn Jahren bestraft.

(2) In minder schweren Fällen ist die Strafe Freiheitsstrafe von sechs Monaten bis zu fünf Jahren.

§ 344. Verfolgung Unschuldiger. (1) Wer als Amtsträger, der zur Mitwirkung an einem Strafverfahren, abgesehen von dem Verfahren zur Anordnung einer nicht freiheitsentziehenden Maßnahme (§ 11 Abs. 1 Nr. 8), berufen ist, absichtlich oder wissentlich einen Unschuldigen oder jemanden, der sonst nach dem Gesetz nicht strafrechtlich verfolgt werden darf, strafrechtlich verfolgt oder auf eine solche Verfolgung hinwirkt, wird mit Freiheitsstrafe von einem Jahr bis zu zehn Jahren, in minder schweren Fällen mit Freiheitsstrafe von drei Monaten bis zu fünf Jahren bestraft. Satz 1 gilt sinngemäß für einen Amtsträger, der zur Mitwirkung an einem Verfahren zur Anordnung einer behördlichen Verwahrung berufen ist.

(2) Wer als Amtsträger, der zur Mitwirkung an einem Verfahren zur Anordnung einer nicht freiheitsentziehenden Maßnahme (§ 11 Abs. 1 Nr. 8) berufen ist, absichtlich oder wissentlich jemanden, der nach dem Gesetz nicht strafrechtlich verfolgt werden darf, strafrechtlich verfolgt oder auf eine solche Verfolgung hinwirkt, wird mit Freiheitsstrafe von drei Monaten bis zu fünf Jahren bestraft. Satz 1 gilt sinngemäß für einen Amtsträger, der zur Mitwirkung an

1. einem Bußgeldverfahren oder

2. einem Disziplinarverfahren oder einem ehrengerichtlichen oder berufsgerichtlichen Verfahren

berufen ist. Der Versuch ist strafbar.

§ 345. Vollstreckung gegen Unschuldige. (1) Wer als Amtsträger, der zur Mitwirkung bei der Vollstreckung einer Freiheitsstrafe, einer freiheitsentziehenden Maßregel der Besserung und Sicherung oder einer behördlichen Verwahrung berufen ist, eine solche Strafe, Maßregel oder Verwahrung vollstreckt, obwohl sie nach dem Gesetz nicht vollstreckt werden darf, wird mit Freiheitsstrafe von einem Jahr bis zu zehn Jahren, in minder schweren Fällen mit Freiheitsstrafe von drei Monaten bis zu fünf Jahren bestraft.

(2) Handelt der Täter leichtfertig, so ist die Strafe Freiheitsstrafe bis zu einem Jahr oder Geldstrafe.

(3) Wer, abgesehen von den Fällen des Absatzes 1, als Amtsträger, der zur Mitwirkung bei der Vollstreckung einer Strafe oder einer Maßnahme (§ 11 Abs. 1 Nr. 8) berufen ist, eine Strafe oder Maßnahme vollstreckt, obwohl sie nach dem Gesetz nicht vollstreckt werden darf, wird mit Freiheitsstrafe von drei Monaten bis zu fünf Jahren bestraft. Ebenso wird bestraft, wer als Amtsträger, der zur Mitwirkung bei der Vollstreckung

1. eines Jugendarrestes,

2. einer Geldbuße oder Nebenfolge nach dem Ordnungswidrigkeitenrecht,

3. eines Ordnungsgeldes oder einer Ordnungshaft oder

4. einer Disziplinarmaßnahme oder einer ehrengerichtlichen oder berufsgerichtlichen Maßnahme

berufen ist, eine solche Rechtsfolge vollstreckt, obwohl sie nach dem Gesetz nicht vollstreckt werden darf. Der Versuch ist strafbar.

§§ 346, 347. (weggefallen)

§ 348. Falschbeurkundung im Amt. (1) Ein Amtsträger, der, zur Aufnahme öffentlicher Urkunden befugt, innerhalb seiner Zuständigkeit eine rechtlich erhebliche Tatsache falsch beurkundet oder in öffentliche Register oder Bücher falsch einträgt, wird mit Freiheitsstrafe bis zu fünf Jahren oder mit Geldstrafe bestraft.

(2) Der Versuch ist strafbar.

§§ 349–351. (weggefallen)

§ 352. Gebührenüberhebung. (1) Ein Amtsträger, Anwalt oder sonstiger Rechtsbeistand, welcher Gebühren oder andere Vergütungen für amtliche Verrichtungen zu seinem Vorteil zu erheben hat, wird, wenn er Gebühren oder Vergütungen erhebt, von denen er weiß, daß der Zahlende sie überhaupt nicht oder nur in geringerem Betrage schuldet, mit Freiheitsstrafe bis zu einem Jahr oder mit Geldstrafe bestraft.

(2) Der Versuch ist strafbar.

§ 353. Abgabenüberhebung; Leistungskürzung. (1) Ein Amtsträger, der Steuern, Gebühren oder andere Abgaben für eine öffentliche Kasse zu erheben hat, wird, wenn er Abgaben, von denen er weiß, daß der Zahlende sie überhaupt nicht oder nur in geringerem Betrage schuldet, erhebt und das rechtswidrige Erhobene ganz oder zum Teil nicht zur Kasse bringt, mit Freiheitsstrafe von drei Monaten bis zu fünf Jahren bestraft.

(2) Ebenso wird bestraft, wer als Amtsträger bei amtlichen Ausgaben an Geld oder Naturalien dem Empfänger rechtswidrig Abzüge macht und die Ausgaben als vollständig geleistet in Rechnung stellt.

§ 353a. Vertrauensbruch im auswärtigen Dienst. (1) Wer bei der Vertretung der Bundesrepublik Deutschland gegenüber einer fremden Regierung, einer Staatengemeinschaft oder einer zwischenstaatlichen Einrichtung einer amtlichen Anweisung zuwiderhandelt oder in der Absicht, die Bundesregierung irrezuleiten, unwahre Berichte tatsächlicher Art erstattet, wird mit Freiheitsstrafe bis zu fünf Jahren oder mit Geldstrafe bestraft.

(2) Die Tat wird nur mit Ermächtigung der Bundesregierung verfolgt.

§ 353b. Verletzung des Dienstgeheimnisses und einer besonderen Geheimhaltungspflicht. (1) Wer ein Geheimnis, das ihm als

1. Amtsträger,
2. für den öffentlichen Dienst besonders Verpflichteten oder
3. Person, die Aufgaben oder Befugnisse nach dem Personalvertretungsrecht wahrnimmt,

anvertraut worden oder sonst bekanntgeworden ist, unbefugt offenbart und dadurch wichtige öffentliche Interessen gefährdet, wird mit Freiheitsstrafe bis zu fünf Jahren oder mit Geldstrafe bestraft. Hat der Täter durch die Tat fahrlässig wichtige öffentliche Interessen gefährdet, so wird er mit Freiheitsstrafe bis zu einem Jahr oder mit Geldstrafe bestraft.

(2) Wer, abgesehen von den Fällen des Absatzes 1, unbefugt einen Gegenstand oder eine Nachricht, zu deren Geheimhaltung er

1. auf Grund des Beschlusses eines Gesetzgebungsorgans des Bundes oder eines Landes oder eines seiner Ausschüsse verpflichtet ist oder
2. von einer anderen amtlichen Stelle unter Hinweis auf die Strafbarkeit der Verletzung der Geheimhaltungspflicht förmlich verpflichtet worden ist,

an einen anderen gelangen läßt oder öffentlich bekanntmacht und dadurch wichtige öffentliche Interessen gefährdet, wird mit Freiheitsstrafe bis zu drei Jahren oder mit Geldstrafe bestraft.

(3) Der Versuch ist strafbar.

(4) Die Tat wird nur mit Ermächtigung verfolgt. Die Ermächtigung wird erteilt

1. von dem Präsidenten des Gesetzgebungsorgans

   a) in den Fällen des Absatzes 1, wenn dem Täter das Geheimnis während seiner Tätigkeit bei einem oder für ein Gesetzgebungsorgan des Bundes oder eines Landes bekanntgeworden ist,

   b) in den Fällen des Absatzes 2 Nr. 1;

2. von der obersten Bundesbehörde

a) in den Fällen des Absatzes 1, wenn dem Täter das Geheimnis während seiner Tätigkeit sonst bei einer oder für eine Behörde oder bei einer anderen amtlichen Stelle des Bundes oder für eine solche Stelle bekanntgeworden ist,

b) in den Fällen des Absatzes 2 Nr. 2, wenn der Täter von einer amtlichen Stelle des Bundes verpflichtet worden ist;

3. von der obersten Landesbehörde in allen übrigen Fällen der Absätze 1 und 2 Nr. 2.

§ 353c. (aufgehoben)

§ 353d. Verbotene Mitteilungen über Gerichtsverhandlungen. Mit Freiheitsstrafe bis zu einem Jahr oder mit Geldstrafe wird bestraft, wer

1. entgegen einem gesetzlichen Verbot über eine Gerichtsverhandlung, bei der die Öffentlichkeit ausgeschlossen war, oder über den Inhalt eines die Sache betreffenden amtlichen Schriftstücks öffentlich eine Mitteilung macht,

2. entgegen einer vom Gericht auf Grund eines Gesetzes auferlegten Schweigepflicht Tatsachen unbefugt offenbart, die durch eine nichtöffentliche Gerichtsverhandlung oder durch ein die Sache betreffendes amtliches Schriftstück zu seiner Kenntnis gelangt sind, oder

3. die Anklageschrift oder andere amtliche Schriftstücke eines Strafverfahrens, eines Bußgeldverfahrens oder eines Disziplinarverfahrens, ganz oder in wesentlichen Teilen, im Wortlaut öffentlich mitteilt, bevor sie in öffentlicher Verhandlung erörtert worden sind oder das Verfahren abgeschlossen ist.

§ 354. Verletzung des Post- und Fernmeldegeheimnisses. (1) Wer unbefugt einem anderen eine Mitteilung über Tatsachen macht, die dem Post- und Fernmeldegeheimnis unterliegen und die ihm als Bediensteten der Post bekanntgeworden sind, wird mit Freiheitsstrafe bis zu fünf Jahren oder mit Geldstrafe bestraft.

(2) Ebenso wird bestraft, wer als Bediensteter der Post unbefugt

1. eine Sendung, die der Post zur Übermittlung auf dem Post- oder Fernmeldeweg anvertraut worden und verschlossen ist, öffnet oder sich von ihrem Inhalt ohne Öffnung des Verschlusses unter Anwendung technischer Mittel Kenntnis verschafft,

2. eine der Post zur Übermittlung auf dem Post- oder Fernmeldeweg anvertraute Sendung unterdrückt oder

3. eine der in Absatz 1 oder in den Nummern 1 oder 2 bezeichneten Handlungen gestattet oder fördert.

(3) Die Absätze 1 und 2 gelten entsprechend für Personen, die

1. von der Post oder mit deren Ermächtigung mit postdienstlichen Verrichtungen betraut sind oder

2. eine nicht der Post gehörende, dem öffentlichen Verkehr dienende Fernmeldeanlage beaufsichtigen, bedienen oder bei ihrem Betrieb tätig sind.

Absatz 1 gilt entsprechend auch für Personen, die mit der Herstellung von Einrichtungen der Post oder einer nicht der Post gehörenden, dem öffentlichen Verkehr dienenden Fernmeldeanlage oder mit Arbeiten daran betraut sind.

(4) Wer unbefugt einem anderen eine Mitteilung über Tatsachen macht, die ihm als außerhalb des Postbereichs tätigem Amtsträger auf Grund eines befugten Eingriffs in das Post- und Fernmeldegeheimnis bekanntgeworden sind, wird mit Freiheitsstrafe bis zu zwei Jahren oder mit Geldstrafe bestraft.

(5) Dem Post- und Fernmeldegeheimnis im Sinne der Absätze 1 und 4 unterliegen der Post- und Fernmeldeverkehr bestimmter Personen sowie der Inhalt von Postsendungen und Telegrammen und von solchen Gesprächen und Fernschreiben, die über dem öffentlichen Verkehr dienende Fernmeldeanlagen abgewickelt werden.

§ 355. Verletzung des Steuergeheimnisses. (1) Wer unbefugt

1. Verhältnisse eines anderen, die ihm als Amtsträger

   a) in einem Verwaltungsverfahren oder einem gerichtlichen Verfahren in Steuersachen,

   b) in einem Strafverfahren wegen einer Steuerstraftat oder in einem Bußgeldverfahren wegen einer Steuerordnungswidrigkeit,

   c) aus anderem Anlaß durch Mitteilung einer Finanzbehörde oder durch die gesetzlich vorgeschriebene Vorlage eines Steuerbescheides oder einer Bescheinigung über die bei der Besteuerung getroffenen Feststellungen

   bekanntgeworden sind, oder

2. ein fremdes Betriebs- oder Geschäftsgeheimnis, das ihm als Amtsträger in einem der in Nummer 1 genannten Verfahren bekanntgeworden ist,

offenbart oder verwertet, wird mit Freiheitsstrafe bis zu zwei Jahren oder mit Geldstrafe bestraft.

(2) Den Amtsträgern im Sinne des Absatzes 1 stehen gleich

1. die für den öffentlichen Dienst besonders Verpflichteten,

2. amtlich zugezogene Sachverständige und

3. die Träger von Ämtern der Kirchen und anderen Religionsgesellschaften des öffentlichen Rechts.

(3) Die Tat wird nur auf Antrag des Dienstvorgesetzten oder des Verletzten verfolgt. Bei Taten amtlich zugezogener Sachverständiger ist der Leiter der Behörde, deren Verfahren betroffen ist, neben dem Verletzten antragsberechtigt.

§ 356. Parteiverrat. (1) Ein Anwalt oder ein anderer Rechtsbeistand, welcher bei den ihm in dieser Eigenschaft anvertrauten Angelegenheiten

in derselben Rechtssache beiden Parteien durch Rat oder Beistand pflichtwidrig dient, wird mit Freiheitsstrafe von drei Monaten bis zu fünf Jahren bestrat.

(2) Handelt derselbe im Einverständnis mit der Gegenpartei zum
Nachteil seiner Partei, so tritt Freiheitsstrafe von einem Jahr bis zu fünf
Jahren ein.

§ 357. Verleitung eines Untergebenen zu einer Straftat. (1) Ein Vorgesetzter, welcher seine Untergebenen zu einer rechtswidrigen Tat im
Amte verleitet oder zu verleiten unternimmt oder eine solche rechtswidrige Tat seiner Untergebenen geschehen läßt, hat die für diese rechtswidrige Tat angedrohte Strafe verwirkt.

(2) Dieselbe Bestimmung findet auf einen Amtsträger Anwendung,
welchem eine Aufsicht oder Kontrolle über die Dienstgeschäfte eines
anderen Amtsträgers übertragen ist, sofern die von diesem letzteren
Amtsträger begangene rechtswidrige Tat die zur Aufsicht oder Kontrolle
gehörenden Geschäfte betrifft.

§ 358. Nebenfolgen. Neben einer Freiheitsstrafe von mindestens sechs
Monaten wegen einer Straftat nach den §§ 332, 336, 340, 343, 344, 345
Abs. 1, 3, §§ 348, 352 bis 353b Abs. 1, §§ 354, 355 und 357 kann das
Gericht die Fähigkeit, öffentliche Ämter zu bekleiden (§ 45 Abs. 2), aber-
kennen.

2. Einführungsgesetz zum Strafgesetzbuch (EGStGB)

Vom 2. März 1974
(BGBl. I S. 469, ber. 1975 S. 1916 und 1976 S. 507)

Zuletzt geändert durch Gesetz vom 22. Dezember 1977 (BGBl. I S. 3104)
(BGBl. III 450–16)

(Auszug)

Erster Abschnitt. Allgemeine Vorschriften

Erster Titel. Sachliche Geltung des Strafgesetzbuches

Art. 1. Geltung des Allgemeinen Teils. (1) Die Vorschriften des Allgemeinen Teils des Strafgesetzbuches gelten für das bei seinem Inkrafttreten bestehende und das zukünftige Bundesrecht, soweit das Gesetz nichts anderes bestimmt.

(2) Die Vorschriften des Allgemeinen Teils des Strafgesetzbuches gelten auch für das bei seinem Inkrafttreten bestehende und das zukünftige Landesrecht. Sie gelten nicht, soweit das Bundesrecht besondere Vorschriften des Landesrechts zuläßt und das Landesrecht derartige Vorschriften enthält.

Art. 2. Vorbehalte für das Landesrecht. Die Vorschriften des Allgemeinen Teils des Strafgesetzbuches lassen Vorschriften des Landesrechts unberührt, die bei einzelnen landesrechtlichen Straftatbeständen

1. den Geltungsbereich abweichend von den §§ 3 bis 7 des Strafgesetzbuches bestimmen oder

2. unter besonderen Voraussetzungen Straflosigkeit vorsehen.

Art. 3. Zulässige Rechtsfolgen bei Straftaten nach Landesrecht.
(1) Vorschriften des Landesrechts dürfen bei Straftaten keine anderen Rechtsfolgen vorsehen als

1. Freiheitsstrafe bis zu zwei Jahren und wahlweise Geldstrafe bis zum gesetzlichen Höchstmaß (§ 40 Abs. 1 Satz 2, Abs. 2 Satz 3 des Strafgesetzbuches),

2. Einziehung von Gegenständen.

(2) Vorschriften des Landesrechts dürfen

1. weder Freiheitsstrafe noch Geldstrafe allein und

2. bei Freiheitsstrafe kein anderes Mindestmaß als das gesetzliche (§ 38 Abs. 2 des Strafgesetzbuches) und kein niedrigeres Höchstmaß als sechs Monate androhen.

Art. 4. Verhältnis des Besonderen Teils zum Bundes- und Landesrecht. (1) Die Vorschriften des Besonderen Teils des Strafgesetzbuches lassen die Strafvorschriften des Bundesrechts unberührt, soweit sie nicht durch dieses Gesetz aufgehoben oder geändert werden.

(2) Die Vorschriften des Besonderen Teils des Strafgesetzbuches lassen auch die Straf- und Bußgeldvorschriften des Landesrechts unberührt, soweit diese nicht eine Materie zum Gegenstand haben, die im Strafgesetzbuch abschließend geregelt ist.

(3) Die Vorschriften des Strafgesetzbuches über Betrug, Hehlerei und Begünstigung lassen die Vorschriften des Landesrechts unberührt, die bei Steuern oder anderen Abgaben

1. die Straf- und Bußgeldvorschriften der Abgabenordnung für anwendbar erklären oder

2. entsprechende Straf- und Bußgeldtatbestände wie die Abgabenordnung enthalten; Artikel 3 bleibt unberührt.

(4) Die Vorschriften des Strafgesetzbuches über Diebstahl, Hehlerei und Begünstigung lassen die Vorschriften des Landesrechts zum Schutze von Feld und Forst unberührt, die bestimmen, daß eine Tat in bestimmten Fällen, die unbedeutend erscheinen, nicht strafbar ist oder nicht verfolgt wird.

(5) Die Vorschriften des Strafgesetzbuches über Hausfriedensbruch, Sachbeschädigung und Urkundenfälschung lassen die Vorschriften des Landesrechts zum Schutze von Feld und Forst unberührt, die

1. bestimmte Taten nur mit Geldbuße bedrohen oder

2. bestimmen, daß eine Tat in bestimmten Fällen,

   a) die unbedeutend erscheinen, nicht strafbar ist oder nicht verfolgt wird, oder

   b) die geringfügig erscheinen, nur auf Antrag oder nur dann verfolgt wird, wenn die Strafverfolgungsbehörde wegen des besonderen öffentlichen Interesses an der Strafverfolgung ein Einschreiten von Amts wegen für geboten hält.

Zweiter Titel. Gemeinsame Vorschriften für Ordnungs- und Zwangsmittel

Art. 5. Bezeichnung der Rechtsnachteile. In Vorschriften des Bundes- und des Landesrechts dürfen Rechtsnachteile, die nicht bei Straftaten angedroht werden, nicht als Freiheitsstrafe, Haftstrafe, Ordnungsstrafe oder Geldstrafe bezeichnet werden.

Art. 6. Mindest- und Höchstmaß von Ordnungs- und Zwangsmitteln. (1) Droht das Bundesgesetz Ordnungsgeld oder Zwangsgeld an, ohne dessen Mindest- oder Höchstmaß zu bestimmen, so beträgt das Mindestmaß fünf, das Höchstmaß tausend Deutsche Mark. Droht das Landesgesetz Ordnungsgeld an, so gilt Satz 1 entsprechend.

(2) Droht das Gesetz Ordnungshaft an, ohne das Mindest- oder

Höchstmaß zu bestimmen, so beträgt das Mindestmaß einen Tag, das Höchstmaß sechs Wochen. Die Ordnungshaft wird in diesem Fall nach Tagen bemessen.

Art. 7. Zahlungserleichterungen bei Ordnungsgeld. (1) Ist dem Betroffenen nach seinen wirtschaftlichen Verhältnissen nicht zuzumuten, das Ordnungsgeld sofort zu zahlen, so wird ihm eine Zahlungsfrist bewilligt oder gestattet, das Ordnungsgeld in bestimmten Teilbeträgen zu zahlen. Dabei kann angeordnet werden, daß die Vergünstigung, das Ordnungsgeld in bestimmten Teilbeträgen zu zahlen, entfällt, wenn der Betroffene einen Teilbetrag nicht rechtzeitig zahlt.

(2) Nach Festsetzung des Ordnungsgeldes entscheidet über die Bewilligung von Zahlungserleichterungen nach Absatz 1 die Stelle, der die Vollstreckung des Ordnungsgeldes obliegt. Sie kann eine Entscheidung über Zahlungserleichterungen nachträglich ändern oder aufheben. Dabei darf sie von einer vorausgegangenen Entscheidung zum Nachteil des Betroffenen nur auf Grund neuer Tatsachen oder Beweismittel abweichen.

(3) Entfällt die Vergünstigung nach Absatz 1 Satz 2, das Ordnungsgeld in bestimmten Teilbeträgen zu zahlen, so wird dies in den Akten vermerkt. Dem Betroffenen kann erneut eine Zahlungserleichterung bewilligt werden.

(4) Über Einwendungen gegen Anordnungen nach den Absätzen 2 und 3 entscheidet die Stelle, die das Ordnungsgeld festgesetzt hat, wenn einer anderen Stelle die Vollstreckung obliegt.

Art. 8. Nachträgliche Entscheidungen über die Ordnungshaft.
(1) Kann das Ordnungsgeld nicht beigetrieben werden und ist die Festsetzung der für diesen Fall vorgesehenen Ordnungshaft unterblieben, so wandelt das Gericht das Ordnungsgeld nachträglich in Ordnungshaft um. Das Gericht entscheidet nach Anhörung der Beteiligten durch Beschluß.

(2) Das Gericht ordnet an, daß die Vollstreckung der Ordnungshaft, die an Stelle eines uneinbringlichen Ordnungsgeldes festgesetzt worden ist, unterbleibt, wenn die Vollstreckung für den Betroffenen eine unbillige Härte wäre.

Art. 9. Verjährung von Ordnungsmitteln. (1) Die Verjährung schließt die Festsetzung von Ordnungsgeld und Ordnungshaft aus. Die Verjährungsfrist beträgt, soweit das Gesetz nichts anderes bestimmt, zwei Jahre. Die Verjährung beginnt, sobald die Handlung beendet ist. Die Verjährung ruht, solange nach dem Gesetz das Verfahren zur Festsetzung des Ordnungsgeldes nicht begonnen oder nicht fortgesetzt werden kann.

(2) Die Verjährung schließt auch die Vollstreckung des Ordnungsgeldes und der Ordnungshaft aus. Die Verjährungsfrist beträgt zwei Jahre. Die Verjährung beginnt, sobald das Ordnungsmittel vollstreckbar ist. Die Verjährung ruht, solange

1. nach dem Gesetz die Vollstreckung nicht begonnen oder nicht fortgesetzt werden kann,
2. die Vollstreckung ausgesetzt ist oder
3. eine Zahlungserleichterung bewilligt ist.

Zweiter Abschnitt. Allgemeine Anpassung von Strafvorschriften

Art. 10. Geltungsbereich. (1) Die Vorschriften dieses Abschnitts gelten für die Strafvorschriften des Bundesrechts, soweit sie nicht durch Gesetz besonders geändert werden.

(2) Die Vorschriften gelten nicht für die Strafdrohungen des Wehrstrafgesetzes und des Zivildienstgesetzes.

Art. 11. Freiheitsstrafdrohungen. Droht das Gesetz Freiheitsstrafe mit einem besonderen Mindestmaß an, das einen Monat oder weniger beträgt, so entfällt die Androhung dieses Mindestmaßes.

Art. 12. Geldstrafdrohungen. (1) Droht das Gesetz neben Freiheitsstrafe ohne besonderes Mindestmaß wahlweise keine Geldstrafe an, so tritt neben die Freiheitsstrafe die wahlweise Androhung der Geldstrafe. Dies gilt auch, wenn die Androhung des besonderen Mindestmaßes der Freiheitsstrafe nach Artikel 11 entfällt.

(2) An die Stelle einer neben Freiheitsstrafe wahlweise angedrohten Geldstrafe von unbeschränkter Höhe oder mit einem besonderen Höchstmaß oder mit einem Höchstmaß, das in dem Mehrfachen, Einfachen oder Bruchteil eines bestimmten Betrages besteht, tritt Geldstrafe mit dem gesetzlichen Höchstmaß (§ 40 Abs. 1 Satz 2, Abs. 2 Satz 3 des Strafgesetzbuches), soweit Absatz 4 nichts anderes bestimmt.

(3) Ist Geldstrafe neben Freiheitsstrafe vorgeschrieben oder zugelassen, so entfällt diese Androhung.

(4) Droht das Gesetz Freiheitsstrafe bis zu sechs Monaten an, so beträgt das Höchstmaß einer wahlweise angedrohten Geldstrafe einhundertachtzig Tagessätze. Dies gilt auch, wenn sich die wahlweise Androhung der Geldstrafe aus Absatz 1 ergibt.

Art. 13. Umwandlung von Übertretungen und leichten Vergehen in Ordnungswidrigkeiten. Soweit Vorschriften für einen bestimmten Tatbestand Geldstrafe oder Freiheitsstrafe mit einem niedrigeren Höchstmaß als sechs Monate, allein oder nebeneinander, androhen, sind die Vorschriften mit der Maßgabe anzuwenden, daß die Handlung als Ordnungswidrigkeit mit einer Geldbuße bis zu tausend Deutsche Mark und, soweit eine höhere Geldstrafe als tausend Deutsche Mark angedroht ist, mit einer Geldbuße bis zu zehntausend Deutsche Mark geahndet werden kann.

Art. 14. Polizeiaufsicht. Soweit Vorschriften die Polizeiaufsicht zulassen, treten sie außer Kraft.

Art. 15. Verfall. Soweit Vorschriften außerhalb des Allgemeinen Teils des Strafgesetzbuches den Verfall eines Gegenstandes oder eines ihm entsprechenden Wertersatzes wegen einer Straftat oder einer rechtswidrigen Tat vorschreiben oder zulassen, treten sie außer Kraft.

Art. 16. Rücknahme des Strafantrages. Soweit Vorschriften außerhalb des Allgemeinen Teils des Strafgesetzbuches die Rücknahme des Strafantrages regeln, treten sie außer Kraft.

Art. 17. Buße zugunsten des Verletzten. Soweit Vorschriften bestimmen, daß zugunsten des Verletzten einer Straftat auf eine Buße erkannt werden kann, treten sie außer Kraft.

Sechster Abschnitt. Anpassung des Landesrechts

Art. 288. Geltungsbereich. Die Vorschriften dieses Abschnitts gelten für die Strafvorschriften des Landesrechts, soweit sie durch ein Landesgesetz nicht besonders geändert werden.

Art. 289. Allgemeine Anpassung. Vorschriften sind nicht mehr anzuwenden, soweit sie Rechtsfolgen androhen, die nach Artikel 3 nicht zulässig sind.

Art. 290. Geldstrafdrohungen. (1) Auf Geldstrafe kann auch dann erkannt werden, wenn das Gesetz neben Freiheitsstrafe wahlweise keine Geldstrafe androht.

(2) Droht das Gesetz neben Freiheitsstrafe mit einem Höchstmaß von mehr als sechs Monaten wahlweise Geldstrafe von unbeschränkter Höhe oder mit einem besonderen Höchstmaß oder mit einem Höchstmaß an, das in dem Mehrfachen, Einfachen oder Bruchteil eines bestimmten Betrages besteht, so kann auf Geldstrafe bis zum gesetzlichen Höchstmaß erkannt werden. Beträgt das Höchstmaß der wahlweise angedrohten Freiheitsstrafe nur sechs Monate, so kann auf Geldstrafe bis zu einhundertachtzig Tagessätzen erkannt werden.

(3) Vorschriften sind nicht mehr anzuwenden, soweit sie Geldstrafe neben Freiheitsstrafe vorschreiben oder zulassen.

Art. 291. Rücknahme des Strafantrages, Buße zugunsten des Verletzten. Vorschriften sind nicht mehr anzuwenden, soweit sie

1. die Rücknahme des Strafantrags regeln oder

2. bestimmen, daß zugunsten des Verletzten einer Straftat auf eine Buße erkannt werden kann.

Art. 292. Nicht mehr anwendbare Straf- und Bußgeldtatbestände. (1) Straf- und Bußgeldvorschriften des Landesrechts, die eine im Strafgesetzbuch abschließend geregelte Materie zum Gegenstand haben, sind nicht mehr anzuwenden, soweit sie nicht nach Artikel 4 Abs. 3 bis 5 unberührt bleiben.

(2) Nach Absatz 1 sind namentlich nicht mehr anzuwenden:
1.–80. *(vom Abdruck wurde abgesehen)*

(3) *(vom Abdruck wurde abgesehen)*

Siebenter Abschnitt. Ergänzende strafrechtliche Regelungen

Art. 293. Tilgung uneinbringlicher Geldstrafen durch freie Arbeit.
Die Landesregierung wird ermächtigt, durch Rechtsverordnung Regelungen zu treffen, wonach die Vollstreckungsbehörden dem Verurteilten gestatten können, eine uneinbringliche Geldstrafe durch freie Arbeit zu tilgen. Die Landesregierung kann die Ermächtigung durch Rechtsverordnung auf die Landesjustizverwaltung übertragen.

Art. 294. Gerichtshilfe. Die Gerichtshilfe (§ 160 Abs. 3 Satz 2 der Strafprozeßordnung) gehört zum Geschäftsbereich der Landesjustizverwaltungen. Die Landesregierung kann durch Rechtsverordnung eine andere Behörde aus dem Bereich der Sozialverwaltung bestimmen.

Art. 295. Aufsichtsstellen bei Führungsaufsicht. (1) Die Aufsichtsstellen (§ 68a des Strafgesetzbuches) gehören zum Geschäftsbereich der Landesjustizverwaltungen.

(2) Die Aufgaben der Aufsichtsstelle werden von Beamten des höheren Dienstes, von staatlich anerkannten Sozialarbeitern oder Sozialpädagogen oder von Beamten des gehobenen Dienstes wahrgenommen. Der Leiter der Aufsichtsstelle muß die Befähigung zum Richteramt besitzen oder ein Beamter des höheren Dienstes sein. Die Leitung der Aufsichtsstelle kann auch einem Richter übertragen werden.

Art. 296. Einfuhr von Zeitungen und Zeitschriften. § 86 Abs. 1 des Strafgesetzbuches ist nicht anzuwenden auf Zeitungen und Zeitschriften, die außerhalb des räumlichen Geltungsbereiches dieses Gesetzes in ständiger, regelmäßiger Folge erscheinen und dort allgemein und öffentlich vertrieben werden.

Art. 297. Verbot der Prostitution. (1) Die Landesregierung kann zum Schutze der Jugend oder des öffentlichen Anstandes
1. für das ganze Gebiet einer Gemeinde bis zu fünfzigtausend Einwohnern,
2. für Teile des Gebiets einer Gemeinde über zwanzigtausend Einwohner oder eines gemeindefreien Gebiets,
3. unabhängig von der Zahl der Einwohner für öffentliche Straßen, Wege, Plätze, Anlagen und für sonstige Orte, die von dort aus eingesehen werden können, im ganzen Gebiet oder in Teilen des Gebiets einer Gemeinde oder eines gemeindefreien Gebiets

durch Rechtsverordnung verbieten, der Prostitution nachzugehen. Sie kann das Verbot nach Satz 1 Nr. 3 auch auf bestimmte Tageszeiten beschränken.

(2) Die Landesregierung kann diese Ermächtigung durch Rechtsverordnung auf eine oberste Landesbehörde oder höhere Verwaltungsbehörde übertragen.

(3) Wohnungsbeschränkungen auf bestimmte Straßen oder Häuserblocks zum Zwecke der Ausübung der Prostitution (Kasernierungen) sind verboten.

Achter Abschnitt. Schlußvorschriften

Art. 298. Mindestmaß der Freiheitsstrafe. (1) Eine Freiheitsstrafe unter einem Monat darf auch wegen solcher Taten nicht verhängt werden, die vor dem 1. Januar 1975 begangen worden sind.

(2) Hätte das Gericht nach bisherigem Recht eine Freiheitsstrafe unter einem Monat verhängt, so erkennt es auf eine Geldstrafe bis zu dreißig Tagessätzen.

Art. 299. Geldstrafe. (1) Die Vorschriften des neuen Rechts über die Geldstrafe (§§ 40 bis 43 des Strafgesetzbuches) gelten auch für die vor dem 1. Januar 1975 begangenen Taten, soweit die Absätze 2 und 3 nichts anderes bestimmen.

(2) Die Geldstrafe darf nach Zahl und Höhe der Tagessätze insgesamt das Höchstmaß der bisher angedrohten Geldstrafe nicht übersteigen. Es dürfen nur so viele Tagessätze verhängt werden, daß die Ersatzfreiheitsstrafe nach § 43 des Strafgesetzbuches nicht höher ist als das nach bisherigem Recht angedrohte Höchstmaß der Ersatzfreiheitsstrafe.

(3) Neben Freiheitsstrafe darf eine Geldstrafe nach § 41 des Strafgesetzbuches nur verhängt werden, wenn auch nach bisherigem Recht eine Geldstrafe neben Freiheitsstrafe vorgeschrieben oder zugelassen war.

Art. 300. Übertretungen. (1) Auf die vor dem 1. Januar 1975 begangenen Taten, die nach bisherigem Recht Übertretungen waren und nach neuem Recht Vergehen sind, ist das neue Recht mit der Beschränkung anzuwenden, daß sich die Voraussetzungen der Strafbarkeit und das Höchstmaß der Freiheitsstrafe nach bisherigem Recht bestimmen. Artikel 298, 299 sind anzuwenden.

(2) Die vor dem 1. Januar 1975 begangenen Taten, die nach bisherigem Recht Übertretungen waren, bleiben bei der Anwendung des § 48 Abs. 1 des Strafgesetzbuchs außer Betracht.

Art. 301. Unterbringung in einer sozialtherapeutischen Anstalt. Wegen einer Tat, die vor dem 1. Januar 1985 begangen worden ist, darf die Unterbringung in einer sozialtherapeutischen Anstalt nach § 65 sowie nach § 63 Abs. 2 des Strafgesetzbuches nicht angeordnet werden.

Art. 302. Anrechnung des Maßregelvollzugs auf die Strafe. Ist vor dem 1. Januar 1975 die Unterbringung in einer Heil- oder Pflegeanstalt oder in einer Trinkerheilanstalt oder einer Entziehungsanstalt nach

§ 456b Satz 2 der Strafprozeßordnung in der bisherigen Fassung vor der Freiheitsstrafe vollzogen worden, so wird die Zeit des Vollzuges der Maßregel auf die Strafe angerechnet.

Art. 303. Führungsaufsicht. (1) Wegen einer Tat, die vor dem 1. Januar 1975 begangen worden ist, darf Führungsaufsicht nach § 68 Abs. 1 des Strafgesetzbuches nicht angeordnet werden.

(2) Nach Verbüßung einer Freiheitsstrafe wegen einer Tat, die vor dem 1. Januar 1975 begangen worden ist, tritt Führungsaufsicht nach § 68f des Strafgesetzbuches nicht ein.

Art. 304. Polizeiaufsicht. Ist vor dem 1. Januar 1975 auf Zulässigkeit von Polizeiaufsicht erkannt worden, so verliert dieser Ausspruch seine Wirkung. Ist im Zentralregister bei einer Verurteilung die Zulässigkeit von Polizeiaufsicht eingetragen worden, so ist die Eintragung insoweit zu tilgen.

Art. 305. Berufsverbot. Neben der Strafe, die wegen einer vor dem 1. Januar 1975 begangenen Tat verhängt wird, ordnet das Gericht das Berufsverbot nur an, wenn außer den Voraussetzungen des § 70 des Strafgesetzbuches auch die Voraussetzungen der Untersagung der Berufsausübung oder der Betriebsführung nach bisherigem Recht vorliegen. Das Berufsverbot darf in diesem Falle nicht für immer angeordnet werden.

Art. 306. Selbständige Anordnung von Maßregeln. Die Vorschriften des neuen Rechts über selbständige Anordnung von Maßregeln der Besserung und Sicherung (§ 71 des Strafgesetzbuches) gelten auch für Taten, die vor dem 1. Januar 1975 begangen worden sind. Dies gilt nicht, wenn die Maßregel nach den Artikeln 301 und 305 auch neben der Strafe nicht angeordnet werden darf.

Art. 307. Verfall. (1) Für die Anordnung des Verfalls wegen einer Tat, die vor dem 1. Januar 1975 begangen worden ist und über die nach diesem Zeitpunkt entschieden wird, gelten die Vorschriften des neuen Rechts

1. über die Voraussetzungen des Verfalls (§§ 73, 73a des Strafgesetzbuches), soweit das bisherige Recht den Verfall oder die Einziehung des Entgelts vorschreibt,

2. über die Schätzung, die Entscheidung in Härtefällen, die Wirkung des Verfalls und seine nachträgliche Anordnung (§§ 73b bis 73d, 76 des Strafgesetzbuches).

(2) Die Anordnung des Verfalls ist auch insoweit zulässig, als nach § 27b des Strafgesetzbuches in der bisherigen Fassung eine höhere Geldstrafe hätte verhängt werden können als nach neuem Recht. An die Stelle der Anordnung des Verfalls eines Gegenstandes tritt der Verfall des Wertersatzes.

(3) Absatz 1 Nr. 1 gilt nicht, soweit das bisherige Recht für den Betroffenen günstiger ist.

Art. 308. Strafantrag, Ermächtigung, Strafverlangen. (1) Die Vorschriften des neuen Rechts über Strafantrag, Ermächtigung und Strafverlangen (§§ 77 bis 77 e, 194 des Strafgesetzbuches) gelten auch für Taten, die vor dem 1. Januar 1975 begangen worden sind, soweit die Absätze 2 bis 5 nichts anderes bestimmen.

(2) War nach bisherigem Recht zur Verfolgung ein Antrag erforderlich, so bleibt es dabei.

(3) Ein vor dem 1. Januar 1975 gestellter Antrag bleibt wirksam, auch wenn die Antragsberechtigung nach neuem Recht einem anderen zusteht.

(4) War am 1. Januar 1975 das Recht, einen Strafantrag zu stellen, nach den Vorschriften des bisherigen Rechts bereits erloschen, so bleibt es dabei.

(5) Ist die Tat erst durch die Vorschriften des neuen Rechts nur auf Antrag verfolgbar, so endet die Antragsfrist frühestens am 31. März 1975.

Art. 309. Verfolgungs- und Vollstreckungsverjährung. (1) Die Vorschriften des neuen Rechts über die Verfolgungs- und Vollstreckungsverjährung (§§ 78 bis 79 b des Strafgesetzbuches, §§ 31 bis 34 des Gesetzes über Ordnungswidrigkeiten) gelten auch für Taten, die vor dem 1. Januar 1975 begangen worden sind, soweit die Absätze 2 bis 4 nichts anderes bestimmen.

(2) Für Unterbrechungshandlungen, die vor dem 1. Januar 1975 vorgenommen sind, gilt das bisherige Recht.

(3) Soweit die Verjährungsfristen des bisherigen Rechts kürzer sind als die des neuen Rechts, gelten die des bisherigen Rechts.

(4) Ist die Verjährung der Verfolgung oder der Vollstreckung vor dem 1. Januar 1975 unterbrochen worden, so verjährt die Verfolgung oder Vollstreckung, abweichend von § 78 c Abs. 3 Satz 2, § 79 des Strafgesetzbuches, § 33 Abs. 3 Satz 2, § 34 des Gesetzes über Ordnungswidrigkeiten, frühestens mit dem Ablauf der von der letzten Unterbrechungshandlung an zu berechnenden Verjährungsfrist.

(5) Bei der Berechnung der Verjährungsfrist nach § 1 Abs. 1 Satz 1 des Gesetzes über die Berechnung strafrechtlicher Verjährungsfristen vom 13. April 1965 (Bundesgesetzbl. I S. 315), geändert durch das Erste Gesetz zur Reform des Strafrechts vom 25. Juni 1969 (Bundesgesetzbl. I S. 645), ist § 78 Abs. 4 des Strafgesetzbuches entsprechend anzuwenden.

Art. 310. Bekanntgabe der Verurteilung. Die Vorschriften des neuen Rechts über die gerichtliche Anordnung, daß eine Verurteilung öffentlich bekanntgemacht wird, gelten auch für Taten, die vor dem 1. Januar 1975 begangen worden sind.

Art. 311. Verletzung von Privatgeheimnissen durch Amtsträger und besonders Verpflichtete. (1) Soweit das Offenbaren oder Verwerten eines fremden Geheimnisses, namentlich eines Betriebs- oder Geschäftsgeheimnisses, durch Personen, die nach neuem Recht für den öffentlichen Dienst besonders verpflichtet werden sollen, nach bisherigem Recht mit Strafe oder Geldbuße bedroht war, gelten

1. für die vor dem 1. Januar 1975 begangenen Taten die Vorschriften des bisherigen Rechts über die Verletzung eines fremden Geheimnisses weiter und

2. für die nach dem 1. Januar 1975 begangenen Taten die Strafvorschriften des neuen Rechts (§ 203 Abs. 2, § 204 des Strafgesetzbuches) entsprechend,

sofern die Strafvorschriften des neuen Rechts allein deswegen nicht anwendbar sind, weil der Täter vor dem 1. Januar 1975 nicht für den öffentlichen Dienst besonders verpflichtet worden ist, obwohl die Voraussetzungen, unter denen die Verpflichtung nach neuem Recht vorgenommen werden soll, vorgelegen hatten.

(2) In den Fällen des Absatzes 1 Nr. 1 gelten die Vorschriften des neuen Rechts (§ 203 Abs. 2, 5, § 204 des Strafgesetzbuches), soweit sie im übrigen für den Täter günstiger sind.

Art. 312. Gerichtsverfassung und Strafverfahren. (1) Soweit sich auf Grund der Vorschriften dieses Gesetzes die sachliche Zuständigkeit der Gerichte ändert, gilt dies für gerichtlich anhängige Strafsachen nur dann, wenn das Hauptverfahren noch nicht eröffnet ist oder das Revisionsgericht das Urteil aufhebt und die Sache nach § 354 Abs. 2 der Strafprozeßordnung zurückweist.

(2) Der Bundesgerichtshof ist auch dann zur Verhandlung und Entscheidung über das Rechtsmittel der Revision zuständig, wenn die Revision sich gegen ein Urteil des Richters beim Amtsgericht oder des Schöffengerichts oder gegen ein Berufungsurteil der kleinen oder großen Strafkammer richtet, durch das die Unterbringung des Angeklagten in einer Heil- oder Pflegeanstalt angeordnet ist, und Termin zur Hauptverhandlung vor dem Oberlandesgericht noch nicht bestimmt ist.

(3) Ist vor dem 1. Januar 1975 auf Unterbringung in einer Heil- oder Pflegeanstalt oder in einer Trinkerheilanstalt oder einer Entziehungsanstalt, auf Untersagung der Berufsausübung oder der Betriebsführung oder auf Zulassung der Urteilsbekanntmachung erkannt worden und ist das Revisionsgericht der Auffassung, daß die Revision im übrigen unbegründet ist, so berichtigt es den Urteilsspruch dahin, daß an die Stelle

1. der Unterbringung in einer Heil- oder Pflegeanstalt die Unterbringung in einem psychiatrischen Krankenhaus,

2. der Unterbringung in einer Trinkerheilanstalt oder einer Entziehungsanstalt die Unterbringung in einer Entziehungsanstalt,

3. der Untersagung der Berufsausübung oder der Betriebsführung das Berufsverbot,

4. der Zulässigkeit der Urteilsbekanntmachung deren Anordnung
tritt.

(4) Ist das Revisionsgericht der Auffassung, daß ein vor dem 1. Januar 1975 ergangenes Urteil allein wegen der Art. 299 und 307 dem Gesetz

nicht entspricht, so kann die Revision auch dann verworfen werden, wenn eine wesentlich andere Entscheidung über die Höhe der Geldstrafe oder den Verfall nicht zu erwarten ist.

(5) Das Revisionsgericht kann auch in einem Beschluß nach § 349 Abs. 2 der Strafprozeßordnung nach den Absätzen 3 und 4 verfahren, wenn es die Revision im übrigen einstimmig für offensichtlich unbegründet erachtet.

Art. 313. Noch nicht vollstreckte Strafen. (1) Rechtskräftig verhängte Strafen wegen solcher Taten, die nach neuem Recht nicht mehr strafbar und auch nicht mit Geldbuße bedroht sind, werden mit Inkrafttreten des neuen Rechts erlassen, soweit sie noch nicht vollstreckt sind. Der Straferlaß erstreckt sich auf Nebenstrafen und Nebenfolgen mit Ausnahme der Einziehung und Unbrauchbarmachung, Maßregeln der Besserung und Sicherung, Erziehungsmaßregeln und Zuchtmittel nach dem Jugendgerichtgesetz sowie auf rückständige Bußen und Kosten, auch wenn die Strafe bei Inkrafttreten des neuen Rechts bereits vollstreckt war.

(2) Absatz 1 gilt entsprechend, wenn ein vor Inkrafttreten des neuen Rechts erlassenes Urteil nach diesem Zeitpunkt

1. rechtskräftig wird, weil ein Rechtsmittel nicht eingelegt oder zurückgenommen wird oder das Rechtsmittel nicht zulässig ist, oder

2. sonst rechtskräftig wird, ohne daß der Schuldspruch geändert werden konnte.

(3) Ist der Täter wegen einer Handlung verurteilt worden, die eine nach neuem Recht nicht mehr anwendbare Strafvorschrift und zugleich eine andere Strafvorschrift verletzt hat (73 Abs. 2 des Strafgesetzbuches in der bisherigen Fassung), so sind die Absätze 1 und 2 nicht anzuwenden. Das Gericht setzt die auf die andere Gesetzesverletzung entfallende Strafe neu fest, wenn die Strafe einer Strafvorschrift entnommen worden ist, die aufgehoben ist oder die den Sachverhalt, welcher der Verurteilung zugrunde lag, nicht mehr unter Strafe stellt oder mit Geldbuße bedroht. Ist die Strafe der anderen Strafvorschrift entnommen, so wird sie angemessen ermäßigt, wenn anzunehmen ist, daß das Gericht wegen der Verletzung der gemilderten Strafvorschrift auf eine höhere Strafe erkannt hat.

(4) Enthält. eine Gesamtstrafe Einzelstrafen im Sinne des Absatzes 1 Satz 1 und andere Einzelstrafen, so ist die Strafe neu festzusetzen. In den Fällen der §§ 31 und 66 des Jugendgerichtsgesetzes gilt dies sinngemäß.

(5) Bei Zweifeln über die sich aus den Absätzen 1 und 2 ergebenden Rechtsfolgen und für die richterlichen Entscheidungen nach den Absätzen 3 und 4 gelten die §§ 458 und 462 der Strafprozeßordnung sinngemäß.

Art. 314. Überleitung der Vollstreckung. (1) Eine vor dem 1. Januar 1975 verhängte und noch nicht oder erst zum Teil vollzogene Unterbringung in einer Heil- oder Pflegeanstalt wird als Unterbringung in einem psychiatrischen Krankenhaus, eine Unterbringung in einer Trinkerheilanstalt oder einer Entziehungsanstalt als Unterbringung in einer Entziehungsanstalt vollzogen.

(2) Ist die Unterbringung in einer Heil- oder Pflegeanstalt, in einer Trinkerheilanstalt oder einer Entziehungsanstalt oder in der Sicherungsverwahrung vor dem 1. Januar 1975 bedingt ausgesetzt, so tritt Führungsaufsicht ein. Die Auferlegung besonderer Pflichten nach § 42h Abs. 2 des Strafgesetzbuches in der bisherigen Fassung gilt als Weisung gemäß § 68b Abs. 2 des Strafgesetzbuches.

(3) Eine vor dem 1. Januar 1975 angeordnete Untersagung der Berufsausübung oder der Betriebsführung hat die Wirkung eines Berufsverbots.

(4) Eine vor dem 1. Januar 1975 ausgesprochene Befugnis zur öffentlichen Bekanntmachung des Urteils wird so vollstreckt, als wenn auf Anordnung der Bekanntmachung des Urteils erkannt wäre.

(5) Ist vor dem 1. Januar 1975 neben der Strafe auf Unterbringung in einer Heil- oder Pflegeanstalt oder auf Unerbringung in einer Trinkerheilanstalt oder einer Entziehungsanstalt erkannt worden, so ist § 67 Abs. 1 bis 3 des Strafgesetzbuches mit der Maßgabe anzuwenden, daß die begonnene Vollstreckung der Freiheitsstrafe nach diesem Zeitpunkt noch drei Monate fortgesetzt werden kann.

Art. 315. Vollstreckung durch den Richter beim Amtsgericht.

(1) Die Landesregierung wird ermächtigt, abweichend von § 451 Abs. 1 der Strafprozeßordnung, durch Rechtsverordnung die Strafvollstreckung dem Richter beim Amtsgericht als Vollstreckungsbehörde bis zum 31. Dezember 1979 zu übertragen, soweit er im ersten Rechtszug entschieden und nicht auf Freiheitsstrafe erkannt hat. Die Landesregierung kann die Ermächtigung durch Rechtsverordnung auf die Landesjustizverwaltung übertragen.

(2) Ist der Richter beim Amtsgericht Vollstreckungsbehörde, so ist für die bei der Strafvollstreckung notwendig werdenden gerichtlichen Entscheidungen gegen seine Anordnungen die Strafkammer des Landesgerichts zuständig.

(3) Die Absätze 1 und 2 gelten für die Vollstreckung in Bußgeldsachen entsprechend.

Art. 316. *(aufgehoben)*

Art. 317. Überleitung des Verfahrens wegen Ordnungswidrigkeiten nach neuem Recht. (1) Die bei Inkrafttreten des neuen Rechts schwebenden Verfahren wegen einer Zuwiderhandlung, die nach neuem Recht nur noch mit Geldbuße bedroht ist, werden in der Lage, in der sie sich befinden, nach den Vorschriften des Gesetzes über Ordnungswidrigkeiten fortgesetzt, soweit nichts anderes bestimmt ist. Hat das Gericht wegen einer solchen Zuwiderhandlung bereits das Hauptverfahren eröffnet oder einen Strafbefehl oder eine Strafverfügung erlassen, so bleibt die Staatsanwaltschaft für die Verfolgung auch im Bußgeldverfahren zustän-

dig. § 72 des Gesetzes über Ordnungswidrigkeiten ist in diesem Falle nicht anzuwenden.

(2) Die §§ 79, 80 des Gesetzes über Ordnungswidrigkeiten gelten nicht, wenn das Urteil vor Inkrafttreten des neuen Rechts wegen einer Zuwiderhandlung ergangen ist, die nach neuem Recht nur noch mit Geldbuße bedroht ist; in diesen Fällen gelten die §§ 313 und 334 der Strafprozeßordnung in der bisherigen Fassung fort. Ist das Revisionsgericht der Auffassung, daß ein solches Urteil allein wegen des neuen Rechts dem Gesetz nicht entspricht, so berichtigt es den Schuldspruch und wandelt eine Verurteilung zu einer Geldstrafe in eine solche zu einer entsprechenden Geldbuße um. Das Revisionsgericht kann auch in einem Beschluß nach § 349 Abs. 2 der Strafprozeßordnung so verfahren, wenn es die Revision im übrigen einstimmig für offensichtlich unbegründet erachtet. Hebt das Revisionsgericht das angefochtene Urteil auf, so kann es abweichend von § 354 Abs. 2 der Strafprozeßordnung die Sache an das Gericht, dessen Urteil aufgehoben wird, zurückverweisen.

Art. 318. Zuwiderhandlungen nach den Gesetzen auf dem Gebiet der Sozialversicherung. (1) Auf die vor dem 1. Januar 1975 begangenen Zuwiderhandlungen nach den Gesetzen auf dem Gebiet der Sozialversicherung, die nach bisherigem Recht mit Ordnungsstrafe bedroht waren und nach neuem Recht Ordnungswidrigkeiten sind, ist das neue Recht mit der Beschränkung anzuwenden, daß sich das Höchstmaß der Geldbuße nach dem Höchstmaß der bisherigen Ordnungsstrafe bestimmt.

(2) Ist jedoch vor dem 1. Januar 1975 wegen einer der in Absatz 1 bezeichneten Zuwiderhandlungen ein Ordnungsstrafbescheid erlassen worden, so ist in dem weiteren Verfahren das bisherige Recht anzuwenden.

Art. 319. Anwendung des bisherigen Kostenrechts. In Straf- und Bußgeldsachen werden Gebühren nach dem bisherigen Recht erhoben, wenn die über die Kosten ergangene Entscheidung vor dem 1. Januar 1975 rechtskräftig geworden ist.

Art. 320. Wirtschaftverkehr mit den Währungsgebieten der Mark der Deutschen Demokratischen Republik. (1) Soweit Zuwiderhandlungen gegen Vorschriften über den Wirtschaftsverkehr mit den Währungsgebieten der Mark der Deutschen Demokratischen Republik (DDR) Ordnungswidrigkeiten sind, können sie mit einer Geldbuße bis zu fünfzigtausend Deutsche Mark geahndet werden.

(2) Bei der Einziehung von Gegenständen wegen einer Zuwiderhandlung gegen Vorschriften über den Wirtschaftsverkehr mit den Währungsgebieten der Mark der DDR sind § 74a des Strafgesetzbuches und § 23 des Gesetzes über Ordnungswidrigkeiten anzuwenden.

(3) Artikel 5 Nr. 4 und 7 des Gesetzes Nr. 14 der Alliierten Hohen Kommission vom 25. September 1949 (Amtsblatt der Alliierten Hohen Kommission S. 59) ist nicht mehr anzuwenden.

(4) Wegen einer Zuwiderhandlung gegen Vorschriften über den Wirt-

schaftsverkehr mit den Währungsgebieten der Mark der DDR sind auch die Vorschriften über das Berufsverbot, die Betriebsschließung und die öffentliche Bekanntmachung der Verurteilung nicht mehr anzuwenden.

(5) Im Strafverfahren wegen einer Zuwiderhandlung gegen Vorschriften über den Wirtschaftsverkehr mit den Währungsgebieten der Mark der DDR gelten die §§ 49, 63 Abs. 1 bis 3 Satz 1 und § 76 Abs. 1, 4 des Gesetzes über Ordnungswidrigkeiten über die Beteiligung der Verwaltungsbehörde im Verfahren der Staatsanwaltschaft und im gerichtlichen Verfahren entsprechend. Die Vorschriften über die Nebenklage bei Straftaten im Wirtschaftsverkehr mit den Währungsgebieten der Mark der DDR sind nicht mehr anzuwenden.

Art. 321. Verweisungserfordernis bei Blankettvorschriften. *(vom Abdruck wurde abgesehen)*.

Art. 322. Verweisungen. Soweit in anderen Vorschriften auf Vorschriften verwiesen wird, die durch dieses Gesetz geändert werden, treten an deren Stelle die geänderten Vorschriften.

Art. 323. Ermächtigung zur Neubekanntmachung. *(vom Abdruck wurde abgesehen)*.

Art. 324. Sonderregelung für Berlin. (1) Artikel 18 II Nr. 3, soweit diese Nummer sich auf § 5 Nr. 5 bezieht, Artikel 19 Nr. 5 Buchstabe b, Nr. 6 bis 9, 12, 34 bis 41, 207, soweit diese Nummer sich auf die §§ 84 bis 87, 89 und 109 bis 109k bezieht, Artikel 21 Nr. 24 Buchstabe b, Artikel 26 Nr. 52 und 53, Artikel 27, 28, 31, 34, 35, 70, 147, 152 bis 159, 181, 287 Nr. 44, 52, 56, 77 und 81 und Artikel 326 Abs. 5 Nr. 7 bis 9 sind im Land Berlin nicht anzuwenden. Artikel 230 ist in Berlin erst anzuwenden, wenn das durch ihn geänderte Gesetz vom Land Berlin übernommen ist.

(2) Die §§ 113 und 114 des Strafgesetzbuches in der Fassung des Artikels 19 Nr. 43 und 44 sind auch im Land Berlin anzuwenden.

(3) Für folgende Vorschriften des Strafgesetzbuches gelten im Land Berlin die nachstehend bezeichneten Besonderheiten:
1.–6. *(vom Abdruck wurde abgesehen)*

(4) Die zugunsten der Bundes und der Länder, ihrer verfassungsmäßigen Ordnung, ihrer Staatsorgane und deren Mitglieder geltenden Strafvorschriften sind auch hinsichtlich des Landes Berlin anzuwenden.

(5) *(vom Abdruck wurde abgesehen)*

Art. 325. Berlin-Klausel.[1] Dieses Gesetz gilt nach Maßgabe des § 12 Abs. 1 und § 13 Abs. 1 des Dritten Überleitungsgesetzes vom 4. Januar 1952 (Bundesgesetzbl. I S. 1) auch im Land Berlin.[2]

---

[1] In **Berlin** übernommen durch Gesetz vom 25. 4. 1974 (GVBl. S. 873).
[2] Vom Abdruck des Art. 325 Satz 2 wurde abgesehen; er betrifft die Geltung von Rechtsverordnungen in Berlin.

Art. 326. Inkrafttreten; Übergangsfassungen. (1) Dieses Gesetz tritt am 1. Januar 1975 in Kraft, soweit nichts anderes bestimmt ist.

(2) § 78a Abs. 2, 3 des Gerichtsverfassungsgesetzes in der Fassung des Artikels 22 Nr. 6 sowie Artikel 29 Nr. 26 Buchstabe a, Artikel 61 Nr. 1, Artikel 161 Nr. 2 Buchstabe d, Nr. 9 Buchstabe a, Artikel 171 Nr. 2, Artikel 249 Nr. 5 bis 7, Artikel 250 Nr. 3, 4 Buchstabe a, Artikel 287 Nr. 24, 25, Artikel 294 Satz 2, Artikel 302, 315 Abs. 1, auch soweit diese Vorschrift nach Artikel 315 Abs. 3 entsprechend gilt, Artikel 323, 324 Abs. 4 und Artikel 325 Satz 2 treten am Tage nach der Verkündung in Kraft.

(3) Artikel 19 Nr. 148, 159, 194 und 206, soweit in dieser Nummer § 361 Nr. 3 bis 5, 7 und 8 des Strafgesetzbuches aufgehoben wird, sowie Artikel 313 treten einen Monat nach der Verkündung in Kraft.

(4) Artikel 24 Nr. 36 Buchstabe a und Artikel 301 treten am 1. Januar 1985 in Kraft.

(5) Vom 1. Januar 1975 bis zum 31. Dezember 1984 gilt folgendes: 1.–10.[1] *(vom Abdruck wurde abgesehen)*

(6) *(vom Abdruck wurde abgesehen)*

---

[1] Übergangsweise geltende Fassungen von Vorschriften, die, soweit sie das Strafgesetzbuch betreffen, dort berücksichtigt werden.

3. Viertes Strafrechtsänderungsgesetz

Vom 11. Juni 1957 (BGBl. I S. 597)

Zuletzt geändert durch das EGStGB vom 2. März 1974 (BGBl. I S. 469)

(BGBl. III 450–5)

(Auszug)

Art. 7. Anwendung von Strafvorschriften zum Schutz der Vertragsstaaten des Nordatlantikpaktes. (1) Zum Schutz der nichtdeutschen Vertragsstaaten des Nordatlantikpaktes, ihrer in der Bundesrepublik Deutschland stationierten Truppen und der im Land Berlin anwesenden Truppen einer der Drei Mächte gelten die §§ 93 bis 97 und 98 bis 100 in Verbindung mit den §§ 101 und 101 a des Strafgesetzbuches mit folgender Maßgabe:

1. Den Staatsgeheimnissen im Sinne des § 93 des Strafgesetzbuches entsprechen militärische Geheimnisse der Vertragsstaaten. Militärische Geheimnisse im Sinne dieser Vorschrift sind Tatsachen, Gegenstände oder Erkenntnisse, welche die Verteidigung betreffen und von einer im räumlichen Geltungsbereich dieses Gesetzes oder im Land Berlin befindlichen Dienststelle eines Vertragsstaates mit Rücksicht auf dessen Sicherheit, die Sicherheit seiner in der Bundesrepublik Deutschland stationierten Truppen oder die Sicherheit der im Land Berlin anwesenden Truppen einer der Drei Mächte geheimgehalten werden. Ausgenommen sind Gegenstände, über deren Geheimhaltung zu bestimmen Angelegenheit der Bundesrepublik Deutschland ist, sowie Nachrichten darüber.

2. In den Fällen des § 94 Abs. 1 Nr. 2 des Strafgesetzbuches tritt an die Stelle der Absicht, die Bundesrepublik Deutschland zu benachteiligen, die Absicht, den betroffenen Vertragsstaat, seine in der Bundesrepublik Deutschland stationierten Truppen oder die im Land Berlin anwesenden Truppen einer der Drei Mächte zu benachteiligen.

3. In den Fällen der §§ 94 bis 97 des Strafgesetzbuches tritt an die Stelle der Gefahr eines schweren Nachteils für die äußere Sicherheit der Bundesrepublik Deutschland die Gefahr eines schweren Nachteils für die Sicherheit des betroffenen Vertragsstaates, seiner in der Bundesrepublik Deutschland stationierten Truppen oder der im Land Berlin anwesenden Truppen einer der Drei Mächte.

4. In den Fällen des § 99 des Strafgesetzbuches tritt an die Stelle der gegen die Bundesrepublik Deutschland ausgeübten geheimdienstlichen Tätigkeit eine gegen den betroffenen Vertragsstaat, seine in der Bundesrepublik Deutschland stationierten Truppen oder die im Land Berlin anwesenden Truppen einer der Drei Mächte ausgeübte geheimdienstliche Tätigkeit.

5. In den Fällen des § 100 des Strafgesetzbuches tritt an die Stelle der Bundesrepublik Deutschland der betroffene Vertragsstaat.

6. In den Fällen der §§ 94 bis 97 des Strafgesetzbuches ist die Strafverfolgung nur zulässig, wenn die oberste militärische Dienststelle der in der Bundesrepublik Deutschland stationierten Truppen des betroffenen Vertragsstaates oder der im Land Berlin anwesenden Truppen der betroffenen Macht oder der Leiter ihrer diplomatischen Vertretung erklärt, daß die Wahrung des Geheimnisses für die Sicherheit des Vertragsstaates, seiner in der Bundesrepublik Deutschland stationierten Truppen oder der im Land Berlin anwesenden Truppen der betroffenen Macht zur Zeit der Tat erforderlich war.

7. An die Stelle der Ermächtigung der Bundesregierung nach § 97 Abs. 3 des Strafgesetzbuches tritt das Strafverlangen der obersten militärischen Dienststelle der in der Bundesrepublik Deutschland stationierten Truppen des betroffenen Vertragsstaates oder der im Land Berlin anwesenden Truppen der betroffenen Macht oder des Leiters ihrer diplomatischen Vertretung.

(2) Zum Schutz der in der Bundesrepublik Deutschland stationierten Truppen der nichtdeutschen Vertragsstaaten des Nordatlantikpaktes, die sich zur Zeit der Tat im räumlichen Geltungsbereich dieses Gesetzes aufhalten, und der im Land Berlin anwesenden Truppen einer der Drei Mächte sind folgende Vorschriften des Strafgesetzbuches mit den in den Nummern 1 bis 10 bestimmten Besonderheiten anzuwenden:

1. § 87 in Verbindung mit den §§ 92a, 92b auf Taten, durch die sich der Täter wissentlich für Bestrebungen einsetzt, die gegen die Sicherheit des betroffenen Vertragsstaates oder die Sicherheit dieser Truppen gerichtet sind;

2. § 89 in Verbindung mit den §§ 92a, 92b auf Taten, die der Täter in der Absicht begeht, die pflichtmäßige Bereitschaft von Soldaten, Beamten oder Bediensteten dieser Truppen zum Dienst für die Verteidigung zu untergraben, und durch die er sich absichtlich für Bestrebungen einsetzt, die gegen die Sicherheit des betroffenen Vertragsstaates oder die Sicherheit dieser Truppen gerichtet sind;

3. § 90a Abs. 1 Nr. 2 und Abs. 2 in Verbindung mit den §§ 92a, 92b auf Taten gegen die nationalen Symbole dieser Truppen;

4. die §§ 109d bis 109g in Verbindung mit den §§ 109i, 109k auf Taten gegen diese Truppen, deren Soldaten, Wehrmittel, Einrichtungen, Anlagen oder militärische Vorgänge mit der Maßgabe, daß an die Stelle der Bundesrepublik Deutschland der betroffene Vertragsstaat, an die Stelle der Bundeswehr diese Truppen und an die Stelle der Landesverteidigung die Verteidigung der Vertragsstaaten treten;

5. die §§ 113, 114 Abs. 2, §§ 125 und 125a auf Straftaten gegen Soldaten oder Beamte dieser Truppen;

6. § 120 auf Taten gegen den Gewahrsam an Gefangenen dieser Truppen oder an Personen, die auf ihre Anordnung in einer Anstalt untergebracht sind;

7. die §§ 123 und 124 auf Taten gegen den Hausfrieden von Räumen, die zum öffentlichen Dienst oder Verkehr dieser Truppen bestimmt sind;

8. § 132 auf die Anmaßung dienstlicher Befugnisse von Soldaten oder Beamten dieser Truppen;

9. § 194 Abs. 3 auf Beleidigungen gegen eine Dienststelle, einen Soldaten oder einen Beamten dieser Truppen;

10. § 333 Abs. 1, 3, § 334 Abs. 1, 3 auf die Vorteilsgewährung an und die Bestechung von Soldaten, Beamten dieser Truppen oder solchen Bediensteten der Truppen, die auf Grund einer allgemeinen oder besonderen Anweisung einer höheren Dienststelle der Truppen zur gewissenhaften Erfüllung ihrer Obliegenheiten förmlich verpflichtet worden sind.

(3) Zum Schutz der in der Bundesrepublik Deutschland stationierten Truppen der nichtdeutschen Vertragsstaaten des Nordatlantikpaktes, die sich zur Zeit der Tat im räumlichen Geltungsbereich dieses Gesetzes aufhalten, und der im Land Berlin anwesenden Truppen einer der Drei Mächte sind ferner die §§ 16, 19 des Wehrstrafgesetzes und, in Verbindung mit diesen Vorschriften, § 111 des Strafgesetzbuches auf Taten gegen diese Truppen mit folgenden Besonderheiten anzuwenden:

1. In den §§ 16, 19 des Wehrstrafgesetzes treten an die Stelle der Bundesrepublik Deutschland der betroffene Vertragsstaat und an die Stelle der Bundeswehr und ihrer Soldaten diese Truppen und deren Soldaten;

2. strafbar ist nur, wer einen Soldaten dieser Truppen zu einer vorsätzlichen rechtswidrigen Tat nach § 16 oder § 19 des Wehrstrafgesetzes bestimmt oder zu bestimmen versucht oder ihm dazu Hilfe leistet oder wer nach § 111 des Strafgesetzbuches zu einer solchen Tat auffordert.

(4) Die Absätze 1 bis 3 gelten nur für Straftaten, die im räumlichen Geltungsbereich dieses Gesetzes begangen werden.

Art. 7a. Anwendung von Bußgeldvorschriften zum Schutz der Vertragsstaaten des Nordatlantikpaktes. Zum Schutz der in der Bundesrepublik Deutschland stationierten Truppen der nichtdeutschen Vertragsstaaten des Nordatlantikpaktes, die sich zur Zeit der Tat im räumlichen Geltungsbereich dieses Gesetzes aufhalten, und der im Land Berlin anwesenden Truppen einer der Drei Mächte sind folgende Vorschriften des Gesetzes über Ordnungswidrigkeiten mit den in den Nummern 1 bis 3 bestimmten Besonderheiten anzuwenden:

1. § 111 auf Taten gegenüber einem zuständigen Soldaten oder zuständigen Beamten dieser Truppen;

2. § 113 auf öffentliche Ansammlungen, die gegen Soldaten, Beamte oder von ihnen zur Unterstützung zugezogene Bedienstete dieser Truppen gerichtet sind;

3. § 114 auf das Betreten von militärischen Einrichtungen und Anlagen eines Vertragsstaates sowie von Örtlichkeiten, die aus Sicherheitsgründen zur Erfüllung dienstlicher Aufgaben dieser Truppen gesperrt sind.

Art. 8. Anwendung von Vorschriften des Gerichtsverfassungsgesetzes bei Straftaten gegen die Vertragsstaaten des Nordatlantik-

paktes. Für die Anwendung der Vorschriften des Gerichtsverfassungsgesetzes über die gerichtliche Zuständigkeit und die Übernahme, Abgabe oder Überweisung der Untersuchung, Verhandlung und Entscheidung in Strafsachen stehen die in Artikel 7 genannten Straftaten den ihnen entsprechenden Verstößen gegen Vorschriften des Strafgesetzbuches gleich.

Art. 9. Anwendung von Vorschriften der Strafprozeßordnung bei Straftaten gegen die Vertragsstaaten des Nordatlantikpaktes

(1) Hat ein Strafverfahren Straftaten nach Artikel 7 dieses Gesetzes in Verbindung mit den §§ 94 bis 100, 109 f oder 109 g des Strafgesetzbuches zum Gegenstand, so gilt § 153 d der Strafprozeßordnung entsprechend mit der Maßgabe, daß das Absehen von der Verfolgung oder die Einstellung des Verfahrens zulässig ist,

1. wenn der Täter nach der Tat, bevor ihm deren Entdeckung bekannt geworden ist, dazu beigetragen hat, eine Gefahr für die Sicherheit der Bundesrepublik Deutschland oder des betroffenen Vertragsstaates abzuwenden, oder wenn er einen solchen Beitrag dadurch geleistet hat, daß er nach der Tat sein mit ihr zusammenhängendes Wissen über verräterische Bestrebungen offenbart hat, oder

2. soweit die Durchführung des Verfahrens über die in der Tat selbst liegende Gefährdung hinaus die Sicherheit der Bundesrepublik Deutschland oder des betroffenen Vertragsstaates beeinträchtigen würde.

(2) Hat ein Strafverfahren Straftaten nach Artikel 7 dieses Gesetzes in Verbindung mit den §§ 87, 89, 90 a, 94 bis 100, 109 d oder 109 f des Strafgesetzbuches zum Gegenstand, so gelten die §§ 153 c und 153 d der Strafprozeßordnung entsprechend mit der Maßgabe, daß an die Stelle der Gefahr eines schweren Nachteils für die Bundesrepublik Deutschland die Gefahr eines schweren Nachteils für den betroffenen Vertragsstaat, seine in der Bundesrepublik Deutschland stationierten Truppen oder die im Land Berlin anwesenden Truppen der betroffenen Macht treten und überwiegende öffentliche Interessen auch solche des betroffenen Vertragsstaates sind.

(3) Bevor von der Erhebung der öffentlichen Klage abgesehen, das Verfahren eingestellt oder die Klage zurückgenommen wird, ist der obersten militärischen Dienststelle der in der Bundesrepublik Deutschland stationierten Truppen des betroffenen Vertragsstaates oder der im Land Berlin anwesenden Truppen der betroffenen Macht oder dem Leiter ihrer diplomatischen Vertretung Gelegenheit zur Stellungnahme zu geben.

4. Strafrechtsreformgesetze

a) Erstes Gesetz zur Reform des Strafrechts (1. StrRG)

Vom 25. Juni 1969 (BGBl. I S. 645)

Zuletzt geändert durch Gesetz vom 28. August 1969 (BGBl. I S. 1509)

(BGBl. III 450-13-1)

(Auszug)

ZweiterAbschnitt. Überleitung von Strafdrohungen

Art. 3. Geltungsbereich. Die Vorschriften dieses Abschnitts gelten für die Strafdrohungen des Bundesrechts, soweit sie durch dieses Gesetz nicht besonders geändert werden.

Art. 4. Überleitung von Freiheitsstrafdrohungen. Ist für Verbrechen, Vergehen oder Übertretungen als Strafe Zuchthaus, Gefängnis oder Haft angedroht, so tritt an die Stelle dieser Strafen Freiheitsstrafe.

Art. 5. Mindest- und Höchstmaße. (1) An die Stelle von lebenslangem Zuchthaus tritt lebenslange Freiheitsstrafe.

(2) Ist Zuchthaus ohne besonderes Mindestmaß angedroht, so beträgt das Mindestmaß der Freiheitsstrafe ein Jahr.

(3) Ist Gefängnis oder Haft ohne besonderes Höchstmaß angedroht, so beträgt das Höchstmaß der Freiheitsstrafe bei Gefängnis fünf Jahre und bei Haft sechs Wochen.

(4) Ist Zuchthaus, Gefängnis oder Haft mit einem besonderen Mindest- oder Höchstmaß angedroht, so gilt dieses Mindest- oder Höchstmaß auch für die Freiheitsstrafe.

Art. 6. Wahlweise Androhung von Freiheitsstrafen. (1) Sind Zuchthaus und Gefängnis wahlweise angedroht, so tritt an deren Stelle Freiheitsstrafe. Ist in diesen Fällen das Mindestmaß der Gefängnisstrafe oder das Höchstmaß der Zuchthausstrafe besonders bestimmt, so gilt dieses Mindest- oder Höchstmaß auch für die Freiheitsstrafe.

(2) Sind Einschließung und Gefängnis oder Haft und eine andere Freiheitsstrafe wahlweise angedroht, so gilt Absatz 1 sinngemäß.

Art. 7. Androhung von Ersatzfreiheitsstrafe. Bestimmungen außerhalb des Strafgesetzbuches über Art und Dauer einer Ersatzfreiheitsstrafe, die an die Stelle einer uneinbringlichen Geldstrafe treten soll, sind nicht mehr anzuwenden.

Art. 8. Aberkennung der bürgerlichen Ehrenrechte. Soweit Vorschriften den Verlust der bürgerlichen Ehrenrechte vorschreiben oder zulassen, treten sie außer Kraft.

Fünfter Abschnitt. Schlußvorschriften

Art. 86. Freiheitsstrafe. (1) Statt auf Zuchthaus, Gefängnis, Einschließung oder Haft wird auch wegen solcher Taten auf Freiheitsstrafe erkannt, die vor dem Inkrafttreten dieses Gesetzes begangen worden sind, aber erst nachher abgeurteilt werden.

(2) Ist Zuchthaus, Gefängnis, Einschließung oder Haft in Freiheitsstrafe umzurechnen, so stehen sie in ihrer Dauer einander gleich. Jedoch ist § 21 des Strafgesetzbuches in der bisherigen Fassung anzuwenden, wenn dies für den Täter günstiger ist.

(3) Hätte das Gericht nach bisherigem Recht auf Einschließung oder Haft erkannt oder eine solche Strafe als Ersatzfreiheitsstrafe festgesetzt, so gelten für den Vollzug der Freiheitsstrafe § 17 Abs. 2 oder § 18 Abs. 2 und § 362 des Strafgesetzbuches in der bisherigen Fassung. Das Gericht stellt dies im Urteilsspruch fest. Ist diese Feststellung unterlassen worden, so ist sie nachträglich zu treffen; § 462 der Strafprozeßordnung ist anzuwenden. Dies gilt auch in den Fällen der nachträglichen Festsetzung einer Gesamtstrafe (§ 460 der Strafprozeßordnung).

Art. 87. Rückfall. (1) Wegen einer Tat, die vor dem Inkrafttreten dieses Gesetzes begangen worden ist, darf der Täter nach § 17 des Strafgesetzbuches neuer Fassung nur dann verurteilt werden, wenn die §§ 244, 250 Abs. 1 Nr. 5, §§ 261 oder 264 des Strafgesetzbuches in der bisherigen Fassung anwendbar gewesen wären. Jedoch beträgt das Mindestmaß der Freiheitsstrafe drei Monate, wenn nach dem bisherigen Recht auf ein solches Mindestmaß hätte erkannt werden können.

(2) Im übrigen gilt § 17 des Strafgesetzbuches neuer Fassung unabhängig davon, ob der Täter vor oder nach dem Inkrafttreten dieses Gesetzes wegen der in § 17 Abs. 1 Nr. 1 bezeichneten Straftaten verurteilt worden ist und die in § 17 Abs. 1 Nr. 2 bezeichnete Strafe verbüßt hat.

Art. 88. Strafaussetzung zur Bewährung. (1) Die Vorschriften der §§ 23 bis 26 des Strafgesetzbuches neuer Fassung gelten auch für Taten, die vor dem Inkrafttreten dieses Gesetzes begangen worden sind. Sie gelten in den Fällen einer vor dem Inkrafttreten dieses Gesetzes angeordneten Strafaussetzung auch für die nachträglichen Entscheidungen, den Widerruf der Strafaussetzung und den Straferlaß.

(2) § 25a Abs. 2 des Strafgesetzbuches neuer Fassung ist nicht anzuwenden, wenn die erlassene Strafe wegen einer vor dem Inkrafttreten dieses Gesetzes begangenen Tat verhängt worden ist.

(3) Absatz 1 gilt entsprechend für

1. die §§ 21 bis 26a, 88 und 89 des Jugendgerichtsgesetzes neuer Fassung,

2. § 14 des Wehrstrafgesetzes neuer Fassung und Artikel 4 des Einführungsgesetzes zum Wehrstrafgesetz neuer Fassung.

Für die in Satz 1 Nr. 2 bezeichneten Vorschriften gilt auch Absatz 2 entsprechend.

Art. 89. Verlust der Amtsfähigkeit, der Wählbarkeit sowie des Wahl- und Stimmrechts. (1) Neben der Verurteilung zu Freiheitsstrafe von mindestens einem Jahr wegen eines Verbrechens, das vor dem Inkrafttreten dieses Gesetzes begangen worden ist, treten die Folgen des § 31 Abs. 1 des Strafgesetzbuches neuer Fassung nicht ein. Das Gericht erkennt jedoch in diesen Fällen dem Verurteilten für die Dauer von fünf Jahren die Fähigkeit ab, öffentliche Ämter zu bekleiden, wenn es nach bisherigem Recht auf Zuchthaus erkannt hätte.

(2) Soweit nach dem neuen Recht auf den Verlust der Amtsfähigkeit, der Wählbarkeit sowie des Wahl- und Stimmrechts erkannt werden kann (§ 31 Abs. 2, 5 des Strafgesetzbuches neuer Fassung), gilt dies auch bei der Verurteilung wegen einer vor dem Inkrafttreten dieses Gesetzes begangenen Tat, soweit nach dem bisherigen Recht auf den Verlust dieser Fähigkeiten, Rechtsstellungen und Rechte oder auf den Verlust der bürgerlichen Ehrenrechte hätte erkannt werden können.

(3) Treten die Folgen des § 31 Abs. 1 des Strafgesetzbuches in den Fällen des Absatzes 1 nicht ein, so stellt das Gericht dies im Urteilsspruch fest. Die Feststellung ist dem Strafregister mitzuteilen. Artikel 86 Abs. 3 Satz 3, 4 gilt entsprechend.

Art. 90. Beschränkung von Nebenfolgen einer früheren Verurteilung. (1) Ist vor dem Inkrafttreten dieses Gesetzes auf den Verlust der bürgerlichen Ehrenrechte oder einzelner Fähigkeiten oder Rechte erkannt worden, so bleibt dieser Ausspruch nach dem Inkrafttreten insoweit wirksam, als der Verurteilte öffentliche Ämter, aus öffentlichen Wahlen hervorgegangene Rechte, Würden, Titel, Orden oder Ehrenzeichen verloren hat. Im übrigen beschränkt sich der Ausspruch mit dem Inkrafttreten dieses Gesetzes in seinen Wirkungen und in seiner Dauer auf die Folgen, die auch nach dem neuen Recht als Wirkung der Strafe oder neben ihr eingetreten wären oder hätten eintreten können.

(2) Ist vor dem Inkrafttreten dieses Gesetzes auf eine Zuchthausstrafe erkannt worden, so bleibt die Wirkung, daß der Verurteilte die Amtsfähigkeit verloren hat (§ 31 des Strafgesetzbuches in der bisherigen Fassung), unberührt. Absatz 1 Satz 2 gilt entsprechend.

(3) Das Gericht kann dem Verurteilten die Amtsfähigkeit, die Wählbarkeit sowie das Wahl- und Stimmrecht auch dann nach § 33 des Strafgesetzbuches neuer Fassung wiederverleihen, wenn der Verlust auf dem bisherigen Recht beruht.

(4) Ist nach dem bisherigen Recht eine öffentlich-rechtliche Leistung wegen einer solchen Verurteilung versagt oder nicht beantragt worden, die nach dem neuen Recht keinen Versagungsgrund mehr darstellt, so hat es damit sein Bewenden, wenn der Versagungsbescheid unanfechtbar geworden oder die Frist für den Antrag abgelaufen ist.

Art. 91. Aberkennung der Eidesfähigkeit. Ist vor dem Inkrafttreten dieses Gesetzes auf die dauernde Unfähigkeit des Verurteilten, als Zeuge oder Sachverständiger eidlich vernommen zu werden, erkannt worden, so verliert dieser Ausspruch seine Wirkung.

Art. 92. Arbeitshaus. Ist vor dem Inkrafttreten dieses Gesetzes die Unterbringung in einem Arbeitshaus angeordnet worden, so verliert diese Anordnung ihre Wirkung.

Art. 93. Sicherungsverwahrung. Neben der Strafe, die wegen einer vor dem Inkrafttreten dieses Gesetzes begangenen Tat verhängt wird, ordnet das Gericht die Sicherungsverwahrung nur an, wenn ihre Voraussetzungen sowohl nach dem bisherigen als auch nach dem neuen Recht vorliegen.

Art. 94. Verjährung. Soweit sich die Fristen der Verfolgungs- oder Vollstreckungsverjährung nach dem neuen Recht verkürzen, bleiben Unterbrechungshandlungen, die vor dem Inkrafttreten des neuen Rechts vorgenommen worden sind, wirksam, auch wenn im Zeitpunkt der Unterbrechung die Verfolgung oder Vollstreckung nach dem neuen Recht bereits verjährt gewesen wäre.

Art. 95. Gerichtsverfassung und Strafverfahren. (1) Soweit sich auf Grund der Vorschriften dieses Gesetzes die sachliche Zuständigkeit der Gerichte ändert, gilt dies für gerichtlich anhängige Strafsachen nur dann, wenn das Hauptverfahren noch nicht eröffnet ist.

(2) Ob und wie eine Entscheidung durch ein Rechtsmittel angefochten werden kann und welches Gericht über das Rechtsmittel entscheidet, bestimmt sich nach dem bisherigen Recht, wenn die Entscheidung vor dem Inkrafttreten des neuen Rechts erlassen worden ist.

(3) Ist das Revisionsgericht der Auffassung, daß ein mit der Revision angefochtenes Urteil allein deswegen dem neuen Recht nicht entspricht, weil auf Zuchthaus, Gefängnis, Einschließung oder Haft erkannt worden ist, so kann es den Strafausspruch dahin berichtigen, daß an die Stelle von Zuchthaus, Gefängnis, Einschließung oder Haft Freiheitsstrafe von gleicher Dauer tritt. Das Revisionsgericht kann auch in einem Beschluß nach § 349 Abs. 2 der Strafprozeßordnung so verfahren, wenn es die Revision im übrigen einstimmig für offensichtlich unbegründet erachtet. Artikel 89 Abs. 1, 3 und § 357 der Strafprozeßordnung gelten sinngemäß.

Art. 96. Beendigung von Strafverfahren. Hat ein bei dem Inkrafttreten dieses Gesetzes gerichtlich anhängiges Strafverfahren eine Tat zum Gegenstand, die nach dem bisherigen Recht strafbar war, nach dem neuen Recht aber nicht mehr strafbar ist, so stellt das Gericht außerhalb der Hauptverhandlung das Verfahren durch Beschluß ein. Der Beschluß ist mit sofortiger Beschwerde anfechtbar.

Art. 97. Noch nicht verbüßte Strafen. (1) Bei dem Inkrafttreten dieses Gesetzes rechtskräftig verhängte Strafen wegen Straftaten nach § 121

Abs. 2, § 164 Abs. 5, §§ 172, 175, 175 b, 179, 201 bis 210, 245 a, 296 oder 347 Abs. 2 des Strafgesetzbuches in der bisherigen Fassung werden, soweit sie noch nicht vollstreckt sind, erlassen. Dies gilt auch für Nebenstrafen, Nebenfolgen, Maßregeln der Sicherung und Besserung, Erziehungsmaßregeln und Zuchtmittel nach dem Jugendgerichtsgesetz sowie für rückständige Bußen und Kosten.

(2) Die §§ 5, 6 Abs. 1 und § 8 des Gesetzes über Straffreiheit vom 9. Juli 1968 (Bundesgesetzbl. I S. 773) sind sinngemäß anzuwenden.

(3) Die Absätze 1 und 2 gelten entsprechend, wenn ein vor dem Inkrafttreten dieses Gesetzes erlassenes Urteil nach diesem Zeitpunkt

1. rechtskräftig wird, weil ein Rechtsmittel nicht eingelegt oder zurückgenommen wird oder das Rechtsmittel nicht zulässig ist, oder

2. rechtskräftig wird, ohne daß der Schuldspruch geändert wird.

Art. 98. Strafregister. (1) Ist im Strafregister eine Verurteilung lediglich wegen einer Straftat nach einer der in Artikel 97 Abs. 1 Satz 1 bezeichneten Vorschriften vermerkt, so ist der Vermerk zu tilgen.

(2) Ist im Strafregister bei einer Verurteilung

1. die Unterbringung des Verurteilten in einem Arbeitshaus oder

2. die Aberkennung der Fähigkeiten, als Zeuge oder Sachverständiger eidlich vernommen zu werden,

eingetragen, so ist der Vermerk insoweit zu tilgen.

(3) Verurteilungen zum Tode oder zu lebenslangem Zuchthaus sind wie Verurteilungen zu lebenslanger Freiheitsstrafe, Verurteilungen zu zeitiger Zuchthausstrafe wie Verurteilungen zu zeitiger Freiheitsstrafe zu behandeln.

Art. 99. Strafvollzug. Die bei dem Inkrafttreten dieses Gesetzes verhängten und noch nicht oder erst zum Teil verbüßten Zuchthaus-, Gefängnis-, Einschließungs- und Haftstrafen werden als Freiheitsstrafe vollzogen. Jedoch gelten für den Vollzug der Einschließung § 17 Abs. 2, für den der Haft § 18 Abs. 2 und § 362 des Strafgesetzbuches in der bisherigen Fassung.

b) Viertes Gesetz zur Reform des Strafrechts (4. StrRG)

Vom 23. November 1973 (BGBl. I S. 1725)

Zuletzt geändert durch das EGStGB vom 2. März 1974 (BGBl. I S. 469)

(BGBl. III 450–13–4)

(Auszug)

Art. 7. Noch nicht verbüßte Strafen. (1) Bei dem Inkrafttreten dieses Gesetzes werden folgende rechtskräftig angeordnete Rechtsfolgen, soweit sie noch nicht vollstreckt sind, erlassen:

1. Strafen wegen Straftaten nach den §§ 131, 143, 170, 170a, 170c, 173 Abs. 2 Satz 2, § 175 Abs. 1 Nr. 3, §§ 184a, 184b, 361 Nr. 9 des Strafgesetzbuches in der bisherigen Fassung,

2. Strafen wegen solcher Taten, die sonst auf Grund des neuen Rechts nicht mehr mit Strafe oder mit Geldbuße bedroht sind,

3. die Sicherungsverwahrung wegen Straftaten nach § 183 des Strafgesetzbuches in der bisherigen Fassung.

(2) Der Straferlaß nach Absatz 1 Nr. 1 und 2 erstreckt sich auf

1. Nebenstrafen und Nebenfolgen mit Ausnahme der Einziehung und Unbrauchbarmachung,

2. Maßregeln der Sicherung und Besserung,

3. Erziehungsmaßregeln und Zuchtmittel nach dem Jugendgerichtsgesetz sowie auf

4. rückständige Bußen und Kosten, auch wenn die Strafe bei Inkrafttreten dieses Gesetzes bereits vollstreckt war.

(3) Die Absätze 1 und 2 gelten entsprechend, wenn ein vor dem Inkrafttreten dieses Gesetzes erlassenes Urteil nach diesem Zeitpunkt

1. rechtskräftig wird, weil ein Rechtsmittel nicht eingelegt oder zurückgenommen wird oder das Rechtsmittel nicht zulässig ist, oder

2. sonst rechtskräftig wird, ohne daß der Schuldspruch geändert werden konnte.

(4) Ist der Täter wegen einer Handlung verurteilt, die zugleich eine der in Absatz 1 bezeichneten Strafvorschriften und eine andere Strafvorschrift verletzt (§ 73 Abs. 2 des Strafgesetzbuches), so sind die Absätze 1 bis 3 nicht anzuwenden. Das Gericht setzt die auf die andere Gesetzesverletzung entfallende Strafe neu fest, wenn die Strafe einer Strafvorschrift entnommen worden ist, die aufgehoben wurde oder den Sachverhalt, der der Verurteilung zugrunde lag, nicht mehr unter Strafe stellt oder mit Geldbuße bedroht. Ist die Strafe der anderen Strafvorschrift entnommen, so wird sie angemessen ermäßigt, wenn anzunehmen ist, daß das Gericht wegen der Verletzung der gemilderten Strafvorschrift auf eine höhere Strafe erkannt hat. In den Fällen des Absatzes 1 Nr. 3 entscheidet das Gericht lediglich über die Anordnung der Sicherungsverwahrung.

(5) Enthält eine Gesamtstrafe Einzelstrafen wegen Verletzung einer der in Absatz 1 Nr. 1, 2 bezeichneten Strfvorschriften und andere Einzelstrafen, so ist die Strafe neu festzusetzen. In den Fällen der §§ 31 und 66 des Jugendgerichtsgesetzes gilt dies sinngemäß. Enthält eine Gesamtstrafe Einzelstrafen wegen Straftaten nach § 183 des Strafgesetzbuches in der bisherigen Fassung, so ist über eine gleichzeitig angeordnete Sicherungsverwahrung neu zu entscheiden.

(6) Bei Zweifeln über die sich aus den Absätzen 1 bis 3 ergebenden Rechtsfolgen und für die richterlichen Entscheidungen nach den Absätzen 4 und 5 gelten die §§ 458 und 462 der Strafprozeßordnung sinngemäß.

(7) Ist im Zentralregister eine Verurteilung lediglich wegen einer der in Absatz 1 Nr. 1 bezeichneten Strafvorschriften eingetragen, so ist die Ein-

tragung zu tilgen. Satz 1 gilt sinngemäß für Eintragungen im Erziehungsregister.

(8) Absatz 1 Nr. 1, Absatz 2 Nr. 4 sowie die Absätze 3 und 4 gelten sinngemäß für Geldbußen wegen einer Ordnungswidrigkeit nach § 32 des Gesetzes über Ordnungswidrigkeiten.

Art. 8. Absehen von der Strafverfolgung. (1) Ist die Tat nach § 184 des Strafgesetzbuches in der Fassung des Artikels 1 Nr. 16 nicht mehr mit Strafe bedroht, so kann die Staatsanwaltschaft von der Strafverfolgung nach § 184 des Strafgesetzbuches in der Fassung des Artikels 12 Abs. 3 Nr. 2 absehen.

(2) Ist die Klage bereits erhoben, so kann das Gericht unter den Voraussetzungen des Absatzes 1 das Verfahren mit Zustimmung der Staatsanwaltschaft und des Angeschuldigten in jeder Lage vorläufig einstellen.

Art. 9. Ausschluß der Entschädigung. Beruht die Beendigung des Verfahrens allein darauf, daß eine bisher mit Strafe bedrohte Tat auf Grund dieses Gesetzes nicht mehr mit Strafe bedroht ist, so ist eine Entschädigung nach dem Gesetz über die Entschädigung für Strafverfolgungsmaßnahmen (StrEG) ausgeschlossen.

Art. 10. Verweisungen. Soweit in anderen Vorschriften auf Vorschriften verwiesen wird, die durch dieses Gesetz geändert werden, treten an deren Stelle die geänderten Vorschriften.

Art. 12. Inkrafttreten. (1) Dieses Gesetz tritt am Tage nach seiner Verkündung in Kraft.

(2) Abweichend von Absatz 1 treten vierzehn Monate nach der Verkündung in Kraft:

1. Artikel 1 Nr. 1 Buchstabe b,

2. Artikel 1 Nr. 16, soweit er § 184 betrifft.

(3) Bis zu dem in Absatz 2 bezeichneten Zeitpunkt gilt folgendes:

1. § 4 Abs. 3 Nr. 9 des Strafgesetzbuches ist in folgender Fassung anzuwenden:
   „9. Verbreitung pornographischer Schriften (§ 184);"

2. § 184 des Strafgesetzbuches ist in folgender Fassung anzuwenden:
   „§ 184 Verbreitung pornographischer Schriften
   Wer pornographische Schriften, Ton- oder Bildträger, Abbildungen oder Darstellungen

   1. verbreitet,

   2. öffentlich ausstellt, anschlägt, vorführt oder sonst zugänglich macht oder

   3. herstellt, bezieht, liefert, vorrätig hält, anbietet, ankündigt, anpreist, in den räumlichen Geltungsbereich dieses Gesetzes einzuführen oder daraus auszuführen unternimmt, um sie oder aus ihnen

gewonnene Stücke im Sinne der Nummern 1 oder 2 zu verwenden oder einem anderen eine solche Verwendung zu ermöglichen,

wird mit Freiheitsstrafe bis zu einem Jahr oder mit Geldstrafe bestraft."

c) Fünftes Gesetz zur Reform des Strafrechts (5. StRG)

Vom 18. Juni 1974 (BGBl. I S. 1297)

Geändert durch Fünfzehntes Strafrechtsänderungsgesetz vom 18. Mai 1976 (BGBl. I S. 1213)

(BGBl. III 450-13-5)

(Auszug)

Art. 2. Weigerung. (1) Niemand ist verpflichtet, an einem Schwangerschaftsabbruch mitzuwirken.

(2) Absatz 1 gilt nicht, wenn die Mitwirkung notwendig ist, um von der Frau eine anders nicht abwendbare Gefahr des Todes oder einer schweren Gesundheitsschädigung abzuwenden.

Art. 3. Schwangerschaftsabbruch außerhalb einer geeigneten Einrichtung. (1) Der Schwangerschaftsabbruch darf nur in einem Krankenhaus oder in einer hierfür zugelassenen Einrichtung vorgenommen werden.

(2) Ordnungswidrig handelt, wer eine Schwangerschaft unter Verstoß gegen Absatz 1 abbricht. Die Ordnungswidrigkeit kann mit einer Geldbuße bis zu zehntausend Deutsche Mark geahndet werden.

Art. 4. Bundesstatistik. Über die unter den Voraussetzungen des § 218a des Strafgesetzbuches vorgenommenen Schwangerschaftsabbrüche wird beim Statistischen Bundesamt eine Bundesstatistik geführt. Wer als Arzt einen solchen Schwangerschaftsabbruch ausgeführt hat, hat dies bis zum Ende des laufenden Kalendervierteljahres mit Angaben über

1. den Grund des Schwangerschaftsabbruchs,
2. den Familienstand und das Alter der Schwangeren sowie die Zahl der von ihr versorgten Kinder,
3. die Zahl der vorangegangenen Schwangerschaften und deren Beendigung,
4. die Dauer der abgebrochenen Schwangerschaft
5. die Art des Eingriffs und beobachtete Komplikationen,
6. den Ort der Vornahme des Eingriffs und im Fall eines Krankenhausaufenthalts dessen Dauer sowie
7. gegebenenfalls den fremden Staat, in dem die Schwangere ihren Wohnsitz oder gewöhnlichen Aufenthalt hat,

dem Statistischen Bundesamt anzuzeigen; der Name der Schwangeren darf dabei nicht angegeben werden.

Art. 5. Verletzung der Geheimhaltungspflicht. (1) Wer ein fremdes Geheimnis, das ihm in seiner Eigenschaft als Mitglied oder Beauftragter einer ermächtigten Beratungsstelle nach § 218c des Strafgesetzbuches oder einer zur Begutachtung nach § 219 des Strafgesetzbuches zuständigen Stelle bekanntgeworden ist, unbefugt offenbart, wird mit Freiheitsstrafe bis zu einem Jahr oder mit Geldstrafe bestraft.

(2) Den in Absatz 1 Genannten stehen ihre berufsmäßig tätigen Gehilfen und die Personen gleich, die bei ihnen zur Vorbereitung auf den Beruf tätig sind.

(3) Die Tat wird nur auf Antrag verfolgt.

Art. 9.[1] **Noch nicht vollstreckte Strafen.** (1) Eine rechtskräftig verhängte Strafe wird, soweit sie noch nicht vollstreckt ist, erlassen, wenn sie

1. wegen einer Tat verhängt worden ist, die nach dem neuen Recht nicht strafbar ist, oder

2. gegen eine Frau wegen Abbruchs ihrer Schwangerschaft verhängt worden ist, der nicht von einem Arzt vorgenommen worden ist, bei Vornahme durch einen Arzt jedoch nach dem neuen Recht nicht strafbar wäre.

(2) Absatz 1 gilt entsprechend, wenn ein vor Inkrafttreten des neuen Rechts erlassenes Urteil nach diesem Zeitpunkt

1. rechtskräftig wird, weil ein Rechtsmittel nicht eingelegt oder zurückgenommen wird oder das Rechtsmittel nicht zulässig ist, oder

2. sonst rechtskräftig wird, ohne daß der Schuldspruch geändert werden konnte.

(3) Ist der Täter wegen einer Handlung verurteilt worden, die eine nach dem neuen Recht nicht mehr anwendbare Strafvorschrift und zugleich eine andere Strafvorschrift verletzt hat (§ 52 Abs. 2 des Strafgesetzbuches), so sind die Absätze 1 und 2 nicht anzuwenden. Das Gericht setzt die auf die andere Gesetzesverletzung entfallende Strafe neu fest, wenn die Strafe einer Strafvorschrift entnommen worden ist, die nicht mehr anwendbar ist. Ist die Strafe der anderen Strafvorschrift entnommen, so wird sie angemessen ermäßigt, wenn anzunehmen ist, daß das Gericht wegen der Verletzung der gemilderten Strafvorschrift auf eine höhere Strafe erkannt hat.

(4) Enthält eine Gesamtstrafe Einzelstrafen im Sinne des Absatzes 1 und andere Einzelstrafen, so ist die Strafe neu festzusetzen. In den Fällen der §§ 31 und 66 des Jugendgerichtsgesetzes gilt dies sinngemäß.

(5) Bei Zweifeln über die sich aus den Absätzen 1 und 2 ergebenden Rechtsfolgen und für die richterlichen Entscheidungen nach den Absät-

---

[1] Art. 9 und 10 sind entsprechend anzuwenden, soweit eine Tat nach dem Fünfzehnten Strafrechtsänderungsgesetz vom 18. 5. 1976 (BGBl. I S. 1213) nicht mehr strafbar ist. Hierbei tritt an die Stelle der Angabe ,,(§ 73 Abs. 2 des Strafgesetzbuches)'' in Art. 9 Abs. 3 Satz 1 die Angabe ,,(§ 52 Abs. 2 des Strafgesetzbuches)''. Vgl. Art. 4 Fünfzehntes Strafrechtsänderungsgesetz.

zen 3 und 4 gelten die §§ 458 und 462 der Strafprozeßordnung sinngemäß.

Art. 10.[1] **Beendigung von Strafverfahren.** Ist bei dem Inkrafttreten dieses Gesetzes (Artikel 12 Abs. 1) ein Strafverfahren gegen eine Frau wegen des Abbruchs ihrer Schwangerschaft anhängig, so ist § 206 b der Strafprozeßordnung auch dann anzuwenden, wenn der Schwangerschaftsabbruch nicht von einem Arzt vorgenommen worden ist, bei Vornahme durch einen Arzt jedoch nach dem neuen Recht nicht strafbar wäre.

---

[1] Art. 9 und 10 sind entsprechend anzuwenden, soweit eine Tat nach dem Fünfzehnten Strafrechtsänderungsgesetz vom 18. 5. 1976 (BGBl. I S. 1213) nicht mehr strafbar ist. Hierbei tritt an die Stelle der Angabe ,,(§ 73 Abs. 2 des Strafgesetzbuches)" in Art. 9 Abs. 3 Satz 1 die Angabe ,,(§ 52 Abs. 2 des Strafgesetzbuches)". Vgl. Art. 4 Fünfzehntes Strafrechtsänderungsgesetz.

5. Jugendgerichtsgesetz (JGG)

In der Fassung der Bekanntmachung vom 11. Dezember 1974 (BGBl. I
S. 3427)

Geändert durch Gesetz vom 5. Oktober 1978 (BGBl. I S. 1654)

(BGBl. III 451–1)

(Auszug)[1]

Erster Teil. Anwendungsbereich

§ 1. Persönlicher und sachlicher Anwendungsbereich. (1) Dieses
Gesetz gilt, wenn ein Jugendlicher oder ein Heranwachsender eine Verfehlung begeht, die nach den allgemeinen Vorschriften mit Strafe bedroht ist.

(2) Jugendlicher ist, wer zur Zeit der Tat vierzehn, aber noch nicht
achtzehn, Heranwachsender, wer zur Zeit der Tat achtzehn, aber noch
nicht einundzwanzig Jahre alt ist.

§ 2. Anwendung des allgemeinen Rechts. Die allgemeinen Vorschriften gelten nur, soweit in diesem Gesetz nichts anderes bestimmt ist.

Zweiter Teil. Jugendliche

Erstes Hauptstück. Verfehlungen Jugendlicher und ihre Folgen

Erster Abschnitt. Allgemeine Vorschriften.

§ 3. Verantwortlichkeit. Ein Jugendlicher ist strafrechtlich verantwortlich, wenn er zur Zeit der Tat nach seiner sittlichen und geistigen
Entwicklung reif genug ist, das Unrecht der Tat einzusehen und nach
dieser Einsicht zu handeln. Zur Erziehung eines Jugendlichen, der mangels Reife strafrechtlich nicht verantwortlich ist, kann der Richter diesel-
ben Maßnahmen anordnen wie der Vormundschaftsrichter.

§ 4. Rechtliche Einordnung der Taten Jugendlicher. Ob die rechtswidrige Tat eines Jugendlichen als Verbrechen oder Vergehen anzusehen
ist und wann sie verjährt, richtet sich nach den Vorschriften des allgemeinen Strafrechts.

§ 5. Die Folgen der Jugendstraftat. (1) Aus Anlaß der Straftat eines
Jugendlichen können Erziehungsmaßregeln angeordnet werden.

---

[1] Der Auszug enthält nicht die verfahrensrechtlichen Vorschriften.

(2) Die Straftat eines Jugendlichen wird mit Zuchtmitteln oder mit Jugendstrafe geahndet, wenn Erziehungsmaßregeln nicht ausreichen.

(3) Von Zuchtmitteln und Jugendstrafe wird abgesehen, wenn die Unterbringung in einem psychiatrischen Krankenhaus oder einer Entziehungsanstalt die Ahndung durch den Richter entbehrlich macht.

§ 6. Nebenfolgen. (1) Auf Unfähigkeit, öffentliche Ämter zu bekleiden, Rechte aus öffentlichen Wahlen zu erlangen oder in öffentlichen Angelegenheiten zu wählen oder zu stimmen, darf nicht erkannt werden. Die Bekanntgabe der Verurteilung darf nicht angeordnet werden.

(2) Der Verlust der Fähigkeit, öffentliche Ämter zu bekleiden und Rechte aus öffentlichen Wahlen zu erlangen (§ 45 Abs. 1 des Strafgesetzbuches), tritt nicht ein.

§ 7. Maßregeln der Besserung und Sicherung. Als Maßregeln der Besserung und Sicherung im Sinne des allgemeinen Strafrechts können die Unterbringung in einem psychiatrischen Krankenhaus oder einer Entziehungsanstalt, die Führungsaufsicht oder die Entziehung der Fahrerlaubnis angeordnet werden (§ 61 Nr. 1, 2, 5 und 6 des Strafgesetzbuches).

§ 8. Verbindung von Maßnahmen und Jugendstrafe. (1) Erziehungsmaßregeln und Zuchtmittel, ebenso mehrere Erziehungsmaßregeln oder mehrere Zuchtmittel können nebeneinander angeordnet werden. Mit der Anordnung der Fürsorgeerziehung darf Jugendarrest nicht verbunden werden.

(2) Der Richter kann neben Jugendstrafe nur Weisungen und Auflagen erteilen und die Erziehungsbeistandschaft anordnen. Steht der Jugendliche unter Bewährungsaufsicht, so ruht eine gleichzeitig bestehende Erziehungsbeistandschaft bis zum Ablauf der Bewährungszeit.

(3) Der Richter kann neben Erziehungsmaßregeln, Zuchtmitteln und Jugendstrafe auf die nach diesem Gesetz zulässigen Nebenstrafen und Nebenfolgen erkennen.

Zweiter Abschnitt. Erziehungsmaßregeln

§ 9. Arten. Erziehungsmaßregeln sind

1. die Erteilung von Weisungen,
2. die Erziehungsbeistandschaft,
3. die Fürsorgeerziehung.

§ 10. Weisungen. (1) Weisungen sind Gebote und Verbote, welche die Lebensführung des Jugendlichen regeln und dadurch seine Erziehung fördern und sichern sollen. Dabei dürfen an die Lebensführung des Jugendlichen keine unzumutbaren Anforderungen gestellt werden. Der Richter kann dem Jugendlichen insbesondere auferlegen,

1. Weisungen zu befolgen, die sich auf den Aufenthaltsort beziehen,
2. bei einer Familie oder in einem Heim zu wohnen,
3. eine Lehr- oder Arbeitsstelle anzunehmen,
4. Arbeitsleistungen zu erbringen,
5. den Verkehr mit bestimmten Personen oder den Besuch von Gast- oder Vergnügungsstätten zu unterlassen oder
6. bei einer Verletzung von Verkehrsvorschriften an einem Verkehrsunterricht teilzunehmen.

(2) Der Richter kann dem Jugedlichen auch mit Zustimmung des Erziehungsberechtigten und des gesetzlichen Vertreters auferlegen, sich einer heilerzieherischen Behandlung durch einen Sachverständigen oder einer Entziehungskur zu unterziehen. Hat der Jugendliche das sechzehnte Lebensjahr vollendet, so soll dies nur mit seinem Einverständnis geschehen.

§ 11. Laufzeit und nachträgliche Änderung von Weisungen; Folgen der Zuwiderhandlung. (1) Der Richter bestimmt die Laufzeit der Weisungen. Die Laufzeit darf zwei Jahre nicht überschreiten.

(2) Der Richter kann Weisungen ändern, von ihnen befreien oder ihre Laufzeit vor Ablauf bis auf drei Jahre verlängern, wenn dies aus Gründen der Erziehung geboten ist.

(3) Kommt der Jugendliche Weisungen schuldhaft nicht nach, so kann Jugendarrest vrhängt werden, wenn eine Belehrung über die Folgen schuldhafter Zuwiderhandlung erfolgt war. Hiernach verhängter Jugendarrest darf bei einer Verurteilung insgesamt die Dauer von vier Wochen nicht überschreiten. Der Richter kann von der Vollstreckung des Jugendarrestes absehen, wenn der Jugendliche nach Verhängung des Arrestes der Weisung nachkommt.

§ 12. Erziehungsbeistandschaft und Fürsorgeerziehung. Die Voraussetzungen, die Ausübung und Ausführung sowie die Beendigung der Erziehungsbeistandschaft und der Fürsorgeerziehung richten sich nach den Vorschriften über Jugendwohlfahrt. Eines Versuchs, den Erziehungsbeistand nach § 56 des Gesetzes für Jugendwohlfahrt zu bestellen, oder die Freiwillige Erziehungshilfe nach § 63 des Gesetzes für Jugendwohlfahrt zu gewähren, bedarf es nicht.

Dritter Abschnitt. Zuchtmittel

§ 13. Arten und Anwendung. (1) Der Richter ahndet die Straftat mit Zuchtmitteln, wenn Jugendstrafe nicht geboten ist, dem Jugendlichen aber eindringlich zum Bewußtsein gebracht werden muß, daß er für das von ihm begangene Unrecht einzustehen hat.

(2) Zuchtmittel sind
1. die Verwarnung,

2. die Erteilung von Auflagen,

3. der Jugendarrest.

(3) Zuchtmittel haben nicht die Rechtswirkungen einer Strafe.

§ 14. Verwarnung. Durch die Verwarnung soll dem Jugendlichen das Unrecht der Tat eindringlich vorgehalten werden.

§ 15. Auflagen. (1) Der Richter kann dem Jugendlichen auferlegen,

1. nach Kräften den durch die Tat verursachten Schaden wiedergutzumachen,

2. sich persönlich bei dem Verletzten zu entschuldigen oder

3. einen Geldbetrag zugunsten einer gemeinnützigen Einrichtung zu zahlen.

Dabei dürfen an den Jugendlichen keine unzumutbaren Anforderungen gestellt werden.

(2) Der Richter soll die Zahlung eines Geldbetrages nur anordnen, wenn

1. der Jugendliche eine leichte Verfehlung begangen hat und anzunehmen ist, daß er den Geldbetrag aus Mitteln zahlt, über die er selbständig verfügen darf, oder

2. dem Jugendlichen der Gewinn, den er aus der Tat erlangt, oder das Entgelt, das er für sie erhalten hat, entzogen werden soll.

(3) Der Richter kann nachträglich von der Erfüllung von Auflagen ganz oder zum Teil befreien, wenn dies aus Gründen der Erziehung geboten ist. Bei schuldhafter Nichterfüllung von Auflagen gilt § 11 Abs. 3 entsprechend. Ist Jugendarrest vollstreckt worden, so kann der Richter die Auflagen ganz oder zum Teil für erledigt erklären.

§ 16. Jugendarrest. (1) Der Jugendarrest ist Freizeitarrest, Kurzarrest oder Dauerarrest.

(2) Der Freizeitarrest wird für die wöchentliche Freizeit des Jugendlichen verhängt und auf mindestens eine Freizeit und höchstens vier Freizeiten bemessen.

(3) Der Kurzarrest wird statt des Freizeitarrestes verhängt, wenn der zusammenhängende Vollzug aus Gründen der Erziehung zweckmäßig erscheint und weder die Ausbildung noch die Arbeit des Jugendlichen beeinträchtigt werden. Dabei stehen zwei Tage Kurzarrest einer Freizeit gleich. Die Gesamtdauer des Kurzarrestes darf aber sechs Tage nicht überschreiten.

(4) Der Dauerarrest beträgt mindestens eine Woche und höchstens vier Wochen. Er wird nach vollen Tagen oder Wochen bemessen.

Vierter Abschnitt. Die Jugendstrafe

§ 17. Form und Voraussetzungen. (1) Die Jugendstrafe ist Freiheitsentzug in einer Jugendstrafanstalt.

(2) Der Richter verhängt Jugendstrafe, wenn wegen der schädlichen Neigungen des Jugendlichen, die in der Tat hervorgetreten sind, Erziehungsmaßregeln oder Zuchtmittel zur Erziehung nicht ausreichen oder wenn wegen der Schwere der Schuld Strafe erforderlich ist.

§ 18. Dauer der Jugendstrafe. (1) Das Mindestmaß der Jugendstrafe beträgt sechs Monate, das Höchstmaß fünf Jahre. Handelt es sich bei der Tat um ein Verbrechen, für das nach dem allgemeinen Strafrecht eine Höchststrafe von mehr als zehn Jahren Freiheitsstrafe angedroht ist, so ist das Höchstmaß zehn Jahre. Die Strafrahmen des allgemeinen Strafrechts gelten nicht.

(2) Die Jugendstrafe ist so zu bemessen, daß die erforderliche erzieherische Einwirkung möglich ist.

§ 19. Jugendstrafe von unbestimmter Dauer. (1) Der Richter verhängt Jugendstrafe von unbestimmter Dauer, wenn wegen der schädlichen Neigungen des Jugendlichen, die in der Tat hervorgetreten sind, eine Jugendstrafe von höchstens vier Jahren geboten ist und sich nicht voraussehen läßt, welche Zeit erforderlich ist, um den Jugendlichen durch den Strafvollzug zu einem rechtschaffenen Lebenswandel zu erziehen.

(2) Das Höchstmaß der Jugendstrafe von unbestimmter Dauer beträgt vier Jahre. Der Richter kann ein geringeres Höchstmaß bestimmen oder das Mindestmaß (§ 18 Abs. 1) erhöhen. Der Unterschied zwischen dem Mindest- und dem Höchstmaß soll nicht weniger als zwei Jahre betragen.

(3) Die Jugendstrafe von unbestimmter Dauer wird nach den für das Vollstreckungsverfahren geltenden Vorschriften (§ 89) in eine bestimmte Jugendstrafe umgewandelt, sobald der Jugendliche aus dem Strafvollzug entlassen wird.

Fünfter Abschnitt. Aussetzung der Jugendstrafe zur Bewährung

§ 20. *(weggefallen)*

§ 21. Strafaussetzung. (1) Bei der Verurteilung zu einer bestimmten Jugendstrafe von nicht mehr als einem Jahr setzt der Richter die Vollstreckung der Strafe zur Bewährung aus, wenn zu erwarten ist, daß der Jugendliche sich schon die Verurteilung zur Warnung dienen lassen und auch ohne die Einwirkung des Strafvollzugs unter der erzieherischen Einwirkung in der Bewährungszeit künftig einen rechtschaffenen Lebenswandel führen wird. Dabei sind namentlich die Persönlichkeit des Jugendlichen, sein Vorleben, die Umstände seiner Tat, sein Verhalten nach der Tat, seine Lebensverhältnisse und die Wirkungen zu berücksichtigen, die von der Aussetzung für ihn zu erwarten sind.

(2) Der Richter kann unter den Voraussetzungen des Absatzes 1 auch die Vollstreckung einer höheren bestimmten Jugendstrafe, die zwei Jahre

nicht übersteigt, zur Bewährung aussetzen, wenn besondere Umstände in der Tat und in der Persönlichkeit des Jugendlichen vorliegen.

(3) Die Strafaussetzung kann nicht auf einen Teil der Jugendstrafe beschränkt werden. Sie wird durch eine Anrechnung von Untersuchungshaft oder einer anderen Freiheitsentziehung nicht ausgeschlossen.

§ 22. Bewährungszeit. (1) Der Richter bestimmt die Dauer der Bewährungszeit. Sie darf drei Jahre nicht überschreiten und zwei Jahre nicht unterschreiten.

(2) Die Bewährungszeit beginnt mit der Rechtskraft der Entscheidung über die Aussetzung der Jugendstrafe. Sie kann nachträglich bis auf ein Jahr verkürzt oder vor ihrem Ablauf bis auf vier Jahre verlängert werden. In den Fällen des § 21 Abs. 2 darf die Bewährungszeit jedoch nur bis auf zwei Jahre verkürzt werden.

§ 23. Weisungen und Auflagen. (1) Der Richter soll für die Dauer der Bewährungszeit die Lebensführung des Jugendlichen durch Weisungen erzieherisch beeinflussen. Er kann dem Jugendlichen auch Auflagen erteilen. Diese Anordnungen kann er auch nachträglich treffen, ändern oder aufheben. Die §§ 10, 11 Abs. 3 und § 15 Abs. 1, 2, 3 Satz 2 gelten entsprechend.

(2) Macht der Jugendliche Zusagen für seine künftige Lebensführung oder erbietet er sich zu angemessenen Leistungen, die der Genugtuung für das begangene Unrecht dienen, so sieht der Richter in der Regel von entsprechenden Weisungen oder Auflagen vorläufig ab, wenn die Erfüllung der Zusagen oder des Anerbietens zu erwarten ist.

§ 24. Bewährungshilfe. (1) Der Richter unterstellt den Jugendlichen für die Dauer der Bewährungszeit der Aufsicht und Leitung eines hauptamtlichen Bewährungshelfers. Er kann ihn auch einem ehrenamtlichen Bewährungshelfer unterstellen, wenn dies aus Gründen der Erziehung zweckmäßig erscheint.

(2) Der Bewährungshelfer steht dem Jugendlichen helfend und betreuend zur Seite. Er übewacht im Einvernehmen mit dem Richter die Erfüllung der Weisungen, Auflagen, Zusagen und Anerbieten. Der Bewährungshelfer soll die Erziehung des Jugendlichen fördern und möglichst mit dem Erziehungsberechtigten und dem gesetzlichen Vertreter vertrauensvoll zusammenwirken. Er hat bei der Ausübung seines Amtes das Recht auf Zutritt zu dem Jugendlichen. Er kann von dem Erziehungsberechtigten, dem gesetzlichen Vertreter, der Schule, dem Lehrherrn oder dem sonstigen Leiter der Berufsausbildung Auskunft über die Lebensführung des Jugendlichen verlangen.

§ 25. Bestellung und Pflichten des Bewährungshelfers. Der Bewährungshelfer wird vom Richter bestellt. Der Richter kann ihm für seine Tätigkeit nach § 24 Abs. 2 Anweisungen erteilen. Der Bewährungshelfer berichtet über die Lebensführung des Jugendlichen in Zeitabständen, die der Richter bestimmt. Gröbliche oder beharrliche Verstöße gegen Weisungen, Auflagen, Zusagen oder Anerbieten teilt er dem Richter mit.

§ 26. Widerruf der Strafaussetzung. (1) Der Richter widerruft die Aussetzung der Jugendstrafe, wenn der Jugendliche

1. in der Bewährungszeit eine Straftat begeht und dadurch zeigt, daß die Erwartung, die der Strafaussetzung zugrunde lag, sich nicht erfüllt hat,

2. gegen Weisungen gröblich oder beharrlich verstößt oder sich der Aufsicht und Leitung des Bewährungshelfers beharrlich entzieht und dadurch Anlaß zu der Besorgnis gibt, daß er erneut Straftaten begehen wird, oder

3. gegen Auflagen gröblich oder beharrlich verstößt.

(2) Der Richter sieht jedoch von dem Widerruf ab, wenn es ausreicht, die Bewährungszeit zu verlängern (§ 22 Abs. 2) oder weitere Weisungen oder Auflagen zu erteilen (§ 23).

(3) Leistungen, die der Jugendliche zur Erfüllung von Weisungen, Auflagen, Zusagen oder Anerbieten (§ 23) erbracht hat, werden nicht erstattet. Der Richter kann jedoch, wenn er die Strafaussetzung widerruft, Leistungen, die der Jugendliche zur Erfüllung von Auflagen oder entsprechenden Anerbieten erbracht hat, auf die Jugendstrafe anrechnen.

§ 26a. Erlaß der Jugendstrafe. Widerruft der Richter die Strafaussetzung nicht, so erläßt er die Jugendstrafe nach Ablauf der Bewährungszeit. § 26 Abs. 3 Satz 1 ist anzuwenden.

Sechster Abschnitt. Aussetzung der Verhängung der Jugendstrafe

§ 27. Voraussetzungen. Kann nach Erschöpfung der Ermittlungsmöglichkeiten nicht mit Sicherheit beurteilt werden, ob in der Straftat eines Jugendlichen schädliche Neigungen von einem Umfang hervorgetreten sind, daß eine Jugendstrafe erforderlich ist, so kann der Richter die Schuld des Jugendlichen feststellen, die Entscheidung über die Verhängung der Jugendstrafe aber für eine von ihm zu bestimmende Bewährungszeit aussetzen.

§ 28. Bewährungszeit. (1) Die Bewährungszeit darf zwei Jahre nicht überschreiten und ein Jahr nicht unterschreiten.

(2) Die Bewährungszeit beginnt mit der Rechtskraft des Urteils, in dem die Schuld des Jugendlichen festgestellt wird. Sie kann nachträglich bis auf ein Jahr verkürzt oder vor ihrem Ablauf bis auf zwei Jahre verlängert werden.

§ 29. Bewährungshilfe. Der Jugendliche wird für die Dauer der Bewährungszeit der Aufsicht und Leitung eines Bewährungshelfers unterstellt. Die §§ 23 bis 25 sind anzuwenden.

§ 30. Verhängung der Jugendstrafe; Tilgung des Schuldspruchs. (1) Stellt sich vor allem durch schlechte Führung des Jugendlichen während der Bewährungszeit heraus, daß die in dem Schuldspruch mißbilligte Tat auf schädliche Neigungen von einem Umfang zurückzuführen ist, daß eine Jugendstrafe erforderlich ist, so erkennt der Richter auf die Strafe, die er im Zeitpunkt des Schuldspruchs bei sicherer Beurteilung der schädlichen Neigungen des Jugendlichen ausgesprochen hätte. Eine Aussetzung dieser Strafe nach § 21 ist unzulässig.

(2) Liegen die Voraussetzungen des Absatzes 1 nach Ablauf der Bewährungszeit nicht vor, so wird der Schuldspruch getilgt.

Siebenter Abschnitt. Mehrere Straftaten

§ 31. Mehrere Straftaten eines Jugendlichen. (1) Auch wenn ein Jugendlicher mehrere Straftaten begangen hat, setzt der Richter nur einheitlich Erziehungsmaßregeln, Zuchtmittel oder eine Jugendstrafe fest. Soweit es dieses Gesetz zuläßt (§ 8), können ungleichartige Erziehungsmaßregeln und Zuchtmittel nebeneinander angeordnet oder Maßnahmen mit der Strafe verbunden werden. Die gesetzlichen Höchstgrenzen des Jugendarrestes und der Jugendstrafe dürfen nicht überschritten werden.

(2) Ist gegen den Jugendlichen wegen eines Teils der Straftaten bereits rechtskräftig die Schuld festgestellt oder eine Erziehungsmaßregel, ein Zuchtmittel oder eine Jugendstrafe festgesetzt worden, aber noch nicht vollständig ausgeführt, verbüßt oder sonst erledigt, so wird unter Einbeziehung des Urteils in gleicher Weise nur einheitlich auf Maßnahmen oder Jugendstrafe erkannt. Die Anrechnung bereits verbüßten Jugendarrestes steht im Ermessen des Richters, wenn er auf Jugendstrafe erkennt.

(3) Ist es aus erzieherischen Gründen zweckmäßig, so kann der Richter davon absehen, schon abgeurteilte Straftaten in die neue Entscheidung einzubeziehen. Dabei kann er Erziehungsmaßregeln und Zuchtmittel für erledigt erklären, wenn er auf Jugendstrafe erkennt.

§ 32. Mehrere Straftaten in verschiedenen Alters- und Reifestufen. Für mehrere Straftaten, die gleichzeitig abgeurteilt werden und auf die teils Jugendstrafrecht und teils allgemeines Strafrecht anzuwenden wäre, gilt einheitlich das Jugendstrafrecht, wenn das Schwergewicht bei den Straftaten liegt, die nach Jugendstrafrecht zu beurteilen wären. Ist dies nicht der Fall, so ist einheitlich das allgemeine Strafrecht anzuwenden.

Dritter Teil. Heranwachsende

Erster Abschnitt. Anwendung des sachlichen Strafrechts

§ 105. Anwendung des Jugendstrafrechts auf Heranwachsende.
(1) Begeht ein Heranwachsender eine Verfehlung, die nach den allgemeinen Vorschriften mit Strafe bedroht ist, so wendet der Richter die für einen Jugendlichen geltenden Vorschriften der §§ 4 bis 8, 9 Nr. 1, §§ 10, 11 und 13 bis 32 entsprechend an, wenn

1. die Gesamtwürdigung der Persönlichkeit des Täters bei Berücksichtigung auch der Umweltbedingungen ergibt, daß er zur Zeit der Tat nach seiner sittlichen und geistigen Entwicklung noch einem Jugendlichen gleichstand, oder

2. es sich nach der Art, den Umständen oder den Beweggründen der Tat um eine Jugendverfehlung handelt.

(2) § 31 Abs. 2 Satz 1, Abs. 3 ist auch dann anzuwenden, wenn der Heranwachsende wegen eines Teils der Straftaten bereits rechtskräftig nach allgemeinem Strafrecht verurteilt worden ist.

(3) Das Höchstmaß der Jugendstrafe für Heranwachsende beträgt zehn Jahre.

§ 106. Milderung des allgemeinen Strafrechts für Heranwachsende. (1) Ist wegen der Straftat eines Heranwachsenden das allgemeine Strafrecht anzuwenden, so kann der Richter an Stelle von lebenslanger Freiheitsstrafe auf eine Freiheitsstrafe von zehn bis zu fünfzehn Jahren erkennen.

(2)[2] Sicherungsverwahrung darf der Richter nicht anordnen. Er kann anordnen, daß der Verlust der Fähigkeit, öffentliche Ämter zu bekleiden und Rechte aus öffentlichen Wahlen zu erlangen (§ 45 Abs. 1 des Strafgesetzbuches), nicht eintritt.

Vierter Teil. Sondervorschriften für Soldaten der Bundeswehr

§ 112a. Anwendung des Jugendstrafrechts. Das Jugendstrafrecht (§§ 3 bis 32, 105) gilt für die Dauer des Wehrdienstverhältnisses eines Jugendlichen oder Heranwachsenden mit folgenden Abweichungen:

1. Erziehungsbeistandschaft und Fürsorgeerziehung dürfen nicht angeordnet werden.

2. Bedarf der Jugendliche oder Heranwachsende nach seiner sittlichen oder geistigen Entwicklung besonderer erzieherischer Einwirkung, so kann der Richter Erziehungshilfe durch den Disziplinarvorgesetzten als Erziehungsmaßregel anordnen.

3. Bei der Erteilung von Weisungen und Auflagen soll der Richter die Besonderheiten des Wehrdienstes berücksichtigen. Weisungen und Auflagen, die bereits erteilt sind, soll er diesen Besonderheiten anpassen.

4. Als ehrenamtlicher Bewährungshelfer kann ein Soldat bestellt werden.

---

[2] Gemäß Art. 326 Abs. 5 Nr. 5 des EGStGB vom 2. 3. 1974 (BGBl. I S. 469) mit Änderung durch § 2 des Ges. vom 22. 12. 1977 (BGBl. I S. 3104) gilt § 106 Abs. 2 ab 1. Januar 1985 in folgender Fassung:

„(2) Der Richter kann anordnen, daß der Verlust der Fähigkeit, öffentliche Ämter zu bekleiden und Rechte aus öffentlichen Wahlen zu erlangen (§ 45 Abs. 1 des Strafgesetzbuches), nicht eintritt."

Er untersteht bei seiner Tätigkeit (§ 25 Satz 2) nicht den Anweisungen des Richters.

5. Von der Überwachung durch einen Bewährungshelfer, der nicht Soldat ist, sind Angelegenheiten ausgeschlossen, für welche die militärischen Vorgesetzten des Jugendlichen oder Heranwachsenden zu sorgen haben. Maßnahmen des Disziplinarvorgesetzten haben den Vorrang.

§ 112b. Erziehungshilfe durch den Disziplinarvorgesetzten.
(1) Hat der Richter Erziehungshilfe (§ 112a Nr. 2) angeordnet, so sorgt der nächste Disziplinarvorgesetzte dafür, daß der Jugendliche oder Heranwachsende, auch außerhalb des Dienstes, überwacht und betreut wird.

(2) Zu diesem Zweck werden dem Jugendlichen oder Heranwachsenden Pflichten und Beschränkungen auferlegt, die sich auf den Dienst, die Freizeit, den Urlaub und die Auszahlung der Besoldung beziehen können. Das Nähere wird durch Rechtsverordnung (§ 115 Abs. 3) geregelt.

(3) Die Erziehungshilfe dauert so lange, bis ihr Zweck erreicht ist. Sie endet jedoch spätestens, wenn sie ein Jahr gedauert hat oder wenn der Soldat zweiundzwanzig Jahre alt oder aus dem Wehrdienst entlassen wird.

(4) Die Erziehungshilfe kann auch neben Jugendstrafe angeordnet werden.

§ 112c. Vollstreckung. (1) Der Vollstreckungsleiter erklärt die Erziehungsmaßregel nach § 112a Nr. 2 für erledigt, wenn ihr Zweck erreicht ist.

(2) Der Vollstreckungsleiter sieht davon ab, Jugendarrest, der wegen einer vor Beginn des Wehrdienstverhältnisses begangenen Tat verhängt ist, gegenüber Soldaten der Bundeswehr zu vollstrecken, wenn die Besonderheiten des Wehrdienstes es erfordern und ihnen nicht durch einen Aufschub der Vollstreckung Rechnung getragen werden kann.

(3) Die Entscheidungen des Vollstreckungsleiters nach den Absätzen 1 und 2 sind jugendrichterliche Entscheidungen im Sinne des § 83.

§ 112d. Anhörung des Disziplinarvorgesetzten. Bevor der Richter oder der Vollstreckungsleiter einem Soldaten der Bundeswehr Weisungen oder Auflagen erteilt, die Erziehungsmaßregeln nach § 112a Nr. 2 anordnet oder für erledigt erklärt, von der Vollstreckung des Jugendarrestes nach § 112c Abs. 2 absieht oder einen Soldaten als Bewährungshelfer bestellt, soll er den nächsten Disziplinarvorgesetzten des Jugendlichen oder Heranwachsenden hören.

§ 112e. Verfahren vor Gerichten, die für allgemeine Strafsachen zuständig sind. In Verfahren gegen Jugendliche oder Heranwachsende vor den für allgemeine Strafsachen zuständigen Gerichten (§ 104) sind die §§ 112a, 112b und 112d anzuwenden.

6. Wehrstrafgesetz (WStG)⋆

In der Fassung vom 24. Mai 1974 (BGBl. I S. 1213)

Geändert durch Gesetz vom 21. Dezember 1979 (BGBl. I S. 2326)

(BGBl. III 452–2)

Inhaltsübersicht

Erster Teil. Allgemeine Bestimmungen

Zweiter Teil. Militärische Straftaten

Erster Abschnitt. Straftaten gegen die Pflicht zur militärischen Dienstleistung

Zweiter Abschnitt. Straftaten gegen die Pflichten der Untergebenen

⋆ Das Gesetz gilt nicht im Land Berlin.

Dritter Abschnitt. Straftaten gegen die Pflichten der Vorgesetzten

Vierter Abschnitt. Straftaten gegen andere militärische Pflichten

Erster Teil. Allgemeine Bestimmungen

§ 1. Geltungsbereich. (1) Dieses Gesetz gilt für Straftaten, die Soldaten der Bundeswehr begehen.

(2) Es gilt auch für Straftaten, durch die militärische Vorgesetzte, die nicht Soldaten sind, ihre Pflichten verletzen (§§ 30 bis 41).

(3) Wegen Verletzung von Privatgeheimnissen (§ 203 Abs. 2, 4, 5, §§ 204, 205 des Strafgesetzbuches), wegen Verletzung des Dienstgeheimnisses (§ 353b Abs. 1 des Strafgesetzbuches) und wegen Verletzung des Post- und Fernmeldegeheimnisses (§ 354 Abs. 4 des Strafgesetzbuches) sind nach Maßgabe des § 48 auch frühere Soldaten strafbar, soweit ihnen diese Geheimnisse während des Wehrdienstes anvertraut worden oder sonst bekanntgeworden sind.

(4) Wegen Anstiftung und Beihilfe zu militärischen Straftaten sowie wegen Versuchs der Beteiligung an solchen Straftaten ist nach diesem Gesetz auch strafbar, wer nicht Soldat ist.

§ 1a. Auslandstaten. (1) Das deutsche Strafrecht gilt, unabhängig vom Recht des Tatorts, für Taten, die nach diesem Gesetz mit Strafe bedroht sind und im Ausland begangen werden, wenn der Täter

1. Soldat ist oder zu den in § 1 Abs. 2 bezeichneten Personen gehört oder

2. Deutscher ist und seine Lebensgrundlage im räumlichen Geltungsbereich dieses Gesetzes hat.

(2) Das deutsche Strafrecht gilt, unabhängig vom Recht des Tatorts, auch für Taten, die ein Soldat während eines dienstlichen Aufenthalts oder in Beziehung auf den Dienst im Ausland begeht.

§ 2. Begriffsbestimmungen. Im Sinne dieses Gesetzes ist

1. eine militärische Straftat eine Handlung, die der Zweite Teil dieses Gesetzes mit Strafe bedroht;

2. ein Befehl eine Anweisung zu einem bestimmten Verhalten, die ein militärischer Vorgesetzter (§ 1 Abs. 4 des Soldatengesetzes) einem Untergebenen schriftlich, mündlich oder in anderer Weise, allgemein oder für den Einzelfall und mit dem Anspruch auf Gehorsam erteilt;

3. eine schwerwiegende Folge eine Gefahr für die Sicherheit der Bundesrepublik Deutschland, die Schlagkraft der Truppe, Leib oder Leben eines Menschen oder Sachen von bedeutendem Wert, die dem Täter nicht gehören.

§ 3. Anwendung des allgemeinen Strafrechts. (1) Das allgemeine Strafrecht ist anzuwenden, soweit dieses Gesetz nichts anderes bestimmt.

(2) Für Straftaten von Soldaten, die Jugendliche oder Heranwachsende sind, gelten besondere Vorschriften des Jugendgerichtsgesetzes.

§ 4. Militärische Straftaten gegen verbündete Streitkräfte. (1) Die Vorschriften dieses Gesetzes sind auch dann anzuwenden, wenn ein Soldat der Bundeswehr eine militärische Straftat gegen Streitkräfte eines verbündeten Staates oder eines ihrer Mitglieder begeht.

(2) Das Gericht kann von Strafe absehen, wenn die Wahrung der Disziplin in der Bundeswehr eine Bestrafung nicht erfordert.

§ 5. Handeln auf Befehl. (1) Begeht ein Untergebener eine rechtswidrige Tat, die den Tatbestand eines Strafgesetzes verwirklicht, auf Befehl, so trifft ihn eine Schuld nur, wenn er erkennt, daß es sich um eine rechtswidrige Tat handelt oder dies nach den ihm bekannten Umständen offensichtlich ist.

(2) Ist die Schuld des Untergebenen mit Rücksicht auf die besondere Lage, in der er sich bei der Ausführung des Befehls befand, gering, so kann das Gericht die Strafe nach § 49 Abs. 1 des Strafgesetzbuches mildern, bei Vergehen auch von Strafe absehen.

§ 6. Furcht vor persönlicher Gefahr. Furcht vor persönlicher Gefahr entschuldigt eine Tat nicht, wenn die soldatische Pflicht verlangt, die Gefahr zu bestehen.

§ 7. Selbstverschuldete Trunkenheit. (1) Selbstverschuldete Trunkenheit führt nicht zu einer Milderung der angedrohten Strafe, wenn die Tat eine militärische Straftat ist, gegen das Kriegsvölkerrecht verstößt oder in Ausübung des Dienstes begangen wird.

(2) Der Trunkenheit steht ein Rausch anderer Art gleich.

§ 8. (weggefallen)

§ 9. Strafarrest. (1) Das Höchstmaß des Strafarrestes ist sechs Monate, das Mindestmaß zwei Wochen.

(2) Der Strafarrest besteht in Freiheitsentziehung. Im Vollzug soll der Soldat, soweit tunlich, in seiner Ausbildung gefördert werden.

(3) Die Vollstreckung des Strafarrestes verjährt in zwei Jahren.

§ 10. Geldstrafe bei Straftaten von Soldaten. Bei Straftaten von Soldaten darf Geldstrafe nicht verhängt werden, wenn besondere Umstände, die in der Tat oder der Persönlichkeit des Täters liegen, die Verhängung von Freiheitsstrafe zur Wahrung der Disziplin gebieten.

§ 11. Ersatzfreiheitsstrafe. Ist wegen einer Tat, die ein Soldat während der Ausübung des Dienstes oder in Beziehung auf den Dienst begangen hat, eine Geldstrafe bis zu einhundertachtzig Tagessätzen verhängt, so ist die Ersatzfreiheitsstrafe Strafarrest. Einem Tagessatz entspricht ein Tag Strafarrest.

§ 12. Strafarrest statt Freiheitsstrafe. Darf auf Geldstrafe nach § 10 nicht erkannt werden oder ist bei Straftaten von Soldaten die Verhängung einer Freiheitsstrafe, die nach § 47 des Strafgesetzbuches unerläßlich ist, auch zur Wahrung der Disziplin geboten, so ist, wenn eine Freiheitsstrafe von mehr als sechs Monaten nicht in Betracht kommt, auf Strafarrest zu erkennen.

§ 13. Zusammentreffen mehrerer Straftaten. (1) Wäre nach den Vorschriften des Strafgesetzbuches eine Gesamtstrafe von mehr als sechs Monaten Strafarrest zu bilden, so wird statt auf Strafarrest auf Freiheitsstrafe erkannt. Die Gesamtstrafe darf zwei Jahre nicht übersteigen.

(2) Trifft zeitige Freiheitsstrafe mit Strafarrest zusammen, so ist die Gesamtstrafe durch Erhöhung der Freiheitsstrafe zu bilden. Jedoch ist auf Freiheitsstrafe und Strafarrest gesondert zu erkennen, wenn die Voraussetzungen für die Aussetzung der Vollstreckung des Strafarrestes nicht vorliegen, die Vollstreckung der Gesamtstrafe aber zur Bewährung ausgesetzt werden müßte. In diesem Fall sind beide Strafen so zu kürzen, daß ihre Summe die Dauer der sonst zu bildenden Gesamtstrafe nicht überschreitet.

(3) Die Absätze 1 und 2 sind auch anzuwenden, wenn nach den allgemeinen Vorschriften eine Gesamtstrafe nachträglich zu bilden ist.

§ 14. Strafaussetzung zur Bewährung bei Freiheitsstrafe. (1) Bei der Verurteilung zu Freiheitsstrafe von mindestens sechs Monaten wird die Vollstreckung nicht ausgesetzt, wenn die Wahrung der Disziplin sie gebietet.

(2) Bewährungsauflagen und Weisungen (§§ 56b bis 56d des Strafgesetzbuches) sollen die Besonderheiten des Wehrdienstes berücksichtigen.

(3) Für die Dauer des Wehrdienstverhältnisses kann ein Soldat als ehrenamtlicher Bewährungshelfer (§ 56d des Strafgesetzbuches) bestellt werden. Er untersteht bei der Überwachung des Verurteilten nicht den Anweisungen des Gerichts.

(4) Von der Überwachung durch einen Bewährungshelfer, der nicht Soldat ist, sind für die Dauer des Wehrdienstverhältnisses Angelegenheiten ausgeschlosssen, für welche die militärischen Vorgesetzten des Verurteilten zu sorgen haben. Maßnahmen des Disziplinarvorgesetzten haben den Vorrang.

§ 14a. Strafaussetzung zur Bewährung bei Strafarrest. (1) Das Gericht setzt die Vollstreckung des Strafarrestes unter den Voraussetzungen des § 56 Abs. 1 Satz 1 des Strafgesetzbuches zur Bewährung aus, wenn nicht die Wahrung der Disziplin die Vollstreckung gebietet. § 56 Abs. 1 Satz 2, Abs. 4, die §§ 56a bis 56c, 56e bis 56g und 58 des Strafgesetzbuches gelten entsprechend.

(2) Das Gericht kann die Vollstreckung des Restes eines Strafarrestes unter den Voraussetzungen des § 57 Abs. 1 Satz 1 des Strafgesetzbuches zur Bewährung aussetzen. § 57 Abs. 1 Satz 2, Abs. 4 und die §§ 56a bis 56c, 56e bis 56g des Strafgesetzbuches gelten entsprechend.

(3) Bewährungsauflagen und Weisungen (§§ 56b und 56c des Strafgesetzbuches) sollen die Besonderheiten des Wehrdienstes berücksichtigen.

Zweiter Teil. Militärische Straftaten

Erster Abschnitt. Straftaten gegen die Pflicht zur militärischen Dienstleistung

§ 15. Eigenmächtige Abwesenheit. (1) Wer eigenmächtig seine Truppe oder Dienststelle verläßt oder ihr fernbleibt und vorsätzlich oder fahrlässig länger als drei volle Kalendertage abwesend ist, wird mit Freiheitsstrafe bis zu drei Jahren bestraft.

(2) Ebenso wird bestraft, wer außerhalb des räumlichen Geltungsbereichs dieses Gesetzes von seiner Truppe oder Dienststelle abgekommen ist und es vorsätzlich oder fahrlässig unterläßt, sich bei ihr, einer anderen Truppe oder Dienststelle der Bundeswehr oder einer Behörde der Bundesrepublik Deutschland innerhalb von drei vollen Kalendertagen zu melden.

§ 16. Fahnenflucht. (1) Wer eigenmächtig seine Truppe oder Dienststelle verläßt oder ihr fernbleibt, um sich der Verpflichtung zum Wehrdienst dauernd oder für die Zeit eines bewaffneten Einsatzes zu entziehen oder die Beendigung des Wehrdienstverhältnisses zu erreichen, wird mit Freiheitsstrafe bis zu fünf Jahren bestraft.

(2) Der Versuch ist strafbar.

(3) Stellt sich der Täter innerhalb eines Monats und ist er bereit, der Verpflichtung zum Wehrdienst nachzukommen, so ist die Strafe Freiheitsstrafe bis zu drei Jahren.

(4) Die Vorschriften über den Versuch der Beteiligung nach § 30 Abs. 1 des Strafgesetzbuches gelten für Straftaten nach Absatz 1 entsprechend.

§ 17. Selbstverstümmelung. (1) Wer sich oder einen anderen Soldaten mit dessen Einwilligung durch Verstümmelung oder auf andere Weise zum Wehrdienst untauglich macht oder machen läßt, wird mit Freiheitsstrafe bis zu fünf Jahren bestraft. Dies gilt auch dann, wenn der Täter die Untauglichkeit nur für eine gewisse Zeit oder teilweise herbeiführt.

(2) Der Versuch ist strafbar.

§ 18. Dienstentziehung durch Täuschung. (1) Wer sich oder einen anderen Soldaten durch arglistige, auf Täuschung berechnete Machenschaften dem Wehrdienst dauernd oder für eine gewisse Zeit, ganz oder teilweise entzieht, wird mit Freiheitsstrafe bis zu fünf Jahren bestraft.

(2) Der Versuch ist strafbar.

Zweiter Abschnitt. Straftaten gegen die Pflichten der Untergebenen

§ 19. Ungehorsam. (1) Wer einen Befehl nicht befolgt und dadurch wenigstens fahrlässig eine schwerwiegende Folge (§ 2 Nr. 3) verursacht, wird mit Freiheitsstrafe bis zu drei Jahren bestraft.

(2) Der Versuch ist strafbar.

(3) In besonders schweren Fällen ist die Strafe Freiheitsstrafe von sechs Monaten bis zu fünf Jahren. Ein besonders schwerer Fall liegt in der Regel vor, wenn der Täter durch die Tat

1. wenigstens fahrlässig die Gefahr eines schweren Nachteils für die Sicherheit der Bundesrepublik Deutschland oder die Schlagkraft der Truppe oder

2. fahrlässig den Tod oder eine schwere Körperverletzung eines anderen (§ 224 des Strafgesetzbuches)

verursacht.

(4) Die Vorschriften über den Versuch der Beteiligung nach § 30 Abs. 1 des Strafgesetzbuches gelten für Straftaten nach Absatz 1 entsprechend.

§ 20. Gehorsamsverweigerung. (1) Mit Freiheitsstrafe bis zu drei Jahren wird bestraft,

1. wer die Befolgung eines Befehls dadurch verweigert, daß er sich mit Wort oder Tat gegen ihn auflehnt, oder

2. wer darauf beharrt, einen Befehl nicht zu befolgen, nachdem dieser wiederholt worden ist.

(2) Verweigert der Täter in den Fällen des Absatzes 1 Nr. 1 den Gehorsam gegenüber einem Befehl, der nicht sofort auszuführen ist, befolgt er ihn aber rechtzeitig und freiwillig, so kann das Gericht von Strafe absehen.

§ 21. Leichtfertiges Nichtbefolgen eines Befehls. Wer leichtfertig einen Befehl nicht befolgt und dadurch wenigstens fahrlässig eine schwerwiegende Folge (§ 2 Nr. 3) verursacht, wird mit Freiheitsstrafe bis zu zwei Jahren bestraft.

§ 22. Verbindlichkeit des Befehls; Irrtum. (1) In den Fällen der §§ 19 bis 21 handelt der Untergebene nicht rechtswidrig, wenn der Befehl nicht verbindlich ist, insbesondere wenn er nicht zu dienstlichen Zwecken erteilt ist oder die Menschenwürde verletzt oder wenn durch das Befolgen eine Straftat begangen würde. Dies gilt auch, wenn der Untergebene irrig annimmt, der Befehl sei verbindlich.

(2) Befolgt ein Untergebener einen Befehl nicht, weil er irrig annimmt, daß durch die Ausführung eine Straftat begangen würde, so ist er nach den §§ 19 bis 21 nicht strafbar, wenn er den Irrtum nicht vermeiden konnte.

(3) Nimmt ein Untergebener irrig an, daß ein Befehl aus anderen Gründen nicht verbindlich ist, und befolgt er ihn deshalb nicht, so ist er nach den §§ 19 bis 21 nicht strafbar, wenn er den Irrtum nicht vermeiden konnte und ihm nach den ihm bekannten Umständen auch nicht zuzumuten war, sich mit Rechtsbehelfen gegen den vermeintlich nicht verbindlichen Befehl zu wehren; war ihm dies zuzumuten, so kann das Gericht von einer Bestrafung nach den §§ 19 bis 21 absehen.

§ 23. Bedrohung eines Vorgesetzten. Wer im Dienst oder in Beziehung auf eine Diensthandlung einen Vorgesetzten mit der Begehung einer Straftat bedroht, wird mit Freiheitsstrafe bis zu drei Jahren bestraft.

§ 24. Nötigung eines Vorgesetzten. (1) Wer es unternimmt, durch Gewalt oder Drohung einen Vorgesetzten zu nötigen, eine Diensthandlung vorzunehmen oder zu unterlassen, wird mit Freiheitsstrafe von drei Monaten bis zu drei Jahren bestraft.

(2) Ebenso wird bestraft, wer die Tat gegen einen Soldaten begeht, der zur Unterstützung des Vorgesetzten zugezogen worden ist.

(3) In minder schweren Fällen ist die Strafe Freiheitsstrafe bis zu zwei Jahren.

(4) In besonders schweren Fällen ist die Strafe Freiheitsstrafe von sechs Monaten bis zu fünf Jahren. Ein besonders schwerer Fall liegt in der Regel vor, wenn der Täter durch die Tat eine schwerwiegende Folge (§ 2 Nr. 3) herbeiführt.

§ 25. Tätlicher Angriff gegen einen Vorgesetzten. (1) Wer es unternimmt, gegen einen Vorgesetzten tätlich zu werden, wird mit Freiheitsstrafe von drei Monaten bis zu drei Jahren bestraft.

(2) In minder schweren Fällen ist die Strafe Freiheitsstrafe bis zu zwei Jahren.

(3) In besonders schweren Fällen ist die Strafe Freiheitsstrafe von sechs Monaten bis zu fünf Jahren. Ein besonders schwerer Fall liegt in der Regel vor, wenn der Täter durch die Tat eine schwerwiegende Folge (§ 2 Nr. 3) herbeiführt.

§ 26. (weggefallen)

§ 27. Meuterei. (1) Wenn Soldaten sich zusammenrotten und mit vereinten Kräften eine Gehorsamsverweigerung (§ 20), eine Bedrohung (§ 23), eine Nötigung (§ 24) oder einen tätlichen Angriff (§ 25) begehen, so wird jeder, der sich an der Zusammenrottung beteiligt, mit Freiheitsstrafe von sechs Monaten bis zu fünf Jahren bestraft.

(2) Der Versuch ist strafbar.

(3) In besonders schweren Fällen ist die Strafe Freiheitsstrafe von einem Jahr bis zu zehn Jahren. Ein besonders schwerer Fall liegt in der Regel vor, wenn der Täter Rädelsführer ist oder durch die Tat eine schwerwiegende Folge (§ 2 Nr. 3) herbeiführt.

(4) Wer sich nur an der Zusammenrottung beteiligt, jedoch freiwillig zur Ordnung zurückkehrt, bevor eine der in Absatz 1 bezeichneten Taten begangen wird, wird mit Freiheitsstrafe bis zu drei Jahren bestraft.

§ 28. Verabredung zur Unbotmäßigkeit. (1) Verabreden Soldaten, gemeinschaftlich eine Gehorsamsverweigerung (§ 20), eine Bedrohung (§ 23), eine Nötigung (§ 24), einen tätlichen Angriff (§ 25) oder eine Meuterei (§ 27) zu begehen, so werden sie nach den Vorschriften bestraft, die für die Begehung der Tat gelten. In den Fällen des § 27 kann die Strafe nach § 49 Abs. 1 des Strafgesetzbuches gemildert werden.

(2) Nach Absatz 1 wird nicht bestraft, wer nach der Verabredung freiwillig die Tat verhindert. Unterbleibt sie ohne sein Zutun oder wird sie unabhängig von seinem früheren Verhalten begangen, so genügt zu seiner Straflosigkeit sein freiwilliges und ernsthaftes Bemühen, die Tat zu verhindern.

§ 29. Taten gegen Soldaten mit höherem Dienstgrad. (1) Die §§ 23 bis 28 gelten entsprechend, wenn die Tat gegen einen Soldaten begangen wird, der zur Zeit der Tat nicht Vorgesetzter des Täters, aber

1. Offizier oder Unteroffizier ist und einen höheren Dienstgrad als der Täter hat oder

2. im Dienst dessen Vorgesetzter ist,

und der Täter oder der andere zur Zeit der Tat im Dienst ist oder die Tat sich auf eine Diensthandlung bezieht.

(2) In den Fällen des Absatzes 1 Nr. 1 ist § 4 nicht anzuwenden.

Dritter Abschnitt. Straftaten gegen die Pflichten der Vorgesetzten

§ 30. Mißhandlung. (1) Wer einen Untergebenen körperlich mißhandelt oder an der Gesundheit beschädigt, wird mit Freiheitsstrafe von drei Monaten bis zu fünf Jahren bestraft.

(2) Ebenso wird bestraft, wer es fördert oder pflichtwidrig duldet, daß ein Untergebener die Tat gegen einen anderen Soldaten begeht.

(3) In minder schweren Fällen ist die Strafe Freiheitsstrafe bis zu drei Jahren.

(4) In besonders schweren Fällen ist die Strafe Freiheitsstrafe von sechs Monaten bis zu fünf Jahren. Ein besonders schwerer Fall liegt in der Regel vor, wenn der Täter sein Verhalten beharrlich wiederholt.

§ 31. Entwürdigende Behandlung. (1) Wer einen Untergebenen entwürdigend behandelt oder ihm böswillig den Dienst erschwert, wird mit Freiheitsstrafe bis zu fünf Jahren bestraft.

(2) Ebenso wird bestraft, wer es fördert oder pflichtwidrig duldet, daß ein Untergebener die Tat gegen einen anderen Soldaten begeht.

(3) In besonders schweren Fällen ist die Strafe Freiheitsstrafe von sechs Monaten bis zu fünf Jahren. Ein besonders schwerer Fall liegt in der Regel vor, wenn der Täter sein Verhalten beharrlich wiederholt.

§ 32. Mißbrauch der Befehlsbefugnis zu unzulässigen Zwecken. Wer seine Befehlsbefugnis oder Dienststellung gegenüber einem Untergebenen zu Befehlen, Forderungen oder Zumutungen mißbraucht, die nicht in Beziehung zum Dienst stehen oder dienstlichen Zwecken zuwiderlaufen, wird mit Freiheitsstrafe bis zu zwei Jahren bestraft, wenn die Tat nicht in anderen Vorschriften mit schwererer Strafe bedroht ist.

§ 33. Verleiten zu einer rechtswidrigen Tat. Wer durch Mißbrauch seiner Befehlsbefugnis oder Dienststellung einen Untergebenen zu einer von diesem begangenen rechtswidrigen Tat bestimmt hat, die den Tatbestand eines Strafgesetzes verwirklicht, wird nach den Vorschriften bestraft, die für die Begehung der Tat gelten. Die Strafe kann bis auf das Doppelte der sonst zulässigen Höchststrafe, jedoch nicht über das gesetzliche Höchstmaß der angedrohten Strafe hinaus erhöht werden.

§ 34. Erfolgloses Verleiten zu einer rechtswidrigen Tat. (1) Wer durch Mißbrauch seiner Befehlsbefugnis oder Dienststellung einen Untergebenen zu bestimmen versucht, eine rechtswidrige Tat, die den Tatbestand eines Strafgesetzes verwirklicht, zu begehen oder zu ihr anzustiften, wird nach den für die Begehung der Tat geltenden Vorschriften bestraft. Jedoch kann die Strafe nach § 49 Abs. 1 des Strafgesetzbuches gemildert werden.

(2) Nach Absatz 1 wird nicht bestraft, wer freiwillig den Versuch aufgibt, den Untergebenen zu bestimmen, und eine etwa bestehende Gefahr, daß der Untergebene die Tat begeht, abwendet. Unterbleibt die Tat ohne Zutun des Zurücktretenden oder wird sie unabhängig von seinem früheren Verhalten begangen, so genügt zu seiner Straflosigkeit sein freiwilliges und ernsthaftes Bemühen, die Tat zu verhindern.

§ 35. Unterdrücken von Beschwerden. (1) Wer einen Untergebenen durch Befehle, Drohungen, Versprechungen, Geschenke oder sonst auf pflichtwidrige Weise davon abhält, Eingaben, Meldungen odr Beschwerden bei der Volksvertretung der Bundesrepublik Deutschland oder eines ihrer Länder, bei dem Wehrbeauftragten des Bundestages, bei einer Dienststelle oder bei einem Vorgesetzten anzubringen, Anzeige zu erstatten oder von einem Rechtsbehelf Gebrauch zu machen, wird mit Freiheitsstrafe bis zu drei Jahren bestraft.

(2) Ebenso wird bestraft, wer eine solche Erklärung, zu deren Prüfung oder Weitergabe er dienstlich verpflichtet ist, unterdrückt.

(3) Der Versuch ist strafbar.

§ 36. Taten von Soldaten mit höherem Dienstgrad. (1) Die §§ 30 bis 35 gelten entsprechend für Taten eines Soldaten, der zur Zeit der Tat nicht Vorgesetzter des anderen, aber

1. Offizier oder Unteroffizier ist und einen höheren Dienstgrad als der andere hat oder

2. im Dienst dessen Vorgesetzter ist

und der bei der Tat seine Dienststellung mißbraucht.

(2) In den Fällen des Absatzes 1 Nr. 1 ist § 4 nicht anzuwenden.

§ 37. Beeinflussung der Rechtspflege. Wer es unternimmt, durch Mißbrauch seiner Befehlsbefugnis oder Dienststellung unzulässigen Einfluß auf Soldaten zu nehmen, die als Organe der Rechtspflege tätig sind, wird mit Freiheitsstrafe bis zu fünf Jahren bestraft, wenn die Tat nicht in anderen Vorschriften mit schwererer Strafe bedroht ist.

§ 38. Anmaßen von Befehlsbefugnissen. Wer sich Befehlsbefugnis oder Disziplinargewalt anmaßt oder seine Befehlsbefugnis oder Disziplinargewalt überschreitet, wird mit Freiheitsstrafe bis zu zwei Jahren bestraft, wenn die Tat nicht in § 39 mit Strafe bedroht ist.

§ 39. Mißbrauch der Disziplinargewalt. Ein Disziplinarvorgesetzter, der absichtlich oder wissentlich

1. einen Untergebenen, der nach dem Gesetz nicht disziplinarrechtlich verfolgt werden darf, disziplinarrechtlich verfolgt oder auf eine solche Verfolgung hinwirkt,

2. zum Nachteil des Untergebenen eine Disziplinarmaßnahme verhängt, die nach Art oder Höhe im Gesetz nicht vorgesehen ist oder die er nicht verhängen darf, oder

3. ein Dienstvergehen mit unerlaubten Maßnahmen ahndet,

wird mit Freiheitsstrafe bis zu fünf Jahren bestraft.

§ 40. Unterlassene Mitwirkung bei Strafverfahren. Wer es seiner Pflicht als Vorgesetzter zuwider unterläßt,

1. den Verdacht zu melden oder zu untersuchen, daß ein Untergebener eine rechtswidrige Tat begangen hat, die den Tatbestand eines Strafgesetzes verwirklicht, oder

2. eine solche Sache an die Strafverfolgungsbehörde abzugeben,

um den Untergebenen der im Gesetz vorgesehenen Strafe oder Maßnahme (§ 11 Abs. 1 Nr. 8 des Strafgesetzbuches) zu entziehen, wird mit Freiheitsstrafe bis zu drei Jahren bestraft.

§ 41. Mangelhafte Dienstaufsicht. (1) Wer es unterläßt, Untergebene pflichtgemäß zu beaufsichtigen oder beaufsichtigen zu lassen, und dadurch wenigstens fahrlässig eine schwerwiegende Folge (§ 2 Nr. 3) verursacht, wird mit Freiheitsstrafe bis zu drei Jahren bestraft.

(2) Der Versuch ist strafbar.

(3) Wer die Aufsichtspflicht leichtfertig verletzt und dadurch wenigstens fahrlässig eine schwerwiegende Folge verursacht, wird mit Freiheitsstrafe bis zu sechs Monaten bestraft.

(4) Die Absätze 1 bis 3 sind nicht anzuwenden, wenn die Tat in anderen Vorschriften mit schwererer Strafe bedroht ist.

Vierter Abschnitt. Straftaten gegen andere militärische Pflichten

§ 42. Unwahre dienstliche Meldung. (1) Wer

1. in einer dienstlichen Meldung oder Erklärung unwahre Angaben über Tatsachen von dienstlicher Bedeutung macht,

2. eine solche Meldung weitergibt, ohne sie pflichtgemäß zu berichtigen, oder

3. eine dienstliche Meldung unrichtig übermittelt

und dadurch wenigstens fahrlässig eine schwerwiegende Folge (§ 2 Nr. 3) verursacht, wird mit Freiheitsstrafe bis zu drei Jahren bestraft.

(2) Der Versuch ist strafbar.

(3) Wer im Falle des Absatzes 1 leichtfertig handelt und die schwerwiegende Folge wenigstens fahrlässig verursacht, wird mit Freiheitsstrafe bis zu einem Jahr bestraft.

§ 43. Unterlassene Meldung. (1) Wer von dem Vorhaben oder der Ausführung einer Meuterei (§ 27) oder einer Sabotage (§ 109e Abs. 1 des Strafgesetzbuches) zu einer Zeit, zu der die Ausführung oder der Erfolg noch abgewendet werden kann, glaubhaft erfährt und es unterläßt, unverzüglich Meldung zu machen, wird mit Freiheitsstrafe bis zu drei Jahren bestraft.

(2) § 139 des Strafgesetzbuches gilt entsprechend.

§ 44. Wachverfehlung. (1) Wer im Wachdienst

1. als Wachvorgesetzter es unterläßt, die Wache pflichtgemäß zu beaufsichtigen,

2. pflichtwidrig seinen Postenbereich oder Streifenweg verläßt oder

3. sich außerstande setzt, seinen Dienst zu versehen,

wird mit Freiheitsstrafe bis zu drei Jahren bestraft.

(2) Ebenso wird bestraft, wer im Wachdienst in anderen als den in Absatz 1 bezeichneten Fällen Befehle nicht befolgt, die für den Wachdienst gelten, und dadurch wenigstens fahrlässig eine schwerwiegende Folge (§ 2 Nr. 3) verursacht.

(3) Der Versuch ist strafbar.

(4) In besonders schweren Fällen ist die Strafe Freiheitsstrafe von sechs Monaten bis zu fünf Jahren. § 19 Abs. 3 Satz 2 gilt entsprechend.

(5) Wer in den Fällen der Absätze 1 oder 2 fahrlässig handelt und dadurch wenigstens fahrlässig eine schwerwiegende Folge verursacht (§ 2 Nr. 3), wird mit Freiheitsstrafe bis zu zwei Jahren bestraft.

(6) Wird ein Befehl nicht befolgt (Absatz 2), so gelten § 22 sowie die Vorschriften über den Versuch der Beteiligung nach § 30 Abs. 1 des Strafgesetzbuches entsprechend.

§ 45. Pflichtverletzung bei Sonderaufträgen. Nach § 44 Abs. 1, 3 bis 6 wird auch bestraft, wer als Führer eines Kommandos oder einer Abteilung, der einen Sonderauftrag selbständig auszuführen hat und auf seine erhöhte Verantwortung hingewiesen worden ist,

1. sich außerstande setzt, den Auftrag pflichtgemäß zu erfüllen,

2. seinen Posten verläßt oder

3. Befehle nicht befolgt, die für die Ausführung des Auftrags gelten,

und dadurch wenigstens fahrlässig eine schwerwiegende Folge (§ 2 Nr. 3) verursacht.

§ 46. Rechtswidriger Waffengebrauch. Wer von der Waffe einen rechtswidrigen Gebrauch macht, wird mit Freiheitsstrafe bis zu einem Jahr bestraft, wenn die Tat nicht in anderen Vorschriften mit schwererer Strafe bedroht ist.

§ 47. (weggefallen).

§ 48. Verletzung anderer Dienstpflichten. (1) Für die Anwendung der Vorschriften des Strafgesetzbuches über

Gefangenenbefreiung (§ 120 Abs. 2),
Verletzung der Vertraulichkeit des Wortes (§ 201 Abs. 3),
Verletzung von Privatgeheimnissen (§ 203 Abs. 2, 4, 5, §§ 204, 25),
Vorteilsannahme und Bestechlichkeit (§§ 331, 332, 335),
Körperverletzung im Amt (§ 340),
Aussageerpressung (§ 343),
Vollstreckung gegen Unschuldige (§ 345),
Falschbeurkundung im Amt (§ 348),
Verletzung des Dienstgeheimnisses (§ 353b Abs. 1) und
Verletzung des Post- und Fernmeldegeheimnisses (§ 354 Abs. 4)

stehen Offiziere und Unteroffiziere den Amtsträgern und ihr Wehrdienst dem Amte gleich.

(2) Für die Anwendung der Vorschriften des Strafgesetzbuches über Gefangenenbefreiung (§ 120 Abs. 2), Bestechlichkeit (§§ 332, 335), Falschbeurkundung im Amt (§ 348) und Verletzung des Dienstgeheimnisses (§ 353b Abs. 1) stehen auch Mannschaften den Amtsträgern und ihr Wehrdienst dem Amte gleich.

7. Gesetz zur weiteren Vereinfachung des Wirtschaftsstrafrechts

(Wirtschaftsstrafgesetz 1954)

In der Fassung vom 3. Juni 1975 (BGBl. I S. 1313)

(BGBl. III 453–11)

Erster Abschnitt. Ahndung von Zuwiderhandlungen im Bereich des Wirtschaftsrechts

§ 1. Strafbare Verstöße gegen Sicherstellungsvorschriften. (1) Wer eine Zuwiderhandlung nach

1. § 18 des Wirtschaftssicherstellungsgesetzes,

2. § 26 des Verkehrssicherstellungsgesetzes,

3. § 22 des Ernährungssicherstellungsgesetzes,

4. § 28 des Wassersicherstellungsgesetzes,

begeht, wird mit Freiheitsstrafe bis zu fünf Jahren oder mit Geldstrafe bestraft.

(2) Der Versuch ist strafbar.

(3) In besonders schweren Fällen ist die Strafe Freiheitsstrafe nicht unter sechs Monaten. Ein besonders schwerer Fall liegt in der Regel vor, wenn

1. durch die Handlung

    a) die Versorgung, sei es auch nur auf einem bestimmten Gebiet in einem örtlichen Bereich, schwer gefährdet wird oder

    b) das Leben oder die Freiheit eines anderen gefährdet wird oder eine Maßnahme nicht rechtzeitig getroffen werden kann, die erforderlich ist, um eine gegenwärtige Gefahr für das Leben oder die Freiheit eines anderen abzuwenden, oder

2. der Täter

    a) bei Begehung der Tat eine einflußreiche Stellung im Wirtschaftsleben oder in der Wirtschaftsverwaltung zur Erzielung von bedeutenden Vermögensvorteilen gröblich mißbraucht,

    b) eine außergewöhnliche Mangellage bei der Versorgung mit Sachen oder Leistungen des lebenswichtigen Bedarfs zur Erzielung von bedeutenden Vermögensvorteilen gewissenlos ausnutzt oder

    c) gewerbsmäßig zur Erzielung von hohen Gewinnen handelt.

(4) Handelt der Täter fahrlässig, so ist die Strafe Freiheitsstrafe bis zu zwei Jahren oder Geldstrafe.

§ 2. Ordnungswidrige Verstöße gegen Sicherstellungsvorschriften. (1) Ordnungswidrig handelt, wer vorsätzlich oder fahrlässig eine der in § 1 Abs. 1 bezeichneten Handlungen begeht, wenn die Tat ihrem Umfang und ihrer Auswirkung nach, namentlich nach Art und Menge der Sachen oder Leistungen, auf die sie sich bezieht, nicht geeignet ist,

1. die Versorgung, sei es auch nur auf einem bestimmten Gebiet in einem örtlichen Bereich, merkbar zu stören und

2. die Verwirklichung der sonstigen Ziele, denen die in § 1 Abs. 1 bezeichneten Rechtsvorschriften im allgemeinen oder im Einzelfall zu dienen bestimmt sind, merkbar zu beeinträchtigen.

(2) Absatz 1 ist nicht anzuwenden, wenn der Täter die Tat beharrlich wiederholt.

(3) Die Ordnungswidrigkeit und der Versuch einer Ordnungswidrigkeit können mit einer Geldbuße bis zu fünfzigtausend Deutsche Mark geahndet werden.

§ 3. Verstöße gegen die Preisregelung. (1) Ordnungswidrig handelt, wer in anderen als den in den §§ 1, 2 bezeichneten Fällen vorsätzlich oder fahrlässig einer Rechtsvorschrift über

1. Preise, Preisspannen, Zuschläge oder Abschläge,

2. Preisauszeichnungen,

3. Zahlungs- oder Lieferungsbedingungen oder

4. andere der Preisbildung oder dem Preisschutz dienende Maßnahmen

oder einer auf Grund einer solchen Rechtsvorschrift ergangenen vollziehbaren Verfügung zuwiderhandelt, soweit die Rechtsvorschrift für einen bestimmten Tatbestand auf diese Vorschrift verweist. Die Verweisung ist nicht erforderlich, soweit § 16 dies bestimmt.

(2) Die Ordnungswidrigkeit kann mit einer Geldbuße bis zu fünfzigtausend Deutsche Mark geahndet werden.

§ 4. Preisüberhöhung in einem Beruf oder Gewerbe. (1) Ordnungswidrig handelt, wer vorsätzlich oder leichtfertig in befugter oder unbefugter Betätigung in einem Beruf oder Gewerbe für Gegenstände oder Leistungen des lebenswichtigen Bedarfs Entgelte fordert, verspricht, vereinbart, annimmt oder gewährt, die infolge einer Beschränkung des Wettbewerbs oder infolge der Ausnutzung einer wirtschaftlichen Machtstellung oder einer Mangellage unangemessen hoch sind.

(2) Die Ordnungswidrigkeit kann mit einer Geldbuße bis zu fünfzigtausend Deutsche Mark geahndet werden.

§ 5. Mietpreisüberhöhung. (1) Ordnungswidrig handelt, wer vorsätzlich oder leichtfertig für die Vermietung von Räumen zum Wohnen oder damit verbundene Nebenleistungen unangemessen hohe Entgelte fordert, sich versprechen läßt oder annimmt. Unangemessen hoch sind Entgelte, die infolge der Ausnutzung eines geringen Angebots an vergleichbaren Räumen die üblichen Entgelte, die in der Gemeinde oder in vergleichbaren Gemeinden für die Vermietung von Räumen vergleichbarer Art, Größe, Ausstattung, Beschaffenheit und Lage oder damit verbundene Nebenleistungen gezahlt werden, nicht unwesentlich übersteigen.

(2) Die Ordnungswidrigkeit kann mit einer Geldbuße bis zu fünfzigtausend Deutsche Mark geahndet werden.

§ 6. Preisüberhöhung bei der Wohnungsvermittlung. (1) Ordnungswidrig handelt, wer vorsätzlich oder leichtfertig für das Vermitteln einer Vermietung von Räumen zum Wohnen oder damit verbundene Nebenleistungen unangemessen hohe Entgelte fordert, sich versprechen läßt oder annimmt. Unangemessen hoch sind Entgelte, die infolge der Ausnutzung eines geringen Angebots an vergleichbaren Räumen die ortsüblichen Entgelte nicht unwesentlich übersteigen.

(2) Die Ordnungswidrigkeit kann mit einer Geldbuße bis zu fünfzigtausend Deutsche Mark geahndet werden.

Zweiter Abschnitt. Ergänzende Vorschriften

§ 7. Einziehung. Ist eine Zuwiderhandlung im Sinne der §§ 1 bis 4 begangen worden, so können

1. Gegenstände, auf die sich die Tat bezieht, und

2. Gegenstände, die zu ihrer Begehung oder Vorbereitung gebraucht worden oder bestimmt gewesen sind,

eingezogen werden.

§ 8. Abführung des Mehrerlöses. (1) Hat der Täter durch eine Zuwiderhandlung im Sinne der §§ 1 bis 6 einen höheren als den zulässigen Preis erzielt, so ist anzuordnen, daß er den Unterschiedsbetrag zwischen dem zulässigen und dem erzielten Preis (Mehrerlös) an das Land abführt, soweit er ihn nicht auf Grund einer rechtlichen Verpflichtung zurückerstattet hat. Die Abführung kann auch angeordnet werden, wenn eine rechtswidrige Tat nach den §§ 1 bis 6 vorliegt, der Täter jedoch nicht schuldhaft gehandelt hat oder die Tat aus anderen Gründen nicht geahndet werden kann.

(2) Wäre die Abführung des Mehrerlöses eine unbillige Härte, so kann die Anordnung auf einen angemessenen Betrag beschränkt werden oder ganz unterbleiben. Sie kann auch unterbleiben, wenn der Mehrerlös gering ist.

(3) Die Höhe des Mehrerlöses kann geschätzt werden. Der abzuführende Betrag ist zahlenmäßig zu bestimmen.

(4) Die Abführung des Mehrerlöses tritt an die Stelle des Verfalls (§§ 73 bis 73 d des Strafgesetzbuches). Die Vorschriften des Strafgesetzbuches über die Verjährung des Verfalls gelten entsprechend.

§ 9. Rückerstattung des Mehrerlöses. (1) Statt der Abführung kann auf Antrag des Geschädigten die Rückerstattung des Mehrerlöses an ihn angeordnet werden, wenn sein Rückforderungsanspruch gegen den Täter begründet erscheint.

(2) Legt der Täter oder der Geschädigte, nachdem die Abführung des Mehrerlöses angeordnet ist, eine rechtskräftige Entscheidung vor, in welcher der Rückforderungsanspruch gegen den Täter festgestellt ist, so ordnet die Vollstreckungsbehörde an, daß die Anordnung der Abführung des Mehrerlöses insoweit nicht mehr vollstreckt oder der Geschädigte aus dem bereits abgeführten Mehrerlös befriedigt wird.

(3) Die Vorschriften der Strafprozeßordnung über die Entschädigung des Verletzten (§§ 403 bis 406 c) sind mit Ausnahme des § 405 Satz 1, § 406 a Abs. 3 und § 406 c Abs. 2 entsprechend anzuwenden.

§ 10. Selbständige Abführung des Mehrerlöses. (1) Kann ein Straf- oder Bußgeldverfahren nicht durchgeführt werden, so kann die Abführung oder Rückerstattung des Mehrerlöses selbständig angeordnet werden, wenn im übrigen die Voraussetzungen des § 8 oder § 9 vorliegen.

(2) Ist eine rechtswidrige Tat nach diesem Gesetz in einem Betrieb begangen worden, so kann die Abführung des Mehrerlöses gegen den Inhaber oder Leiter des Betriebes und, falls der Inhaber eine juristische Person oder eine Personengesellschaft des Handelsrechts ist, auch gegen diese selbständig angeordnet werden, wenn ihnen der Mehrerlös zugeflossen ist.

§ 11. Verfahren. (1) Im Strafverfahren ist die Abführung des Mehrerlöses im Urteil auszusprechen. Für das selbständige Verfahren gelten § 440 Abs. 1, 2 und § 441 Abs. 1 bis 3 der Strafprozeßordnung entsprechend.

(2) Im Bußgeldverfahren ist die Abführung des Mehrerlöses im Bußgeldbescheid auszusprechen. Im selbständigen Verfahren steht der von der Verwaltungsbehörde zu erlassende Bescheid einem Bußgeldbescheid gleich.

§ 12. *(weggefallen)*

§ 13. Besondere Vorschriften für das Strafverfahren. (1) Soweit für Straftaten nach § 1 das Amtsgericht sachlich zuständig ist, ist örtlich zuständig das Amtsgericht, in dessen Bezirk das Landgericht seinen Sitz hat. Die Landesregierung kann durch Rechtsverordnung die örtliche Zuständigkeit des Amtsgerichts abweichend regeln, soweit dies mit Rücksicht auf die Wirtschafts- oder Verkehrsverhältnisse, den Aufbau der Verwaltungsbehörden oder andere örtliche Bedürfnisse zweckmäßig erscheint. Die Landesregierung kann diese Ermächtigung auf die Landesjustizverwaltung übertragen.

(2) Im Strafverfahren wegen einer Zuwiderhandlung im Sinne des § 1 gelten die §§ 49, 63 Abs. 1 bis 3 Satz 1 und § 76 Abs. 1, 4 des Gesetzes über Ordnungswidrigkeiten über die Beteiligung der Verwaltungsbehörde im Vefahren der Staatsanwaltschaft und in gerichtlichen Verfahren entsprechend.

§ 14. *(weggefallen)*

Dritter Abschnitt. Übergangs- und Schlußvorschriften

§ 15. *(weggefallen)*

§ 16. Verweisungen. Verweisen Vorschriften der in § 3 Abs. 1 Satz 1 bezeichneten Art auf die Straf- und Bußgeldvorschriften dieses Gesetzes in der vor dem 1. Januar 1975 geltenden Fassung, auf die Straf- und Bußgeldvorschriften des Wirtschaftsstrafgesetzes in der früher geltenden Fassung, auf dessen § 18 oder auf eine nach § 102 des genannten Gesetzes außer Kraft getretene Vorschrift, so gelten solche Verweisungen als ausdrückliche Verweisungen im Sinne des § 3 Abs. 1 Satz 1. Das gleiche gilt, wenn in Vorschriften der in § 3 Abs. 1 Satz 1 bezeichneten Art auf die Straf- und Bußgeldvorschriften des Getreidegesetzes, des Milch- und Fettgesetzes, des Vieh- und Fleischgesetzes sowie des Zuckergesetzes in der vor dem 1. Januar 1975 geltenden Fassung verwiesen wird. Soweit eine Verweisung nach § 104 Abs. 3 des Wirtschaftsstrafgesetzes in der früher geltenden Fassung nicht erforderlich war, bestimmt sich die Ahndung der Zuwiderhandlungen nach § 3 Abs. 1 Satz 1, ohne daß es einer Verweisung bedarf.

§§ 17.–19. *(weggefallen)*

§ 20.[1] Devisenzuwiderhandlungen. Das Wirtschaftsstrafgesetz in der Fassung der Beanntmachung vom 25. März 1952 (Bundesgesetzbl. I S.189) und in der Fassung des Gesetzes zur Verlängerung des Wirtschaftsstrafgesetzes vom 17. Dezember 1952 (Bundesgesetzbl. I S. 805) gilt für Devisenzuwiderhandlungen im Rahmen der Verweisung in Artikel 5 des Gesetzes Nr. 33 der Alliierten Hohen Kommission über Devisenbewirtschaftung vom 2. August 1950 (Amtsblatt der Alliierten Hohen Kommission für Deutschland S. 514) weiter, bis eine neue gesetzliche Regelung in Kraft tritt.

§ 21. Begriffsbestimmung. Wirtschaftsstrafgesetz in der früher geltenden Fassung im Sinne der §§ 15 bis 18 ist das Wirtschaftsstrafgesetz vom 26. Juli 1949 (WiGBl. S. 193) mit seinen weiteren Fassungen, die durch die Erstreckungsverordnung vom 24. Januar 1950 (Bundesgesetzbl. S. 24), das Gesetz zur Erstreckung und zur Verlängerung der Geltungsdauer des Wirtschaftsstrafgesetzes vom 29. März 1950 (Bundesgesetzbl. S. 78), das Gesetz zur Verlängerung des Wirtschaftsstrafgesetzes vom 30. März 1951 (Bundesgesetzbl. I S. 223), das Gesetz zur Änderung und Verlängerung des Wirtschaftsstrafgesetzes vom 25. März 1952 (Bundesgesetzbl. I S. 188) und das Gesetz zur Verlängerung des Wirtschaftsstrafgesetzes vom 17. Dezember 1952 (Bundesgesetzbl. I S. 805) bestimmt sind.

§ 21a. Sonderregelung für Berlin. Die §§ 1, 2 und 13 sind im Land Berlin nicht anzuwenden.

---

[1] Gemäß § 47 Abs. 1 Nr. 6 Außenwirtschaftsgesetz v. 28. 4. 1961 (BGBl. I S. 481) ist § 20 WiStG auf den Außenwirtschaftsverkehr nicht mehr anzuwenden.

§ 22. Berlin-Klausel. (1) Dieses Gesetz gilt nach Maßgabe des § 13 Abs. 1 des Dritten Überleitungsgesetzes vom 4. Januar 1952 (Bundesgesetzbl. I S. 1) auch im Land Berlin.

(2) Wirtschaftsstrafgesetz in der früher geltenden Fassung im Sinne der §§ 15 bis 18 ist für das Land Berlin das Wirtschaftsstrafgesetz vom 28. April 1950 (Verordnungsblatt für Groß-Berlin Teil I S. 153) in der Fassung des Gesetzes zur Verlängerung des Wirtschaftsstrafgesetzes vom 22. März 1951 (Verordnungsblatt für Berlin Teil I S. 279) und das Wirtschaftsstrafgesetz in den Fassungen vom 25. März 1952 (Gesetz- und Verordnungsblatt für Berlin S. 671) und vom 17. Dezember 1952 (Gesetz- und Verordnungsblatt für Berlin S. 1090). Soweit in § 16 Abs. 2 auf § 104 des Wirtschaftsstrafgesetzes in der früher geltenden Fassung verwiesen wird, gilt diese Verweisung zugleich für § 103 des Wirtschaftsstrafgesetzes vom 28. April 1950 (Verordnungsblatt für Groß-Berlin Teil I S. 153).

(3) § 20 gilt im Land Berlin mit der Maßgabe, daß an die Stelle des Gesetzes Nr. 33 der Alliierten Hohen Kommission über Devisenbewirtschaftung vom 2. August 1950 die Verordnung Nr. 503 zur Ergänzung der Verordnung über Devisenbewirtschaftung und Kontrolle des Güterverkehrs vom 19. Dezember 1950 (Verordnungsblatt für Berlin 1951 Teil I S. 51) in der Fassung der Verordnung Nr. 519 vom 22. September 1952 (Gesetz- und Verordnungsblatt für Berlin S. 876) tritt.

(4) Das Land Berlin kann durch Landesgesetz Straf- und Bußgeldvorschriften im Rahmen der Bestimmungen des Wirtschaftsstrafgesetzes in der Fassung vom 25. März 1952 (Bundesgesetzbl. I S. 189) erlassen, soweit es dies wegen seiner besonderen wirtschaftlichen Verhältnisse für notwendig hält, und das Verfahren zur Ahndung von Verstößen gegen solche Vorschriften sinngemäß nach den §§ 13 und 14 dieses Gesetzes regeln.

§ 23. Inkrafttreten. Dieses Gesetz tritt am Tage nach seiner Verkündung in Kraft.

8. Straßenverkehrsgesetz[1]

Vom 19. Dezember 1952 (BGBl. I S. 837)

Zuletzt geändert durch Gesetz vom 6. April 1980 (BGBl. I S. 413)
(BGBl. III 9231–1)

(Auszug)[1]

§ 4. [Entziehung der Fahrerlaubnis] (1) Erweist sich jemand als ungeeignet zum Führen von Kraftfahrzeugen, so muß ihm die Verwaltungsbehörde die Fahrerlaubnis entziehen; sie erlischt mit der Entziehung.

(2) Solange gegen den Inhaber der Fahrerlaubnis ein Strafverfahren anhängig ist, in dem die Entziehung der Fahrerlaubnis nach § 69 des Strafgesetzbuchs in Betracht kommt, darf die Verwaltungsbehörde den Sachverhalt, der Gegenstand des Strafverfahrens ist, in dem Entziehungsverfahren nicht berücksichtigen. Dies gilt nicht, wenn die Fahrerlaubnis auf Grund von Rechtsverordnungen oder allgemeinen Verwaltungsvorschriften gemäß § 6 Abs. 1 von einer Dienststelle der Bundeswehr, der Deutschen Bundesbahn, der Deutschen Bundespost, des Bundesgrenzschutzes oder der Polizei zu dienstlichen Zwecken erteilt worden ist oder wenn es sich um eine Fahrerlaubnis zur Fahrgastbeförderung handelt.

(3) Will die Verwaltungsbehörde in dem Entziehungsverfahren einen Sachverhalt berücksichtigen, der Gegenstand der Urteilsfindung in einem Strafverfahren gegen den Inhaber der Fahrerlaubnis gewesen ist, so kann sie zu dessen Nachteil vom Inhalt des Urteils soweit nicht abweichen, als es sich auf die Feststellung des Sachverhalts oder die Beurteilung der Schuldfrage oder der Eignung zum Führen von Kraftfahrzeugen bezieht. Der Strafbefehl und die gerichtliche Entscheidung, durch welche die Eröffnung des Hauptverfahrens abgelehnt wird, stehen einem Urteil gleich; dies gilt auch für Bußgeldentscheidungen, soweit sie sich auf die Feststellung des Sachverhalts und die Beurteilung der Schuldfrage beziehen.

(4) Die Verwaltungsbehörde kann Fristen und Bedingungen für die Wiedererteilung der Fahrerlaubnis festsetzen. Nach der Entziehung ist der Führerschein der Behörde abzuliefern.

(5) Die Entziehung der Fahrerlaubnis ist für das Inland wirksam.

III. Straf- und Bußgeldvorschriften

§ 21. [Fahren ohne Führerschein] (1) Mit Freiheitsstrafe bis zu einem Jahr oder mit Geldstrafe wird bestraft, wer

---

[1] Dieser Auszug enthält nur die strafrechtlichen Vorschriften.

1. ein Kraftfahrzeug führt, obwohl er die dazu erforderliche Fahrerlaubnis nicht hat oder ihm das Führen des Fahrzeugs nach § 44 des Strafgesetzbuches oder nach § 25 dieses Gesetzes verboten ist, oder

2. als Halter eines Kraftfahrzeugs anordnet oder zuläßt, daß jemand das Fahrzeug führt, der die dazu erforderliche Fahrerlaubnis nicht hat oder dem das Führen des Fahrzeugs nach § 44 des Strafgesetzbuches oder nach § 25 dieses Gesetzes verboten ist.

(2) Mit Freiheitsstrafe bis zu sechs Monaten oder mit Geldstrafe bis zu einhundertachtzig Tagessätzen wird bestraft, wer

1. eine Tat nach Absatz 1 fahrlässig begeht,

2. vorsätzlich oder fahrlässig ein Kraftfahrzeug führt, obwohl der vorgeschriebene Führerschein nach § 94 der Strafprozeßordnung in Verwahrung genommen, sichergestellt oder beschlagnahmt ist, oder

3. vorsätzlich oder fahrlässig als Halter eines Kraftfahrzeugs anordnet oder zuläßt, daß jemand das Fahrzeug führt, obwohl der vorgeschriebene Führerschein nach § 94 der Strafprozeßordnung in Verwahrung genommen, sichergestellt oder beschlagnahmt ist.

(3) In den Fällen des Absatzes 1 kann das Kraftfahrzeug, auf das sich die Tat bezieht, eingezogen werden, wenn der Täter

1. das Fahrzeug geführt hat, obwohl ihm die Fahrerlaubnis entzogen oder das Führen des Fahrzeugs nach § 44 des Strafgesetzbuches oder nach § 25 dieses Gesetzes verboten war oder obwohl eine Sperre nach § 69 a Abs. 1 Satz 3 des Strafgesetzbuches gegen ihn angeordnet war,

2. als Halter des Fahrzeugs angeordnet oder zugelassen hat, daß jemand das Fahrzeug führte, dem die Fahrerlaubnis entzogen oder das Führen des Fahrzeugs nach § 44 des Strafgesetzbuches oder nach § 25 dieses Gesetzes verboten war oder gegen den eine Sperre nach § 69 a Abs. 1 Satz 3 des Strafgesetzbuches angeordnet war, oder

3. in den letzten drei Jahren vor der Tat schon einmal wegen einer Tat nach Absatz 1 verurteilt worden ist.

§ 22. [Kennzeichenmißbrauch] (1) Wer in rechtswidriger Absicht

1. ein Kraftfahrzeug oder einen Kraftfahrzeuganhänger, für die ein amtliches Kennzeichen nicht ausgegeben oder zugelassen worden ist, mit einem Zeichen versieht, das geeignet ist, den Anschein amtlicher Kennzeichnung hervorzurufen,

2. ein Kraftfahrzeug oder einen Kraftfahrzeuganhänger mit einer anderen als der amtlich für das Fahrzeug ausgegebenen oder zugelassenen Kennzeichnung versieht,

3. das an einem Kraftfahrzeug oder einem Kraftfahrzeuganhänger angebrachte amtliche Kennzeichen verändert, beseitigt, verdeckt oder sonst in seiner Erkennbarkeit beeinträchtigt,

wird, wenn die Tat nicht in anderen Vorschriften mit schwererer Strafe bedroht ist, mit Freiheitsstrafe bis zu einem Jahr oder mit Geldstrafe bestraft.

(2) Die gleiche Strafe trifft Personen, welche auf öffentlichen Wegen

oder Plätzen von einem Kraftfahrzeug oder einem Kraftfahrzeuganhänger Gebrauch machen, von denen sie wissen, daß die Kennzeichnung in der in Absatz 1 Nr. 1 bis 3 bezeichneten Art gefälscht, verfälscht oder unterdrückt worden ist.

§ 22a. Mißbräuchliches Herstellen, Vertreiben oder Ausgeben von Kennzeichen. (1) Mit Freiheitsstrafe bis zu einem Jahr oder mit Geldstrafe wird bestraft, wer

1. Kennzeichen ohne vorherige Anzeige bei der zuständigen Behörde herstellt, vertreibt oder ausgibt, oder

2. Kennzeichen ohne Entgegennahme des nach § 6b Abs. 2 vorgeschriebenen Berechtigungsscheins vertreibt oder ausgibt, oder

3. Kennzeichen in der Absicht nachmacht, daß sie als amtlich zugelassene Kennzeichen verwendet oder in Verkehr gebracht werden oder daß ein solches Verwenden oder Inverkehrbringen ermöglicht werde, oder Kennzeichen in dieser Absicht so verfälscht, daß der Anschein der Echtheit hervorgerufen wird, oder

4. nachgemachte oder verfälschte Kennzeichen feilhält oder in den Verkehr bringt.

(2) Nachgemachte oder verfälschte Kennzeichen, auf die sich eine Straftat nach Absatz 1 bezieht, können eingezogen werden. § 74a des Strafgesetzbuches ist anzuwenden.

§ 23. [Nicht genehmigte Fahrzeugteile] (1) Ordnungswidrig handelt, wer vorsätzlich oder fahrlässig Fahrzeugteile, die in einer vom Kraftfahrt-Bundesamt genehmigten Bauart ausgeführt sein müssen, gewerbsmäßig feilbietet, obwohl sie nicht mit einem amtlich vorgeschriebenen und zugeteilten Prüfzeichen gekennzeichnet sind.

(2) Die Ordnungswidrigkeit kann mit einer Geldbuße bis zu zehntausend Deutsche Mark geahndet werden.

(3) Fahrzeugteile, auf die sich die Ordnungswidrigkeit bezieht, können eingezogen werden.

§ 24. [Ordnungswidrigkeit] (1) Ordnungswidrig handelt, wer vorsätzlich oder fahrlässig einer Vorschrift einer auf Grund des § 6 Abs. 1 erlassenen Rechtsverordnung oder einer auf Grund einer solchen Rechtsverordnung ergangenen Anordnung zuwiderhandelt, soweit die Rechtsverordnung für einen bestimmten Tatbestand auf diese Bußgeldvorschrift verweist. Die Verweisung ist nicht erforderlich, soweit die Vorschrift der Rechtsverordnung vor dem 1. Januar 1969 erlassen worden ist.

(2) Die Ordnungswidrigkeit kann mit einer Geldbuße geahndet werden.

§ 24a. [0,8 Promille-Grenze] (1) Ordnungswidrig handelt, wer im Straßenverkehr ein Kraftfahrzeug führt, obwohl er 0,8 Promille oder mehr Alkohol im Blut oder eine Alkoholmenge im Körper hat, die zu einer solchen Blutalkoholkonzentration führt.

(2) Ordnungswidrig handelt auch, wer die Tat fahrlässig begeht.

(3) Die Ordnungswidrigkeit kann mit einer Geldbuße bis zu dreitausend Deutsche Mark geahndet werden.

§ 24b. Mangelnde Nachweise für Herstellung, Vertrieb und Ausgabe von Kennzeichen.

(1) Ordnungswidrig handelt, wer vorsätzlich oder fahrlässig einer Vorschrift einer auf Grund des § 6 Abs. 1 Nr. 8 erlassenen Rechtsverordnung oder einer auf Grund einer solchen Rechtsverordnung ergangenen vollziehbaren Anordnung zuwiderhandelt, soweit die Rechtsverordnung für einen bestimmten Tatbestand auf diese Bußgeldvorschrift verweist.

(2) Die Ordnungswidrigkeit kann mit einer Geldbuße bis zu fünftausend Deutsche Mark geahndet werden.

§ 25. [Fahrerlaubnis]

(1) Wird gegen den Betroffenen wegen einer Ordnungswidrigkeit nach § 24, die er unter grober oder beharrlicher Verletzung der Pflichten eines Kraftfahrzeugführers begangen hat, eine Geldbuße festgesetzt, so kann ihm die Verwaltungsbehörde oder das Gericht in der Bußgeldentscheidung für die Dauer von einem Monat bis zu drei Monaten verbieten, im Straßenverkehr Kraftfahrzeuge jeder oder einer bestimmten Art zu führen. Wird gegen den Betroffenen wegen einer Ordnungswidrigkeit nach § 24a eine Geldbuße festgesetzt, so ist in der Regel auch ein Fahrverbot anzuordnen.

(2) Das Fahrverbot wird mit der Rechtskraft der Bußgeldentscheidung wirksam. Für seine Dauer wird ein von einer deutschen Behörde erteilter Führerschein amtlich verwahrt. Wird er nicht freiwillig herausgegeben, so ist er zu beschlagnahmen.

3. In ausländischen Fahrausweisen wird das Fahrverbot vermerkt. Zu diesem Zweck kann der Fahrausweis beschlagnahmt werden.

(4) Wird der Führerschein oder Fahrausweis in den Fällen des Absatzes 2 Satz 3 oder des Absatzes 3 Satz 2 bei dem Betroffenen nicht vorgefunden, so hat er auf Antrag der Vollstreckungsbehörde (§ 92 des Gesetzes über Ordnungswidrigkeiten) bei dem Amtsgericht eine eidesstattliche Versicherung über den Verbleib des Führerscheins oder Fahrausweises abzugeben. § 883 Abs. 2 bis 4, die §§ 899, 900 Abs. 1, 3, 5, die §§ 901, 902, 904 bis 910 und 913 der Zivilprozeßordnung gelten entsprechend.

(5) Ist ein Führerschein amtlich zu verwahren oder das Fahrverbot in einem ausländischen Fahrausweis zu vermerken, so wird die Verbotsfrist erst von dem Tage an gerechnet, an dem dies geschieht. In die Verbotsfrist wird die Zeit nicht eingerechnet, in welcher der Täter auf behördliche Anordnung in einer Anstalt verwahrt wird.

(6) Die Dauer einer vorläufigen Entziehung der Fahrerlaubnis (§ 111a der Strafprozeßordnung) wird auf das Fahrverbot angerechnet. Es kann jedoch angeordnet werden, daß die Anrechnung ganz oder zum Teil unterbleibt, wenn sie im Hinblick auf das Verhalten des Betroffenen nach Begehung der Ordnungswidrigkeit nicht gerechtfertigt ist. Der vorläufi-

gen Entziehung der Fahrerlaubnis steht die Verwahrung, Sicherstellung oder Beschlagnahme des Führerscheins (§ 94 der Strafprozeßordnung) gleich.

(7) Wird das Fahrverbot nach Absatz 1 im Strafverfahren angeordnet (§ 82 des Gesetzes über Ordnungswidrigkeiten), so kann die Rückgabe eines in Verwahrung genommenen, sichergestellten oder beschlagnahmten Führerscheins aufgeschoben werden, wenn der Betroffene nicht widerspricht. In diesem Falle ist die Zeit nach dem Urteil unverkürzt auf das Fahrverbot anzurechnen.

(8) Über den Beginn der Verbotsfrist nach Absatz 5 Satz 1 ist der Betroffene bei der Zustellung der Bußgeldentscheidung oder im Anschluß an deren Verkündung zu belehren.

§ 26. [Zuständige Verwaltungsbehörde; Verjährung]

(1) Bei Ordnungswidrigkeiten nach § 24, die im Straßenverkehr begangen werden, und bei Ordnungswidrigkeiten nach § 24a ist Verwaltungsbehörde im Sinne des § 36 Abs. 1 Nr. 1 des Gesetzes über Ordnungswidrigkeiten die Behörde oder Dienststelle der Polizei, die von der Landesregierung durch Rechtsverordnung näher bestimmt wird. Die Landesregierung kann die Ermächtigung auf die zuständige oberste Landesbehörde übertragen.

(2) Bei Ordnungswidrigkeiten nach § 23 ist Verwaltungsbehörde im Sinne des § 36 Abs. 1 Nr. 1 des Gesetzes über Ordnungswidrigkeiten das Kraftfahrt-Bundesamt.

(3) Die Verfolgung von Ordnungswidrigkeiten nach § 24 verjährt in drei Monaten.

§ 27. [Ermächtigung für Verwarnungen]

(1) Bei einer Ordnungswidrigkeit nach § 24 kann ein Verwarnungsgeld (§ 56 Abs. 1 Satz 1 des Gesetzes über Ordnungswidrigkeiten) bis zu vierzig Deutsche Mark erhoben werden.

(2) Der Bundesminister für Verkehr erläßt mit Zustimmung des Bundesrates allgemeine Verwaltungsvorschriften über die Erteilung einer Verwarnung (§§ 56, 58 Abs. 2 des Gesetzes über Ordnungswidrigkeiten) wegen einer Ordnungswidrigkeit nach § 24. Soweit bei bestimmten Ordnungswidrigkeiten im Hinblick auf ihre Häufigkeit und Gleichartigkeit eine möglichst gleichmäßige Behandlung angezeigt ist, sollen die Verwaltungsvorschriften näher bestimmen, in welchen Fällen und unter welchen Voraussetzungen die Verwarnung erteilt und in welcher Höhe das Verwarnungsgeld erhoben werden soll.

(3) In den allgemeinen Verwaltungsvorschriften kann auch bestimmt werden, in welchen Fällen eine Verwarnung nicht erteilt werden soll. Dabei darf die Erteilung einer Verwarnung nur bei solchen Ordnungswidrigkeiten ausgeschlossen werden, die ihrer Natur nach andere Verkehrsteilnehmer erheblich gefährden können oder auf ein grob verkehrswidriges oder rücksichtsloses Verhalten zurückzuführen sind. Die Verwarnung soll jedoch auch in solchen Fällen erteilt werden dürfen, wenn wegen ganz besonderer Umstände eine Verwarnung ausreichend ist.

IV. Verkehrszentralregister

§ 28. [Eintragungen] Der Bundesminister für Verkehr erläßt mit Zustimmung des Bundesrates Rechtsvorschriften und allgemeine Verwaltungsvorschriften über die Erfassung von

1. rechtskräftigen Entscheidungen der Strafgerichte, soweit sie wegen einer in Zusammenhang mit der Teilnahme am Straßenverkehr begangenen rechtswidrigen Tat auf Strafe oder andere Maßnahmen erkennen oder einen Schuldspruch enthalten,

1a. Entscheidungen der Strafgerichte oder der Staatsanwaltschaft nach § 153a der Strafprozeßordnung wegen einer in Nummer 1 bezeichneten Tat,

2. Entscheidungen der Strafgerichte, welche die vorläufige Entziehung der Fahrerlaubnis anordnen,

3. rechtskräftigen Entscheidungen wegen einer Ordnungswidrigkeit nach den §§ 24 und 24a dieses Gesetzes, nach § 10 des Gesetzes über die Beförderung gefährlicher Güter, soweit die Ordnungswidrigkeit im Zusammenhang mit der Beförderung gefährlicher Güter auf der Straße begangen wurde, § 36 des Fahrlehrergesetzes, § 20 des Kraftfahrsachverständigengesetzes oder nach § 5 des Gesetzes über das Fahrpersonal im Straßenverkehr, wenn gegen den Betroffenen ein Fahrverbot nach § 25 angeordnet oder eine Geldbuße von mehr als vierzig Deutsche Mark festgesetzt ist,

4. Verboten, ein Fahrzeug zu führen, und von Versagungen einer Fahrerlaubnis oder Fahrlehrerlaubnis,

5. unanfechtbaren oder vorläufig wirksamen Entziehungen einer Fahrerlaubnis oder Fahrlehrerlaubnis durch Verwaltungsbehörden,

6. Verzichten auf die Fahrerlaubnis oder Fahrlehrerlaubnis während eines Entziehungsverfahrens,

7. *(aufgehoben)*[2]

§ 29. [Tilgung] (1) Eintragungen in das Verkehrszentralregister sind nach Ablauf bestimmter Fristen zu tilgen, die der Bundesminister für Verkehr mit Zustimmung des Bundesrates durch Rechtsverordnung festsetzt. Bei Ordnungswidrigkeiten darf die Tilgungsfrist nicht mehr als zwei Jahre betragen, wenn keine weiteren Eintragungen über den Betroffenen in dem Verkehrszentralregister enthalten sind.

(2) Die Tilgung nach Absatz 1 unterbleibt, solange die Erteilung einer neuen Fahrerlaubnis untersagt ist.

§ 30. [Verwertung; Auskunftsrecht] (1) Die Eintragungen im Verkehrszentralregister dürfen nur

1. für Zwecke der Strafverfolgung oder der Verfolgung wegen einer Ordnungswidrigkeit nach diesem Gesetz, dem Gesetz über die Beför-

---

[2] § 28 Nr. 7 mit Wirkung vom **1. 1. 1976** aufgehoben durch Gesetz vom 13. 6. 1974 (BGBl. I S. 1281).

derung gefährlicher Güter, dem Fahrlehrergesetz, dem Kraftfahrsachverständigengesetz oder nach dem Gesetz über das Fahrpersonal im Straßenverkehr,

2. für Verwaltungsmaßnahmen auf Grund dieses Gesetzes, des Gesetzes über die Beförderung gefährlicher Güter, des Fahrlehrergesetzes, des Kraftfahrsachverständigengesetzes, des Personenbeförderungsgesetzes, des Güterkraftverkehrsgesetzes, des Gesetzes über das Fahrpersonal im Straßenverkehr oder der auf Grund dieser Gesetze erlassenen Rechtsvorschriften und

3. für die Vorbereitung von Rechts- und allgemeinen Verwaltungsvorschriften auf dem Gebiet des Straßenverkehrs

verwertet werden.

(2) Auskunftsberechtigt sind die Stellen, denen die in Absatz 1 genannten Aufgaben obliegen. Die Auskünfte sind so zu erteilen, daß die anfragende Stelle die Akten über die den Eintragungen zugrunde liegenden Entscheidungen beiziehen kann.

9. Gesetz über den Verkehr mit Edelmetallen, Edelsteinen und Perlen[1]

In der Fassung vom 29. Juni 1926 (RGBl. I S. 321)

Zuletzt geändert durch Art. 177 EGStGB vom 2. März 1974 (BGBl. I S. 469, 588)
(BGBl. III 7126–1)

§ 1. [Verbot des Erwerbs von Jugendlichen] (1) Es ist verboten, Edelmetalle, edelmetallhaltige Legierungen und Rückstände hiervon, die Gemenge und Verbindungen von Edelmetallabfällen mit Stoffen anderer Art, Edelsteine, Halbedelsteine, Perlen sowie Gegenstände aus den genannnten Stoffen, auch in Verbindung mit anderen Stoffen, von Personen, die das achtzehnte Lebensjahr noch nicht vollendet haben, zu erwerben.

(2) Edelmetalle im Sinne dieses Gesetzes sind Gold, Silber, Platin und Platinmetalle. Edelsteine und Halbedelsteine im Sinne dieses Gesetzes sind die im Juwelenhandel als Edelsteine oder Halbedelsteine handelsüblich bezeichneten, natürlichen oder synthetischen Schmuckstücke. Perlen im Sinne dieses Gesetzes sind die echten, einschließlich der gezüchteten Perlen, und die sogenannten Japanperlen.

§ 2. *(aufgehoben)*

§ 3. [Strafvorschrift für Verstöße gegen § 1] (1) Wer einen der in § 1 bezeichneten Gegenstände von Personen, die das achtzehnte Lebensjahr noch nicht vollendet haben, erwirbt, wird mit Freiheitsstrafe bis zu zwei Jahren oder mit Geldstrafe bestraft.

(2) Handelt der Täter fahrlässig, so ist die Strafe Freiheitsstrafe bis zu sechs Monaten oder Geldstrafe bis zu einhundertachtzig Tagessätzen.

(3) Gegenstände, auf die sich die Straftat bezieht, können eingezogen werden.

§ 4. *(aufgehoben)*

§ 5. [Hehlerei] Wer gewerbsmäßig mit den in § 1 bezeichneten Gegenständen Handel treibt oder gewerbsmäßig Edelmetalle und edelmetallhaltige Legierungen und Rückstände hiervon schmilzt, probiert oder scheidet oder aus den Gemengen und Verbindungen von Edelmetallabfällen mit Stoffen anderer Art Edelmetalle wiedergewinnt und beim Betrieb eines derartigen Gewerbes einen der in § 1 bezeichneten Gegenstände, von dem er fahrlässig nicht erkannt hat, daß ihn ein anderer gestohlen oder sonst durch eine gegen ein fremdes Vermögen gerichtete rechtswidrige Tat erlangt hat, ankauft oder sich oder von einem Dritten verschafft, ihn absetzt oder absetzen hilft, um sich oder einen anderen zu bereichern, wird mit Freiheitsstrafe bis zu einem Jahr oder mit Geldstrafe bestraft.

---

[1] Vgl. auch das Ges. über den Verkehr mit unedlen Metallen (abgedruckt unter Nr. **10**).

10. Gesetz über den Verkehr mit unedlen Metallen[1]

Vom 23. Juli 1926 (RGBl. I S. 415)

Zuletzt geändert durch VO vom 21. Mai 1976 (BGBl. I S. 1249)

(BGBl. III 7126–2)

§ 1. [Erlaubnispflicht] (1) Wer im Inland Altmetall, Metallbruch oder altes Metallgerät ohne besonderen Kunst- oder Altertumswert aus unedlen Metallen oder unedle Metalle in rohem oder umgeschmolzenem Zustand zur gewerblichen Weiterveräußerung auch nach Be- oder Verarbeitung erwerben will, bedarf der Erlaubnis. Wenn der Gewerbebetrieb durch einen Stellvertreter ausgeübt werden soll, so bedarf auch der Stellvertreter der Erlaubnis.

(2) Die oberste Landesbehörde kann bestimmen, ob und inwieweit der Betrieb von Schmelzereien und Gießereien, in denen unedle Metalle verarbeitet werden, der Erlaubnis bedarf oder sonstigen Beschränkungen im Rahmen dieses Gesetzes unterworfen werden soll.

(3) Für den Betrieb von Eisen-, Stahl- und Tempergießereien, Hochöfen-, Stahl- und Puddelwerken bedarf es der Erlaubnis und der Bescheinigung nach § 11 nicht.

(4) Händler, die die Gegenstände im kleinen erwerben, um sie als Metall weiterzuveräußern, dürfen das Einschmelzen nicht betreiben noch Einrichtungen unterhalten, die ein Einschmelzen der erworbenen Gegenstände ermöglichen.

(5) Unedle Metalle im Sinne dieses Gesetzes sind alle Metalle und Metallegierungen einschließlich Eisen und Stahl und deren Legierungen, mit Ausnahme von Gold, Silber, Platin, der Platinmetalle und der Legierungen der genannten Metalle. Ausgenommen sind ferner Eisen- und Stahlschrott, Eisengußbruch und alle anderen Arten von Eisen- und Stahlabfällen einschließlich der verzinnten und verzinkten Abfälle.

§ 2. [Geltungsbereich und Voraussetzungen der Erlaubnis] (1) Die Erlaubnis für den Großhandel wirkt für das *Reichs*gebiet.

(2) Die Erlaubnis für den Kleinhandel kann Ausländern, die nicht Staatsangehörige eines Mitgliedstaates der Europäischen Wirtschaftsgemeinschaft sind, sowie ausländischen juristischen Personen, auf die § 12a der Gewerbeordnung keine Anwendung findet, versagt werden, wenn ein Bedürfnis nicht nachgewiesen ist. Sie wirkt nur für den Bezirk der die Erlaubnis erteilenden Behörde und kann auf Teile dieses Bezirkes beschränkt werden; die oberste Landesbehörde kann bestimmen, daß die Behörde die Erlaubnis auch für andere Teile ihres Landes erteilen kann.

---

[1] Vgl. auch das Ges. über den Verkehr mit Edelmetallen (abgedr. unter Nr. **9**).

(3) Die Erlaubnis für den Groß- und Kleinhandel kann sachlich beschränkt und unter Auflagen sowie unter Vorbehalt weiterer Auflagen erteilt werden.

(4) Die Erlaubnis ist zu versagen, wenn Tatsachen die Annahme rechtfertigen, daß der Antragsteller die für den Gewerbebetrieb erforderliche Sachkenntnis oder Zuverlässigkeit nicht besitzt. Bei einer juristischen Person oder einer Personenvereinigung ohne Rechtspersönlichkeit gelten als Antragsteller im Sinne dieser Vorschriften die vertretungsberechtigten Personen.

(5) Die Erlaubnis muß erteilt werden an solche Gewerbetreibende, die ein Gewerbe im Sinne des § 1 bereits vor dem 1. Januar 1915 in dem betreffenden Gemeindebezirke betrieben haben, sofern nicht die Versagungsgründe des Abs. 4 vorliegen.

§ 3. [Zuständigkeit für Erlaubniserteilung] (1) Die Erlaubnis wird durch die von der obersten Landesbehörde bestimmte Verwaltungsbehörde erteilt. Gegen deren Bescheid oder Auflagen ist binnen zwei Wochen die Beschwerde an die von der obersten Landesbehörde bestimmte Stelle zulässig, die endgültig entscheidet.

(2) Vor der Entscheidung der ersten und zweiten Instanz ist die örtlich zuständige Industrie- und Handelskammer *(Kleinhandelskammer)* oder Handwerks-*(Gewerbe-)*Kammer gutachtlich zu hören.

(3) Die oberste Landesbehörde regelt das Verfahren ...

(4) Die Erteilung oder Versagung der Erlaubnis ist dem Finanzamt unverzüglich mitzuteilen.

§ 4. [Zurücknahme der Erlaubnis] (1) Die Erlaubnis kann zurückgenommen werden, wenn die Führung des Gewerbebetriebs gegen die nach § 2 Abs. 2 und 3 gemachten Beschränkungen oder Auflagen verstößt oder der Vorschrift des § 6 Abs. 1 oder den auf Grund des § 6 Abs. 2 erlassenen Bestimmungen nicht entspricht.

(2) Die Zurücknahme der Erlaubnis muß erfolgen,

1. wenn die Erlaubnis auf Grund unwahrer Angaben oder sonstiger täuschender Handlungen erwirkt war,

2. wenn festgestellt wird, daß bei Erteilung der Erlaubnis die Voraussetzungen für ihre Versagung vorgelegen haben, oder wenn sich nach Erteilung der Erlaubnis Tatsachen ergeben, welche die mangelnde Sachkenntnis oder Zuverlässigkeit des Erlaubnisinhabers dartun,

3. wenn eine rechtskräftige Verurteilung wegen vorsätzlicher Zuwiderhandlung gegen § 16 Abs. 1 Nr. 3 erfolgt ist.

(3) Gegen die Zurücknahme der Erlaubnis ist *Beschwerde*[2] zulässig. Die Vorschriften des § 3 Abs. 1 bis 3 finden für die Zurücknahme der Erlaubnis entsprechende Anwendung. Die *Beschwerde* hat keine aufschiebende Wirkung. Ist die Zurücknahme auf mangelnde Sachkenntnis oder Zuver-

---

[2] Jetzt Widerspruch gem. § 77 Abs. 1 VwGO.

lässigkeit gegründet, so entscheidet die *Beschwerde*instanz vorab darüber, ob der *Beschwerde* aufschiebende Wirkung zukommt.

(4) Die Zurücknahme der Erlaubnis ist dem Finanzamt unverzüglich mitzuteilen.

§ 5. [Verbot des Erwerbs von Minderjährigen] Es ist verboten, Gegenstände der im § 1 bezeichneten Art von Minderjährigen zu erwerben.

§ 6. [Buchführung] (1) In dem Gewerbebetriebe müssen Bücher geführt werden, in denen sämtliche Erwerbungen im einzelnen fortlaufend numeriert, sofort nach Abschluß des Geschäfts mit Tinte oder Tintenstift einzutragen und nach Ort, Zeit, Art, Gewicht, Preis oder Gegenleistung sowie nach der Person des Veräußerers (Name, Familienstand, Wohnung, Alter, Beruf oder Gewerbe) nachzuweisen sind. Von allen Veräußerern, die ihm nicht zweifelsfrei bekannt sind, muß sich der Erwerber einen amtlichen Ausweis über ihre Person vorlegen lassen.

(2) Die näheren Bestimmungen über die Buchführung erläßt die oberste Landesbehörde. Sie kann weitere Bestimmungen für die Führung des Gewerbebetriebs erlassen, insbesondere auch über die an die persönlichen Eigenschaften der Inhaber, Stellvertreter und Angestellten zu stellenden Anforderungen, über die Zulässigkeit von Anpreisungen, über die Art der Firmenbezeichnung und über die polizeiliche Kontrolle des Gewerbebetriebs.

§ 7. [Ausnahmen] (1) Die oberste Landesbehörde kann im Wege von Ausführungsbestimmungen Ausnahmen von den Vorschriften des § 6 zulassen, wenn ein wirtschaftliches Bedürfnis vorliegt.

(2) Die von der obersten Landesbehörde bestimmten Stellen können im Einzelfall Ausnahmen von den gleichen Vorschriften zulassen.

§ 8. [Schließung eines Betriebes] Die von der obersten Landesbehörde bestimmte Behörde kann den Gewerbebetrieb schließen und seine Fortsetzung verhindern, wenn der Betrieb ohne Erlaubnis geführt oder die Erlaubnis erloschen oder gemäß § 4 zurückgenommen ist. Sie kann ferner in den Fällen des § 4 Abs. 2 den Gewerbebetrieb vorläufig schließen. In diesem Falle hat sie, soweit sie nicht selbst über die Zurücknahme der Erlaubnis zu befinden hat, unverzüglich bei der gemäß § 3 zuständigen Behörde die Zurücknahme der Erlaubnis zu beantragen. Diese Behörde hat über die vorläufige Schließung vorab zu entscheiden.

§ 9. [Terminhandel] (1) Die Vorschriften dieses Gesetzes gelten nicht für den börsenmäßigen Terminhandel in unedlen Metallen (§§ 50, 51 Abs. 1 Satz 3, 4 des Börsengesetzes).

(2) Die Vorschriften der §§ 1 und 6 finden keine Anwendung auf selbständige Handwerker, die Gegenstände der im § 1 bezeichneten Art im Rahmen ihres Betriebs zur gewerblichen Weiterveräußerung auch nach Be- oder Verarbeitung erwerben, sofern der Erwerb von einem Kunden im Zusammenhange mit einer dort von dem Handwerker ausgeführten Arbeit erfolgt.

§ 10. [Keine Entschädigungsansprüche] Durch Maßnahmen gemäß §§ 4 oder 8 werden Entschädigungsansprüche nicht begründet.

§ 11. [Großhandel] (1) Die Vorschriften dieses Gesetzes finden mit Ausnahme des § 5 keine Anwendung auf Gewerbetreibende, die Gegenstände der im § 1 bezeichneten Art im großen zur gewerblichen Weiterveräußerung oder Verarbeitung erwerben, sofern die von der obersten Landesbehörde bestimmten Verwaltungsbehörden auf Grund eines Gutachtens der zuständigen Industrie- und Handelskammer bescheinigen, daß der Gewerbetreibende regelmäßig im großen erwirbt und daß gegen seine Sachkenntnis und Zuverlässigkeit Bedenken nicht bestehen ... Weicht die Entscheidung der Verwaltungsbehörde vom Gutachten der Industrie- und Handelskammer ab, so ist die Entscheidung auch der Industrie- und Handelskammer mitzuteilen, die ihrerseits ... *Beschwerde*[3] ... *richten* kann ...

(2) Die Bescheinigung der Verwaltungsbehörde kann zurückgenommen werden, wenn die tatsächlichen Voraussetzungen für ihre Erteilung sich als unrichtig erwiesen haben oder fortgefallen sind. Gegen die Zurücknahme der Bescheinigung steht dem Inhaber die *Beschwerde* ... zu. Auf das Verfahren finden die Bestimmungen des Abs. 1 sinngemäße Anwendung.

(3) Die *Beschwerde* hat aufschiebende Wirkung ...

§ 12. [Anwendung der Gewerbeordnung] Auf den im § 1 Abs. 1 bezeichneten Gewerbebetrieb finden die Vorschriften der Gewerbeordnung insoweit Anwendung, als nicht in diesem Gesetze besondere Bestimmungen getroffen sind.

§ 13. Die Vorschriften der §§ 35 und 38 der Gewerbeordnung, soweit sie den Erwerb der im § 1 bezeichneten Gegenstände im Kleinhandel betreffen, treten für die Dauer der Geltung dieses Gesetzes außer Kraft.

§ 14. (aufgehoben)

§ 15. [Gewerbebetrieb im Umerziehen] (1) Die Vorschriften dieses Gesetzes finden auch auf den *Gewerbebetrieb im Umherziehen* (§ 55 der Gewerbeordnung) Anwendung. *Wandergewerbescheine* für den Aufkauf der im § 1 Abs. 1 bezeichneten Waren dürfen, unbeschadet der §§ 57 bis 57b der Gewerbeordnung, nur ausgestellt werden, wenn eine Erlaubnis erteilt ist, und nur für den örtlichen Geltungsbereich der Erlaubnis; sie müssen – unbeschadet des § 58 der Gewerbeordnung – zurückgenommen werden, wenn die Erlaubnis versagt worden oder erloschen ist oder zurückgenommen wird. Die erteilte Erlaubnis ist im *Wandergewerbeschein* zu vermerken.

(2) Die oberste Landesbehörde kann in Gemeinden mit mehr als 10 000 Einwohnern und in Vorortgemeinden von Großstädten den auf den Er-

---

[3] Siehe Fußnote zu § 4.

werb von Gegenständen der im § 1 genannten Art gerichteten *Gewerbebetrieben im Umherziehen von Haus zu Haus, an und auf öffentlichen Wegen, Straßen, Plätzen sowie an anderen öffentlichen Orten* allgemein verbieten, insoweit es sich nicht um altes Hausgerät oder Hausgeräteabfall aus unedlen Metallen handelt.

§ 16. [Strafvorschriften] (1) Mit Freiheitsstrafe bis zu zwei Jahren oder mit Geldstrafe wird bestraft, wer

1. ohne die nach diesem Gesetz erforderliche Erlaubnis ein Gewerbe im Sinne des § 1 betreibt,

2. dem Verbot des § 1 Abs. 4 oder einer Rechtsverordnung nach § 1 Abs. 2 zuwiderhandelt, soweit sie für einen bestimmten Tatbestand auf diese Strafvorschrift verweist, oder

3. Gegenstände der in § 1 bezeichneten Art von Minderjährigen erwirbt.

(2) Handelt der Täter fahrlässig, so ist die Strafe Freiheitsstrafe bis zu sechs Monaten oder Geldstrafe bis zu einhundertachtzig Tagessätzen.

(3) Gegenstände, auf die sich die Straftat nach Absatz 1 Nr. 3 oder Absatz 2 in Verbindung mit Absatz 1 Nr. 3 bezieht, können eingezogen werden.

§ 17. [Ordnungswidrigkeiten] (1) Ordnungswidrig handelt, wer vorsätzlich oder fahrlässig

1. eine Auflage nach § 2 Abs. 3 nicht, nicht rechtzeitig oder nicht vollständig erfüllt,

2. der Vorschrift des § 6 Abs. 1 Satz 1 über die Buchführungspflicht zuwiderhandelt,

3. sich entgegen § 6 Abs. 1 Satz 2 vom Veräußerer einen amtlichen Ausweis nicht vorlegen läßt, oder

4. einer Rechtsverordnung nach § 6 Abs. 2 oder § 15 Abs. 2 zuwiderhandelt, soweit sie für einen bestimmten Tatbestand auf diese Bußgeldvorschrift verweist.

(2) Die Ordnungswidrigkeit kann mit einer Geldbuße bis zu zehntausend Deutsche Mark geahndet werden.

§ 18. [Hehlerei] Wer beim Betrieb eines Gewerbes der in § 1 bezeichneten Art einen Gegenstand aus unedlem Metall, von dem er fahrlässig nicht erkannt hat, daß ihn ein anderer gestohlen oder sonst durch eine gegen ein fremdes Vermögen gerichtete rechtswidrige Tat erlangt hat, ankauft oder sich oder einem Dritten verschafft, ihn absetzt oder absetzen hilft, um sich oder einen anderen zu bereichern, wird mit Freiheitsstrafe bis zu einem Jahr oder mit Geldstrafe bestraft.

§ 19. Der *Reichswirtschaftsminister* kann ... Ausführungsbestimmungen zu diesem Gesetz erlassen.

11. Gesetz über Ordnungswidrigkeiten (OWiG)

In der Fassung vom 2. Januar 1975 (BGBl. I S. 80, ber. S. 520)

Zuletzt geändert durch Gesetz vom 5. Oktober 1978 (BGBl. I S. 1645)

(BGBl. III 454–1)

(Auszug)[1]

Inhaltsübersicht

Erster Teil. Allgemeine Vorschriften

Erster Abschnitt. Geltungsbereich

Zweiter Abschnitt. Grundlagen der Ahndung

Dritter Abschnitt. Geldbuße

Vierter Abschnitt. Zusammentreffen mehrerer Gesetzesverletzungen

Fünfter Abschnitt. Einziehung

---

[1] Dieser Auszug enthält nicht die verfahrensrechtlichen Vorschriften (§§ 35–110).

Sechster Abschnitt. Geldbuße gegen juristische Personen und Personenvereinigungen

Siebenter Abschnitt. Verjährung

Zweiter Teil. Bußgeldverfahren

[nicht abgedruckt]

Dritter Teil. Einzelne Ordnungswidrigkeiten

Erster Abschnitt. Verstöße gegen staatliche Anordnungen

Zweiter Abschnitt. Verstöße gegen die öffentliche Ordnung

Dritter Abschnitt. Mißbrauch staatlicher oder staatlich geschützter Zeichen

Vierter Abschnitt. Verletzung der Aufsichtspflicht in Betrieben und Unternehmen

Erster Teil. Allgemeine Vorschriften

Erster Abschnitt. Geltungsbereich

§ 1. Begriffsbestimmung. (1) Eine Ordnungswidrigkeit ist eine rechtswidrige und vorwerfbare Handlung, die den Tatbestand eines Gesetzes verwirklicht, das die Ahndung mit einer Geldbuße zuläßt.

(2) Eine mit Geldbuße bedrohte Handlung ist eine rechtswidrige Handlung, die den Tatbestand eines Gesetzes im Sinne des Absatzes 1 verwirklicht, auch wenn sie nicht vorwerfbar begangen ist.

§ 2. Sachliche Geltung. Dieses Gesetz gilt für Ordnungswidrigkeiten nach Bundesrecht und nach Landesrecht.

§ 3. Keine Ahndung ohne Gesetz. Eine Handlung kann als Ordnungswidrigkeit nur geahndet werden, wenn die Möglichkeit der Ahndung gesetzlich bestimmt war, bevor die Handlung begangen wurde.

§ 4. Zeitliche Geltung. (1) Die Geldbuße bestimmt sich nach dem Gesetz, das zur Zeit der Handlung gilt.

(2) Wird die Bußgelddrohung während der Begehung der Handlung geändert, so ist das Gesetz anzuwenden, das bei Beendigung der Handlung gilt.

(3) Wird das Gesetz, das bei Beendigung der Handlung gilt, vor der Entscheidung geändert, so ist das mildeste Gesetz anzuwenden.

(4) Ein Gesetz, das nur für eine bestimmte Zeit gelten soll, ist auf Handlungen, die während seiner Geltung begangen sind, auch dann anzuwenden, wenn es außer Kraft getreten ist. Dies gilt nicht, soweit ein Gesetz etwas anderes bestimmt.

(5) Für Nebenfolgen einer Ordnungswidrigkeit gelten die Absätze 1 bis 4 entsprechend.

§ 5. Räumliche Geltung. Wenn das Gesetz nichts anderes bestimmt, können nur Ordnungswidrigkeiten geahndet werden, die im räumlichen Geltungsbereich dieses Gesetzes oder außerhalb dieses Geltungsbereichs auf einem Schiff oder Luftfahrzeug begangen werden, das berechtigt ist, die Bundesflagge oder das Staatszugehörigkeitszeichen der Bundesrepublik Deutschland zu führen.

§ 6. Zeit der Handlung. Eine Handlung ist zu der Zeit begangen, zu welcher der Täter tätig geworden ist oder im Falle des Unterlassens hätte tätig werden müssen. Wann der Erfolg eintritt, ist nicht maßgebend.

§ 7. Ort der Handlung (1) Eine Handlung ist an jedem Ort begangen, an dem der Täter tätig geworden ist oder im Falle des Unterlassens hätte tätig werden müssen oder an dem der zum Tatbestand gehörende Erfolg eingetreten ist oder nach der Vorstellung des Täters eintreten sollte.

(2) Die Handlung eines Beteiligten ist auch an dem Ort begangen, an dem der Tatbestand des Gesetzes, das die Ahndung mit einer Geldbuße zuläßt, verwirklicht worden ist oder nach der Vorstellung des Beteiligten verwirklicht werden sollte.

Zweiter Abschnitt. Grundlagen der Ahndung

§ 8. Begehen durch Unterlassen. Wer es unterläßt, einen Erfolg abzuwenden, der zum Tatbestand einer Bußgeldvorschrift gehört, handelt nach dieser Vorschrift nur dann ordnungswidrig, wenn er rechtlich dafür einzustehen hat, daß der Erfolg nicht eintritt, und wenn das Unterlassen der Verwirklichung des gesetzlichen Tatbestandes durch ein Tun entspricht.

§ 9. Handeln für einen anderen. (1) Handelt jemand

1. als vertretungsberechtigtes Organ einer juristischen Person oder als Mitglied eines solchen Organs,

2. als vertretungsberechtigter Gesellschafter einer Personenhandelsgesellschaft oder

3. als gesetzlicher Vertreter eines anderen,

so ist ein Gesetz, nach dem besondere persönliche Eigenschaften, Verhältnisse oder Umstände (besondere persönliche Merkmale) die Möglichkeit der Ahndung begründen, auch auf den Vertreter anzuwenden, wenn diese Merkmale zwar nicht bei ihm, aber bei dem Vertretenen vorliegen.

(2) Ist jemand von dem Inhaber eines Betriebes oder einem sonst dazu Befugten

1. beauftragt, den Betrieb ganz oder zum Teil zu leiten, oder

2. ausdrücklich beauftragt, in eigener Verantwortung Pflichten zu erfüllen, die den Inhaber des Betriebes treffen,

und handelt er auf Grund dieses Auftrages, so ist ein Gesetz, nach dem besondere persönliche Merkmale die Möglichkeit der Ahndung begründen, auch auf den Beauftragten anzuwenden, wenn diese Merkmale zwar nicht bei ihm, aber bei dem Inhaber des Betriebes vorliegen. Dem Betrieb im Sinne des Satzes 1 steht das Unternehmen gleich. Handelt jemand auf Grund eines entsprechenden Auftrages für eine Stelle, die Aufgaben der öffentlichen Verwaltung wahrnimmt, so ist Satz 1 sinngemäß anzuwenden.

(3) Die Absätze 1 und 2 sind auch dann anzuwenden, wenn die Rechtshandlung, welche die Vertretungsbefugnis oder das Auftragsverhältnis begründen sollte, unwirksam ist.

10. Vorsatz und Fahrlässigkeit. Als Ordnungswidrigkeit kann nur vorsätzliches Handeln geahndet werden, außer wenn das Gesetz fahrlässiges Handeln ausdrücklich mit Geldbuße bedroht.

§ 11. Irrtum. (1) Wer bei Begehung einer Handlung einen Umstand nicht kennt, der zum gesetzlichen Tatbestand gehört, handelt nicht vorsätzlich. Die Möglichkeit der Ahndung wegen fahrlässigen Handelns bleibt unberührt.

(2) Fehlt dem Täter bei Begehung der Handlung die Einsicht, etwas Unerlaubtes zu tun, namentlich weil er das Bestehen oder die Anwendbarkeit einer Rechtsvorschrift nicht kennt, so handelt er nicht vorwerfbar, wenn er diesen Irrtum nicht vermeiden konnte.

§ 12. Verantwortlichkeit (1) Nicht vorwerfbar handelt, wer bei Begehung einer Handlung noch nicht vierzehn Jahre alt ist. Ein Jugendlicher handelt nur unter den Voraussetzungen des § 3 Satz 1 des Jugendgerichtsgesetzes vorwerfbar.

(2) Nicht vorwerfbar handelt, wer bei Begehung der Handlung wegen einer krankhaften seelischen Störung, wegen einer tiefgreifenden Bewußtseinsstörung oder wegen Schwachsinns oder einer schweren anderen seelischen Abartigkeit unfähig ist, das Unerlaubte der Handlung einzusehen oder nach dieser Einsicht zu handeln.

§ 13. Versuch. (1) Eine Ordnungswidrigkeit versucht, wer nach seiner Vorstellung von der Handlung zur Verwirklichung des Tatbestandes unmittelbar ansetzt.

(2) Der Versuch kann nur geahndet werden, wenn das Gesetz es ausdrücklich bestimmt.

(3) Der Versuch wird nicht geahndet, wenn der Täter freiwillig die weitere Ausführung der Handlung aufgibt oder deren Vollendung verhindert. Wird die Handlung ohne Zutun des Zurücktretenden nicht vollendet, so genügt sein freiwilliges und ernsthaftes Bemühen, die Vollendung zu verhindern.

(4) Sind an der Handlung mehrere beteiligt, so wird der Versuch desjenigen nicht geahndet, der freiwillig die Vollendung verhindert. Jedoch genügt sein freiwilliges und ernsthaftes Bemühen, die Vollendung der Handlung zu verhindern, wenn sie ohne sein Zutun nicht vollendet oder unabhängig von seiner früheren Beteiligung begangen wird.

§ 14. Beteiligung. (1) Beteiligen sich mehrere an einer Ordnungswidrigkeit, so handelt jeder von ihnen ordnungswidrig. Dies gilt auch dann, wenn besondere persönliche Merkmale (§ 9 Abs. 1), welche die Möglichkeit der Ahndung begründen, nur bei einem Beteiligten vorliegen.

(2) Die Beteiligung kann nur dann geahndet werden, wenn der Tatbestand eines Gesetzes, das die Ahndung mit einer Geldbuße zuläßt, rechtswidrig verwirklicht wird oder in Fällen, in denen auch der Versuch geahndet werden kann, dies wenigstens versucht wird.

(3) Handelt einer der Beteiligten nicht vorwerfbar, so wird dadurch die Möglichkeit der Ahndung bei den anderen nicht ausgeschlossen. Bestimmt das Gesetz, daß besondere persönliche Merkmale die Möglichkeit der Ahndung ausschließen, so gilt dies nur für den Beteiligten, bei dem sie vorliegen.

(4) Bestimmt das Gesetz, daß eine Handlung, die sonst eine Ordnungswidrigkeit wäre, bei besonderen persönlichen Merkmalen des Täters eine Straftat ist, so gilt dies nur für den Beteiligten, bei dem sie vorliegen.

§ 15. Notwehr. (1) Wer eine Handlung begeht, die durch Notwehr geboten ist, handelt nicht rechtswidrig.

(2) Notwehr ist die Verteidigung, die erforderlich ist, um einen gegenwärtigen rechtswidrigen Angriff von sich oder einem anderen abzuwenden.

(3) Überschreitet der Täter die Grenzen der Notwehr aus Verwirrung, Furcht oder Schrecken, so wird die Handlung nicht geahndet.

§ 16. Rechtfertigender Notstand. Wer in einer gegenwärtigen, nicht anders abwendbaren Gefahr für Leben, Leib, Freiheit, Ehre, Eigentum oder ein anderes Rechtsgut eine Handlung begeht, um die Gefahr von sich oder einem anderen abzuwenden, handelt nicht rechtswidrig, wenn bei Abwägung der widerstreitenden Interessen, namentlich der betroffenen Rechtsgüter und des Grades der ihnen drohenden Gefahren, das geschützte Interesse das beeinträchtigte wesentlich überwiegt. Dies gilt jedoch nur, soweit die Handlung ein angemessenes Mittel, ist die Gefahr abzuwenden.

Dritter Abschnitt. Geldbuße

§ 17. Höhe der Geldbuße. (1) Die Geldbuße beträgt mindestens fünf Deutsche Mark und, wenn das Gesetz nichts anderes bestimmt, höchstens tausend Deutsche Mark.

(2) Droht das Gesetz für vorsätzliches und fahrlässiges Handeln Geldbuße an, ohne im Höchstmaß zu unterscheiden, so kann fahrlässiges Handeln im Höchstmaß nur mit der Hälfte des angedrohten Höchstbetrages der Geldbuße geahndet werden.

(3) Grundlage für die Zumessung der Geldbuße sind die Bedeutung der Ordnungswidrigkeit und der Vorwurf, der den Täter trifft. Auch die wirtschaftlichen Verhältnisse des Täters kommen in Betracht; bei geringfügigen Ordnungswidrigkeiten bleiben sie jedoch unberücksichtigt.

(4) Die Geldbuße soll den wirtschaftlichen Vorteil, den der Täter aus

der Ordnungswidrigkeit gezogen hat, übersteigen. Reicht das gesetzliche Höchstmaß hierzu nicht aus, so kann es überschritten werden.

§ 18. Zahlungserleichterungen. Ist dem Betroffenen nach seinen wirtschaftlichen Verhältnissen nicht zuzumuten, die Geldbuße sofort zu zahlen, so wird ihm eine Zahlungsfrist bewilligt oder gestattet, die Geldbuße in bestimmten Teilbeträgen zu zahlen. Dabei kann angeordnet werden, daß die Vergünstigung, die Geldbuße in bestimmten Teilbeträgen zu zahlen, entfällt, wenn der Betroffene einen Teilbetrag nicht rechtzeitig zahlt.

Vierter Abschnitt. Zusammentreffen mehrerer Gesetzesverletzungen

§ 19. Tateinheit. (1) Verletzt dieselbe Handlung mehrere Gesetze, nach denen sie als Ordnungswidrigkeit geahndet werden kann, oder ein solches Gesetz mehrmals, so wird nur eine einzige Geldbuße festgesetzt.

(2) Sind mehrere Gesetze verletzt, so wird die Geldbuße nach dem Gesetz bestimmt, das die höchste Geldbuße androht. Auf die in dem anderen Gesetz angedrohten Nebenfolgen kann erkannt werden.

§ 20. Tatmehrheit. Sind mehrere Geldbußen verwirkt, so wird jede gesondert festgesetzt.

§ 21. Zusammentreffen von Straftat und Ordnungswidrigkeit. (1) Ist eine Handlung gleichzeitig Straftat und Ordnungswidrigkeit, so wird nur das Strafgesetz angewendet. Auf die in dem anderen Gesetz angedrohten Nebenfolgen kann erkannt werden.

(2) Im Falle des Absatzes 1 kann die Handlung jedoch als Ordnungswidrigkeit geahndet werden, wenn eine Strafe nicht verhängt wird.

Fünfter Abschnitt. Einziehung

§ 22. Voraussetzungen der Einziehung. (1) Als Nebenfolge einer Ordnungswidrigkeit dürfen Gegenstände nur eingezogen werden, soweit das Gesetz es ausdrücklich zuläßt.

(2) Die Einziehung ist nur zulässig, wenn

1. die Gegenstände zur Zeit der Entscheidung dem Täter gehören oder zustehen oder

2. die Gegenstände nach ihrer Art und den Umständen die Allgemeinheit gefährden oder die Gefahr besteht, daß sie der Begehung von Handlungen dienen werden, die mit Strafe oder mit Geldbuße bedroht sind.

(3) Unter den Voraussetzungen des Absatzes Nr. 2 ist die Einziehung der Gegenstände auch zulässig, wenn der Täter nicht verwerfbar gehandelt hat.

§ 23. Erweiterte Voraussetzungen der Einziehung. Verweist das Gesetz auf diese Vorschrift, so dürfen die Gegenstände abweichend von § 22 Abs. 2 Nr. 1 auch dann eingezogen werden, wenn derjenige, dem sie zur Zeit der Entscheidung gehören oder zustehen,

1. wenigstens leichtfertig dazu beigetragen hat, daß die Sache oder das Recht Mittel oder Gegenstand der Handlung oder ihrer Vorbereitung gewesen ist, oder

2. die Gegenstände in Kenntnis der Umstände, welche die Einziehung zugelassen hätten, in verwerflicher Weise erworben hat.

§ 24. Grundsatz der Verhältnismäßigkeit. (1) Die Einziehung darf in den Fällen des § 22 Abs. 2 Nr. 1 und des § 23 nicht angeordnet werden, wenn sie zur Bedeutung der begangenen Handlung und zum Vorwurf, der den von der Einziehung betroffenen Täter oder in den Fällen des § 23 den Dritten trifft, außer Verhältnis besteht.

(2) In den Fällen der §§ 22 und 23 wird angeordnet, daß die Einziehung vorbehalten bleibt, und eine weniger einschneidende Maßnahme getroffen, wenn der Zweck der Einziehung auch durch sie erreicht werden kann. In Betracht kommt namentlich die Anweisung,

1. die Gegenstände unbrauchbar zu machen,

2. an den Gegenständen bestimmte Einrichtungen oder Kennzeichen zu beseitigen oder die Gegenstände sonst zu ändern oder

3. über die Gegenstände in bestimmter Weise zu verfügen.

Wird die Anweisung befolgt, so wird der Vorbehalt der Einziehung aufgehoben; andernfalls wird die Einziehung nachträglich angeordnet.

(3) Die Einziehung kann auf einen Teil der Gegenstände beschränkt werden.

§ 25. Einziehung des Wertersatzes. (1) Hat der Täter den Gegenstand, der ihm zur Zeit der Handlung gehört oder zustand und dessen Einziehung hätte angeordnet werden können, vor der Anordnung der Einziehung verwertet, namentlich veräußert oder verbraucht, oder hat er die Einziehung des Gegenstandes sonst vereitelt, so kann die Einziehung eines Geldbetrages gegen den Täter bis zu der Höhe angeordnet werden, die dem Wert des Gegenstandes entspricht.

(2) Eine solche Anordnung kann auch neben der Einziehung eines Gegenstandes oder an deren Stelle getroffen werden, wenn ihn der Täter vor der Anordnung der Einziehung mit dem Recht eines Dritten belastet hat, dessen Erlöschen ohne Entschädigung nicht angeordnet werden kann oder im Falle der Einziehung nicht angeordnet werden könnte (§ 26 Abs. 2, § 28); wird die Anordnung neben der Einziehung getroffen, so bemißt sich die Höhe des Wertersatzes nach dem Wert der Belastung des Gegenstandes.

(3) Der Wert des Gegenstandes und der Belastung kann geschätzt werden.

(4) Ist die Anordnung der Einziehung eines Gegenstandes nicht ausführbar oder unzureichend, weil nach der Anordnung eine der in Absatz

1 oder Absatz 2 bezeichneten Voraussetzungen eingetreten oder bekanntgeworden ist, so kann die Einziehung des Wertersatzes nachträglich angeordnet werden.

(5) Für die Bewilligung von Zahlungserleichterungen gilt § 18.

§ 26. Wirkung der Einziehung. (1) Wird ein Gegenstand eingezogen, so geht das Eigentum an der Sache oder das eingezogene Recht mit der Rechtskraft der Entscheidung auf den Staat oder, soweit das Gesetz dies bestimmt, auf die Körperschaft oder Anstalt des öffentlichen Rechts über, deren Organ oder Stelle die Einziehung angeordnet hat.

(2) Rechte Dritter an dem Gegenstand bleiben bestehen. Das Erlöschen dieser Rechte wird jedoch angeordnet, wenn die Einziehung darauf gestützt wird, daß die Voraussetzungen des § 22 Abs. 2 Nr. 2 vorliegen. Das Erlöschen des Rechtes eines Dritten kann auch dann angeordnet werden, wenn diesem eine Entschädigung nach § 28 Abs. 2 Nr. 1 oder 2 nicht zu gewähren ist.

(3) Vor der Rechtskraft wirkt die Anordnung der Einziehung als Veräußerungsverbot im Sinne des § 136 des Bürgerlichen Gesetzbuches; das Verbot umfaßt auch andere Verfügungen als Veräußerungen. Die gleiche Wirkung hat die Anordnung des Vorbehalts der Einziehung, auch wenn sie noch nicht rechtskräftig ist.

§ 27. Selbständige Anordnung. (1) Kann wegen der Ordnungswidrigkeit aus tatsächlichen Gründen keine bestimmte Person verfolgt oder eine Geldbuße gegen eine bestimmte Person nicht festgesetzt werden, so kann die Einziehung des Gegenstandes oder des Wertersatzes selbständig angeordnet werden, wenn die Voraussetzungen, unter denen die Maßnahme zugelassen ist, im übrigen vorliegen.

(2) In den Fällen des § 22 Abs. 2 Nr. 2 oder Abs. 3 ist Absatz 1 auch dann anzuwenden, wenn aus rechtlichen Gründen keine bestimmte Person verfolgt werden kann und das Gesetz nichts anderes bestimmt. Die Einziehung darf jedoch nicht angeordnet werden, wenn Antrag oder Ermächtigung fehlen.

(3) Absatz 1 ist auch anzuwenden, wenn nach § 47 die Verfolgungsbehörde von der Verfolgung der Ordnungswidrigkeit absieht oder das Gericht das Verfahren einstellt.

§ 28. Entschädigung. (1) Stand das Eigentum an der Sache oder das eingezogene Recht zur Zeit der Rechtskraft der Entscheidung über die Einziehung einem Dritten zu oder war der Gegenstand mit dem Recht eines Dritten belastet, das durch die Entscheidung erloschen oder beeinträchtigt ist, so wird der Dritte unter Berücksichtigung des Verkehrswertes angemessen in Geld entschädigt. Die Entschädigungspflicht trifft den Staat oder die Körperschaft oder Anstalt des öffentlichen Rechts, auf die das Eigentum an der Sache oder das eingezogene Recht übergegangen ist.

(2) Eine Entschädigung wird nicht gewährt, wenn

1. der Dritte wenigstens leichtfertig dazu beigetragen hat, daß die Sache

oder das Recht Mittel oder Gegenstand der Handlung oder ihrer Vorbereitung gewesen ist,

2. der Dritte den Gegenstand oder das Recht an dem Gegenstand in Kenntnis der Umstände, welche die Einziehung zulassen, in verwerflicher Weise erworben hat oder

3. es nach den Umständen, welche die Einziehung begründet haben, auf Grund von Rechtsvorschriften außerhalb des Ordnungswidrigkeitenrechts zulässig wäre, den Gegenstand dem Dritten ohne Entschädigung dauernd zu entziehen.

(3) In den Fällen des Absatzes 2 kann eine Entschädigung gewährt werden, soweit es eine unbillige Härte wäre, sie zu versagen.

§ 29. Sondervorschrift für Organe und Vertreter. (1) Hat jemand

1. als vertretungsberechtigtes Organ einer juristischen Person oder als Mitglied eines solchen Organs,

2. als Vorstand eines nicht rechtsfähigen Vereins oder als Mitglied eines solchen Vorstandes oder

3. als vertretungsberechtigter Gesellschafter einer Personenhandelsgesellschaft

eine Handlung vorgenommen, die ihm gegenüber unter den übrigen Voraussetzungen der §§ 22 bis 25 und 28 die Einziehung eines Gegenstandes oder des Wertersatzes zulassen oder den Ausschluß der Entschädigung begründen würde, so wird seine Handlung bei Anwendung dieser Vorschriften dem Vertretenen zugerechnet.

(2) § 9 Abs. 3 gilt entsprechend.

Sechster Abschnitt. Geldbuße gegen juristische Personen und Personenvereinigungen

§ 30. (1) Hat jemand als vertretungsberechtigtes Organ einer juristischen Person oder als Mitglied eines solchen Organs, als Vorstand eines nicht rechtsfähigen Vereins oder als Mitglied eines solchen Vorstandes oder als vertretungsberechtigter Gesellschafter einer Personenhandelsgesellschaft eine Straftat oder Ordnungswidrigkeit begangen, durch die

1. Pflichten, welche die juristische Person oder die Personenvereinigung treffen, verletzt worden sind, oder

2. die juristische Person oder die Personenvereinigung bereichert worden ist oder werden sollte,

so kann gegen diese als Nebenfolge der Straftat oder Ordnungswidrigkeit eine Geldbuße festgesetzt werden.

(2) Die Geldbuße beträgt

1. im Falle einer vorsätzlichen Straftat bis zu hunderttausend Deutsche Mark,

2. im Falle einer fahrlässigen Straftat bis zu fünfzigtausend Deutsche Mark.

Im Falle einer Ordnungswidrigkeit bestimmt sich das Höchstmaß der Geldbuße nach dem für die Ordnungswidrigkeit angedrohten Höchstmaß der Geldbuße.

(3) § 17 Abs. 4 und § 18 gelten entsprechend.

(4) Kann wegen der Straftat oder Ordnungswidrigkeit aus tatsächlichen Gründen keine bestimmte Person verfolgt oder verurteilt oder eine Geldbuße gegen eine bestimmte Person nicht festgesetzt werden, so kann gegen die juristische Person oder die Personenvereinigung eine Geldbuße selbständig festgesetzt werden, wenn die Voraussetzungen des Absatzes 1 im übrigen vorliegen. Dasselbe gilt, wenn das Gericht von Strafe absieht oder das Verfahren nach einer Vorschrift eingestellt wird, die dies nach dem Ermessen der Verfolgungsbehörde oder des Gerichts oder im Einvernehmen beider zuläßt.

(5) Die Festsetzung einer Geldbuße gegen die juristische Person oder Personenvereinigung schließt es aus, gegen sie wegen derselben Tat den Verfall nach den §§ 73, 73a des Strafgesetzbuches anzuordnen.

Siebenter Abschnitt. Verjährung

§ 31. Verfolgungsverjährung. (1) Durch die Verjährung werden die Verfolgung von Ordnungswidrigkeiten und die Anordnung von Nebenfolgen ausgeschlossen.

(2) Die Verfolgung von Ordnungswidrigkeiten verjährt, wenn das Gesetz nichts anderes bestimmt,

1. in drei Jahren bei Ordnungswidrigkeiten, die mit Geldbuße im Höchstmaß von mehr als dreißigtausend Deutsche Mark bedroht sind,

2. in zwei Jahren bei Ordnungswidrigkeiten, die mit Geldbuße im Höchstmaß von mehr als dreitausend bis zu dreißigtausend Deutsche Mark bedroht sind,

3. in einem Jahr bei Ordnungswidrigkeiten, die mit Geldbuße im Höchstmaß von mehr als tausend bis zu dreitausend Deutsche Mark bedroht sind,

4. in sechs Monaten bei den übrigen Ordnungswidrigkeiten.

(3) Die Verjährung beginnt, sobald die Handlung beendet ist. Tritt ein zum Tatbestand gehörender Erfolg erst später ein, so beginnt die Verjährung mit diesem Zeitpunkt.

§ 32. Ruhen der Verfolgungsverjährung. (1) Die Verjährung ruht, solange nach dem Gesetz die Verfolgung nicht begonnen oder nicht fortgesetzt werden kann. Dies gilt nicht, wenn die Handlung nur deshalb nicht verfolgt werden kann, weil Antrag oder Ermächtigung fehlen.

(2) Ist vor Ablauf der Verjährungsfrist ein Urteil des ersten Rechtszuges oder ein Beschluß nach § 72 ergangen, so läuft die Verjährungsfrist nicht vor dem Zeitpunkt ab, in dem das Verfahren rechtskräftig abgeschlossen ist.

§ 33. Unterbrechung der Verfolgungsverjährung. (1) Die Verjährung wird unterbrochen durch

1. die erste Vernehmung des Betroffenen, die Bekanntgabe, daß gegen ihn das Ermittlungsverfahren eingeleitet ist, oder die Anordnung dieser Vernehmung oder Bekanntgabe,

2. jede richterliche Vernehmung des Betroffenen oder eines Zeugen oder die Anordnung dieser Vernehmung,

3. jede Beauftragung eines Sachverständigen durch die Verfolgungsbehörde oder den Richter, wenn vorher der Betroffene vernommen oder ihm die Einleitung des Ermittlungsverfahrens bekanntgegeben worden ist.

4. jede Beschlagnahme- oder Durchsuchungsanordnung der Verfolgungsbehörde oder des Richters und richterliche Entscheidungen, welche diese aufrechterhalten,

5. die vorläufige Einstellung des Verfahrens wegen Abwesenheit des Betroffenen durch die Verfolgungsbehörde oder den Richter sowie jede Anordnung der Verfolgungsbehörde oder des Richters, die nach einer solchen Einstellung des Verfahrens zur Ermittlung des Aufenthalts des Betroffenen oder zur Sicherung von Beweisen ergeht,

6. jedes Ersuchen der Verfolgungsbehörde oder des Richters, eine Untersuchungshandlung im Ausland vorzunehmen,

7. die gesetzlich bestimmte Anhörung einer anderen Behörde durch die Verfolgungsbehörde vor Abschluß der Ermittlungen,

8. die Abgabe der Sache durch die Staatsanwaltschaft an die Verwaltungsbehörde nach § 43,

9. den Bußgeldbescheid,

10. die Vorlage der Akten an den Richter nach § 69 Abs. 1 Satz 1,

11. jede Anberaumung einer Hauptverhandlung,

12. den Hinweis auf die Möglichkeit, ohne Hauptverhandlung zu entscheiden (§ 72 Abs. 1 Satz 2),

13. die Erhebung der öffentlichen Klage oder die Stellung des ihr entsprechenden Antrags im selbständigen Verfahren,

14. die Eröffnung des Hauptverfahrens,

15. den Strafbefehl oder eine andere dem Urteil entsprechende Entscheidung.

(2) Die Verjährung ist bei einer schriftlichen Anordnung oder Entscheidung in dem Zeitpunkt unterbrochen, in dem die Anordnung oder Entscheidung unterzeichnet wird. Ist das Schriftstück nicht alsbald nach der Unterzeichnung in den Geschäftsgang gelangt, so ist der Zeitpunkt maßgebend, in dem es tatsächlich in den Geschäftsgang gegeben worden ist.

(3) Nach jeder Unterbrechung beginnt die Verjährung von neuem. Die Verfolgung ist jedoch spätestens verjährt, wenn seit dem in § 31 Abs. 3 bezeichneten Zeitpunkt das Doppelte der gesetzlichen Verjährungsfrist, mindestens jedoch zwei Jahre verstrichen sind. Wird jeman-

dem in einem bei Gericht anhängigen Verfahren eine Handlung zur Last gelegt, die gleichzeitig Straftat und Ordnungswidrigkeit ist, so gilt als gesetzliche Verjährungsfrist im Sinne des Satzes 2 die Frist, die sich aus der Strafdrohung ergibt. § 32 bleibt unberührt.

(4) Die Unterbrechung wirkt nur gegenüber demjenigen, auf den sich die Handlung bezieht. Die Unterbrechung tritt in den Fällen des Absatzes 1 Nr. 1 bis 7, 11, 13 bis 15 auch dann ein, wenn die Handlung auf die Verfolgung der Tat als Straftat gerichtet ist.

§ 34. Vollstreckungsverjährung. (1) Eine rechtskräftig festgesetzte Geldbuße darf nach Ablauf der Verjährungsfrist nicht mehr vollstreckt werden.

(2) Die Verjährungsfrist beträgt

1. fünf Jahre bei einer Geldbuße von mehr als tausend Deutsche Mark,
2. drei Jahre bei einer Geldbuße bis zu tausend Deutsche Mark.

(3) Die Verjährung beginnt mit der Rechtskraft der Entscheidung.

(4) Die Verjährung ruht, solange

1. nach dem Gesetz die Vollstreckung nicht begonnen oder nicht fortgesetzt werden kann,
2. die Vollstreckung ausgesetzt ist oder
3. eine Zahlungserleichterung bewilligt ist.

(5) Die Absätze 1 bis 4 gelten entsprechend für Nebenfolgen, die zu einer Geldzahlung verpflichten. Ist eine solche Nebenfolge neben einer Geldbuße angeordnet, so verjährt die Vollstreckung der einen Rechtsfolge nicht früher als die der anderen.

Zweiter Teil. Bußgeldverfahren

[Der das Verfahren behandelnde 2. Teil ist nicht mitabgedruckt]

Dritter Teil. Einzelne Ordnungswidrigkeiten

Erster Abschnitt. Verstöße gegen staatliche Anordnungen

§ 111. Falsche Namensangabe. (1) Ordnungswidrig handelt, wer einer zuständigen Behörde, einem zuständigen Amtsträger oder einem zuständigen Soldaten der Bundeswehr über seinen Vor-, Familien- oder Geburtsnamen, den Ort oder Tag seiner Geburt, seinen Familienstand, seinen Beruf, seinen Wohnort, seine Wohnung oder seine Staatsangehörigkeit eine unrichtige Angabe macht oder die Angabe verweigert.

(2) Ordnungswidrig handelt auch der Täter, der fahrlässig nicht erkennt, daß die Behörde, der Amtsträger oder der Soldat zuständig ist.

(3) Die Ordnungswidrigkeit kann, wenn die Handlung nicht nach anderen Vorschriften geahndet werden kann, in den Fällen des Absatzes 1

mit einer Geldbuße bis zu tausend Deutsche Mark, in den Fällen des Absatzes 2 mit einer Geldbuße bis zu fünfhundert Deutsche Mark geahndet werden.

§ 112. Verletzung der Hausordnung eines Gesetzgebungsorgans.

(1) Ordnungswidrig handelt, wer gegen Anordnungen verstößt, die ein Gesetzgebungsorgan des Bundes oder eines Landes oder sein Präsident über das Betreten des Gebäudes des Gesetzgebungsorgans oder des dazugehörigen Grundstücks oder über das Verweilen oder die Sicherheit und Ordnung im Gebäude oder auf dem Grundstück allgemein oder im Einzelfall erlassen hat.

(2) Die Ordnungswidrigkeit kann mit einer Geldbuße bis zu zehntausend Deutsche Mark geahndet werden.

(3) Die Absätze 1 und 2 gelten bei Anordnungen eines Gesetzgebungsorgans des Bundes oder seines Präsidenten weder für die Mitglieder des Bundestages noch für die Mitglieder des Bundesrates und der Bundesregierung sowie deren Beauftragte, bei Anordnungen eines Gesetzgebungsorgans eines Landes oder seines Präsidenten weder für die Mitglieder der Gesetzgebungsorgane dieses Landes noch für die Mitglieder der Landesregierung und deren Beauftragte.

§ 113. Unerlaubte Ansammlung.

(1) Ordnungswidrig handelt, wer sich einer öffentlichen Ansammlung anschließt oder sich nicht aus ihr entfernt, obwohl ein Träger von Hoheitsbefugnissen die Menge dreimal rechtmäßig aufgefordert hat, auseinanderzugehen.

(2) Ordnungswidrig handelt auch der Täter, der fahrlässig nicht erkennt, daß die Aufforderung rechtmäßig ist.

(3) Die Ordnungswidrigkeit kann in den Fällen des Absatzes 1 mit einer Geldbuße bis zu tausend Deutsche Mark, in den Fällen des Absatzes 2 mit einer Geldbuße bis zu fünfhundert Deutsche Mark geahndet werden.

§ 114. Betreten militärischer Anlagen.

(1) Ordnungswidrig handelt, wer vorsätzlich oder fahrlässig entgegen einem Verbot der zuständigen Dienststelle eine militärische Einrichtung oder Anlage oder eine Örtlichkeit betritt, die aus Sicherheitsgründen zur Erfüllung dienstlicher Aufgaben der Bundeswehr gesperrt ist.

(2) Die Ordnungswidrigkeit kann mit einer Geldbuße geahndet werden.

§ 115. Verkehr mit Gefangenen.

(1) Ordnungswidrig handelt, wer unbefugt

1. einem Gefangenen Sachen oder Nachrichten übermittelt oder sich von ihm übermitteln läßt oder

2. sich mit einem Gefangenen, der sich innerhalb einer Vollzugsanstalt befindet, von außen durch Worte oder Zeichen verständigt.

(2) Gefangener ist, wer sich auf Grund strafgerichtlicher Entscheidung

oder als vorläufig Festgenommener in behördlichem Gewahrsam befindet.

(3) Die Ordnungswidrigkeit und der Versuch einer Ordnungswidrigkeit können mit einer Geldbuße geahndet werden.

Zweiter Abschnitt. Verstöße gegen die öffentliche Ordnung

§ 116. Öffentliche Aufforderung zu Ordnungswidrigkeiten.
(1) Ordnungswidrig handelt, wer öffentlich, in einer Versammlung oder durch Verbreiten von Schriften, Ton- oder Bildträgern, Abbildungen oder Darstellungen zu einer mit Geldbuße bedrohten Handlung auffordert.

(2) Die Ordnungswidrigkeit kann mit einer Geldbuße geahndet werden. Das Höchstmaß der Geldbuße bestimmt sich nach dem Höchstmaß der Geldbuße für die Handlung, zu der aufgefordert wird.

§ 117. Unzulässiger Lärm. (1) Ordnungswidrig handelt, wer ohne berechtigten Anlaß oder in einem unzulässigen oder nach den Umständen vermeidbaren Ausmaß Lärm erregt, der geeignet ist, die Allgemeinheit oder die Nachbarschaft erheblich zu belästigen oder die Gesundheit eines anderen zu schädigen.

(2) Die Ordnungswidrigkeit kann mit einer Geldbuße bis zu zehntausend Deutsche Mark geahndet werden, wenn die Handlung nicht nach anderen Vorschriften geahndet werden kann.

§ 118. Belästigung der Allgemeinheit. (1) Ordnungswidrig handelt, wer eine grob ungehörige Handlung vornimmt, die geeignet ist, die Allgemeinheit zu belästigen oder zu gefährden und die öffentliche Ordnung zu beeinträchtigen.

(2) Die Ordnungswidrigkeit kann mit einer Geldbuße geahndet werden, wenn die Handlung nicht nach anderen Vorschriften geahndet werden kann.

§ 119. Grob anstößige und belästigende Handlungen. (1) Ordnungswidrig handelt, wer

1. öffentlich in einer Weise, die geeignet ist, andere zu belästigen, oder

2. in grob anstößiger Weise durch Verbreiten von Schriften, Ton- oder Bildträgern, Abbildungen oder Darstellungen

Gelegenheit zu sexuellen Handlungen anbietet, ankündigt, anpreist oder Erklärungen solchen Inhalts bekanntgibt.

(2) Ordnungswidrig handelt auch, wer auf die in Absatz 1 bezeichnete Weise Mittel oder Gegenstände, die dem sexuellen Gebrauch dienen, anbietet, ankündigt, anpreist oder Erklärungen solchen Inhalts bekanntgibt.

(3) Ordnungswidrig handelt ferner, wer öffentlich Schriften, Ton- oder Bildträger, Abbildungen oder Darstellungen sexuellen Inhalts an

Orten ausstellt, anschlägt, vorführt oder sonst zugänglich macht, an denen dies grob anstößig wirkt.

(4) Die Ordnungswidrigkeit kann in den Fällen des Absatzes 1 Nr. 1 mit einer Geldbuße bis zu tausend Deutsche Mark, in den übrigen Fällen mit einer Geldbuße bis zu zehntausend Deutsche Mark geahndet werden.

§ 120. Verbotene Ausübung der Prostitution; Werbung für Prostitution. (1) Ordnungswidrig handelt, wer

1. einem durch Rechtsverordnung erlassenen Verbot, der Prostitution an bestimmten Orten überhaupt oder zu bestimmten Tageszeiten nachzugehen, zuwiderhandelt oder

2. durch Verbreiten von Schriften, Ton- oder Bildträgern, Abbildungen oder Darstellungen Gelegenheit zu entgeltlichen sexuellen Handlungen anbietet, ankündigt, anpreist oder Erklärungen solchen Inhalts bekanntgibt.

(2) Die Ordnungswidrigkeit kann mit einer Geldbuße geahndet werden.

§ 121. Halten gefährlicher Tiere. (1) Ordnungswidrig handelt, wer vorsätzlich oder fahrlässig

1. ein gefährliches Tier einer wild lebenden Art oder ein bösartiges Tier sich frei umherbewegen läßt oder

2. als Verantwortlicher für die Beaufsichtigung eines solchen Tieres es unterläßt, die nötigen Vorsichtsmaßnahmen zu treffen, um Schäden durch das Tier zu verhüten.

(2) Die Ordnungswidrigkeit kann mit einer Geldbuße geahndet werden.

§ 122. Vollrausch. (1) Wer sich vorsätzlich oder fahrlässig durch alkoholische Getränke oder andere berauschende Mittel in einen Rausch versetzt, handelt ordnungswidrig, wenn er in diesem Zustand eine mit Geldbuße bedrohte Handlung begeht und ihretwegen gegen ihn keine Geldbuße festgesetzt werden kann, weil er infolge des Rausches nicht vorwerfbar gehandelt hat oder weil dies nicht auszuschließen ist.

(2) Die Ordnungswidrigkeit kann mit einer Geldbuße geahndet werden. Die Geldbuße darf nicht höher sein als die Geldbuße, die für die im Rausch begangene Handlung angedroht ist.

§ 123. Einziehung; Unbrauchbarmachung. (1) Gegenstände, auf die sich eine Ordnungswidrigkeit nach § 119 oder § 120 Abs. 1 Nr. 2 bezieht, können eingezogen werden.

(2) Bei der Einziehung von Schriften, Ton- und Bildträgern, Abbildungen und Darstellungen kann in den Fällen des § 119 Abs. 1, 2 und des § 120 Abs. 1 Nr. 2 angeordnet werden, daß

1. sich die Einziehung auf alle Stücke erstreckt und

2. die zur Herstellung gebräuchten oder bestimmten Vorrichtungen, wie

Platten, Formen, Drucksätze, Druckstöcke, Negative oder Matrizen, unbrauchbar gemacht werden,

soweit die Stücke und die in Nummer 2 bezeichneten Gegenstände sich im Besitz des Täters oder eines anderen befinden, für den der Täter gehandelt hat, oder von diesen Personen zur Verbreitung bestimmt sind. Eine solche Anordnung wird jedoch nur getroffen, soweit sie erforderlich ist, um Handlungen, die nach § 119 Abs. 1, 2 oder nach § 120 Abs. 1 Nr. 2 mit Geldbuße bedroht sind, zu verhindern. Für die Einziehung gilt § 27 Abs. 2, für die Unbrauchbarmachung gelten die §§ 27 und 28 entsprechend.

(3) In den Fällen des § 119 Abs. 2 gelten die Absätze 1 und 2 nur für das Werbemateral und die zu seiner Herstellung gebrauchten oder bestimmten Vorrichtungen.

Dritter Abschnitt. Mißbrauch staatlicher oder staatlich geschützter Zeichen

§ 124. Benutzen von Wappen oder Dienstflaggen. (1) Ordnungswidrig handelt, wer unbefugt

1. das Wappen des Bundes oder eines Landes oder den Bundesadler oder den entsprechenden Teil eines Landeswappens oder

2. eine Dienstflagge des Bundes oder eines Landes

benutzt.

(2) Den in Absatz 1 genannten Wappen, Wappenteilen und Flaggen stehen solche gleich, die ihnen zum Verwechseln ähnlich sind.

(3) Die Ordnungswidrigkeit kann mit einer Geldbuße geahndet werden.

§ 125. Benutzen des Roten Kreuzes oder des Schweizer Wappens.
(1) Ordnungswidrig handelt, wer unbefugt das Wahrzeichen des roten Kreuzes auf weißem Grund oder die Bezeichnung „Rotes Kreuz" oder „Genfer Kreuz" benutzt.

(2) Ordnungwidrig handelt auch, wer unbefugt das Wappen der Schweizerischen Eidgenossenschaft benutzt.

(3) Den in den Absätzen 1 und 2 genannten Wahrzeichen, Bezeichnungen und Wappen stehen solche gleich, die ihnen zum Verwechseln ähnlich sind.

(4) Die Absätze 1 und 3 gelten für solche Wahrzeichen oder Bezeichnungen entsprechend, die nach Völkerrecht dem Wahrzeichen des roten Kreuzes auf weißem Grund oder die Bezeichnung „Rotes Kreuz" gleichstehen.

(5) Die Ordnungswidrigkeit kann mit einer Geldbuße geahndet werden.

§ 126. Mißbrauch von Berufstrachten oder Berufsabzeichen.
(1) Ordnungswidrig handelt, wer unbefugt.

1. eine Berufstracht oder ein Berufsabzeichen für eine Tätigkeit in der Kranken- oder Wohlfahrtspflege trägt, die im Inland staatlich anerkannt oder genehmigt sind, oder

2. eine Berufstracht oder ein Berufsabzeichen einer religiösen Vereinigung trägt, die von einer Kirche oder einer anderen Religionsgesellschaft des öffentlichen Rechts anerkannt ist.

(2) Den in Absatz 1 genannten Trachten und Abzeichen stehen solche gleich, die ihnen zum Verwechseln ähnlich sind.

(3) Die Ordnungswidrigkeit kann mit einer Geldbuße geahndet werden.

§ 127. Herstellen oder Verwenden von Sachen, die zur Geld- oder Urkundenfälschung benutzt werden können. (1) Ordnungswidrig handelt, wer ohne schriftliche Erlaubnis der zuständigen Stelle oder des sonst dazu Befugten

1. Platten, Formen, Drucksätze, Druckstöcke, Negative, Matrizen oder ähnliche Vorrichtungen, die ihrer Art nach geeignet sind zur Herstellung von

   a) Geld, diesem gleichstehenden Wertpapieren (§ 151 des Strafgesetzbuches) oder amtlichen Wertzeichen oder

   b) öffentlichen Urkunden oder Beglaubigungszeichen,

2. Vordrucke für öffentliche Urkunden oder Beglaubigungszeichen oder

3. Papier, das einer solchen Papierart gleicht oder zum Verwechseln ähnlich ist, die zur Herstellung der in den Nummern 1 oder 2 bezeichneten Papiere bestimmt und gegen Nachahmung besonders gesichert ist,

herstellt, sich oder einem anderen verschafft, freihält, verwahrt, einem anderen überläßt oder in den räumlichen Geltungsbereich dieses Gesetzes einführt.

(2) Ordnungswidrig handelt auch der Täter, der fahrlässig nicht erkennt, daß eine schriftliche Erlaubnis der zuständigen Stelle oder des sonst dazu Befugten nicht vorliegt.

(3) Absatz 1 gilt auch für Geld, Wertpapiere, Wertzeichen, Urkunden und Beglaubigungszeichen eines fremden Währungsgebietes.

(4) Die Ordnungswidrigkeit kann in den Fällen des Absatzes 1 mit einer Geldbuße bis zu zehntausend Deutsche Mark, in den Fällen des Absatzes 2 mit einer Geldbuße bis zu fünftausend Deutsche Mark geahndet werden.

§ 128. Herstellen oder Verbreiten von papiergeldähnlichen Drucksachen oder Abbildungen. (1) Ordnungswidrig handelt, wer

1. Drucksachen oder Abbildungen herstellt oder verbreitet, die ihrer Art nach geeignet sind,

   a) im Zahlungsverkehr mit Papiergeld oder diesem gleichstehenden Wertpapieren (§ 151 des Strafgesetzbuches) verwechselt zu werden oder

b) dazu verwendet zu werden, solche verwechslungsfähigen Papiere herzustellen, oder

2. Platten, Formen, Drucksätze, Druckstöcke, Negative, Matrizen oder ähnliche Vorrichtungen, die ihrer Art nach zur Herstellung der in der Nummer 1 bezeichneten Drucksachen oder Abbildungen geeignet sind, herstellt, sich oder einem anderen verschafft, feilhält, verwahrt, einem anderen überläßt oder in den räumlichen Geltungsbereich dieses Gesetzes einführt.

(2) Ordnungswidrig handelt auch der Täter, der fahrlässig nicht erkennt, daß die Eignung zur Verwechslung oder Herstellung im Sinne von Absatz 1 Nr. 1 gegeben ist.

(3) Absatz 1 gilt auch für Papiergeld und Wertpapiere eines fremden Währungsgebietes.

(4) Die Ordnungswidrigkeit kann in den Fällen des Absatzes 1 mit einer Geldbuße bis zu zehntausend Deutsche Mark, in den Fällen des Absatzes 2 mit einer Geldbuße bis zu fünftausend Deutsche Mark geahndet werden.

§ 129. Einziehung. Gegenstände, auf die sich eine Ordnungswidrigkeit nach den §§ 126 bis 128 bezieht, können eingezogen werden.

Vierter Abschnitt. Verletzung der Aufsichtspflicht in Betrieben und Unternehmen

§ 130. (1) Wer als Inhaber eines Betriebes oder Unternehmens vorsätzlich oder fahrlässig die Aufsichtsmaßnahmen unterläßt, die erforderlich sind, um in dem Betrieb oder Unternehmen Zuwiderhandlungen gegen Pflichten zu verhindern, die den Inhaber als solchen treffen und deren Verletzung mit Strafe oder Geldbuße bedroht ist, handelt ordnungswidrig, wenn eine solche Zuwiderhandlung begangen wird, die durch gehörige Aufsicht hätte verhindert werden können. Zu den erforderlichen Aufsichtsmaßnahmen gehören auch die Bestellung, sorgfältige Auswahl und Überwachung von Aufsichtspersonen.

(2) Dem Inhaber eines Betriebes oder Unternehmens stehen gleich

1. sein gesetzlicher Vertreter,

2. die Mitglieder des zur gesetzlichen Vertretung berufenen Organs einer juristischen Person sowie die vertretungsberechtigten Gesellschafter einer Personenhandelsgesellschaft,

3. Personen, die beauftragt sind, den Betrieb oder das Unternehmen ganz oder zum Teil zu leiten, soweit es sich um Pflichten handelt, für deren Erfüllung sie verantwortlich sind.

(3) Betrieb oder Unternehmen im Sinne der Absätze 1 und 2 ist auch das öffentliche Unternehmen.

(4) Die Ordnungswidrigkeit kann, wenn die Pflichtverletzung mit Strafe bedroht ist, mit einer Geldbuße bis zu hunderttausend Deutsche Mark geahndet werden. Ist die Pflichtverletzung mit Geldbuße bedroht,

so bestimmt sich das Höchstmaß der Geldbuße wegen der Aufsichtspflichtverletzung nach dem für die Pflichtverletzung angedrohten Höchstmaß der Geldbuße.

Fünfter Abschnitt. Gemeinsame Vorschriften

§ 131. (1) Verwaltungsbehörde im Sinne des § 36 Abs. 1 Nr. 1 ist

1. bei Ordnungswidrigkeiten nach § 112, soweit es sich um Verstöße gegen Anordnungen

   a) des Bundestages oder seines Präsidenten handelt, der Direktor beim Deutschen Bundestag,

   b) des Bundesrates oder seines Präsidenten handelt, der Direktor des Bundesrates,

2. bei Ordnungswidrigkeiten nach § 114 die Wehrbereichsverwaltung,

3. bei Ordnungswidrigkeiten nach § 124, soweit es sich um ein Wappen oder eine Dienstflagge des Bundes handelt, der Bundesminister des Innern,

4. bei Ordnungswidrigkeiten nach den §§ 127 und 128, soweit es sich um

   a) Wertpapiere des Bundes oder seiner Sondervermögen handelt, die Bundesschuldenverwaltung,

   b) Geld oder Papier zur Herstellung von Geld handelt, die Deutsche Bundesbank,

   c) amtliche Wertzeichen handelt, der Bundesminister, zu dessen Geschäftsbereich die Herstellung oder Ausgabe der Wertzeichen gehört.

Satz 1 Nr. 4 Buchstaben a und c gilt auch bei Ordnungswidrigkeiten, die sich auf entsprechende Wertpapiere oder Wertzeichen eines fremden Währungsgebietes beziehen. In den Fällen des Satzes 1 Nr. 3 und 4 Buchstabe c gilt § 36 Abs. 3 entsprechend.

(2) In den Fällen der §§ 122 und 130 wird die Ordnungswidrigkeit nur auf Antrag oder mit Ermächtigung verfolgt, wenn die im Rausch begangene Handlung oder die Pflichtverletzung nur auf Antrag oder mit Ermächtigung verfolgt werden könnte.

(3) Für die Verfolgung von Ordnungswidrigkeiten nach den §§ 116, 122 und 130 gelten auch die Verfahrensvorschriften entsprechend, die bei der Verfolgung der Handlung, zu der aufgefordert worden ist, der im Rausch begangenen Handlung oder der Pflichtverletzung anzuwenden sind oder im Falle des § 130 dann anzuwenden wären, wenn die mit Strafe bedrohte Pflichtverletzung nur mit Geldbuße bedroht wäre.

Vierter Teil. Schlußvorschriften

§ 132. Einschränkung von Grundrechten. Die Grundrechte der körperlichen Unversehrtheit (Artikel 2 Abs. 2 Satz 1 des Grundgesetzes), der

Freiheit der Person (Artikel 2 Abs. 2 Satz 2 des Grundgesetzes) und der Unverletzlichkeit der Wohnung (Artikel 13 des Grundgesetzes) werden nach Maßgabe dieses Gesetzes eingeschränkt.

§ 133. Sonderregelung für Berlin. Die §§ 114 und 131 Abs. 1 Satz 1 Nr. 2 sind im Land Berlin nicht anzuwenden.

§ 134. Berlin-Klausel. Dieses Gesetz gilt nach Maßgabe des § 13 Abs. 1 des Dritten Überleitungsgesetzes vom 4. Januar 1952 (Bundesgesetzblatt I S. 1) auch im Land Berlin. Rechtsverordnungen, die auf Grund dieses Gesetzes erlassen werden, gelten im Land Berlin nach § 14 des Dritten Überleitungsgesetzes.

§ 135. Inkrafttreten. Das Gesetz tritt am 1. Oktober 1968 in Kraft. § 68 Abs. 3 tritt am Tage nach der Verkündung in Kraft.

12. Gesetz über die Berechnung strafrechtlicher Verjährungsfristen

Vom 13. April 1965 (BGBl. I S. 315)

Zuletzt geändert durch das 1. StrRG vom 25. Juni 1969 (BGBl. I S. 645)

(BGBl. III 450–10)

§ 1. Ruhen der Verfolgungsverjährung. (1) Bei der Berechnung der Verjährungsfrist für die Verfolgung von Verbrechen, die mit lebenslanger Freiheitsstrafe bedroht sind, bleibt die Zeit vom 8. Mai 1945 bis zum 31. Dezember 1949 außer Ansatz. In dieser Zeit hat die Verjährung der Verfolgung dieser Verbrechen geruht.

(2) Absatz 1 gilt nicht für Taten, deren Verfolgung beim Inkrafttreten dieses Gesetzes bereits verjährt ist.

§ 2. Anpassung des Ersten Gesetzes zur Aufhebung des Besatzungsrechts. Soweit die Verjährung der Strafverfolgung nach § 1 ruht, findet § 5 Abs. 1 des Ersten Gesetzes zur Aufhebung des Besatzungsrechts vom 30. Mai 1956 (Bundesgesetzblatt I S. 437) keine Anwendung.

§ 3. *[betr. Geltung in Berlin]*

§ 4. *[betr. Inkrafttreten]*

13. Gesetz über die freiwillige Kastration und andere Behandlungsmethoden

Vom 15. August 1969 (BGBl. I S. 1143)

Zuletzt geändert durch das 4. StrRG v. 23. November 1973 (BGBl. I S. 1725)

(BGBl. III 453–16)

Der Bundestag hat das folgende Gesetz beschlossen:

§ 1. Begriffsbestimmung Kastration im Sinne dieses Gesetzes ist eine gegen die Auswirkungen eines abnormen Geschlechtstriebes gerichtete Behandlung, durch welche die Keimdrüsen eines Mannes absichtlich entfernt oder dauernd funktionsunfähig gemacht werden.

§ 2. Voraussetzungen der Kastration (1) Die Kastration durch einen Arzt ist nicht als Körperverletzung strafbar, wenn

1. der Betroffene einwilligt (§ 3),

2. die Behandlung nach den Erkenntnissen der medizinischen Wissenschaft angezeigt ist, um bei dem Betroffenen schwerwiegende Krankheiten, seelische Störungen oder Leiden, die mit seinem abnormen Geschlechtstrieb zusammenhängen, zu verhüten, zu heilen oder zu lindern.

3. der Betroffene das fünfundzwanzigste Lebensjahr vollendet hat,

4. für ihn körperlich oder seelisch durch die Kastration keine Nachteile zu erwarten sind, die zu dem mit der Behandlung angestrebten Erfolg außer Verhältnis stehen, und

5. die Behandlung nach den Erkenntnissen der medizinischen Wissenschaft vorgenommen wird.

(2) Unter den Voraussetzungen des Absatzes 1 Nr. 1, 3 bis 5 ist die Kastration durch einen Arzt auch dann nicht als Körperverletzung strafbar, wenn bei dem Betroffenen ein abnormer Geschlechtstrieb gegeben ist, der nach seiner Persönlichkeit und bisherigen Lebensführung die Begehung rechtswidriger Taten im Sinne der §§ 175 bis 179, 183, 211, 212, 223 bis 226 des Strafgesetzbuches erwarten läßt, und die Kastration nach den Erkenntnissen der medizinischen Wissenschaft angezeigt ist, um dieser Gefahr zu begegnen und damit dem Betroffenen bei seiner künftigen Lebensführung zu helfen.

§ 3. Einwilligung (1) Die Einwilligung ist unwirksam, wenn der Betroffene nicht vorher über Grund, Bedeutung und Nachwirkungen der Kastration, über andere in Betracht kommende Behandlungsmöglichkeiten sowie über sonstige Umstände aufgeklärt worden ist, denen er erkennbar eine Bedeutung für die Einwilligung beimißt.

(2) Die Einwilligung des Betroffenen ist nicht deshalb unwirksam, weil er zur Zeit der Einwilligung auf richterliche Anordnung in einer Anstalt verwahrt wird.

(3) Ist der Betroffene nicht fähig, Grund und Bedeutung der Kastration voll einzusehen und seinen Willen hiernach zu bestimmen, so ist die Kastration nur dann zulässig, wenn

1. der Betroffene mit ihr einverstanden ist, nachdem er in einer seinem Zustand entsprechenden Weise aufgeklärt worden ist und wenigstens verstanden hat, welche unmittelbaren Folgen eine Kastration hat, und

2. der Betroffene einen Vormund oder Pfleger erhalten hat, zu dessen Aufgabenbereich die Angelegenheit gehört, und dieser in die Behandlung einwilligt, nachdem er im Sinne des Absatzes 1 aufgeklärt worden ist.

(4) Ist der Betroffene unfähig, die unmittelbaren Folgen einer Kastration zu verstehen, so ist die Kastration durch einen Arzt unter den Voraussetzungen des Absatzes 3 Nr. 2 zulässig, wenn sie nach den Erkenntnissen der medizinischen Wissenschaft angezeigt ist und vorgenommen wird, um eine lebensbedrohende Krankheit des Betroffenen zu verhüten, zu heilen oder zu lindern. § 2 Abs. 1 Nr. 3 ist nicht anzuwenden.

§ 4. Andere Behandlungsmethoden

(1) Die §§ 2 und 3 Abs. 1 bis 3 gelten entsprechend für eine gegen die Auswirkungen eines abnormen Geschlechtstriebes gerichtete ärztliche Behandlung eines Mannes oder einer Frau, mit der nicht beabsichtigt ist, die Keimdrüsen dauernd funktionsunfähig zu machen, die aber eine solche Folge haben kann. Die Behandlung ist auch zulässig, wenn der Betroffene noch nicht fünfundzwanzig Jahre alt ist.

(2) Ist der Betroffene unfähig, die unmittelbaren Folgen der Behandlung und einer etwaigen Funktionsunfähigkeit der Keimdrüsen einzusehen, so ist die Behandlung im Sinne des Absatzes 1 unter den Voraussetzungen des § 3 Abs. 3 Nr. 2 zulässig, wenn sie nach den Erkenntnissen der medizinischen Wissenschaft angezeigt ist und vorgenommen wird, um eine schwerwiegende Krankheit des Betroffenen zu verhüten, zu heilen oder zu lindern.

(3) Ist der Betroffene minderjährig, so ist die Einwilligung seines gesetzlichen Vertreters in jedem Falle erforderlich. § 3 Abs. 3 Nr. 2 ist nicht anzuwenden. Steht dem gesetzlichen Vertreter eines Minderjährigen nicht gleichzeitig die Sorge für die Person des Minderjährigen zu oder ist neben ihm noch ein anderer sorgeberechtigt, so ist auch die Einwilligung des Sorgeberechtigten erforderlich. Die Einwilligung ist unwirksam, wenn der Einwilligende nicht im Sinne des § 3 Abs. 1 aufgeklärt worden ist.

§ 5. Gutachten

(1) Die Kastration darf erst vorgenommen werden, nachdem eine Gutachterstelle bestätigt hat, daß

1. ein ärztliches Mitglied der Gutachterstelle den Betroffenen untersucht sowie die in diesem Gesetz vorgeschriebene Aufklärung des Betroffenen und anderer Personen vorgenommen hat und

2. die Voraussetzungen der §§ 2 und 3 vorliegen.

(2) Absatz 1 ist bei einer Behandlung nach § 4 entsprechend anzuwenden, wenn der Betroffene nicht fähig ist, Grund und Bedeutung der Behandlung voll einzusehen und seinen Willen hiernach zu bestimmen, oder das einundzwanzigste Lebensjahr noch nicht vollendet hat.

(3) Einrichtung und Verfahren der Gutachterstelle bestimmen sich nach dem Landesrecht.

§ 6. Genehmigung des Vormundschaftsgerichts. In den Fällen des § 3 Abs. 3, 4 sowie des § 4 Abs. 2 bedarf die Einwilligung der Genehmigung des Vormundschaftsgerichts. Das Vormundschaftsgericht hat den Betroffenen persönlich zu hören. Die Verfügung, durch die es die Genehmigung erteilt, wird erst mit der Rechtskraft wirksam.

§ 7. Strafvorschrift Wer als Arzt unter den Voraussetzungen der §§ 2 und 3 einen anderen kastriert oder im Sinne des § 4 behandelt, ohne daß

1. die Gutachterstelle die nach § 5 notwendige Bestätigung oder

2. das Vormundschaftsgericht die nach § 6 erforderliche Genehmigung erteilt hat, wird mit Gefängnis bis zu einem Jahr oder mit Geldstrafe bestraft.

§ 8. Änderung des Strafgesetzbuches *[betrifft Neufassung des § 228; oben im Text des StGB berücksichtigt]*

§ 9. Änderung des Rechtspflegergesetzes *[betrifft Einfügung von § 12 Nr. 10b]*

§ 10. Aufhebung von Vorschriften § 14 Abs. 2 des Gesetzes zur Verhütung erbkranken Nachwuchses vom 14. Juli 1933 in der Fassung des Gesetzes vom 26. Juni 1935 (Reichsgesetzbl. I S. 773) wird aufgehoben. § 14 Abs. 1 desselben Gesetzes sowie die Artikel 3 und 4 der Vierten Verordnung zur Ausführung des Gesetzes zur Verhütung erbkranken Nachwuchses vom 18. Juli 1935 (Reichsgesetzbl. I S. 1035) sind auf die Entfernung der Keimdrüsen nicht anzuwenden.

§ 11. Geltung in Berlin Dieses Gesetz gilt nach Maßgabe des § 13 Abs. 1 des Dritten Überleitungsgesetzes vom 4. Januar 1952 (Bundesgesetzbl. I S. 1) auch im Land Berlin.

§ 12. Inkrafttreten Dieses Gesetz tritt sechs Monate nach seiner Verkündung in Kraft.

14. Gesetz gegen mißbräuchliche Inanspruchnahme von Subventionen (Subventionsgesetz – SubvG)

Vom 29. Juli 1976 (BGBl. I S. 2037)[1]

(BGBl. III 453–18–1)

§ 1. Geltungsbereich. (1) Dieses Gesetz gilt, soweit Absatz 2 nichts anderes bestimmt, für Leistungen, die Subventionen im Sinne des § 264 des Strafgesetzbuches sind.

(2) Für Leistungen nach Landesrecht, die Subventionen im Sinne des § 264 des Strafgesetzbuches sind, gelten die §§ 2 bis 6 nur, soweit das Landesrecht dies bestimmt.

§ 2. Bezeichnung der subventionserheblichen Tatsachen. (1) Die für die Bewilligung einer Subvention zuständige Behörde oder andere in das Subventionsverfahren eingeschaltete Stelle oder Person (Subventionsgeber) hat vor der Bewilligung oder Gewährung einer Subvention demjenigen, der für sich oder einen anderen eine Subvention beantragt oder eine Subvention oder einen Subventionsvorteil in Anspruch nimmt (Subventionsnehmer), die Tatsachen als subventionserheblich im Sinne des § 264 des Strafgesetzbuches zu bezeichnen, die nach
1. dem Subventionszweck,
2. den Rechtsvorschriften, Verwaltungsvorschriften und Richtlinien über die Subventionsvergabe sowie
3. den sonstigen Vergabevoraussetzungen
für die Bewilligung, Gewährung, Rückforderung, Weitergewährung oder das Belassen einer Subvention oder eines Subventionsvorteils erheblich sind.

(2) Ergeben sich aus den im Subventionsverfahren gemachten Angaben oder aus sonstigen Umständen Zweifel, ob die beantragte oder in Anspruch genommene Subvention oder der in Anspruch genommene Subventionsvorteil mit dem Subventionszweck oder den Vergabevoraussetzungen nach Absatz 1 Nr. 2, 3 im Einklang steht, so hat der Subventionsgeber dem Subventionsnehmer die Tatsachen, deren Aufklärung zur Beseitigung der Zweifel notwendig erscheint, nachträglich als subventionserheblich im Sinne des § 264 des Strafgesetzbuches zu bezeichnen.

§ 3. Offenbarungspflicht bei der Inanspruchnahme von Subventionen. (1) Der Subventionsnehmer ist verpflichtet, dem Subventionsgeber unverzüglich alle Tatsachen mitzuteilen, die der Bewilligung, Gewährung, Weitergewährung, Inanspruchnahme oder dem Belassen der

---

[1] Das Subventionsgesetz bildet den Art. 2 des Ersten Gesetzes zur Bekämpfung der Wirtschaftskriminalität vom 29. 7. 1976 (BGBl. I S. 2034).

Subvention oder des Subventionsvorteils entgegenstehen oder für die Rückforderung der Subvention oder des Subventionsvorteils erheblich sind. Besonders bestehende Pflichten zur Offenbarung bleiben unberührt.

(2) Wer einen Gegenstand oder eine Geldleistung, deren Verwendung durch Gesetz oder durch den Subventionsgeber im Hinblick auf eine Subvention beschränkt ist, entgegen der Verwendungsbeschränkung verwenden will, hat dies rechtzeitig vorher dem Subventionsgeber anzuzeigen.

§ 4. Scheingeschäfte, Mißbrauch von Gestaltungsmöglichkeiten.
(1) Scheingeschäfte und Scheinhandlungen sind für die Bewilligung, Gewährung, Rückforderung und Weitergewährung oder das Belassen einer Subvention oder eines Subventionsvorteils unerheblich. Wird durch ein Scheingeschäft oder eine Scheinhandlung ein anderer Sachverhalt verdeckt, so ist der verdeckte Sachverhalt für die Bewilligung, Gewährung, Rückforderung, Weitergewährung oder das Belassen der Subvention oder des Subventionsvorteils maßgebend.

(2) Die Bewilligung oder Gewährung einer Subvention oder eines Subventionsvorteils ist ausgeschlossen, wenn im Zusammenhang mit einer beantragten Subvention ein Rechtsgeschäft oder eine Handlung unter Mißbrauch von Gestaltungsmöglichkeiten vorgenommen wird. Ein Mißbrauch liegt vor, wenn jemand eine den gegebenen Tatsachen und Verhältnissen unangemessene Gestaltungsmöglichkeit benutzt, um eine Subvention oder einen Subventionsvorteil für sich oder einen anderen in Anspruch zu nehmen oder zu nutzen, obwohl dies dem Subventionszweck widerspricht. Dies ist namentlich dann anzunehmen, wenn die förmlichen Voraussetzungen einer Subvention oder eines Subventionsvorteils in einer dem Subventionszweck widersprechenden Weise künstlich geschaffen werden.

§ 5. Herausgabe von Subventionsvorteilen. (1) Wer einen Gegenstand oder eine Geldleistung, deren Verwendung durch Gesetz oder durch den Subventionsgeber im Hinblick auf eine Subvention beschränkt ist, entgegen der Verwendungsbeschränkung verwendet und dadurch einen Vorteil erlangt, hat diesen dem Subventionsgeber herauszugeben.

(2) Für den Umfang der Herausgabe gelten die Vorschriften des Bürgerlichen Gesetzbuches über die Herausgabe einer ungerechtfertigten Bereicherung entsprechend. Auf den Wegfall der Bereicherung kann sich der Herausgabepflichtige nicht berufen, soweit er die Verwendungsbeschränkung kannte oder infolge grober Fahrlässigkeit nicht kannte.

(3) Besonders bestehende Verpflichtungen zur Herausgabe bleiben unberührt.

§ 6. Anzeige bei Verdacht eines Subventionsbetrugs. Gerichte und Behörden von Bund, Ländern und kommunalen Trägern der öffentlichen Verwaltung haben Tatsachen, die sie dienstlich erfahren und die den Verdacht eines Subventionsbetrugs begründen, den Strafverfolgungsbehörden mitzuteilen.

§ 7. Berlin-Klausel. Dieses Gesetz gilt nach Maßgabe des § 13 Abs. 1 des Dritten Überleitungsgesetzes vom 4. Januar 1952 (Bundesgesetzbl. I S. 1) auch im Land Berlin.

§ 8. Inkrafttreten. Dieses Gesetz tritt am ersten Tage des auf die Verkündung folgenden Monats in Kraft.

15. Grundgesetz für die Bundesrepublik Deutschland

Vom 23. Mai 1949 (BGBl. I S. 1)

Zuletzt geändert durch 34. ÄndG vom 23. August 1976 (BGBl. I S. 2383)

(BGBl. III 100–1)

(Auszug)

Art. 9. [Vereinigungsfreiheit] (1) Alle Deutschen haben das Recht, Vereine und Gesellschaften zu bilden.

(2) Vereinigungen, deren Zwecke oder deren Tätigkeit den Strafgesetzen zuwiderlaufen oder die sich gegen die verfassungsmäßige Ordnung oder gegen den Gedanken der Völkerverständigung richten, sind verboten.

(3) Das Recht, zur Wahrung und Förderung der Arbeits- und Wirtschaftsbedingungen Vereinigungen zu bilden, ist für jedermann und für alle Berufe gewährleistet. Abreden, die dieses Recht einschränken oder zu behindern suchen, sind nichtig, hierauf gerichtete Maßnahmen sind rechtswidrig. Maßnahmen nach den Artikeln 12a, 35 Abs. 2 und 3, Artikel 87a Abs. 4 und Artikel 91 dürfen sich nicht gegen Arbeitskämpfe richten, die zur Wahrung und Förderung der Arbeits- und Wirtschaftsbedingungen von Vereinigungen im Sinne des Satzes 1 geführt werden.

Art 10. [Brief- und Postgeheimnis] (1) Das Briefgeheimnis sowie das Post- und Fernmeldegeheimnis sind unverletzlich.

(2) Beschränkungen dürfen nur auf Grund eines Gesetzes angeordnet werden. Dient die Beschränkung dem Schutze der freiheitlichen demokratischen Grundordnung oder des Bestandes oder der Sicherung des Bundes oder eines Landes, so kann das Gesetz bestimmen, daß sie dem Betroffenen nicht mitgeteilt wird und daß an die Stelle des Rechtsweges die Nachprüfung durch von der Volksvertretung bestellte Organe und Hilfsorgane tritt.

Art. 20. [Verfassungsgrundsätze – Widerstandsrecht] (1) Die Bundesrepublik Deutschland ist ein demokratischer und sozialer Bundesstaat.

(2) Alle Staatsgewalt geht vom Volke aus. Sie wird vom Volke in Wahlen und Abstimmungen und durch besondere Organe der Gesetzgebung, der vollziehenden Gewalt und der Rechtsprechung ausgeübt.

(3) Die Gesetzgebung ist an verfassungsmäßige Ordnung, die vollziehende Gewalt und die Rechtsprechung sind an Gesetz und Recht gebunden.

(4) Gegen jeden, der es unternimmt, diese Ordnung zu beseitigen, haben alle Deutschen das Recht zum Widerstand, wenn andere Abhilfe nicht möglich ist.

Art. 25. [Völkerrecht Bestandteil des Bundesrechtes] Die allgemeinen Regeln des Völkerrechtes sind Bestandteil des Bundesrechtes. Sie gehen den Gesetzen vor und erzeugen Rechte und Pflichten unmittelbar für die Bewohner des Bundesgebietes.

Art. 26. [Verbot des Angriffskrieges] (1) Handlungen, die geeignet sind und in der Absicht vorgenommen werden, das friedliche Zusammenleben der Völker zu stören, insbesondere die Führung eines Angriffskrieges vorzubereiten, sind verfassungswidrig. Sie sind unter Strafe zu stellen.

(2) Zur Kriegführung bestimmte Waffen dürfen nur mit Genehmigung der Bundesregierung hergestellt, befördert und in Verkehr gebracht werden. Das Nähere regelt ein Bundesgesetz.

Art. 42 [Verhandlung, Abstimmung] (1), (2) ...

(3) Wahrheitsgetreue Berichte über die öffentlichen Sitzungen des Bundestages und seiner Ausschüsse bleiben von jeder Verantwortlichkeit frei.

Art. 100. [Verfassungswidrigkeit von Gesetzen – Anwendbarkeit des Völkerrechts] (1) Hält ein Gericht ein Gesetz, auf dessen Gültigkeit es bei der Entscheidung ankommt, für verfassungswidrig, so ist das Verfahren auszusetzen und, wenn es sich um die Verletzung der Verfassung eines Landes handelt, die Entscheidung des für Verfassungsstreitigkeiten zuständigen Gerichtes des Landes, wenn es sich um die Verletzung dieses Grundgesetzes handelt, die Entscheidung des Bundesverfassungsgerichtes einzuholen. Dies gilt auch, wenn es sich um die Verletzung dieses Grundgesetzes durch Landesrecht oder um die Unvereinbarkeit eines Landesgesetzes mit einem Bundesgesetz handelt.

(2) Ist in einem Rechtsstreite zweifelhaft, ob eine Regel des Völkerrechtes Bestandteil des Bundesrechtes ist und ob sie unmittelbar Rechte und Pflichten für den Einzelnen erzeugt (Artikel 25), so hat das Gericht die Entscheidung des Bundesverfassungsgerichtes einzuholen.

(3) Will das Verfassungsgericht eines Landes bei der Auslegung des Grundgesetzes von einer Entscheidung des Bundesverfassungsgerichtes oder des Verfassungsgerichtes eines anderen Landes abweichen, so hat das Verfassungsgericht die Entscheidung des Bundesverfassungsgerichtes einzuholen.

Art. 101. [Verbot der Ausnahmegerichte] (1) Ausnahmegerichte sind unzulässig. Niemand darf seinem gesetzlichen Richter entzogen werden.

(2) Gerichte für besondere Sachgebiete können nur durch Gesetz errichtet werden.

Art. 102. [Todesstrafe] Die Todesstrafe ist abgeschafft.

Art. 103. [Rückwirkungsverbot – ne bis in idem] (1) Vor Gericht hat jedermann Anspruch auf rechtliches Gehör.

(2) Eine Tat kann nur bestraft werden, wenn die Strafbarkeit gesetzlich bestimmt war, bevor die Tat begangen wurde.

(3) Niemand darf wegen derselben Tat auf Grund der allgemeinen Strafgesetze mehrmals bestraft werden.

Art. 104. [Voraussetzungen der Festnahme] (1) Die Freiheit der Person kann nur auf Grund eines förmlichen Gesetzes und nur unter Beachtung der darin vorgeschriebenen Formen beschränkt werden. Festgehaltene Personen dürfen weder seelisch noch körperlich mißhandelt werden.

(2) Über die Zulässigkeit und Fortdauer einer Freiheitsentziehung hat nur der Richter zu entscheiden. Bei jeder nicht auf richterlicher Anordnung beruhenden Freiheitsentziehung ist unverzüglich eine richterliche Entscheidung herbeizuführen. Die Polizei darf aus eigener Machtvollkommenheit niemanden länger als bis zum Ende des Tages nach dem Ergreifen in eigenem Gewahrsam halten. Das Nähere ist gesetzlich zu regeln.

(3) Jeder wegen des Verdachtes einer strafbaren Handlung vorläufig Festgenommene ist spätestens am Tage nach der Festnahme dem Richter vorzuführen, der ihm die Gründe der Festnahme mitzuteilen, ihn zu vernehmen und ihm Gelegenheit zu Einwendungen zu geben hat. Der Richter hat unverzüglich entweder einen mit Gründen versehenen schriftlichen Haftbefehl zu erlassen oder die Freilassung anzuordnen.

(4) Von jeder richterlichen Entscheidung über die Anordnung oder Fortdauer einer Freiheitsentziehung ist unverzüglich ein Angehöriger des Festgehaltenen oder eine Person seines Vertrauens zu benachrichtigen.

Sachverzeichnis

Die mageren Ziffern verweisen auf Paragraphen – ohne vorgesetzte fette Ziffer auf die des StGB –; die fetten Ziffern bedeuten die Nummern der in dieser Textausgabe abgedruckten Gesetze.

Sachverzeichnis

Fette Ziffern = Gesetzesnummern

Sachverzeichnis

Sachverzeichnis

Sachverzeichnis

Sachverzeichnis

Blei · Strafrecht

Ein Studienbuch. Von Dr. Hermann Blei, o. Professor an der Freien Universität Berlin

Band I. Allgemeiner Teil. 18. Auflage. 1981 des von Edmund Mezger begründeten Werkes. In Vorbereitung für Ende 1981

Band II. Besonderer Teil. 11., neubearbeitete Auflage. 1978 des von Edmund Mezger begründeten Werkes. XVIII, 428 Seiten 8°. Kartoniert DM 29.80

StPO · Strafprozeßordnung

mit Auszügen aus Gerichtsverfassungsgesetz, EGGVG und Grundgesetz

Textausgabe mit ausführlichem Sachregister und einer Einführung von Universitätsprofessor Dr. Claus Roxin

Beck-Texte im dtv
Band 5011

17., neubearbeitete Auflage. 1981. 262 Seiten kl. 8°. Kartoniert DM 6.80

Friedrich · Erwachsene und Jugendliche vor Polizei und Gericht

Von Walther J. Friedrich, Erster Staatsanwalt, Dozent an der Hochschule für Politik

Beck-Rechtsberater im dtv
Band 5089

3., neubearbeitete Auflage. 1980. 353 Seiten kl. 8°. Kartoniert DM 12.80

Roxin · Strafverfahrensrecht

Ein Studienbuch. Von Dr. Claus Roxin, o. Professor an der Universität München

16., völlig neubearbeitete Auflage. 1980 des von Eduard Kern begründeten Werkes. XVIII, 413 Seiten 8°. Kartoniert DM 29.50

Roxin · Strafprozeßrecht

(Prüfe dein Wissen, Heft 11)
Von Dr. Claus Roxin, o. Professor an der Universität München

8., neubearbeitete Auflage. 1980. XV, 447 Seiten 8°. Kartoniert DM 29.80

Verlag C.H. Beck München